나무의 시대

The Age of Wood by Roland Ennos

Copyright ⓒ 2020 Roland Ennos
Korean Translation Copyright ⓒ 2025 by THE FOREST BOOK Publishing Co.

Korean edition is published by arrangement with Curious Minds
through Duran Kim Agency Co. Ltd.

이 책의 한국어판 저작권은 듀란킴 에이전시를 통한 Curious Minds와의 독점 계약으로
더숲에 있습니다. 저작권법에 의하여 한국 내에서 보호를 받는 저작물이므로
무단전재와 무단복제를 금합니다.

일러두기

이 책의 원제는 'The Age of Wood'입니다. 영어의 'wood'는 '나무'와 '목재'를 모두 의미
하지만, 한국어 제목은 인류 문명의 진화에 기여한 '나무'의 역할을 총체적으로 담아내기
위해 '나무의 시대'로 정했습니다.

나무의 시대

목재가 이룩한 인류 문명의 위대한 서사

롤랜드 에노스 지음 | 김수진 옮김

THE AGE OF
WOOD

더숲

차례

프롤로그   돌·청동·철이 놓친 또 하나의 시대, 목재   009

PART 1 목재와 인류의 진화

제1장   나무 위 삶이 우리에게 남긴 유산   025
나뭇가지의 메커니즘을 활용할 줄 알았던 대형 유인원   036
챔팬지는 나무 도구를 가장 능숙하고 독창적으로 사용   041
인류의 나무타기가 사족보행으로 발전하는 과정   050

제2장   나무에서 내려오다   056
목재의 우수한 역학적 성질을 이해한 초기 호미닌   060
초기 인류는 어떻게 나무 아래로 내려왔을까   070

제3장   털을 잃다   082
먹잇감 확보를 위한 사냥 가설의 오류   084
단체 막사생활로 인한 체외기생체설   089

제4장   도구로 무장하다   097
목재 도구의 발전과 인류 지능의 향상   106
목재로 만든 활은 사냥꾼들이 가장 선호한 무기   116

PART 2 문명을 건설하다

제5장 숲을 개간하다 127
  새로운 목공 기술 덕분에 탄생한 선박들 132
  수렵 채집 생활을 버리고 농경 생활을 시작 136
  정교한 목공 결합방식으로 집짓기 147
  신석기인들의 왜림작업을 보여주는 증거 152

제6장 녹이고 제련하다 159
  금석 병용 시대의 도래 165
  초기 청동기시대 선박 제조와 교역의 발전 170
  최초로 바퀴가 등장하다 175

제7장 인류 공동체를 일구다 186
  목조건축이 이룬 위대한 발전 191
  생나무 목공 전통이 유지되어온 까닭 199
  목재를 효과적으로 다루기 위한 공구, 톱과 대패 205
  곡선형 목재를 만들기 위한 새로운 목공 기법 211

제8장 삶에 사치품을 선물하다 219
  부자들의 사랑을 받기 위해 더욱 정교해진 목제품들 221
  목재의 우월한 역학적 성질로 인해 탄생한 악기들 229

제9장 인간의 헛된 야망을 지지해주다 235
  튼튼한 지붕을 만들기 위한 고대 건축가들의 속임수 243
  목조 지붕 트러스의 다채로운 변화 246
  석조 건물보다 추위와 지진에 더 잘 견디는 목조 건물 254

제10장 우리의 시야를 제한하다   **261**
- 목공 기술의 정체기를 가져온 권력다툼   263
- 목재 생산과 기술 진보의 상관성   266
- 목재 수송로 확보와 도시의 성장   272
- 목재의 뒤틀림을 해결하려는 노력   276

PART 3 산업 시대의 목재

제11장 석탄이 장작과 숯을 대체하다   **289**
- 산업의 팽창과 응용과학의 발전   296
- 안정적 석탄 공급으로 다양한 제조업이 성장하다   299
- 석탄 용광로를 이용한 제철산업과 증기기관의 발전   303
- 목재의 연료 효율성을 높인 유럽국가와 신대륙   310

제12장 19세기의 목재   **314**
- 더욱 튼튼한 구조물 제작에 활용된 연철   318
- 산업혁명의 디딤돌이 된 도르래 공장   326
- 혁신적인 목재 결합 장치, 못의 등장   330
- 목재펄프가 가져온 사고방식의 대전환   337

제13장 현대 세계의 목재   **345**
- 목재를 대체한 산업용 신소재   346
- 소형 물건용 목재를 대신한 신소재 플라스틱   350
- 항공기 제조에 활용된 신소재 목재   355
- 내습성이 강화된 합판의 다양한 활용   359
- 해를 거듭할수록 증가하는 목재 생산량과 사용량   365

PART 4　대가에 직면하다

제14장　우리가 끼친 영향을 평가하다 　　　371
　　산림 파괴 신화의 허점 　　　373
　　인류가 나무와 숲을 활용해온 패턴 　　　379
　　'원생림'과 '노숙림'의 대폭 축소 　　　389
　　급격한 산림 소실과 플랜테이션 임업의 문제 　　　394

제15장　어긋난 관계 회복하기 　　　400
　　숲과 나무에 대한 지식을 구닥다리 쓰레기로 만들다 　　　402
　　도시 나무들이 주는 이로움, 지구 재산림화의 이유 　　　408

감사의 말 　　　419
주석 　　　421
참고 문헌 　　　434

프롤로그

돌·청동·철이 놓친
또 하나의 시대, 목재

몇 해 전, 나는 형과 함께 프랑스 피레네산맥을 종주하는 도보 여행을 떠났다. 길고도 힘든 여정이 거의 끝나갈 무렵, 뜻밖에도 공학 기술, 다시 말해 인간의 기술이 만들어낸 경이로운 광경을 마주하게 되었다. 인류 역사의 흐름을 바꾸고, 현대 세계를 형성하는 데 중요한 역할을 한 바로 그 공학 기술이었다.

우리는 산마루를 지나 에소트라는 작은 마을로 내려왔다. 고산 초원을 지나자 아스프 계곡 Vallée d'Aspe의 침엽수림이 펼쳐졌다. 그때까지 비교적 평탄했던 길은 갑자기 가파르고 험난해졌다. 계곡은 점점 더 깊어졌고, 주변 지형도 가팔라졌다. 하지만 길은 허공에 떠 있는 듯, 절벽을 깎아 만든 좁은 길을 따라 일정한 높이를 유지하고 있었다.

어느새 우리는 나무들로 가득한 계곡 바닥에서 무려 약 183미터나 위에 있는 좁고 아찔한 길 위를 걷고 있었다. 발아래로는 '지옥의 협곡'이라는 뜻을 지닌 고르주 당페르Gorge d'Enfer의 물살이 거세게 부딪치며 흘러내리고 있었다. 그렇게 아슬아슬한 길을 따라 1마일가량 걷고 나서야, 협곡이 열리며 하천 가까이까지 내려설 수 있었다. 그제야 마음이 놓였다.

길가에 서 있던 표지판을 보고서야 방금 걸어온 이 길의 이름이 '돛대의 길'을 뜻하는 슈맹 드 라 마튀르Chemin de la Mâture라는 것을 알게 되었다. 그런데 이런 인적 드문 산속에 어떻게 이런 놀라운 길을 만들 생각을 했을까? 그리고 '마튀르mâture'라는 단어는 대체 왜 여기서 등장하는 걸까?

이에 대한 답은 18세기 서구에서 급부상한 두 초강대국, 영국과 프랑스 간의 경쟁 관계에서 찾을 수 있다. 이 관계를 따라가다 보면, 인류의 역사를 빚어내는 데 목재가 어떤 방식으로 기여했는지를 보여주는 놀라운 사례들을 만나게 된다.

당시 두 나라는 카리브해와 북아메리카 일대의 식민지와 영토에서 자국의 권력과 영향력을 넓히기 위한 패권 다툼을 벌이고 있었다. 해군을 창설하면서 양국은 군비경쟁에 돌입했고, 더 크고 더 강력한 무장을 갖춘 전열함을 앞다투어 건조했다. 이 전함들은 최대 100문의 대포를 실은 떠다니는 사격 플랫폼으로, 적의 전함이나 해안 방어선을 집중 포격해 굴복시킬 수 있었다. 그러나 곧 양국 모두 같은 문제에 직면하게 되었다. 전함을 만들기 위한 충분한 목재를 어떻게 확보할 것인가 하는 문제였다.

물론 목재 자체가 부족했던 것은 아니다. 특히 프랑스는 국토의 약 30%가 산림으로 덮여 있을 만큼 풍부한 산림 자원을 보유하고 있었다. 문제는 30.5~61미터 높이의 돛대를 만들 수 있는, 곧게 자란 키 큰 나무가 부족하다는 점이었다. 유럽의 숲은 대부분 이미 오래전부터 인간에 의해 관리되었기 때문에 자연 상태로 남은 초기 산림지대는 거의 사라진 상황이었다.

프랑스는 그 해결책을 피레네산맥 깊은 곳, 여전히 거대한 전나무 숲이 남아 있는 야생에서 찾았다. 프랑스 엔지니어 폴-마리 르루아Paul-Marie Leroy는 사람이 좀처럼 들어설 수 없던 아스프 계곡에서 목재를 확보하자고 제안했다. 그는 이 작업을 위해 절벽 가장자리를 따라 좁은 길을 깎아내는 계획을 세웠고, 이 길은 1772년에 완공되었다. '돛대의 길'을 뜻하는 슈맹 드 라 마튀르라는 이름이 붙은 이 길을 통해, 돛대용 목재를 비롯한 다양한 용도의 나무들이 절벽 아래로 실려 내려왔다. 그 나무들은 강물에 띄워져 해안까지 운반되었고, 결국 바다로 보내졌다. 이렇게 해서 프랑스는 최소한 임시로나마 목재 공급 문제를 해결할 수 있었다.

반면 영국의 돛대 확보 문제는 훨씬 더 심각했다. 영국은 전체 국토의 10%도 안 되는 좁은 산림지대를 가지고 있었고, 그마저도 대부분 오래전부터 개발되어 엄격한 산림 관리의 대상이 되어 있었다. 게다가 영국에는 돛대를 만들 만한 침엽수가 거의 자라지 않았고, 크고 곧은 나무는 사실상 전무했다. 16세기까지만 해도 영국은 거의 모든 돛대를 발트해 연안에서 수입해야 했다. 그 결과 북쪽의 경쟁국인 네덜란드와 스웨덴 해군이 이 공급 루트를 차단하겠다고 위협할 때마다 큰 골칫거리가 되었다.

이처럼 키 큰 나무는 점점 희귀해졌고, 가격도 크게 올랐다. 결국 영국은 아메리카 식민지로 눈을 돌렸다. 아메리카의 뉴잉글랜드 원시림에는 곧고 거대한 스트로브잣나무가 마치 무한히 자라는 듯 우거져 있었다. 최대 높이 약 70미터, 지름 1.5미터 이상까지 자랄 수 있는 이 나무는 17세기 중엽 이후부터 영국 해군이 선택한 돛대용 목재가 되었다.

해군 행정관 새뮤얼 피프스도 자신의 유명한 일기 속에서 이 교역을 여러 차례 언급했다. 1666년 12월 3일, 돛대를 실은 수송대가 네덜란드의 해상 봉쇄를 피해 무사히 귀환하자, 그는 기뻐하며 이렇게 기록했다.

"좋은 소식이 있다. 뉴잉글랜드에서 출항한 범선 네 척이 국왕 폐하께 올릴 돛대를 싣고 팰머스로 무사히 귀항했다. 이는 전혀 예상치 못한 축복이다. 만약 이 돛대들을 구하지 못했더라면, 그리고 다른 대안도 없었다면, 우리는 내년을 넘기지 못했을 것이다. 하지만 하느님께서 이렇게 귀중한 자원을 우리에게 허락하셨으니, 그분께 찬양을 드릴 뿐이다. 다른 일에도 하느님의 지속적인 은총을 우리에게 내려주소서!"

돛대를 만들 나무의 공급로를 확보하고자 했던 영국 정부는 안타깝게도 연이은 정책적 실수를 저질렀고, 그 결과는 참담했다. 당시에는 공개 시장에서 거대한 통나무를 구하는 일이 쉽지 않았다. 식민지 주민들 대부분은 나무를 베어낸 뒤, 통째로 운송하기보다는 잘라서 목재로 가공하는 방식을 선호했다. 그 이유는 분명했다. 워낙 무겁고 다루기 어려운 거대한 통나무를 배가 다닐 수 있는 강까지 끌고 내려가는 것보다 현장에서 잘라 조각낸 뒤 운반하는 편이 훨씬 수월했기 때문이다.

만약 영국 정부가 아예 산림지를 매입해 직접 관리했더라면, 공급 문제는 어느 정도 해결될 수 있었을 것이다. 그러나 영국은 그러는 대신 1691년, 이른바 '국왕의 굵은 화살촉 정책King's Broad Arrow policy'을 시행했다. 이 정책은 통제 없이 벌목이 이루어지자 영국 정부가 왕실 소유권을 명시하고 나무를 우선적으로 확보하기 위해 고안된 것으로, 스트로브잣나무 중에서도 지름이 61cm 이상 되는 나무를 왕실의 소유로 간주하고, 도끼로 껍질을 세 번 찍어 위쪽을 가리키는 화살표 모양을 새겨 표시하는 방식이었다. 하지만 이는 식민지 주민들의 반감을 샀고, 머지않아 제대로 시행되지 못한 채 흐지부지되었다.

식민지 주민들은 여전히 거대한 스트로브잣나무를 베어낸 뒤, 폭 58.42cm 이하의 판재로 잘라냈다. 이는 애초에 큰 나무였다는 증거를 없애기 위한 의도였다. 마치 미국 독립정신의 상징이라도 되는 듯, 폭이 넓은 마루판은 유행처럼 번져나갔다.

영국은 이에 대응해 나무 보호법을 개정했다. 지름 30.48cm 이상인 모든 스트로브잣나무의 벌목을 전면 금지한 것이다. 그러나 군郡이나 그 경계선 안에서 자라는 나무는 보호 대상이 아니었다. 그러자 뉴햄프셔와 매사추세츠 주민들은 즉시 주 경계선을 다시 정하여 주 전체를 거의 전부 군으로 나누었다. 시골 주민들 대부분은 이 법을 아예 무시하거나, 그런 규정이 있는 줄 몰랐다고 시치미를 뗐다. 심지어 어떤 이들은 표식이 찍힌 나무일수록 당연히 더 가치가 높았기에 일부러 그런 나무들을 목표로 삼기도 했다.

한편 대영제국의 국유지 감독관들은 극히 적은 인원으로 광대한 숲을 관리해야 했기에 주민들의 조직적인 벌목을 막을 방법이 없었다. 지역 당국 또한 인기 없는 법을 강제할 의지가 없었고, 현장에서는 사실상 무법 지대가 된 셈이었다.

이런 상황은 마침내 1772년 '파인트리 폭동Pine Tree Riot'이라는 공개적인 충돌로 이어졌다. 흥미롭게도 이 사건이 벌어진 해는 프랑스가 '돛대의 길(슈맹 드 라 마튀르)'을 완공한 바로 그 해이기도 했다.

파인트리 폭동은 뉴햄프셔 위어 지역의 제재소 소유주들이 대형 스트로브잣나무를 불법 벌목한 것에 부과된 벌금을 거부하면서 촉발되었다. 힐스버러 카운티의 보안관과 부보안관은 소유주 대표의 체포영장을 집행하기 위해 사우스 위어로 파견되었다.

그러나 임무가 완수되기도 전에 소유주 대표는 20~40명의 무장 주민을 이끌고 보안관과 부보안관이 묵고 있던 파인트리 여관Pine Tree Tavern을 기습했다. 검댕이로 얼굴을 시커멓게 칠한 이 폭도들은 문제가 된 나무마다 가지를 잘라 회초리를 만들어 보안관을 한 번씩 때렸다. 그런 뒤 두 사람이 타고 온 말의 귀와 갈기를 자른 뒤, 두 사람을 말에 태워 마을 밖으로 쫓아내며 주민들의 조롱을 받게 했다.

이 사건으로 가담자 8명이 처벌을 받았으나, 각각 부과된 벌금은 20실링(과거 영국 화폐 단위로 1파운드의 20분의 1)에 불과했다. 이러한 결과만 봐도 당시 영국 당국의 권위가 얼마나 땅에 떨어진 상황이었는지 충분히 짐작할 수 있다.

파인트리 폭동 소식은 뉴잉글랜드 전역으로 퍼져나가, 1773년 12월에 발생한 보스턴 차 사건을 촉발하는 중요한 계기가 되었다. 이 사건은 식민지인들의 반영 감정을 더욱 고조시켰고, 소나무 깃발Pine Tree Flag은 이후 식민지 저항의 상징으로 떠올랐다. 조지 워싱턴의 비서였던 조지프 리드 대령이 디자인한 이 깃발은 식민지군의 전함 돛대 위에서 휘날리며, 독립전쟁 당시 여러 혁명군 깃발 중 하나로 사용되었다.

독립전쟁이 시작되면서 뉴잉글랜드는 영국 해군에 돛대 공급을 중단했다. 영국은 어쩔 수 없이 발트해에서 수입한 상대적으로 작은 나무들을 활용해 조립식 돛대를 만들어야 했다. 여러 개의 작은 통나무를 쇠고리로 이어 붙이는 방식이었지만, 이 방법은 구조적으로 취약했다. 내구성이 떨어지는 조립식 돛대는 전투 중 쉽게 부러졌고, 이로 인해 많은 영국 전함이 독립전쟁 기간 내내 항구에 발이 묶인 채 전투에 참여하지 못했다.

설상가상으로 식민지 주민들은 프랑스와 손잡고 나무를 공급하기 시작했고, 그 결과 주요 해전에서 프랑스가 영국을 제패했다. 1690년 비치 헤드 해전 이후, 1779년 그레나다 전투 같은 중요 해전은 영국 해군의 가장 큰 참패로 기록되었다. 영국은 식민지 주민들을 상대로 한 대응에서도 별다른 성과를 내지 못했고, 결국 전쟁의 주도권을 잃은 끝에 1783년 미국은 독립을 쟁취하게 된다. 이렇게 해서 장차 세계 최강국이 될 나라가 탄생했다.

얼마 지나지 않아 영국은 캐나다와 뉴질랜드 등 다른 자치령에서 생산된 목재로 돛대를 공급받게 되면서 일정 부분 해상력을 회복하긴 했다. 하지만 한 번 바뀐 세계 질서는 다시 이전으로 돌아가지 않았다. 이것이 바로 내가 피레네산맥 절벽 위에 난 '돛대의 길'에서 깨달은 점이었다.

그런데 이처럼 역사적으로 중요한 사건인 '돛대 대란Great Mast

Crisis'은 놀랍게도 거의 알려지지 않았다. 보스턴 차 사건에 대해서는 많이 배우지만, 파인트리 폭동에 대해서는 거의 배우지 않는다.

하지만 이 사건만 예외적으로 그런 것은 아니다. 인류 진화나 선사·역사시대를 다룰 때 목재의 역할은 대부분 무시된다. 예를 들어, 인류학자들은 석기의 발전이나 석기를 다듬는 데 필요한 지적 능력과 손의 정밀한 운동 능력에 대해서는 열변을 토한다. 하지만 초기 인류가 실제로 먹거리를 얻는 데 사용했던 땅 파는 막대기, 창, 활, 화살 같은 목재 도구의 중요성은 거의 주목하지 않는다.

고고학자들 또한 인류가 음식을 요리하고 금속을 녹일 수 있도록 만든 장작불의 결정적인 역할을 과소평가한다. 공학자들은 새로운 금속 도구의 출현으로 목공 작업이 쉬워진 덕분에 바퀴나 목조선과 같은 획기적인 기술이 가능해졌다는 사실을 외면한다. 건축사가들은 중세 성당의 지붕을 만들고, 시골 주택의 단열을 강화하고, 도시 전체의 구조를 보강하는 데 목재가 얼마나 중요한 재료였는지 거의 언급하지 않는다.

35년 전, 내가 우연히 슈맹 드 라 마튀르를 지나게 되었을 당시만 해도 나 역시 목재의 중요성을 거의 알지 못했다. 물론 목재의 해부학적 구조나 역학적 특성, 건축 자재로서의 역할에 대해서는 알고 있었다. 그러나 식물이 뿌리를 내릴 때 작용하는 역학적 원리를 연구하고 그 주제로 학계에 자리를 잡은 뒤에야 비로소 목재라는 존재를 더 깊이 이해하게 되었다.

학자가 누리는 큰 특권 가운데 하나는 연구하고 가르치는 과정뿐만 아니라, 찻집에서 동료 학자들과 나누는 폭넓은 토론을 통해 다양한 주제에 대한 시야를 넓힐 수 있다는 점이다. 나는 학생들의 다양한 프로젝트를 지도하면서 생체역학에 대해 더 깊이 배우기 시작했다. 젊고 총명한 학생들에게는 인체의 역학적 설계, 목재와 나무의 물리적 특성, 그리고 도시 숲이 우리에게 주는 이로운 점 같은 주제를 탐구하도록 권했다.

나무에 관한 책을 쓰게 되면서는 목재의 용도뿐 아니라 인류와 나무 사이의 관계에 대해서도 더 깊이 이해하게 되었다. 또한 학생들을 가르치는 과정에서 우리와 유전적으로 가까운 유인원들이 나무와 맺는 관계에 대해서도 더욱 관심을 갖게 되었다. 특히 유인원이 다양한 나무 도구를 만들어 사용하는 방식을 연구하는 새로운 분야가 있다는 것을 알게 되었고, 숲의 수관층canopy(숲의 층상 구조 중 최상)을 넘나들며 이동하거나 목재로 둥지를 짓는 유인원의 행동을 관찰하는 생태학자 및 인류학자들과의 교류도 이어졌다. 이러한 경험을 통해 나는 초기 인류가 어떻게 효율적인 목공 도구를 만들어 창과 도끼 손잡이를 제작할 수 있었는지를 고민하게 되었다.

그렇게 사고의 지평이 확장되면서, 어린 시절부터 접해온 수

많은 목재 관련 장소와 물건들이 떠올랐다. 초기 인류가 사용한 도끼날이 열 지어 전시되고 그들의 생활 모습이 재현된 지역 고고학 박물관, 통나무 농가와 물레방아, 풍차, 11~13세기 북유럽에서 만들어진 통널 교회(목조 교회당)가 가득한 스칸디나비아의 야외 민속 박물관, 바이킹이 탔던 기다란 롱보트, 고딕풍 교회와 성당의 목조 지붕, 중세의 외양간과 성, 18세기 영국에서 유행한 팔라디오 양식의 시골 저택까지.

돌이켜보면 인류의 역사에서 목재는 분명 중심적인 재료였다. 목재는 인류의 장대한 진화와 문명의 여정을 지탱해준 핵심 소재였다. 숲을 헤매던 유인원에서부터 창을 던지던 수렵채집인과 도끼를 휘두르던 농부, 지붕을 올리던 목수와 종이책을 읽던 학자에 이르기까지 목재는 늘 우리와 함께였다.

목재의 성질과 나무의 생장 방식에 대해 어느 정도 이해하게 되면서 목재가 왜 그런 특별한 역할을 해왔는지 서서히 깨닫기 시작했다. 우리가 목재와 맺고 있는 관계는 목재 자체의 비범한 물리적 특성에 바탕을 두고 있다. 만능 구조재로서 목재에 필적할 만한 소재는 없다. 물보다 가벼우면서도 질량 대비로 보면 강철에 필적할 만큼 단단하고 강하며, 늘이거나 압축해도 잘 견딜 수 있다.

나뭇결대로 쉽게 쪼개지기 때문에 가공이 용이하고, 특히 마르지 않은 상태일 경우 부드러워 조각하기에도 알맞다. 큰 구조물을 지탱할 만큼 거대한 부재로도 쓸 수 있고, 깎아내면 이쑤시개처럼 극도로 섬세한 도구도 만들 수 있다.

또한 목재는 마르거나 젖은 상태가 영구히 유지되면 몇 세기고 보존될 수도 있지만, 땔감이 되어 불살라지기도 한다. 덕분에 우리는 따뜻함을 유지할 수 있고, 음식을 요리할 수도 있으며, 다양한 산업공정을 가동할 수도 있다. 이 모든 장점을 생각해보면 목재가 인류사에서 중심적인 자리를 차지해온 것은 그럴 수밖에 없었던 필연이었음을 알 수 있다.

이제는 목재의 역할을 새롭게 조명할 때다. 이 책에서는 세상에서 가장 다재다능한 재료라 할 수 있는 목재와 우리 인류의 관계를 토대로 인류의 진화와 선사시대, 역사시대를 새롭게 해석하고자 한다. 학문적으로 표현하자면 일종의 '목재 중심적lignocentric 시각'이라 할 수 있을 것이다. 이처럼 목재를 중심에 두고 세상을 바라보면 우리가 누구이며, 어디에서 왔고, 또 어디로 가는지를 이해하는 데 새로운 통찰이 가능해진다.

무엇보다 나는 독자 여러분이 틀에 박힌 통념에서 벗어나 세상을 새롭게 보길 바란다. 돌, 청동, 철이라는 세 가지 재료를 중심으로 인류 역사를 구분하는 전통적 서사에서 한 걸음 벗어나보길 바란다.

이 책은 목재를 단순히 과거의 유물로 보는 일반적인 인식을 반박한다. 그러면서 인류가 지구상에서 살아온 대부분의 시간 동안, 우리는 가장 폭넓고 유용하게 사용할 수 있었던 목재라는 재료가 지배하는 시대에 살았으며, 지금도 그 영향은 여전히 이어지고 있다는 사실을 말해준다.

그래서 나는 우리의 환경뿐만 아니라 신체적·정신적 건강을 위해서라도 이제는 다시 목재의 시대로 돌아가야 할 때라고 말하고자 한다.

PART 1

목재와 인류의 진화

제1장

나무 위 삶이
우리에게 남긴 유산

서양에서 인류는 대체로 자연과 거리를 둔, 동물 세계와는 구분되는 우월한 존재로 여겨진다. 〈창세기〉만 봐도 그 인식이 드러난다. 하느님은 이렇게 말씀하신다.

"우리와 비슷하게 우리 모습으로 사람을 만들자. 그래서 사람이 바다의 물고기와 하늘의 새와 집짐승과 온갖 들짐승과 땅을 기어다니는 온갖 것을 다스리게 하자."

이러한 관점은 복음사가들이 실제로 마주했던 동물 세계의 한계에서 비롯된 것이기도 하다. 그들이 접할 수 있었던 포유류란 고작해야 양, 염소, 낙타, 말처럼 발굽 달린 유제류, 개나 고양이 같은 잡식성 동물, 생쥐나 쥐 같은 설치류 정도에 불과했다. 모두 네 발로 걷고, 발굽이나 갈고리형 발톱을 가진 동물들이었다. 그러니 그들이 이렇게 인간의 고유성을 강조한 것은 어찌 보면 자연스러운 일이었을지도 모른다.

하지만 열대지방에서는 사정이 다르다. 이곳에서는 사람과 원숭이, 유인원이 같은 공간에서 어울려 살아간다. 그래서인지 이 지역 문화권에서는 인간과 원시 영장류 사이의 유사성, 자연과의 연속성을 강조하는 경향이 뚜렷하다. 예를 들어 서아프리카의 갈라고 원숭이는 울음소리가 인간 아기의 울음과 비슷하다 하여 '부시 베이비Bush baby'라는 이름으로 불린다. 오랑우탄은 말레이어로 '숲에 사는 사람'을 뜻한다.

또한 원숭이 신은 다양한 종교에서 중요한 상징으로 등장한다. 중국의 손오공, 인도의 하누만Hanuman, 고대 이집트의 개코원숭이 신 바비Babi가 대표적이다. 보르네오에서는 인류와 동물 사이의 경계조차 거의 무의미하다. 이 지역에 사는 다야크족의 전설에 따르면, 오랑우탄은 원래 말을 할 수 있지만 억지로 일하고 싶지 않아서 침묵을 지킨다고 한다. 이야말로 세상에서 가장 지혜로운 선택이 아닌가!

영장류와 다른 포유류 사이의 큰 차이는 영장류가 나무 위 생활에 적응한 방식에서 비롯된다. 물론 오늘날 인류는 땅 위에서 살아가는 존재지만, 여전히 나무 위 삶에 적응한 특성을 다수 지니고 있다는 점에서 다른 영장류와 유사한 점이 많다.

우리와 친척뻘 되는 영장류의 몸과 뇌는 숲의 수관층, 즉 숲의 가장 위쪽에서 가지와 잎이 뒤엉켜 이룬 지붕 구조에서 살아가기 적합하도록 진화했다. 놀랍게도 이러한 진화 덕분에 인류는 땅 위에서 생활하기에 앞서 이미 '목재로 이루어진 세상'에 대한 적응을 마친 셈이었다.

영장류가 겪은 대부분의 신체적 변화는 진화 초기 약 1,000만 년 동안 이루어졌다. 이 시기는 공룡이 멸종한 후, 지금으로부터 6,000만 년 전 열대우림이 형성되기 시작하던 때와 맞물린다. 그 열대우림에서 최초의 영장류, 즉 땃쥐와 비슷한 작은 포유류가 서식하게 된 직후의 일이다. 이러한 사실을 뒷받침해주는 하나의 단서가 바로 부시 베이비다.

이 작고 사랑스러운 생명체는 털 많은 인간의 축소형처럼 보이며, 여러 면에서 우리와 매우 유사하다. 하지만 분류학적으로는 꽤 먼 친척에 속한다. 화석 증거와 DNA 분석 결과에 따르면, 우리와 부시 베이비의 혈통은 약 5,000만 년 전에 갈라졌다.

그럼에도 불구하고 이들은 우리와 여러 핵심적인 '파생형질derived traits'을 공유한다. 예를 들어 두 눈 모두 정면을 향하는 양안시를 가진다는 점, 상체를 편 직립보행 자세를 취할 수 있다는 점, 뒷다리와 발은 이동을 위해, 팔과 손은 잡기 위해 사지가 분화되었다는 점, 손가락이나 발가락 끝에 갈고리 같은 발톱 대신 부드러운 패드 같은 살과 손발톱이 있다는 점 등이다. 이러한 특성들은 흔히 인간만의 진화 결과로 여겨지지만, 실제로는 그보다 훨씬 이른 시기, 영장류가 나무 위에서 살아남기 위해 적응하는 과정에서 먼저 형성된 특징들이다.

생각해보면 나무는 생명체가 살기에는 꽤 까다로운 장소다. 나무의 구조가 복잡하게 갈라지는 형태이기 때문이다. 나무는 수직으로 솟은 몸체를 중심으로, 굵은 가지, 가느다란 가지, 잔가지로 점차 수평 방향으로 얇아지며 두 갈래씩 분기한다. 그리고 그 끝에 이르면 나무에서 생산을 담당하는 잎이 달린다.

이런 복잡한 구조 속에서는 두 안구가 같은 방향을 향할 수 있는 양안시를 지니면 나뭇가지 사이를 빠르고 안전하게 이동하는 데 큰 도움이 된다. 영장류는 양안시를 지님과 동시에 직립에 가까운 체형과 물체를 꽉 쥘 수 있는 팔 구조를 갖고 있어 줄기나 가지를 붙잡고 기어오르거나 매달리는 데 능숙하다.

하지만 이러한 능력이 진정으로 빛을 발휘하는 순간은 따로 있다. 그것은 바로 우거진 나뭇가지 끝에 있는 좁은 가지와 잔가지 사이에 이르렀을 때다. 현생 다람쥐나 나무두더지, 딱따구리 같은 동물들은 날카로운 발톱 덕분에 줄기나 굵은 가지를 타고 오르는 데는 유리하다. 그러나 끝이 가늘고 흔들리는 잔가지에 매달리거나 그것을 정밀하게 쥐는 데는 한계가 있다. 이 때문에 이들 동물은 나무 끝에 있는 풍부한 먹잇감, 즉 잎과 꽃, 열매에 쉽게 접근하지 못한다. 이러한 한계를 극복하기 위해 초기 영장류는 몇 가지 핵심 신체 특성들을 '하나의 진화적 세트'로 발전시

컸다. 이 특성들은 훗날 인류가 도구를 만들고 사용할 수 있게 되는 데 결정적인 역할을 한다.

그 진화적 세트는 다음과 같다. 무언가를 꽉 잡을 수 있게 된 손(과 인간을 제외한 다른 영장류의 경우에는 발)에 부드러운 살로 된 손가락 패드가 장착되었으며 그 패드 위로 지문이 덮였고 그 맞은편에는 갈고리 모양의 날카로운 발톱 대신 손톱이 뒷받침되어 있는 구조다.

손의 끝에 손가락이 있음에도 불구하고 그 구조가 왜 그런지, 우리가 왜 부드러운 손가락 패드를 갖게 되었는지에 대해 진지하게 고민해본 과학자는 거의 없다. 물리학 교과서에서는 일반적으로 표면이 거칠고 단단할수록 물체를 더 잘 잡을 수 있다고 설명한다. 표면의 돌기가 접착 기면의 돌기와 서로 맞물리기 때문이다.

하지만 이 이론은 붙잡으려 하는 접착 기면이 매끈한 경우에는 전혀 들어맞지 않는다. 밑창에 징이 박힌 장화를 신고 매끈한 바위 위를 디디면 얼마나 쉽게 미끄러지는가? 결국 반대로 생각해보면, 매끈한 표면을 잘 잡을 수 있는 방법은 갈고리발톱 같은 딱딱한 물질이 아니라 피부처럼 부드러운 물질을 사용하는 것이다. 이렇게 하면 마찰력이 증가하기 때문이다. 즉, 부드러운 물질이 대상의 표면 형태에 맞게 변형되면서 접촉면이 넓어져서 두 표면 사이의 원자간 인력이 최대로 커지기 때문이다. 물질이 부드러울수록 변형의 폭이 커져서 접촉면은 더 넓어지는 것이다.

붙잡는 능력을 높이기 위해 손가락 끝을 엘라스틴(고등동물의 결합조직에 들어 있는 신축성 있는 단백질-역자) 같은 생물학적 고무로 감싸는 방법도 생각할 수 있다. 하지만 이 방식은 너무 빨리 마모된다. 영장류가 진화 과정에서 찾아낸 해법은 훨씬 더 기발하다. 손가락 패드 내부의 부드러운 체액을 다소 단단한 내벽으로 감싸는 방식이다. 이렇게 하면 약간 공기가 빠진 자동차 타이어 같은 구조가 만들어진다.

우리 손가락 끝 아래는 지방 패드로 이루어져 있다. 이 패드가 쉽게 변형되는 덕분에 패드를 감싸는 비교적 딱딱한 피부의 접촉면이 넓어질 수 있다. 포도주 잔을 손가락으로 감싸 쥔 모습을 잔 안쪽에서 보면, 접촉면이 얼마나 넓어지는지를 눈으로 확인할 수 있다. 이처럼 접촉면이 넓어지면, 유리처럼 단단한 표면도 딱딱한 발굽이나 갈고리발톱보다 최대 열 배나 더 강하게 붙잡을 수 있다.

이것은 우리가 맨발로도 매끈한 콘크리트나 타일 바닥 위에서 미끄러지지 않고 안정적으로 설 수 있는 이유기도 하다. 반면 발굽을 가진 말은 마구간 바닥에서 쉽게 미끄러지고 갈고리발톱을 가진 강아지는 겁에 질려 허둥댈 때 부엌 바닥 위에서 미끄러져 제대로 움직이지 못하는 모습을 보인다.

이외에도 우리의 손가락 패드, 손바닥, 발바닥에는 또 하나의 독특한 특징이 있다. 바로 골과 이랑으로 이루어진 패턴, 즉 지문이다. 지문은 접촉면을 줄이기 때문에 유리처럼 매끄러운 표면을 잡기에는 불리할 수 있다. 이는 마치 홈이 있는 경주용 타이어가 젖은 지면에서는 유리하게 작용하지만, 마른 도로에서는 접지력이 떨어지는 것과 비슷하다.

하지만 지문에는 몇 가지 중요한 장점이 있다. 첫째, 지문은 홈이 있는 타이어처럼 물방울을 피부 표면에서 흘러보낼 수 있기 때문에 젖은 환경에서 접지력을 높여준다. 둘째, 나뭇가지처럼 거친 표면에서는 지문의 이랑이 표면의 요철과 맞물리며 잡는 힘을 향상시킨다. 셋째, 지문이 형성된 피부의 이랑에는 촉각 수용체가 분포해 있어 외부의 자극을 증폭시켜 손끝의 민감도를 높인다. 마지막으로 피부에 형성된 단단한 이랑과 유연한 골이 번갈아 나타나는 구조 덕분에 물체를 잡을 때 피부가 부드럽게 변형되어 마찰로 물집이 생기는 것을 방지한다.

이처럼 지문은 접지력 향상에 매우 효과적이기 때문에 인간과 전혀 다른 진화 경로를 가진 호주의 코알라도 손가락 패드에 인간과 유사한 지문 구조를 갖게 되었고, 긴 꼬리로 물건을 잡는 신세계원숭이도 꼬리 패드에 지문과 비슷한 무늬를 진화시켰다.

손가락 패드 덕분에 영장류는 가늘고 복잡한 가지를 능숙하게 잡을 수 있었고, 그 결과 갈고리발톱은 더 이상 필요하지 않게 되었다. 대신 발톱은 납작해져 스스로 마모되어 관리가 쉬운 손발톱으로 진화했고, 이 손발톱은 손가락 패드를 단단히 지지해주는 역할을 하게 되었다. 자동차 타이어를 받쳐주는 휠의 테두리(림)처럼 말이다. 손발톱은 또한 아주 작은 물체를 집거나 조작하는 데도 유용하며, 그 자체로 도구처럼 사용되기도 한다. 예를 들어, 손톱 끝으로 긁거나 작은 조각을 떼어내는 섬세한 작업이 가능하다.

따라서 영장류는 이미 5,000만 년 전에 땅 위에서 능숙하게 생활하는 데 유리한 신체 변화를 이루었다. 그러나 초기 영장류의 모습은 여전히 우리와 무척 달랐다. 몸집이 작아서 체중이 0.45kg도 되지 않았다. 이에 반해 현생 원숭이는 대체로 무게가 0.9~16kg에 달하며, 인류를 포함한 대형 유인원은 체중이 40~120kg에 이른다.

뿐만 아니라 초기 영장류의 지적 능력은 우리와는 너무도 거리가 멀었다. 부시 베이비의 뇌는 몸집이 비슷한 다른 포유류의 뇌보다 크기가 약간 더 클 뿐이며, 높은 수준의 사고를 처리하는 신피질(가장 최근에 진화되어 두뇌의 바깥을 이루는 부위-역자), 즉 대뇌반구의 표면을 이루는 회색질은 겨우 두뇌의 47%에 불과하다.

물론 이 수치는 신피질 비중이 약 18%에 불과한, 고슴도치같이 곤충을 주식으로 하는 식충동물의 뇌와 비교하면 크다고 할 수 있다. 하지만 신피질이 70%에 달하는 마카크원숭이 macaques와 76%에 달하는 침팬지, 80%에 이르는 우리 인간과 비교하면 분명 작다. 이런 사실로 미루어보아 몸집, 신피질 크기, 지능, 이 세 가지 특징은 실제로 밀접하게 연결된 것으로 보인다. 영장류가 몸집이 커지면서 점차 영리해진 것처럼 이런 변화 역시 영장류의 나무 위 생활양식과도 틀림없이 관련된 것으로 보인다.

영장류 학자들은 원숭이가 진화하면서 몸집이 커진 이유가 식단의 변화와 관련 있다는 사실을 알게 되었다. 부시 베이비와 이들의 친척뻘인 로리스원숭이는 식충동물이다. 이들은 곤충을 비롯해 찾기도 잡기도 힘든 매우 작은 다른 무척추동물을 먹고 산다. 곤충은 부시 베이비가 사는 데 충분한 에너지원이 된다.

하지만 몸집이 더 큰 동물이라면 곤충을 찾고, 잡고, 먹기가 더 어려울 것이다. 게다가 그렇게 움직이려면 더 많은 에너지를 소비해야 한다. 그런데 나무 위 수관층에는 영장류가 먹을 수 있는 다른 것들이 있었다. 그 결과 이들은 채식주의자가 되어 나뭇잎이나 과일을 먹을 수 있게 되었다. 그리고 어떤 음식을 선택했느냐에 따라 현생 원숭이는 서로 다른 신체적 적응 형태를 진화시켰고 지적 능력에서도 큰 차이를 보이게 되었다.

열대우림에서 자라는 나무는 모두 상록수라서 나뭇잎이 풍부하고 쉽게 찾을 수 있다. 하지만 잎은 영양 면에서 부족할 수 있다. 나뭇잎은 주로 섬유질의 일종인 셀룰로스로 이루어져 있어서 소화하기 어렵고 세포 안에도 당분이 거의 없다.

게다가 나무 입장에서는 자신의 생산 기관인 나뭇잎을 초식동물로부터 지키려고 애쓰기 마련이다. 그래서 나뭇잎이 일단 충분히 다 자라면 잎맥에 셀룰로스와 리그닌(또는 목질소, 식물과 나무를 구조적으로 단단히 지지하는 역할을 하는 물질-역자)을 더해서 잎을 질기게 만든다. 그러면 나뭇잎을 씹기 힘들게 되어 나뭇잎 세포 속 내용물을 보호할 수 있다.

초식동물은 이런 방어전략에 맞서 가지 끝에 달린 성장 중인 어린 잎사귀를 먹는다. 그러면 식물은 어린잎에 독성물질을 채우는 방법으로 보복할 수 있다. 이 독성물질은 주로 타닌과 페놀성 물질로, 쓴맛이 나고 포식자의 소화기관에서 소화효소 작용을 방해한다. 그래서 나뭇잎을 먹는 영장류는 어린잎을 다량으로 섭취한 뒤, 위장 안에서 수일간 머물게 하면서 해독하고 소화해야 한다. 그 결과 에너지 섭취에는 한계가 생긴다.

그래서 나뭇잎을 먹고 사는 원숭이들은 대체로 몸집이 크고 배가 나온 경향이 있으며 신진대사가 느리고 지능이 떨어진다. 이들은 커다란 두뇌를 발달시킬 수 없지만, 사방에 널린 것이 나뭇잎이라 손쉽게 먹이를 구할 수 있기 때문에 딱히 그럴 필요도 없다!

이 같은 식엽성 영장류의 전형이 바로 보르네오 긴코원숭이다. 이 독특한 원숭이들은 우두머리 수컷 한 마리를 중심으로 소규모로 무리 지어 다닌다. 이 우두머리 수컷의 희한하게 생긴 모습에서 긴코원숭이라는 이름이 붙었다. 이들의 신체적 특징은 수컷 긴코원숭이의 생식 능력과 비례한다고 알려진 분홍색 긴 코 외에 배가 불룩하다는 점이다. 인도네시아 현지인들의 눈에는 이 특징들이 서구의 식민 지배자들을 연상시켰고, 그래서 긴코원숭이에게 오랑 벨란다*orang Belanda*, 즉 '네덜란드인'이라는 별명을 붙였다.

나뭇잎 대신 열매를 먹는 쪽으로 식단을 변경한 영장류들은 대체로 몸집이 더 커졌다. 열대우림에는 에너지원이 가득한 열매가 풍부하기 때문이다. 과일 위주의 식단은 영장류의 뇌에도 훨씬 더 커다란 변화를 일으켰다. 열매는 장점이 참 많은 먹이다. 식물은 동물을 설득하는 일종의 보상으로 열매를 만든다. 다시 말해 동물이 식물의 종자를 먹고 배변을 통해 종자를 널리 퍼뜨리게 만들려는 유인책인 셈이다. 그래서 열매에 당분을 듬뿍 담고, 익으면 씹고 소화하기 쉽도록 과육을 부드럽게 만든다. 심지어 동물들에게 열매가 익었다는 신호를 보내기 위해 색깔도 바꾸고 이들을 유인하는 향도 만든다.

그런데 열매를 주식으로 삼을 때 유일한 단점이 있다. 열대우림에는 나무가 너무도 다양하고 많은 데다가 모든 종이 숲 전역에 넓게 흩어져 있다는 사실이다. 게다가 열대우림은 계절성이 뚜렷하지 않기 때문에, 나무가 언제 열매를 맺을지 예측할 수 없다. 이는 열매를 맺은 나무를 찾기 어렵다는 뜻이다. 따라서 열매를 먹고사는 영장류는 열매가 언제 영그는지, 숲 안에 과실수가 어디 있는지 기억할 수 있어야 한다. 또한 언제쯤 열매가 맺을지도 예측할 수 있어야 다른 동물이 가로채기 전에 열매가 있는 곳에 도달할 수 있다.

따라서 열매를 먹고사는 동물들은 머릿속에 많은 정보를 저장해야 한다. 공간과 시간 속에서 세상을 '지도'처럼 기억하고 계산하는 능력이 필요한 것이다. 열매를 먹는 영장류를 대상으로 현장 연구와 실험을 시행한 결과, 이들이 많은 과실수의 위치를 기억해서 다음 나무로 신속하고 경제적으로 이동하는 정확한 루트를 계산할 수 있다는 사실이 밝혀졌다.

마카크원숭이나 거미원숭이 Spider monkeys 같은 열매를 먹고 사는 영장류의 뇌가 이들의 사촌뻘 되는 랑구르원숭이 langur monkeys 나 고함원숭이 howler monkeys 처럼 나뭇잎을 먹고사는 영장류의 뇌보다 평균 25% 정도 크기가 더 큰 것은 전혀 놀라운 일이 아니다. 큰 두뇌 덕분에 이들은 더욱 정교한 사회적 행동을 발달시키고 함께 사는 무리의 결속력을 더욱 강화할 수 있다. 카푸친원숭이 capuchin monkeys 를 비롯한 일부 원숭이들은 심지어 간단한 도구를 만들어 사용하는 법도 터득한다. 이들은 돌을 망치처럼 사용해서 견과류와 어패류 껍질을 깨뜨린다.

나뭇가지의 메커니즘을
활용할 줄 알았던 대형 유인원

하지만 원숭이의 지능은 인류와 가장 가까운 친척, 즉 몸집이 큰 대형 유인원 앞에서는 그 빛이 바랜다. 오랑우탄, 고릴라, 침팬지, 보노보노 뇌의 크기는 체중 대비 원숭이 뇌의 2배에 달한다. 대체로 영장류학자들은 유인원들이 큰 두뇌를 가지게 된 덕분에 동료들과 소통하고 관계를 조율할 수 있게 되었다고 생각한다. 확실히 이들은 무리 안에서 복잡한 사회적 상호작용을 하는 것으로 보인다. 공감 능력이 있고 자아성을 지니며 거울에 비친 자기 모습을 알아보는 것으로 보아 일정 수준의 의식을 갖춘 존재로 여겨진다.

하지만 이러한 '사회적 뇌 가설'만으로는 왜 대형 유인원만 지능이 높아졌는지, 왜 원숭이나 다른 육상 포유류는 그렇지 않았는지에 대한 설명이 부족하다. 특히 이웃 동족과 좀처럼 접촉하지 않는 오랑우탄의 지능이 어떻게 그렇게 높은지는 더 더욱 설명해내지 못한다. 아마도 유인원의 지능을 발달시키는 데 어떤 다른 요인이 우선적으로 작용했을 것 같다. 그 결과로 유인원 무리 중 일부 구성원들이 고도의 사회성을 발달시킬 수 있었던 것으로 보인다.

유인원의 지능이 어떻게 진화했는지 처음 생각하기 시작한 것은 오래전 말레이시아 보르네오섬 사바의 삼림을 방문했을 때였다. 물론 그곳을 찾았던 애초의 이유는 다른 데 있었다. 열대우림 나무들이 왜 줄기와 뿌리 사이에 거대한 판 모양의 버팀뿌리(판근)를 발달시키는지를 연구하기 위해서였다. 이때 내가 머물던 연구소에는 젊은 영국 연수생도 몇몇 있었는데, 그들은 오랑우탄이 거대한 두뇌로 무엇을 하는지 연구 중이었다. 이들은 유인원에게 높은 지능이 필요한 이유가 열대우림 지역의 열매가 언제, 어디서 익을지 예측하고 지도를 그리기 위해서라는 가설을 시험하고 있었다.

이 연구 방향에 대해 나는 회의적이었다. 이 가설은 이미 열매를 먹고사는 원숭이가 나뭇잎을 먹고사는 원숭이보다 지능이 높은 이유를 설명하는 데 사용된 바 있었다. 그래서 같은 열대우림에 살면서 비슷한 음식을 먹는 마카크원숭이와 오랑우탄 중, 오랑우탄이 훨씬 더 큰 뇌를 가지게 된 이유를 설명하기에는 그리 설득력이 없었다.

나는 식물과 동물 공학을 연구하는 생체역학자로서 이 문제를 완전히 다른 관점에서 접근했다. 원숭이와 대형 유인원 사이의 가장 명백한 신체적 차이는 유인원에게 꼬리가 없다는 점을 제외하고 바로 신체 크기에 있었다. 대형 유인원은 원숭이보다 모두 몸집이 크고 무겁다. 이런 차이가 지능에 어떤 영향을 미치는지는 직접적으로 뚜렷하게 드러나지 않았다. 몸집이 큰 호랑이가 들고양이보다 지능이 높지 않은 것처럼 말이다. 세상에서 가장 큰 설치류로 꼽히는 카피바라 역시 쥐보다 지능이 높지 않다.

그런데 이들 영장류는 사는 곳이 달랐다. 숲의 지붕과 같은 수관층에 살았다. 몸집이 큰 동물은 작은 동물보다 나무가 우거진 숲에서, 특히 나무들 사이로 이동하기가 훨씬 어려운 법이다. 체중 때문에 나뭇가지가 꺾여 부러질 가능성이 더 크다. 게다가 덩치 큰 동물이 나무에서 떨어지면 훨씬 심각한 대가를 치르게 된다. 위대한 진화생물학자 존 버든 샌더슨 홀데인도 그의 저서 《적당한 크기로 산다는 것 On Being the Right Size》에서 다음과 같이 표현했다.

"까마득한 갱도 아래로 작은 생쥐 한 마리를 떨어뜨리면 어떻게 될까? 땅이 아주 부드럽다면 생쥐는 바닥에 닿을 때 살짝 충격만 받고 유유히 걸어서 사라질 것이다. 반면, 좀 더 큰 들쥐는 죽고, 사람은 온몸이 부러지고, 말은 산산이 부서질 것이다."

나무 꼭대기에서 떨어지면 작은 원숭이는 거의 해를 입지 않겠지만 오랑우탄이라면 아마도 목숨을 잃을 것이다. 여기에 생각이 미치자 불현듯 아이디어가 떠올랐다. 초기 유인원들은 위험한 수목 환경을 안전하게 헤쳐나가고, 나무 사이로 최적의 경로를 계획하고 따라갈 수 있도록 더 큰 뇌를 진화시켰던 것은 아닐까?

그러려면 그들은 자기 몸에 대한 인식, 즉 '자기 이미지 self-image'도 발달시켜야 했을 것이다. 자신의 체중이 자신을 지탱하는 나뭇가지를 휘어지게 하여 주변 물리적 환경을 변화시킨다는 것을 깨달아야 했을 것이다. 다시 말해 그들의 지능은 사회적인 것이 아니라 물리적인 토대 위에 있었다. 즉 나무의 역학적 특성을 감지하는 능력이 바탕을 이루었다는 말이다.

나는 이런 생각을 발전시켜 논문을 작성했지만, 예상대로 과학지에 실리지는 못했다. 그도 그럴 것이 나는 영장류학자도 아니었고 그 전에 열대우림에 갔던 적도 없었으며 유인원의 실제 행동에 관한 데이터도 없었다. 그저 경험과 지식을 바탕으로 추측한 것에 불과했다. 나는 결국 나무와 식물의 뿌리내림anchorage이라는 주제로 다시 돌아가 연구에 매진했다.

그런데 수년이 지난 후 놀랍고도 반가운 사실을 알게 되었다. 내가 예전부터 생각해왔던 그 아이디어가 이제는 유인원의 지능 진화를 설명하는 본격적인 이론, 즉 대니얼 포비넬리와 존 캔트가 제안한 '사지를 동원한 기어오르기 가설(클램버링clambering)'로 자리 잡았다는 것이었다.

이 두 미국 영장류학자들도 오랑우탄에 대해 골똘히 생각했다. 물론 나와 달리 이들은 상당 시간 이 멋진 생명체를 현장에서 관찰한 사람들이다. 그들의 눈에 오랑우탄이 힘들게 나무와 나무 사이를 이동하는 모습이 포착되었다. 오랑우탄은 양손과 물건을 잡기에 적합한 양발을 이용해 여러 나뭇가지를 동시에 잡으면서 천천히 조심스럽게 움직인다.

두 학자들도 유인원이 자아개념을 발달시킨 덕분에 지붕처럼 우거진 수관층 사이로 안전하게 이동할 수 있게 되었다고 추측했다. 1995년에 두 사람의 가설이 발표된 이후, 특히 오랑우탄의 경우 나무의 메커니즘에 대한 이해도가 높다는 사실이 입증되었다.

현재 영국 버밍엄 대학교에 재직하고 있는 수재나 소프 교수는 다년간 수마트라 오랑우탄의 이동 능력을 연구했고, 오랑우탄이 굵기가 다른 나뭇가지들을 잡으면서 이동할 때 나뭇가지에 따라 매우 다른 방식으로 이동한다는 사실을 밝혔다.

오랑우탄은 굵고 단단한 나뭇가지 위에서는 네 발로 가지 위를 걷거나 가지를 잡고 아래로 매달리면서 가지의 흔들림에 몸을 맡긴다. 반면, 나뭇가지의 지름이 4cm 미만인 경우, 두 가지 방식 중 하나로 이동한다. 몸을 수평으로 유지한 채 여러 가지를 동시에 붙잡으면서 힘들게 기어오르거나, 혹은 두 발로 똑바로 서서 걷되 위쪽 가지를 손으로 붙잡으며 균형을 잡는 방식이다. 두 경우 모두, 여러 나뭇가지로 체중을 분산시킴으로써 훨씬 더 안전하게 이동할 수 있다. 심지어 오랑우탄은 나무줄기의 유연성까지 활용할 줄 안다. 나무 꼭대기 부분까지 올라간 뒤 몸무게를 앞뒤로 리듬감 있게 실어 나무를 흔듦으로써, 그 반동을 이용해 인접한 나무로 이동하기도 한다.

챔팬지는 나무 도구를 가장 능숙하고 독창적으로 사용

대형 유인원이 나뭇가지의 메커니즘을 파악하자 또 다른 이점이 생겼다. 안전하게 잠을 잘 수 있는 보금자리를 스스로 만들 수 있게 된 것이다. 대형 유인원은 모두 나무 위 수관층에 얽히고설킨 컵 모양의 둥지를 만들 수 있다. 등에 은백색 털이 난 나이 많고 덩치 큰 수컷 고릴라는 주로 숲 바닥에서 지내는 경향이 있지만, 이처럼 나무 위에 보금자리를 만들면 예기치 않은 이득도 생기고 새로운 기회도 열린다.

원숭이는 나무 위 수관층에 있는 가지 위에서 잠을 잔다. 이렇게 하면 표범과 재규어 같은 육상 포식자들로부터 안전하게 지낼 수 있다. 하지만 잠자리는 틀림없이 위태롭고 불편할 것이다. 원숭이는 가능한 한 굵은 가지를 찾은 뒤, 엉덩이에 발달한 피부 패드에 체중을 실으면서 가지 위에 자리 잡고 앉는다. 하지만 이렇게 해도 밤에 자다가 깨기를 반복한다.

이에 반해 유인원은 넓은 컵 모양 보금자리 안에서 자기 때문에 더 안전할 뿐만 아니라 더 오랫동안 깊은 잠을 잘 수 있다. 토론토 대학교의 데이비드 샘슨 교수 연구팀은 잠든 원숭이와 유인원의 수면 중 신경 활동을 비교하는 연구를 진행했다. 연구 결과에 따르면, 유인원에게서 비렘수면(비급속안구운동수면)과 렘수면(급속안구운동수면) 모두 더 자주 일어났다. 이런 수면 방식은 기억을 재정리하고 고정하는 데 중요한 역할을 해서 인지능력 향상에 도움을 줄 수 있다. 따라서 보금자리를 만드는 행위가 유인원을 더 똑똑하게 만드는 데 일조했을 수 있다.

보금자리를 만드는 것은 간단한 일처럼 보일 수 있다. 영장류학자들도 거의 관심을 두지 않은 것으로 보아 분명 그들도 같은 생각이었던 것 같다. 하지만 보금자리 짓기는 그저 나뭇가지 몇 개를 부러뜨려서 한데 엮는 것으로 끝나는 문제가 아니다. 우선 정원을 가꾸는 사람이라면 누구나 잘 알겠지만 나무에서 살아 있는 가지를 구부려서 꺾는 것은 거의 불가능에 가깝다. 나도 어렸을 적 스카우트 활동을 하면서 캠프파이어에 쓸 나무를 모을 때 이것을 배웠다. 그 이유는 나뭇가지가 너무 강해서가 아니라 살아 있는 목재의 구조가 나무가 부러지는 방식에 영향을 미치기 때문이다.

목재는 무척이나 복잡한 재료다. 하지만 목재가 외부 힘에 의해 어떻게 부러지거나 갈라지는지는 나무 조직이 겉보기로 어떻게 배열돼 있는지가 결정적인 역할을 한다. 대부분의 목재 세포는 나무줄기와 가지를 따라 위아래 세로 방향으로 배열되어 있다. 목재를 견고하게 하는 길고 가는 헛물관(또는 가도관)과 활엽수에서 물을 운반하는 넓게 펼쳐진 물관이 그렇다. 그런데 유일하게 다른 세포가 바로 방사조직 세포다. 방추형으로 생긴 이 세포는 나무 속부터 겉껍질까지 거미줄처럼 방사상으로 뻗어 있다. 이로써 나이테를 효과적으로 한데 고정하고 나무줄기가 뿔뿔이 떨어져나가지 않게 하여 나무줄기를 방사 방향으로 보강해준다.

이 복잡한 구조로 인해, 목재는 결 방향에 따라 서로 다른 물리적 성질을 지닌다. 목재를 나뭇결 반대 방향으로 부러뜨리기는 어렵다. 그러려면 헛물관 벽을 파열시켜야 하기 때문이다. 하지만 결대로 쪼개면 쉽게 부러뜨릴 수 있다. 헛물관을 서로 분리하고 몇몇 방사조직 세포를 부수기만 하면 되기 때문이다. 그래서 목재는 가로보다 세로 방향이 8~10배 더 강하다. 또한 대부분의 목재는 접선 방향보다 방사 방향일 때 20~25% 더 강하다. 이런 강도 패턴은 목재가 견뎌내야 하는 힘의 방향과 일치한다. 결에 따라 강도와 강성剛性이 높기 때문에 목재는 나무줄기와 가지에 작용하는 중력과 바람에 의해 휘어지는 휨력을 견딜 수 있다. 세로 방향의 섬유질은 나뭇가지 내부에서 휨으로 인해 생기는 세로 방향의 인장력과 압축력을 버텨내도록 이상적으로 배열되어 있다.

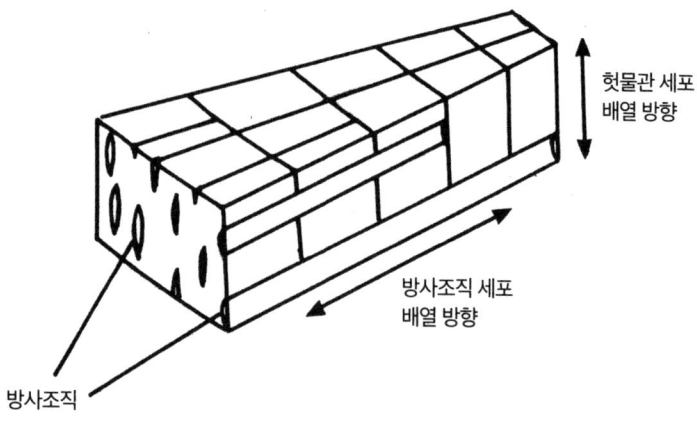

침엽수의 줄기 구조. 헛물관 세포는 나무줄기 위아래로 분포하는 반면, 방사조직 세포는 줄기 중심부에서 나이테를 거쳐 겉껍질까지 방사형으로 분포한다.

바로 이러한 구조적 배열 때문에 살아 있는 나뭇가지를 꺾는 일은 거의 불가능해진다. 마르지 않은 나뭇가지를 가지가 휘어진 방향대로 구부리면 볼록한 쪽이 늘어나면서 오목한 쪽은 압축된다. 일반적인 가지라면 먼저 나무의 장력이 약해지고 그런 다음 가지가 부러지기 시작한다. 길쭉한 당근이나 셀러리처럼 말이다.

하지만 완전히 다 부러지지는 않는다. 갈라진 부분이 가지의 중심부까지 도달해서 갈라지고 나면, 방향을 바꾸어 약한 중심선 위아래와 헛물관 사이, 방사조직 사이로 이동하며 갈라지기 때문이다. 제아무리 최선을 다해도 나뭇가지는 세로로 쪼개져서 절반은 꺾이고 절반은 붙어 있는 상태로 남게 된다. 이와 유사한 종류의 골절이 어린아이들의 긴 뼈에서 발생한다. 바로 뼈가 부러지다 마는 불완전골절이다.

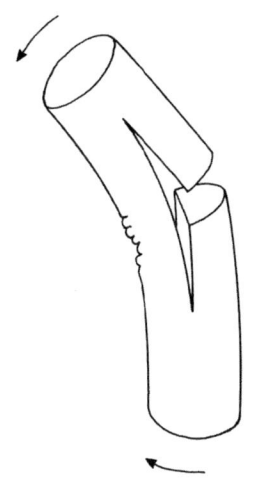

나뭇가지를 구부릴 때 가지가 부러지는 모습.
절반은 꺾이지만, 그런 뒤에는 세로 방향으로 쪼개진다. 일명 불완전골절이라 불리는 과정이다.

그런데 공교롭게도 불완전골절은 주로 아이들이 나무에서 떨어질 때 일어난다! 박사과정 제자 애덤 반 캐스터런은 수마트라에서 오랑우탄이 나무 사이로 이동하기 위해 나뭇가지의 유연성을 어떻게 이용하는지 연구하고 있었다. 나는 그에게 오랑우탄이 불완전골절 문제를 어떻게 극복하면서 보금자리를 짓는지 연구하는 임무를 맡겼다.

애덤은 인도네시아 수마트라섬 아체의 열대우림에서 낮에는 유인원들을 따라다니고 밤에는 그들이 보금자리를 짓는 모습을 관찰했다. 다음날 아침이 되면 다시 보금자리로 올라가서 살펴보면서 그 구조물에 대한 역학 시험을 했다. 그리고 그는 오랑우탄이 보금자리의 기초가 될 만한 상당히 튼튼한 수평 방향의 나뭇가지를 찾아낸 다음 이 버팀목을 중심으로 보금자리를 짓는다는 사실을 발견했다(또 다른 박사과정 학생인 줄리아 마이아트가 촬영한 오랑우탄의 보금자리 짓는 영상이 이를 뒷받침한다).

먼저 오랑우탄은 몸을 숙여 한 손으로 굵은 나뭇가지들을 자기 쪽으로 끌어온 다음, 불완전골절처럼 불완전하게 꺾어 안쪽으로 접는다. 그런 다음, 최종적으로 이 가지들을 하나로 엮는다. 작업 결과, 대략 길이 1.2m, 너비 76.2cm에 달하는 컵 모양의 타원형 보금자리가 만들어진다. 이렇게 완성된 구조물 안에 앉아서 오랑우탄은 손을 뻗어 비교적 가는 나뭇가지들을 잡아챈다. 이 가지들을 양손에 쥐고 불완전골절처럼 우선 불완전하게 꺾은 다음, 비틀어 꺾어 양쪽을 완전히 분리해버린다. 이렇게 꺾은 가지와 잔가지, 나뭇잎으로 보금자리를 채우고, 자기 뒤쪽과 주변도 채워서 매트리스와 베개를 만들고, 마지막으로 무릎 위에도 올려놓아서 이불로 삼는다. 이 과정은 눈에 띌 정도로 신속하게 이루어졌다. 줄리아가 찍은 영상을 보면, 수컷 오랑우탄이 보금자리를 짓는 데 걸린 시간은 단 5분에 불과했다. 그마저 절반 정도는 첫 번째 단계에서 다음 단계로 넘어가기 전에 휴식하는 시간으로 썼다. 오랑우탄은 성체로 자랄 즈음이 되면 뛰어난 작업 지식을 갖추게 되고 생나무의 역학에 대한 '감'도 가지게 되는 것이 틀림없다. 어린 오랑우탄은 수년간 어미를 관찰하고 스스로 연습해서 보금자리 짓는 기술을 완성한다.

보금자리를 짓는 정교한 행동을 하는 것을 보면, 유인원들이 간단한 나무 도구를 만들어 쓸 수 있다는 사실은 전혀 놀랍지 않다. 하지만 영장류학자들은 그동안 이 두 가지 능력을 연결해서 생각하기를 주저했다. 그 원인은 그들이 엄격한 정의에 과도하게 의존하기 때문일 수 있다. 영장류학자들이 정의하는 도구란 환경과 분리되어 주로 손으로 쥐고 사용하는 특정한 기능을 지닌 물건을 말한다. 이런 정의에 따르면 보금자리를 만들려면 도구를 만들 때와 최소한 같은 기술이 요구되지만, 보금자리는 분명 도구가 될 수 없다. 이유야 어떻든 이는 안타까운 일이다. 최근까지도 영장류학자들이 보금자리를 만드는 행동이 도구 제작의 진화에서 얼마나 중요한지를 깨닫지 못했다는 뜻이기 때문이다.

다른 유인원과 비교했을 때, 오랑우탄은 야생에서는 거의 도구를 만들지 않는다. 이들은 주로 잔가지를 꺾어 가지 끝으로 구멍을 파서 흰개미를 모으는 모습이 관찰되었다.

스위스 취리히 대학교의 카렐 반 샤이크 교수는 수마트라섬 수아크 습지림에 밀집해 있는 오랑우탄 개체군을 발견했는데, 이들이 두 가지 종류의 나무 도구를 발전시킨 것을 알게 되었다. 첫 번째 도구는 속이 빈 나무에서 꿀을 뽑아내는 용도였으며, 두 번째 도구는 열매 속 영양가 높은 씨를 꺼내기 위해 단단한 열매껍질을 벌리는 용도였다. 심지어 오랑우탄이 철따라 도구 디자인을 바꾼다는 사실도 알아냈다. 이들은 열매껍질이 점점 벌어지면 그에 따라 나중에는 더 넓은 막대기를 골라서 썼다.

이 무리 말고 다른 오랑우탄 집단의 도구 활용은 그다지 혁신적이지 않았다. 아마도 이런 행동을 촉구하는 자극과 기회가 부족했기 때문인 듯하다. 주로 먹는 열매는 딱히 도구가 필요하지 않을뿐더러, 외톨이 생활을 더 많이 하는 탓에 도구 제작 문화를 발달시킬 기회도 거의 없었던 것이다. 하지만 이와는 대조적으로, 인간에 의해 포획된 오랑우탄은 조작 기술이 뛰어난 것으로 유명하다. 이들은 손쉽게 과학 기구를 분해하고 훌륭하게 설계된 우리에서도 탈출할 줄 안다.

야생에서 침팬지는 나무 도구를 가장 능숙하고 독창적으로 사용하는 동물이다. 오랑우탄이 흰개미를 빼낼 때처럼 많은 침팬지 무리가 낚시용 막대기를 만들어 쓴다. 침팬지는 오랑우탄과 같은 용도로 서로 다른 두 개의 막대기를 사용할 수도 있다. 튼튼하고 굵은 막대기로는 구멍을 파고 끝이 마모된 가는 막대기는 구멍에서 흰개미를 빼내는 데 사용한다.

꿀을 좋아하는 가봉의 침팬지들은 훨씬 더 정교하다. 라이프치히의 막스플랑크 진화인류학 연구소 소속 크리스토프 보슈 박사에 따르면, 가봉의 침팬지들은 꿀벌의 보금자리에 침입해서 꿀을 약탈하기 위해 나무 도구를 아예 세트로 개발해서 가지고 다닌다고 한다. 나무 도구 세트 안에는 벌집을 찔러 탐색하는 데 사용하는 가느다란 뚫는 기구, 내부를 부술 묵직한 방망이, 구멍을 넓게 벌리는 지렛대처럼 생긴 구멍 확장기, 꿀에 담갔다 꺼내는 끝이 마모된 채집기, 꿀을 떠서 퍼내는 채취기(가늘고 긴 나무껍질 조각) 등이 포함되어 있다.

하지만 침팬지가 가장 혁신적인 도구를 만들 때는 가장 극한의 환경에 처했을 때다. 이런 도구를 생각하면 현생 수렵 채집인들이 사용한 도구가 머릿속에 강렬하게 떠오른다. 동부 아프리카 탄자니아의 사바나 침팬지는 구멍을 파기 위한 30.5~61cm 길이의 막대기를 만들어 쓴다. 우기에 땅속을 탐색해서 식물의 덩이줄기를 캐내기 위한 용도다. 세네갈의 사바나 침팬지는 한술 더 떠서 사람과 비슷한 능력까지 보인다. 텍사스 주립대학교의 질프루에츠 박사는 암컷 침팬지들이 창을 만들어 사용하는 모습을 관찰한 바 있다. 이들은 약 61~123cm 길이의 가지를 꺾어서 잎을 떼어버린 뒤 이빨로 가는 가지 끝을 날카롭게 만든다. 이렇게 만든 도구는 속이 빈 나무 몸통 안을 탐색해서 안에 있는 부시 베이비를 쫓아내거나 나아가 창으로 찌르는 데 사용한다. 그런 다음, 채식 식단을 보충하기 위해 이렇게 사냥한 부시 베이비를 잡아먹는다.

분명한 점은 대형 유인원들이 원숭이로부터 분화된 이후로 지적 능력을 크게 발달시켰다는 사실이다. 덕분에 이들은 주변에 있는 나뭇가지들의 휘어짐과 약점에 잘 대처할 수 있게 되어 복잡한 나무 보금자리도 짓고 나무 도구도 만들 수 있었다. 이들이 만든 나무 도구는 초기 인류가 사용한 석기보다 많은 면에서 더 정교하다. 약 500만~700만 년 전 침팬지와 보노보의 공통 조상으로부터 분화된 인류 최초의 조상들은 이러한 능력을 공유했다. 그리하여 우리 조상들은 목재를 주재료로 선택해서 사용한 건축가이자 장인이 되었다.

인류의 나무타기가 사족보행으로 발전하는 과정

대형 유인원과의 유사성에도 불구하고, 여전히 인류만의 고유한 능력으로 여겨지는 능력이 하나 있다. 바로 두 다리로 걷는 직립보행 능력이다. 보노보가 허리 깊이의 물속을 걷는 모습을 보면 기묘하고도 불편한 느낌이 든다. 유인원은 대부분 짧은 거리만 직립보행할 수 있다. 그것도 구부러진 다리와 앞으로 구부정한 자세로 잔뜩 웅크린 채 걸을 수 있을 뿐이다. 침팬지와 보노보는 탁 트인 땅 위를 대개 네 발로 이동한다. 이때 손바닥보다는 손 관절로 땅을 짚으면서 이른바 너클 보행knuckle walking을 한다. 대형 유인원 가운데 인류처럼 다리를 똑바로 편 상태로 거의 직립으로 걷는 존재는 놀랍게도 유인원 중 나무 위에서 가장 많이 사는 오랑우탄이다.

현재 직립보행으로의 진화가 땅 위에서 혹은 종래 알려진 순서에 따라 너클 보행이라는 중간 단계를 거쳐서 일어나지 않았다는 증거들이 쌓여가고 있다. 수재나 소프 교수와 리버풀 대학교의 로빈 크롬튼 교수는 과거의 통념 대신 대안적 가설을 제시하여, 인류의 조상들이 직립보행 능력을 지니게 된 시점은 그들이 여전히 나무 위에서 살던 때라고 주장한다. 게다가 조상들은 직립보행 할 수 있게 된 뒤에도 그 즉시 초원으로 뛰쳐나가지 않고, 한참 동안 나무가 우거진 지역에 남아 나무 위 수관층에 머물렀음이 점점 확실해지고 있다.

그 증거는 대부분 살아 있는 유인원을 대상으로 진행한 연구에서 나온다. 특히 수관층에서 오랑우탄의 이동 방식을 연구하는 수재나 소프 교수의 연구 결과가 이를 뒷받침한다. 앞서 언급했 듯, 오랑우탄은 흔히 가는 나뭇가지를 따라 직립보행을 하고, 그럴 때면 손으로 위쪽에 있는 나뭇가지들을 잡고서 거기에 매달린다. 이렇게 하면 하나 이상의 나뭇가지로 체중을 분산시켜서 더 안전하게 이동할 수 있다. 또한 나뭇가지의 용수철과 같은 탄력성을 이용할 수도 있다. 가지 위로 발을 내디디면 가지는 오랑우탄의 체중 때문에 아래로 처지면서 탄성 에너지를 저장한 뒤 다시 튀어오르면서 이 에너지를 되돌려준다. 그러면 오랑우탄은 거의 힘들이지 않고도 나뭇가지를 따라 튀어오를 수 있다. 사람이 트램펄린 위로 걸을 때처럼 말이다.

애덤 반 캐스터런은 나무 위 직립보행 가설 가운데 이 측면을 시험했다. 그는 나뭇가지의 역학적 반응을 연구하여 오랑우탄이 나뭇가지를 용수철처럼 활용해서 더 효과적으로 걸을 수 있는지 살펴보았다. 이를 위해 많은 나뭇가지들의 길이에 따른 각각의 강성을 측정하여 오랑우탄이 위에 올라섰을 때 얼마나 빨리 다시 튀어오를지 연구했다. 나뭇가지의 반응은 복잡했으나, 애덤은 나뭇가지의 어떤 지점에서건 가지의 굵기를 보면 강성을 예측할 수 있다는 사실을 발견했다. 그러므로 오랑우탄 역시 나뭇가지의 굵기만 보면 그 가지가 얼마나 딱딱한지 알아맞힐 수 있었을 것이다.

이뿐만 아니라 나뭇가지가 워낙 빠르게 앞뒤로 흔들리기 때문에 걸어가는 오랑우탄에게 에너지가 충분히 돌아갈 수 있었다. 애덤은 오랑우탄이 나뭇가지에 몸을 맡기면서 튀어오르는 몇몇 장면을 영상으로 담기도 했다. 수재나는 동물원에 있는 오랑우탄을 대상으로 이런 모습을 더 쉽게 포착할 수 있었다. 동물원에서 특별히 만든 기둥들 위로 오랑우탄이 걷는 장면을 촬영한 것이다.

수재나와 그녀의 연구 조교는 나뭇가지에 매달리는 행동이 직립보행 진화 과정에서 맞닥뜨리는 큰 어려움인 균형 유지 문제를 극복하는 데 도움을 줄 수 있다는 사실도 입증했다. 그들은 이번에는 인간을 시범 종種으로 삼았다. 실험 참가자들에게 다이빙대 위에서 균형을 잡으라고 했고, 바람에 살짝 흔들리는 나무 영상이 그들 주변에 투사되었다. 실험 시간 가운데 절반 동안은 마치 나뭇가지를 잡는 것처럼 잡고 매달릴 수 있는 유연하게 휘는 막대기를 참가자에게 제공했고, 나머지 시간에는 손으로 잡을 것을 아무것도 제공하지 않았다. 실험이 진행되는 동안 참가자들의 모습을 영상으로 촬영하고, 다이빙대가 흔들릴 때 참가자들의 허벅지 근육 속 신경 활동을 측정했다. 실험 결과에 따르면, 다이빙대가 흔들리면 사람들의 허벅지 근육은 균형을 유지하기 위해 더 열심히 일해야 했지만, 손으로 잡을 것이 있으면 이 작업량이 최고 3분의 1만큼 줄었다. 손잡이가 균형을 더 효율적으로 잡는 데 도움을 준 것이다.

이처럼 나무 위에서 두 발로 걷는 능력은 분명한 이점을 제공했다. 화석 증거에 따르면 우리의 조상들은 몸의 다른 부분들이 여전히 나무 위 생활에 적응되어 있는 동안에도, 하체는 점차 직립보행에 적합한 형태로 변화해 갔음을 보여준다.

가령 약 600만 년 전에 화석 나무 위에서 살았던 최초의 호미닌(또는 사람족) 가운데 하나인 오로린 투게넨시스*Orrorin tugenensis*는 현생 인류와 마찬가지로 넓다리뼈머리가 안쪽으로 굽어 있었던 것으로 보아 직립보행이 가능했던 것으로 추정된다. 그래도 이들은 나뭇가지를 붙잡는 데 안성맞춤으로 손가락과 발가락이 여전히 안쪽으로 구부러져 있었다. 440만 년 된 아르디피테쿠스 라미두스*Ardipithecus ramidus*의 엉덩이뼈와 다리뼈는 직립보행에 훨씬 더 적합했다. 하지만 이들의 발에는 여전히 '다른 발가락들과 맞닿을 수 있는' 커다란 엄지발가락이 있어서, 사족보행과 나무타기를 병행하기에 안성맞춤이었다.

최근 독일에서 발견된 바에 따르면, 나무 위 수관층에서 직립보행 할 수 있는 능력은 이보다 훨씬 더 일찍 진화했을 수 있다. 1,200만 년 전의 화석 유인원 다누비우스 구겐모시*Danuvius guggenmosi*는 하체가 아르디피테쿠스와 유사했던 것으로 보아 이족보행은 대형 유인원들 사이에서 반복해서 진화했을 것으로 보인다.

참으로 역설적이다. 인류의 조상들은 숲속 나무 위 수관층에 머무는 동안 그들이 훗날 땅 위에서 살아갈 때 필요로 할 신체적, 정신적 특성들을 발달시켰으니 말이다. 앞으로 살펴보겠지만, 그렇다고 나무를 떠나 탁 트인 공간으로 이동하는 과정이 완료된 것은 아니다. 다음 장에서는 어떻게 우리가 목재와의 관계를 이용해서 마침내 나무에서 내려와 두 발로 땅을 디디면서 진정한 인간이 될 수 있었는지를 살펴보고자 한다.

제2장

나무에서 내려오다

2016년, 인류학계를 충격에 빠뜨린 사건이 일어났다. 가장 유명한 인류학의 총아 가운데 하나인 루시의 급사 원인이 높은 나무에서 떨어졌기 때문으로 밝혀진 것이다. 루시는 인류학자가 아니라 지금껏 발견된 초기 인류 화석 전체 가운데 가장 유명한 화석이다. 그녀는 초기 호미닌 종인 오스트랄로피테쿠스 아파렌시스 *Australopithecus afarensis*에 속한다. 루시의 유골 대부분은 1974년 에티오피아에 있는 320만 년 된 바위 사이에서 발견되었다. 루시라는 이름은 발굴 작업을 하던 인류학자들의 캠프에서 흘러나오던 〈루시는 하늘에 다이아몬드와 함께Lucy in the sky with diamonds〉라는 비틀스의 노래 제목에서 따온 것이다.

발굴되자마자 루시는 일약 스타가 되었다. 우리처럼 그녀도 직립보행할 수 있었던 것이 분명하다는 사실 때문이었다. 루시의 엉덩이뼈는 인간과 비슷해서 엉덩뼈능선이 짧고 엉치뼈가 넓었다. 또한 넙다리뼈머리가 엉덩관절 방향으로 안쪽으로 굽은 덕분에 다리를 수직으로 똑바로 내디딜 수 있었다.

최근 루시를 대상으로 진행된 생체역학적 연구 결과들은 그녀가 현생 인류처럼 걸을 수 있었다는 최초의 해석을 입증해주었다. 맨체스터 대학교의 빌 셀러스 교수가 루시의 하체를 컴퓨터로 재구성하여 걸음걸이 시뮬레이션을 만들었더니 본질적으로 인간과 다름없는 걸음걸이가 나왔다. 리버풀 대학교의 또 다른 연구에서는, 심지어 루시보다 앞서 살았던 약 360만 년 전의 오스트랄로피테쿠스가 모래 위에 남긴 발자국이 현생 인류의 발자국과 매우 유사하다는 사실을 발견했다. 뒤꿈치와 발볼이 선명하게 찍혀 있어서 이 발자국을 남긴 생명체의 걸음걸이가 다리를 똑바로 펴고 걷는 인류의 특징적인 걸음걸이와 같다는 것을 확인했다.

이러한 압도적인 증거와 화석이 발견된 위치가 가뭄이 심한 에티오피아의 아파르 삼각지대라는 점을 종합적으로 고려하면, 루시에 대한 최초의 복원 이미지를 듬성듬성 관목이 보이는 척박한 풀밭을 성큼성큼 걸어다니는 모습으로 재현한 것이 놀라운 일은 아니다. 루시는 인류 진화라는 무대 위에 오른 최초의 여성이었던 만큼 나무에서 추락했다는 이야기는커녕 그녀가 나무 위에서 살았다는 발상조차 불가능했을 것이다.

하지만 루시의 사망 시나리오를 뒷받침하는 증거는 매우 설득력 있다. 그동안에는 그녀의 화석 뼈에 남아 있는 골절 흔적이 그녀가 사망한 후 수백만 년이 흐르는 동안 생긴 것으로 추정했다. 그런데 텍사스 대학교의 존 카펠만 교수 연구팀이 MRI로 뼈대를 스캔했더니, 추락사한 성인에게 나타나는 것과 같은 종류의 골절 특징이 확인되었다. 다리뼈와 팔뼈에 모두 복합 압박 골절이 있었고, 뼈의 긴 축에 대해 45도 각도로 골절이 있었다.

또한 어린아이가 나무에서 떨어질 때 발생하는 불완전골절도 발견되었는데 뼈가 꺾이면서 절반만 부러진 뒤 세로로 쪼개져 있었다. 생나무 가지를 구부렸을 때처럼 말이다. 루시가 나무에서 추락사했다는 카펠만 교수의 해석은 루시와 그녀의 친척들이 완전히 땅 위에서 살았던 것이 아니라 절반은 땅에서, 절반은 나무 위에서 살았다는 것을 암시하는 다른 많은 발견과도 부합한다. 한마디로 반수상半樹上 생활을 했다는 말이다. 우선, 그 당시 동아프리카의 환경은 그 이후만큼 건조하지 않았다. 루시가 살았던 시절, 이 지역은 사바나 산림으로 덮여 있었을 것이다.

오스트랄로피테쿠스의 상체에서 발견된 설득력 있는 해부학적 증거 역시 루시가 반수상 생활을 했다는 주장을 뒷받침했다. 침팬지처럼 튼튼한 팔에 손가락이 구부러져 있어서 나무를 많이 타는 생활에 이상적이었을 것이다. 2012년 연구에서는 루시가 유인원과 같은 어깨 날개뼈를 가졌다는 사실이 밝혀졌고, 2016년

CT촬영에서는 루씨의 뼈가 우리처럼 팔뼈의 뼈막이 얇지 않고 침팬지처럼 뼈막이 두꺼운 것으로 드러났다. 이렇게 두꺼운 뼈막을 지닌 팔을 이용해서 나무를 탔던 것이 틀림없다.

마지막으로 2018년 330만 년 전의 오스트랄로피테쿠스 아파렌시스 소년의 발뼈를 연구했더니, 심지어 루시보다 발허리뼈(발목뼈와 발가락뼈 사이에 있는 다섯 개의 발뼈) 관절이 더 굽어 있었다. 덕분에 이 소년은 엄지발가락을 안쪽으로 움직여 엄지손가락처럼 나뭇가지를 붙잡는 데 사용할 수 있었던 것으로 보인다. 그는 틀림없이 나무를 타거나 엄마에게 매달려 지내면서 많은 시간을 보냈을 것이다.

따라서 루시와 같은 초창기 오스트랄로피테쿠스는 엉덩이 아래로는 인류와 닮았더라도 허리 위로는 유인원과 비슷했을 것이다. 이보다 훨씬 더 최근에 등장한 호미닌 종의 경우도 마찬가지였던 것으로 보인다. 200만 년 전까지 생존했던 오스트랄로피테쿠스 아프리카누스*Australopithecus africanus* 역시 나무타기에 적합한 긴 팔과 굽은 손가락을 지녔다. 더욱이 우리와 같은 사람 속에 속하는 최초의 구성원이자 210만~150만 년 전에 살았던 호모 하빌리스*Homo habilis*조차도 우리보다 팔이 비교적 길고 튼튼했다. 결국 인류가 땅으로 내려와 사는 생활방식에 완전히 적응한 것은 호모 에렉투스*Homo erectus*가 등장하면서부터로 불과 200만 년도 안 되는 셈이다.

목재의 우수한 역학적 성질을
이해한 초기 호미닌

　호미닌이 이미 360만 년 전에 우리처럼 직립보행할 수 있었는데도 불구하고 그 이후로도 200만 년 동안 나무타기 능력을 그대로 유지했던 까닭은 무엇일까? 인류의 역사를 이해하려면 먼저 초기 호미닌이 나무에서 내려온 이유뿐만 아니라 그들이 영구적으로 내려와 살기를 주저했던 이유가 무엇인지도 설명할 수 있어야 한다. 또한 호모 에렉투스가 마침내 어떻게 나무를 벗어나 진정한 뭍살이 동물이 되었는지도 설명할 수 있어야 한다.

　지구 환경 역사에 관한 최근 연구 결과에 따르면, 호미닌이 나무에서 내려온 이유를 파악할 열쇠는 기후변화에 있는 것으로 드러났다. 지난 2,000만 년 동안 세계 기후는 계속해서 냉각되었는데, 그 주된 원인은 지구의 지각판들이 움직였기 때문이다. 인도판이 유라시아판과 부딪히면서 히말라야산맥이 솟아났고 그로 인해 노출된 규산염암이 대기 중 이산화탄소를 흡수하여 온실효과를 약화시켰다. 그러자 기후가 서늘해졌고 열대지방과 아열대지방에 계절 변화가 더 뚜렷해졌다. 우기와 우기 사이에 건기가 생겼고 그 기간도 점차 길어졌다. 이런 경향은 동아프리카에서 특히 뚜렷이 나타났다. 케냐와 탄자니아의 국경에 걸쳐 있는 그레이트 리프트 밸리(대지구대)가 형성되면서 융기된 산맥들이 인도양에서 오는 강우를 차단했기 때문이다. 그로 인해 과거의 열대림과 계절풍림은 탁 트인 공간으로 변했다. 강 계곡 주변의 습한 땅을 제외하면 나무들이 길어진 건기를 견디지 못했기 때문이다.

숲 바닥이 빛에 노출되자 뒤이어 새로운 유형의 생태계, 즉 풀을 비롯한 초본 식물이 주를 이루는 사바나가 등장했다. 이 식물들은 우기에만 자라며 건기에는 살아남기 위해 잎을 떨어뜨리고 에너지를 땅속 알뿌리와 알줄기, 뿌리에 저장한다.

이 같은 식생의 변화는 숲에 서식하던 유인원들에게는 분명 나쁜 소식이었다. 앞에서 살펴보았던 현생 사바나 침팬지와 마찬가지로 그들은 어쩔 수 없이 숲 바닥으로 내려올 수밖에 없었을 것이다. 띄엄띄엄 서 있는 나무들을 오가기 위해서뿐만 아니라 주식으로 먹던 열매를 보충할 만한 다른 먹이를 찾기 위해서 내려와야 했을 것이다.

현생 침팬지가 그렇듯, 그들도 틀림없이 먹이를 다변화했을 것이다. 사바나 지역에 풍부한 흰개미를 먹고 벌집에서 꿀을 약탈하고 부시 베이비 같은 작은 포유류를 사냥했을 것이다. 침팬지처럼 아마 그들도 먹이를 구하는 데 필요한 쑤시개, 끌, 창과 같은 목재 도구를 공들여 만들었을 것이다. 어쩌면 가뭄을 견디는 새로운 유형의 식물에서 나는 딱딱한 견과류와 씨앗을 돌망치로 깨뜨려 열고 꺼내 먹었을 것이다. 그래도 건기에는 땅속의 뿌리와 알뿌리가 그들의 주식이었을 것이다. 탄자니아의 하드자 부족과 같은 현생 수렵 채집인들처럼 말이다.

안타깝게도 뿌리는 먹기가 까다롭다. 식물 입장에서는 뿌리가 먹히면 아무런 득이 없기 때문이다. 식물의 뿌리를 파내서 먹으면 그 식물은 죽어버리지 않는가! 그런 이유로 쉽게 먹힐 수 있게 진화된 열매와 달리, 뿌리는 방어력이 대단히 강하다.

우선, 식물은 뿌리 안에 질긴 섬유질을 포함시켜 구조적으로 뿌리를 보호한다. 초기 오스트랄로피테쿠스와 호모 하빌리스는 모두 이러한 식물의 저항력에 대처하기 위해 치아를 발달시켰다. 열매를 주식으로 삼는 유인원의 날카로운 송곳니와 뾰족한 어금니 대신, 두꺼운 법랑질로 덮인 커다란 판 모양의 어금니와 작아진 송곳니로 바뀌었다. 이런 치아는 질긴 식물성 소재를 자르고 잘게 부수는 데 훨씬 더 적합했다.

이후에 등장한 오스트랄로피테쿠스, 예를 들어 파란트로푸스 보이세이*Paranthropus boisei*와 파란트로푸스 로부스투스*Paranthropus robustus*는 머리 꼭대기에 넓은 시상능(두개골 정상부에 앞쪽에서 뒤쪽 방향으로 뻗은 칸막이 모양인 뼈의 능선-역자)이 발달하기도 했다. 현생 하이에나에게서 볼 수 있듯 발달한 시상능은 거대한 턱 근육의 부착점 역할을 했다. 이는 질긴 뿌리를 잘게 부수고 딱딱한 견과류와 씨앗을 깨뜨리는 데 도움이 되었을 것이다.

식물은 자신의 땅속 저장 기관인 뿌리를 방어하기 위해 화학적인 방법도 동원한다. 떫은 맛이 나는 화학물질을 분비해 소화효소의 작용을 방해하고 독성물질로 중독을 일으킨다. 오스트랄로피테쿠스는 이렇게 까다로운 먹이를 잘 소화하기 위해 커다란 장을 발달시켰다. 이는 갈비뼈 하부가 확장된 것을 보면 알 수 있다. 이들은 긴코원숭이처럼 틀림없이 배가 불뚝 튀어나왔을 것이다. 하지만 뿌리를 먹으려면 먼저 이 땅속 자원에 접근하는 것이 가장 큰 난관이었다. 개코원숭이는 현재 아프리카 초원에 사는 유일한 영장류다. 이들은 손으로 흙을 파지만, 그렇게 해서는 얕은 곳에 있는 알뿌리와 알줄기에만 도달할 뿐이다. 혹멧돼지는 인상적인 엄니로 조금 더 깊게 판다. 호미닌은 더 길고 깊은 뿌리에 접근하기 위해 새로운 기술을 발달시켜야만 했을 것이다.

앞에서 살펴보았듯, 몇몇 현생 사바나 침팬지는 땅을 파기 위해 막대기를 사용한다. 하지만 이런 막대기는 대체로 굵기 1.5cm, 길이 30.5cm가 넘지 않는다. 이런 짧고 가늘고 약한 도구로는 얕은 데 있는 뿌리와 알뿌리만 파낼 수 있다. 그것도 흙이 부드러운 우기에만 가능하다. 무슨 이유에선지 이들은 가늘고 약한 막대기의 끝부분을 잡고 도구로 사용한다. 오스트랄로피테쿠스에게는 이보다 나은 도구가 필요했을 것이다.

지금까지 땅을 파는 막대기로서 최고의 디자인이 무엇인지에 관한 실험 연구는 진행된 바가 전혀 없다. 하지만 다행스럽게도 땅을 파서 무언가를 꺼내는 행동은 곧은뿌리 식물을 베어내는 행동과 역학적으로 유사하다. 이것은 내가 직접 연구한 내용이다. 간단한 역학에 따르면, 초기 호미닌은 땅 파기 수행 능력을 향상하기 위해 더 길고 튼튼한 막대기를 꺾어서 사용할 필요가 있었을 것이다. 막대기 굵기가 2배가 되면 16배 더 단단해지고 8배 더 강해진다. 땅을 파는 데 이런 막대기를 사용하면, 2배 깊은 곳까지 흙을 파낼 수 있었을 것이다. 또한 호미닌은 막대기를 흙 안으로 쉽게 밀어넣을 수 있도록 막대기 끝을 뾰족하게 만들어야 했을 것이다. 나무가 쉽게 부패한다는 점을 감안하면, 초기 호미닌 진화기에 땅을 파는 데 사용했던 막대기가 하나도 발견되지 않은 것은 당연한 일이다.

실제로 지금까지 발견된 가장 오래된 땅 파는 막대기는 불과 17만 년 전의 것이다. 인류와 가까운 친척뻘 되는 네안데르탈인이 만든 것으로, 이탈리아 토스카나 남부에 있는 포제티 베키에서 발견되었다. 이 막대기들은 길이가 101.6~127cm, 지름이 2.54~3.8cm 정도다. 막대기의 가는 끝을 불에 태워서 탄 부분을 긁어내 뾰족하게 만들었다. 현생 수렵 채집인들, 가령 하드자족 여성들이 사용하는 땅 파는 막대기는 더 크고 더 정교하다. 이들은 길이가 1m가 넘고 굵기가 3.8cm, 무게가 0.45~0.9kg에 달하는 막대기들을 잘라 사용한다. 하드자족이 파내는 뿌리는 워낙 단단해서 우리에게 친숙한 당근이나 파스닙 정도는 아무것도 아니다. 하드자족이 좋아하는 야생 덩이식물(돼지감자 같은 땅속 덩이줄기 식물) 에크와 하사*ekwa hasa*는 무려 길이가 122cm에 이르며 영양가도 매우 높다. 하드자 부족 여성들은 막대기의 뾰족한 끝으로 땅을 찔러서 흙을 부순 뒤, 지렛대처럼 부서진 흙을 들어올려서 뿌리를 파낸다. 이 과정이 워낙 효율적이라 여성들은 단 몇 시간 만에 무리 전체의 하루 필요를 충당할 만큼 충분한 양의 뿌리를 수확한다.

이 막대기들은 매우 정교한 도구지만, 하드자족은 정글도인 마체테 칼 같은 철로 만든 도구도 사용한다. 이들은 마체테 칼로 거의 매주 새로운 막대기를 잘라 만들고 막대기 끝을 날카롭게 다듬는다. 반면, 오스트랄로피테쿠스는 금속 또는 초창기에는 심지어 석기조차 사용하지 못했기에 네안데르탈인이나 하드자족이 땅을 팔 때 사용한 막대기처럼 큰 막대기를 만들지는 못했을 가능성이 크다.

하지만 초기 호미닌은 나뭇가지로 더 굵고 길고 튼튼한 막대기를 만들어야 한다는 강력한 선택압selection pressure에 직면했을 것이 틀림없다. 그래서 톱질하듯 나뭇가지를 자르고 가지 끝을 뾰족하게 만들 수 있는 날카로운 날을 가진 새로운 석기를 개발해 냈을 것이다. 또한 이렇게 석기를 만들고 땅 파는 막대기를 효과적으로 조작하려면 물건을 더 세게 붙잡을 수 있도록 엄지손가락은 완전히 접히는 쪽으로 진화해야 했을 것이다.

초기 호미닌은 땅 파는 막대기를 사용하면서 목재의 우수한 역학적 성질을 활용했을 것으로 보인다. 우리는 앞장에서 나뭇가지를 구부려 가지를 꺾을 때 목재의 세포 구조가 어떤 영향을 미치는지 살펴보았다. 그런데 나뭇가지의 강도, 단단함, 질김은 다름 아닌 세포벽의 분자구조에 따라 좌우된다. 세포벽을 딱딱하게 만드는 것은 셀룰로스 다발인 결정질의 미소섬유와 이를 둘러싸고 있는 부드러운 세포간질 헤미셀룰로스, 다시 이를 고정하는 리그닌이라는 폴리머(고분자 화합물)다. 이러한 세포벽 설계의 백미는 미소섬유 대부분이 세포의 긴 축에 약 20도 각도로 기울어진 채 세포를 감싸고 있다는 데 있다. 덕분에 세포는 세로 방향으로 강도가 강화된다. 그래서 세포벽이 부서지면, 미소섬유가 용수철이 늘어나듯 풀리면서 목재에서 무수히 많은 미세한 머리카락 같은 미소섬유가 튀어나와 파단면이 거칠어진다. 이 과정에서 많은 에너지가 흡수되어, 목재는 섬유유리보다 약 100배 더 질겨져서 파열에 대한 저항성이 생긴다. 잘 휘지 않는 단단한 인공구

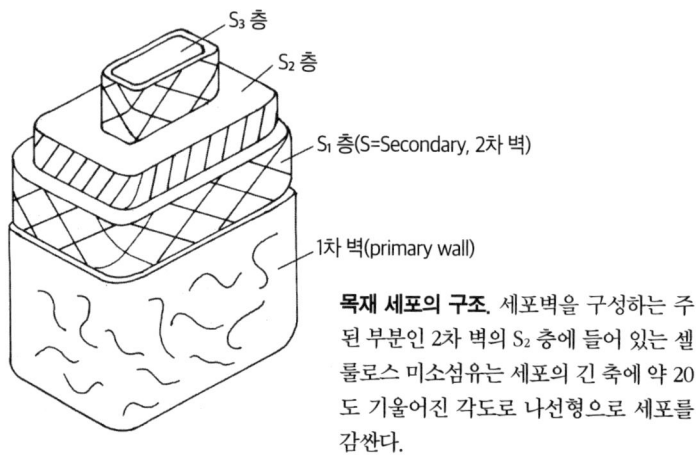

목재 세포의 구조. 세포벽을 구성하는 주된 부분인 2차 벽의 S_2 층에 들어 있는 셀룰로스 미소섬유는 세포의 긴 축에 약 20도 기울어진 각도로 나선형으로 세포를 감싼다.

조물도 파손시킬 수 있는 허리케인이 덮쳐도 나무가 잘 버틸 수 있는 이유가 바로 여기에 있다. 목조선이 섬유유리로 만든 배보다 충돌에 훨씬 더 강한 것도 마찬가지 이유에서다.

그런데 목재에는 믿기지 않을 정도로 우연히 획득된 두 가지 성질이 있다. 사실, 목재를 생산하는 나무에는 실질적으로 아무런 이득이 되지 않는 성질들이다. 하지만 초기 호미닌은 이 두 가지 가운데 첫 번째 성질의 덕을 보았던 것 같다. 나무에서 목재가 분리되어 마르기 시작하면 목재의 역학적 성질이 향상된다는 사실 말이다! 이것은 생물학적 물질에는 매우 드물게 나타나는 현상이다. 뼈, 뿔, 손톱은 건조해질수록 약해지고 잘 부러진다. 하지만 목재는 세포벽이 건조해지고 헤미셀룰로스 세포간질 속 수분이 증발할수록 세포간질이 단단해져서 셀룰로스 미소섬유가 서로 쉽게 잘라내지 못하게 만든다. 그러면 목재는 단단해지는 반면, 셀룰로스 미소섬유가 좌우하는 목재의 내구성과 질김은 그대로 변하지 않는다.

사바나 건기에 상대습도가 60%인 상태에서 목재에 함유된 수분은 일반적으로 30%에서 12%로 감소하고 목재의 단단함은 3배 증가한다. 초기 호미닌은 아마도 이러한 변화를 활용했을 것이다. 사람들이 그 이후로 줄곧 그래왔듯 말이다. 그들은 땅 파는 막대기가 아직 생생할 때 이빨이나 날카로운 돌을 사용해서 막대기 끝을 날카롭게 만든 다음, 나중에 말라서 단단해지면 사용했을 것이다. 완전히 건조된 막대기로는 아직 마르지 않은 생생한 막대기보다 대략 50% 더 깊이 구멍을 팔 수 있었을 것이다.

그러므로 초기 호미닌의 모습을 본질적으로는 이족보행을 하면서 반수상 생활을 하는 유인원의 모습으로 그려보는 것이 아마 최선일 듯하다. 그들의 두뇌는 현생 침팬지의 두뇌보다 그다지 크지 않았다. 루시의 두뇌 용량은 약 1파운드(0.45kg)였으며, 그 이후 등장한 파란트로푸스 보이세이와 파란트로푸스 로부스투스의 두뇌 용량은 약 0.54kg, 호모 하빌리스의 두뇌 용량은 0.63kg에 불과했다. 그들은 현생 사바나 침팬지처럼 행동하면서 무척이나 다양한 식물성 먹거리를 섭취했을 것이 틀림없다. 다만, 땅속의 뿌리에 대한 의존도가 더 높고, 목재 도구를 만들어 사용하는 능력은 더 뛰어났을 것이다. 확실히 이들은 320만 년 전 무렵에는 이른바 올도완Oldowan 석기라는 원시적인 형태의 돌칼도 사용했다. 이에 대해서는 4장에서 더 자세히 살펴보도록 하겠다.

동시에 이들은 이런 도구를 더 잘 쥘 수 있도록 손도 진화시켰다. 그래도 여전히 온몸은 털로 뒤덮여 있었음이 거의 확실하다. 또한 수관층까지 다시 나무를 타고 올라가는 데 적합한 상체와 튼튼한 팔과 어깨, 나뭇가지를 잘 붙잡을 수 있는 구부러진 손가락을 지니고 있었다. 루시와 그 친척들은 산림지대나 나무가 단독으로 듬성듬성 흩어져 있는 초지가 있는 사바나 지방에서 살았던 것이 틀림없다. 하지만 이들은 땅 위나 땅 아래에서 그토록 열심히 먹이를 구하러 다니면서도 나무 위로 돌아가는 생활을 이어 갔다. 대체 왜 그랬을까? 쉽게 이해되지 않는다. 이들이 영구적으로 내려와 살지 못하게 방해하는 어떤 중대한 문제가 있었던 것이 틀림없다.

오늘날의 아프리카 초원으로 눈을 돌려보면 과연 무엇이 문제였는지 분명해진다. 이들은 멸종된 검치호랑이saber-toothed cat, 시미타고양이scimitar-toothed cat, 현생 사자와 하이에나의 조상 등 포식자들에게 잡아먹힐 위험이 극도로 컸을 것이다.

현재 아프리카 초원에 서식하는 대형 유인원은 개코원숭이가 유일하다. 이들에게는 포식동물로부터 몸을 지키는 것이 큰 숙제다. 초기 호미닌과 비교하면 그들은 스스로를 방어할 수 있는 신체적 능력이 훨씬 뛰어나다. 송곳니도 크고, 완전히 자란 수컷은 몸무게가 최대 40.8kg에 달해 많은 대형 고양잇과 동물과 맞서 싸울 만하다. 그럼에도 불구하고 개코원숭이는 20~200마리가 무리 지어 서로를 보호하며 같이 살아야 하며 여전히 밤에는 제대로 쉬지 못한다. 수면 전문가 데이비드 샘슨 연구팀은 심지어 동물원에서 사는 개코원숭이도 하룻밤 사이에 18회나 자다가 깬다는 것을 알아냈다. 이들은 휴식 시간의 60%만 잠을 자고, 그 가운데 깊은 렘수면에 드는 시간은 대략 10%에 불과하다고 한다.

이와 대조적으로, 나무 위 보금자리에서 자는 침팬지는 렘수면 시간이 전체 수면 시간의 18%, 현생 인류는 22%에 달한다. 커다란 뇌가 제대로 기능하려면 숙면이 중요하다. 이를 고려한다면, 비교적 방어력이 약했던 초기 호미닌에게는 나무타기 능력이야말로 생존과 지적 행동의 진화에 필수적인 요인이었을 것이다. 사바나 침팬지처럼 이들도 꾸준히 나무 위 수관층에 보금자리를 짓고 거기서 잠을 청했음이 분명하다. 이들은 열매를 찾고 땅을 파는 데 쓸 막대기를 꺾거나 잘라내기 위해서뿐만 아니라, 밤에 안전하게 휴식을 취할 수 있는 수면용 보금자리를 만들기 위해서 나무 위로 올라갔을 것이다. 아마도 루시의 죽음은 그저 일상적인 활동을 하다가 발생한 사고였을지도 모른다.

초기 인류는 어떻게 나무 아래로 내려왔을까

그렇다면 초기 인류는 어떻게 나무 아래로 영구히 내려오게 된 걸까? 땅으로 내려온 우리 조상들이 밤에 포식자들로부터 자신을 보호할 수 있을 만한 유일한 방법은 불을 사용하는 것이었다. 이때 목재가 지닌 두 가지 우연한 성질 가운데 두 번째가 작용한다. 바로 가연성이다. 목재는 특히 건조된 상태에서 잘 탄다. 불에 타면 목재는 다량의 열과 빛을 방출한다. 그런데 이런 가연성은 나무 입장에서는 아무짝에도 쓸모가 없다. 목재가 타는 것은 그저 또 하나의 운 좋은 사건일 뿐이다.

살아 있는 나무는 대부분 내연성이 매우 강하다. 특히나 우림에서 자라는 나무들이 그렇다. 앞서 살펴보았듯, 살아 있는 목재의 세포벽 안에는 수분이 많이 함유되어 있다. 목재의 건조중량 대비 약 30%의 수분 함유율을 보인다. 게다가 나무줄기와 나뭇가지의 바깥 부분을 이루는 변재(통나무에서 색이 옅은 바깥 부분을 말함. 색이 짙은 가운데 부분은 심재라 함-역자) 속 세포내강은 수분으로 채워져 있다. 따라서 나무줄기는 자신의 건조중량의 3배에 달하는 자유수(물 분자가 수소결합에 의해 결합되지 않은 채 자유로이 돌아다닐 수 있는 물-역자)를 함유할 수 있다. 목재가 불에 타려면 이 수분이 모두 가열되어 증발해야 한다. 이를 위해서는 나중에 목재가 탈 때 방출하는 에너지의 3분의 1이 필요하다.

생나무 가지를 불 속에 집어넣으면, 어느 정도 시간이 지나야만 쉭쉭 소리를 내면서 가지 끝에서 수분과 증기를 방출한다. 나무가 벼락을 맞았을 때 나무가 죽는 이유는 세포 안에서 수분이 증발하기 때문이다. 벼락에서 나온 전기에너지가 수분을 가열하면 증기가 되어 폭발적으로 팽창하면서 나무줄기를 쪼개어버린다. 증기는 한참이 지난 후에야 나뭇가지 끝을 통해 밖으로 배출된다. 벼락이 직접적으로 나무에 불을 붙이는 경우는 드물다. 숲이 화염에 휩싸이는 경우는 벼락으로 인해 나무 주변의 마른 풀과 잔가지에 불이 붙기 때문이다.

마른 목재가 타는 과정은 매우 복잡해서 자세한 설명이 필요하다. 그 과정에 따라 우리가 불을 피우고 제어하는 방법이 결정된다. 세포벽을 이루는 물질은 화학적으로 안정적이다. 심지어 100℃가 넘는 온도에서도 안정적이다. 리그닌이 셀룰로스 섬유소를 단단히 하나로 묶어주기 때문이다. 목재를 요리하거나 끓여서 요긴한 음식으로 만들 수 없는 이유도 바로 여기에 있다! 끓는점 이상으로 온도가 올라가면, 목재 세포 속 결합수(물 분자가 수소결합에 의해 결합되어 있는 물-역자)는 증발하지만 다른 변화는 일어나지 않는다.

그러다가 148.9℃에 이르면, 셀룰로스 섬유소들 사이의 헤미셀룰로스 분자가 결정화되어 더욱 단단해진다. 그러면 목재 자체도 딱딱해진다. 하지만 동시에 셀룰로스 섬유소가 세포벽 밖으로 나오지 못하기 때문에 목재는 훨씬 더 부서지기 쉬워진다. 4장에서는 사람들이 이런 '불 담금질fire hardening' 효과를 어떻게 활용하는지 살펴볼 예정이다.

온도가 204℃ 정도는 되어야 열에 의해 목재가 부서지기 시작한다. 커다란 폴리머 분자들-셀룰로스, 헤미셀룰로스, 리그닌-이 쪼개지면서 다양한 액상형 저분자가 만들어지기 시작한다. 과학자들이 열분해라고 부르는 이 과정에서 에너지가 방출되어 처음으로 열을 발생시켜 연소를 일으키기 시작한다. 온도가 204℃에서 315.5℃까지 올라가면 이들 저분자가 증발하는데, 그 가운데 일부는 공기 중 산소와 반응해서 불꽃을 만들고 더 많은 열을 발생시킨다. 일부 탄소 입자와 함께 가스가 일부 빠져나와 연기가 되어 방출된다. 마침내 세포벽이 완전히 부서지면 탄소만 남는다. 다시 말해, 목재가 숯으로 변한 것이다. 열분해로 생기는 휘발성 화학물질과 달리, 탄소는 증발하지 않고 온도가 482°C까지 올라가야만 탄다. 이 온도에 이르면 탄소는 표면에서 산소와 반응하여 이산화탄소와 에너지를 생성한다. 하지만 숯에서는 아무것도 증발하지 않기 때문에 불꽃도 생기지 않고 연기도 나지 않는다. 이것이 바로 잉걸불이 그저 벌겋게 달아오르기만 하는 이유다.

이제 연소가 어떻게 일어나는지 파악했으니, 열분해가 시작될 수 있도록 목재의 온도를 높이는 것이 장작불을 피우는 열쇠임을 알 수 있다. 이때 산소가 목재 표면에 닿도록 해야 불을 유지할 수 있다. 이뿐만 아니라 불 옆에 목재 소재가 충분히 있어야 불이 확산할 수 있다. 그래서 불을 피우는 첫 단계는 쉽게 가열되어 불이 붙는 작은 불쏘시개 조각들을 모아 공기층이 충분하도록 성글게 쌓는 것이다. 그런 다음에는 점점 더 큰 목재 조각을 연료로 공급하면 된다. 그러면 목재들이 가열되어 열분해가 일어나 차례로 불타게 된다. 그 후 장작이 벌겋게 이글거릴 만큼 불이 뜨거워지는데, 이 정도가 되면 불이 꺼지지 않고 유지된다.

성냥이나 난로 불쏘시개 없이 불을 지피는 것은 결코 쉬운 일이 아니다. 현생 수렵 채집인들이 일반적으로 사용하는 방법은 두 가지 중 하나다. 막대기를 서로 문질러 열을 발생시키거나 부싯돌을 서로 부딪쳐서 불꽃이 튀게 만드는 것이다. 하지만 초기 호미닌이 이런 방법을 사용할 수 있었을 것 같지는 않다. 그 대신 다행히도 그들에게 도움을 준 여러 요인이 있었던 것으로 보인다. 첫째, 기후변화가 그들을 땅으로 내려오게 했다. 사바나의 건기에는 대기 중 수분 함량(상대 습도)이 포화 상태 대비 60%까지 떨어진다. 게다가 뜨거운 태양과 바람이 마른나무를 급속히 건조시켜서 세포벽 속 결합수 함유량이 약 12%에 불과한 수준까지 내려간다. 결국, 훨씬 더 쉽게 불에 탈 수 있게 되는 것이다.

이 밖에도 사바나 지역에서는 들불이 빈번하게 자연 발생한다. 들불은 주로 벼락을 맞아 발화되어 마른 풀을 태우며 번진다. 오늘날 들불이 나면 치타나 맹금 같은 포식자들이 모여들어 불길에 놀라 관목에서 뛰쳐나오는 작은 포유류와 조류를 잡아먹는 모습을 볼 수 있다. 사바나 침팬지 역시 불이 난 곳으로 이끌려와서 콩깍지 속의 익은 콩을 채집해서 먹는다. 초기 호미닌 역시 이와 비슷하게 행동했을 것이다. 현생 수렵 채집인들처럼 불이 나서 다양한 나무의 씨앗과 견과류의 껍데기가 열리고 부분적으로 요리가 되면 이들을 모아서 먹을 줄 알았을 것이다.

자연 발생한 불을 따라가 활용하는 데서 한 걸음 더 나아가면 불씨를 보존하는 단계로 넘어간다. 오스트레일리아 원주민들은 불을 사용해서 환경을 정비하는 오랜 전통이 있다. 관목 지역에 불을 놓아 씨앗과 곤충을 요리하고 식용 식물이 새로 자라게 만든다. 이렇게 함으로써 그들이 사는 곳의 환경을 바꾸어 불에 강한 유칼립투스 나무의 성장을 촉진했고, 그 결과 지금은 이 나무가 오스트레일리아 관목 가운데 지배종이 되었다. 이처럼 그들에게 유리하게 환경을 변화시키기 위해 관목 숲을 다닐 때면 불씨가 되는 연기 나는 통나무를 가지고 다니면서 필요할 때 불을 붙였다. 이렇게 연기 나는 통나무 안에 불씨를 보존하는 데서 다시 한 걸음 더 나아간 다음 단계는 무엇일까? 바로 붙박이 야영지에 불이 꺼지지 않게 유지하면서 밤에 불을 피워 포식자들이 접근하지 못하게 쫓아내는 것이다. 초기 호미닌은 이 단계에 접어들면서 마침내 안전하게 땅 위에서 영구적으로 머물 수 있게 되었을 것이다.

붙박이 야영지를 꾸리고 모닥불 둘레에 함께 모여 앉으면 여러 가지 다른 장점도 있었을 것이다. 사바나 지역은 대개 밤에 서늘한데, 모닥불을 쬐면서 호미닌은 밤에도 따뜻하게 지낼 수 있었다. 또한 모닥불에서 나는 불빛의 도움으로 활동 시간도 늘어나서 도구를 만들거나 수리하는 등 각자 할 일을 끝낼 수 있었을 것이다. 물론 음식을 나누거나 정보를 교환하는 등 훨씬 더 다양한 사회적 상호작용을 할 기회도 생겼으리라. 영구적으로 불을 보유함으로써 실용적 기술과 사회적 기술 모두 진화 속도가 빨라졌을 것으로 보인다.

하지만 뭐니 뭐니 해도 모닥불이 가져온 가장 큰 혜택은 불로 음식을 요리할 수 있게 된 것이다. 리처드 랭엄은 2009년에 출간한 저서 《요리 본능 Catching Fire》에서 요리가 현생 인류 진화의 결정적 단계였다는 설득력 있는 주장을 폈다. 우리가 반수상 생활과 이족보행을 하는 유인원에서 인간에 가까운 모습으로 거듭나게 해준 주요 단계 가운데 하나라는 말이다. 그가 지적하듯 고기와 채소를 가열 조리하면 이것의 역학적 성질과 화학적 성질에 두 가지 중대한 영향을 미친다. 그 결과 호미닌의 소화기관과 소화작용이 근본적으로 변하게 된 것으로 보인다.

불을 써서 음식을 요리하면, 음식은 생물이 살아 있을 수 없는 온도 이상으로 가열되어 음식의 구조적 구성요소가 깨져버린다. 고기의 경우 제일 중요한 구성 물질은 콜라겐이다. 긴 사슬 구조의 이 단백질은 밧줄 형태의 분자들이 결합하여 얇은 판을 이루고 근육세포를 둘러싸는 틀이 된다. 이런 얇은 판들이 생고기 덩어리에 보이는 흰색 대리석 무늬(마블링)를 만든다. 이들은 살아 있는 동안에는 근육세포가 생성하는 힘을 근육 끝에 있는 힘줄로 전달하는 역할을 한다. 그런데 고기에 열을 가하면 콜라겐 분자들이 부서지면서 이 판들이 약해진다. 그러면 고기는 연해진다. 특히 작은 근섬유들로 이루어져서 이들 사이에 마블링이 더 많이 존재하는 질긴 (그래서 오늘날에는 값이 저렴한) 부위들, 가령 스튜용 고기가 그렇다. 안심이나 우둔살처럼 비싼 고기 부위일수록 요리하는 시간은 짧아진다. 이런 부위에는 근육 엽lobe 크기가 더 커서 콜라겐이 적게 함유되어 있기 때문이다. 요리하면 식물성 물질도 연해진다. 열이 세포벽을 결합하는 펙틴을 부수고 세포벽 속 셀룰로스 섬유를 붙잡아주는 헤미셀룰로스를 약하게 만들기 때문이다. 하지만 열만으로는 목재 세포의 세포벽 속 리그닌을 제거하거나 셀룰로스 섬유를 깨뜨릴 수 없다.

음식을 요리하여 역학적으로 분해함으로써 얻게 되는 결과는 엄청나다. 음식물의 단단하고 질긴 성질이 급격히 감소해서 역학적 과정이 훨씬 더 수월해진다. 치아로 음식을 부수는 데 필요한 힘도 적게 들고, 음식물의 세포 속 내용물도 훨씬 더 쉽게 방출된다. 음식물을 부수는 데 최적인 치아 형태도 변한다.

예전에는 질긴 음식을 갈아 부수고 딱딱한 음식을 깨뜨리려면 큰 압축력을 가할 수 있는 굵고 편평한 판 모양의 치아가 필요했다. 이제는 그보다 부드러운 음식을 자르기에 좋도록 두드러지게 뾰족한 어금니가 있는 편이 더 유리해졌다. 부드러운 음식은 훨씬 약한 힘에도 훨씬 빨리 잘 부서진다. 현생 수렵 채집인들은 비교적 부드러운 열매를 먹고 사는 유인원들보다 음식을 씹는 데 할애하는 시간이 적다. 침팬지는 하루에 씹는 시간이 5~6시간이지만, 수렵 채집인들은 한 시간이 채 되지 않는다. 따라서 다른 일을 할 수 있는 자유 시간이 많아진다. 불을 관리하거나 영구적으로 머물 야영지를 짓고 도구를 만들거나 더 많은 식량을 구하러 다닐 수도 있다.

그런데 음식을 요리하면 역학적 측면보다 훨씬 큰 규모로 화학적 분해가 일어난다. 현생 인류를 대상으로 시험한 결과, 우리는 생식生食보다는 화식火食으로 먹을 때 훨씬 더 많은 에너지를 흡수하는 것으로 밝혀졌다. 그 차이는 대략 60% 대 80% 정도였다. 더 나아가 음식을 소화하는 데 필요한 에너지도 12%가량 적게 필요했으며 소화에 걸리는 시간도 절반으로 줄었다. 따라서 음식을 요리할 수 있었던 초기 호미닌이 생존에 유리했을 뿐만 아니라 더 이른 나이부터 번식을 시작해서 더 많은 인구를 보유할 수 있었을 것이다. 더 빨리 더 효과적으로 소화했기 때문에 굳이 장이 그렇게 클 필요도 없었다. 그래서 더 큰 뇌를 만들고 유지하는 데 많은 에너지를 쓸 수 있었다.

열매를 먹고사는 원숭이는 나뭇잎을 먹고사는 원숭이보다 두뇌 용량이 더 크다. 이와 마찬가지로, 음식을 요리해 먹었던 호미닌은 계속 날 음식만 먹었던 친척들보다 더 큰 두뇌를 유지할 수 있었을 것이다. 생식을 하는 경우, 음식을 제아무리 정성껏 갈아 먹더라도 소화할 때 문제가 생기기 때문에 늘 체중도 줄고 컨디션 조절 능력도 나빠졌다. 일반적으로 남성은 19.9kg, 여성은 24.9kg 정도 체중이 감소했다. 또한 가임기 여성의 절반 이상이 생리가 중단되었는데 이는 건강 상태가 나쁘다는 명백한 징조로 해석되었다.

이렇듯 불을 사용할 때의 장점은 명백하다. 다만 우리 조상들이 불을 사용해서 자신을 보호하고 음식을 요리해 먹기 시작한 것이 정확히 언제부터인지는 불분명하다. 음식을 요리했던 호미닌의 것으로 추정되는 치아와 유골에서 확인된 변화, 즉 화석 증거에 따르면 이 시점은 지금으로부터 그리 멀지 않은 약 200만 년 전으로 추정된다. 바로 한눈에 봐도 인류처럼 생긴 최초의 호미닌 호모 에렉투스가 등장한 시기다. 최초로 불을 사용한 후보로서 호모 에렉투스는 모든 조건을 다 충족한다. 먼저, 골격의 변화를 보면 이들이 영구적으로 땅에 내려와 지냈음을 알 수 있다. 상체가 현생 인류와 유사했으며 어깨가 약하고 손가락이 펴져 있어서 나무를 타기에는 분명히 불리했다. 틀림없이 이들에게는 땅에서 지낼 때 밤에 자신을 보호할 방편이 있었을 것이다. 그 방편이 바로 불을 사용하는 것이었으며 불로 요리도 했을 것이다.

이런 가설은 이들의 머리뼈, 특히 치아에 나타난 변화와 잘 들어맞는다. 오스트랄로피테쿠스와 호모 하빌리스의 편평한 판 모양 어금니가 호모 에렉투스에게서는 작고 뾰족한 치아로 바뀌었다. 우리 치아와 확연히 비슷한 이런 치아로는 가열 조리해서 부드러워진 음식만 씹을 수 있었다. 턱 근육 역시 크게 줄어들었다. 이제 오스트랄로피테쿠스에게 있었던 시상능과 커다란 근육 부착점이 사라졌다. 마지막으로, 엉덩이 모양도 우리와 매우 비슷해졌다. 날 음식의 소화를 돕기 위해 큰 장이 들어차 있는 불룩한 배를 유지해야 할 필요가 없어졌다는 의미다. 하지만 가장 눈에 띄는 변화는 따로 있다. 바로 호모 에렉투스의 두뇌 용량이다. 이들의 두뇌 용량은 초기에는 약 0.86kg였으나 후기 화석에서는 1.18kg까지 증가했다. 호모 에렉투스의 두뇌 크기는 초창기에 공존했던 다른 호미닌 종보다 훨씬 컸다. 이처럼 거대한 뇌에 영양을 공급하려면 쉽게 씹고 소화할 수 있는 조리된 음식을 먹어야만 가능했을 것이다. 그로 인해 이들의 사회적, 기술적 역량도 크게 확대될 수 있었을 것이다.

최초로 불을 사용한 것이 약 200만 년 전이라는 화석 증거는 강력하다. 그러나 초기 인류가 불을 사용한 흔적 같은 직접적인 증거는 거의 없다. 이는 놀라운 일이 아니다. 불을 피운 흔적은 대부분 수일이나 수주가 지나면 사라져버린다. 불의 흔적이 비교적 오래 남을 것으로 기대되는 동굴도 암반이 풍화되면서 25만 년 이상 버티는 경우가 드물다.

그럼에도 불구하고 의외로 많은 유적지에 150만 년 전 인류와 관련된 불에 탄 목재의 증거가 남아 있다. 주로 동아프리카에서 발굴되었는데 케냐의 쿠비 포라Koobi Fora 유적지와 체소완자Chesowanja 유적지가 대표적이다. 다만, 인류가 불을 통제했다는 최초의 결정적인 증거는 이스라엘의 게셰르 베노트 야코브Gesher Benot Ya'aqov 유적지에서 발견되었다. 이 70만 년 전의 유적지에서는 상당히 많은 숯과 목재가 여러 층에서 발견되었으며, 불에 탄 부싯돌과 조약돌도 함께 발견되어 화덕이 있었을 가능성을 보여주었다.

따라서 인류가 최초로 불을 사용한 것이 언제인지는 아직 결론이 나지 않았다. 하지만 그것이 정확히 언제였건 초기 인류에 관한 최신 연구 결과 가운데 가장 눈에 띄는 부분은 따로 있다. 바로 인류를 나무에서 내려오게 만든 열쇠는 목재를 사용하게 되었다는 데 있다. 특히 운 좋게도 목재의 유용한 성질 가운데 두 가지를 활용한 것이 큰 역할을 했다. 땅으로 내려와 살기까지 그 첫 단계로 초기 인류는 목재가 마르면서 단단해진다는 성질을 활용했다. 그 결과, 땅을 파는 데 사용할 막대기를 만들어 새로운 식량원을 획득했다. 바로 식물의 지하 저장 기관을 파내어 먹을 수 있게 된 것이다. 두 번째 단계에서 우리와 같은 사람$_{Homo}$ 속에 속하는 초기 구성원들은 마른 목재가 불에 잘 탄다는 성질을 활용했다. 덕분에 불을 피워 포식자들로부터 스스로를 보호하고 음식을 요리해 먹을 수 있게 되었다. 그런데 참으로 역설적이다. 나무에서 나는 재료인 목재와의 관계가 급성장한 것이 되레 우리가 나무를 벗어나는 데 도움이 되었으니 말이다.

제3장

털을 잃다

인간의 행동을 다룬 책으로 1960년대에 선풍적인 인기를 끌었던 데스먼드 모리스의 저서 《털 없는 원숭이》는 그야말로 제목을 잘 뽑은 책이다. 엄청난 판매고를 기록할 만큼 흥미를 끌었을 뿐만 아니라, 우리가 스스로에 대해 느끼는 바를 완벽히 포착해낸 제목이기 때문이다.

인간과 유인원을 가르는 신체적 특징을 하나만 꼽으라면 우리 몸에는 털이 없다는 점이다. 현대사회에서 몸에 난 털을 악마의 상징으로 묘사할 정도로 인간에게 털이 없다는 사실은 우리 머릿속에 확고히 자리 잡았다. 손등에 털이 자라는 장면은 늑대인간이 나오는 영화라면 빠지지 않고 등장하는 단골 소재다. 또한 로버트 루이스 스티븐슨의 소설 《지킬 박사와 하이드》의 짐승 같은 성정을 드러내는 상징으로 쓰인다. 그런 영향인지 전 세계 제모 관련 산업 규모는 2017년에 8억 8,000만 달러에 이르는 것으로 평가되기도 했다. 하지만 땅 위에 사는 포유류에게 탈모는 지극히 드문 특징이다. 당장 생각나는 동물이 벌거숭이두더지쥐밖에 없을 정도로…. 따라서 현생 인류의 진화를 이야기할 때, 우리가 언제 그리고 왜 몸의 털을 잃었는지는 반드시 짚고 넘어가야 한다. 앞으로 살펴보겠지만 이런 질문들에 대해 완전히 명확한 답을 얻을 수는 없다. 하지만 이번에도 인류와 목재 사이의 관계가 주된 역할을 한 것은 틀림없어 보인다.

털은 화석으로 남지 않는다. 그래서 우리 조상들이 정확히 언제 털북숭이 몸에서 환골탈태했는지는 알 수 없다. 하지만 현대에 와서 분자유전학의 도움으로 어느 정도는 밝혀졌다. 털의 성장이 아니라 피부색을 통제하는 유전자를 연구해서 얻은 결과였다. 몸의 털이 없어지면서(더 정확히 말해 모낭의 길이와 두께가 감소하면서) 나타난 결과 가운데 하나는 해로운 햇빛이 피부에 더 많이 도달하게 된 것이다. 유인원의 덥수룩한 털 아래에는 창백할 정도로 하얀 피부가 숨어 있다. 이에 반해, 새로이 털을 잃은 호미닌은 해로운 자외선을 흡수하기 위해 멜라닌을 더 생성해야만 해서 피부색을 검게 바꾸었을 것이다. 이런 변화는 멜라노코르틴 1수용체(MC1R) 유전자에 변형을 가져온 것으로 보인다.

유타 대학교의 앨런 로저스 연구팀은 현생 아프리카인의 이

유전자 안에 수많은 침묵 돌연변이silent mutation가 내재한다는 사실을 알아냈다. 이 돌연변이는 호미닌이 처음 털을 잃었을 때 유전자가 변형된 이후로 계속해서 쌓여온 것이 분명하다. 그 당시 인구가 수백 명이 아니라 수천 명으로 비교적 적었다고 가정하면, 이런 돌연변이들은 천천히 축적되었을 수밖에 없었을 것이다. 그래서 로저스 박사는 호미닌이 털을 잃은 이후로 적어도 120만 년이 지난 것이 틀림없다고 계산했다. 그러므로 처음 털북숭이 상태를 벗어난 우리 조상은 직립보행을 했고 점차 나무가 사라져가는 사바나 서식지에서 살았으며, 불을 이용해 포식자를 쫓아내고 음식을 요리해 먹었고, 작은 공동체를 이루어 살았던 호모 에렉투스가 틀림없다는 것이다.

먹잇감 확보를 위한
사냥 가설의 오류

그런데 대체 왜 털이 사라진 걸까? 인류학자들이 인정하는 정설에 따르면 초기 인류가 새로 이주한 뜨거운 사바나 지역에서도 체온을 시원하게 유지할 수 있었던 이유는 털이 없어진 덕분이라고 한다. 이런 주장은 1960년대부터 널리 제기되었다. 특히 리버풀 존 무어스 대학교의 피터 휠러 교수가 그 대표주자다. 이 주장은 무척이나 솔깃한 데다 피상적으로 보면 타당한 것 같다. 어쨌건 우리는 보온을 위해 옷을 껴입고 더우면 시원해지려고 옷을 벗는다. 옷과 마찬가지로 털도 훌륭한 단열재다. 따뜻한 공기를 가두어 우리 몸을 감싸주기 때문이다. 따라서 털이 없어지면 대류 과정을 통해 더 빨리 열을 떨어뜨릴 수 있다. 이뿐만 아니라 체온을 낮게 유지하는 또 다른 방법, 즉 땀을 낼 수 있게 해주기도 한다. 우리 피부에서 수분을 증발시키려면 에너지가 필요하기 때문이다. 이 과정에서는 털북숭이보다 벌거숭이가 열을 더 많이 제거할 수 있다. 땀 속 수분은 전체 털가죽을 먼저 적셔야 할 필요가 없는 맨살에서 더 쉽게 증발하기 때문이다.

영장류를 포함한 털북숭이 포유류 대부분은 숨을 헐떡이는 것으로 열을 식힌다. 이렇게 하면 구강 내벽에서 수분을 증발시킬 수 있기 때문이다. 이와 달리 인간은 주로 땀을 흘려 수분을 증발시키는 방법으로 체온을 떨어뜨린다. 이렇게 하면 온몸에서 열을 내릴 수 있을 뿐만 아니라 다른 포유류보다 몇 배나 더 빨리 체온을 떨어뜨릴 수 있다.

이처럼 땀을 흘려 열을 내리는 방법이 워낙 효과적인지라 인류학자들은 한 단계 더 나아가 인류의 진화 과정에서 또 하나의 진보를 이루는 데 탈모가 결정적인 역할을 했다고 주장했다. 몸에 털이 없어지면서 덩치 큰 동물을 사냥할 수 있게 되었다는 주장이다. 초기 인류는 체격이 적합하지 않았던 탓에 아프리카 초원에 사는 영양, 검은꼬리누, 얼룩말 같은 몸집이 큰 포유류를 잡기 어려웠을 것이다. 이런 동물들을 따라잡을 만큼 빠르지도 않고 압도할 만큼 힘이 세지도 않았다. 그래서 사냥 가설에 따르면, 초기 인류가 한낮의 땡볕 아래에서 먹잇감보다 더 멀리 더 오랫동안 달릴 수 있었던 것은 그들이 땀을 흘려 장시간 체온이 오르는 것을 방지할 수 있었기 때문이라고 한다. 한참 동안 쫓긴 먹잇감이 체온이 과열되어 꼼짝 못 하게 되면 사냥꾼들이 얼른 따라잡아서 처치해버렸을 것이라는 얘기다.

남아프리카 칼라하리 반사막지대에 사는 부시먼 산san 부족은 확실히 위와 같은 사냥기법으로 영양을 사냥하는 것으로 알려져 있다. 2~5시간가량 영양을 뒤쫓아 이들이 지쳐 쓰러질 때까지 추격을 멈추지 않는다. 산 부족이 이런 식으로 대형 영양 쿠두를 끝끝내 쫓아가 잡는 장면을 포착한 BBC의 완성도 높은 다큐멘터리 영상도 있다. 하지만 산 부족이 이런 강점을 지니게 된 것이 과연 몸에 털이 없기 때문인지는 확실치 않다.

사바나 지역에서 이와 같은 방식으로 사냥하는 포유류 포식자는 두 종류가 더 있다. 바로 아프리카 들개와 점박이 하이에나다. 그런데 이 둘은 모두 사냥감과 마찬가지로 온몸이 털로 덮여 있다. 사실, 끈기로 승부하는 사냥은 수렵 채집인 사회에서는 흔한 사냥법이 아니다. 아마도 그 이유는 아무리 사냥꾼이 땀으로 체온을 유지하더라도 이렇게 하면 몸에서 너무 많은 수분이 빠져나갈 것이기 때문이다(사막에서 훈련하는 미군은 시간당 약 4L 이상 수분

손실이 있는 것으로 알려져 있다!). 탈수가 일어나 체중이 2% 이상 감소하면 치명적인 결과가 생길 수 있다. 오늘날에는 사냥꾼들이 수통을 들고 다니면서 수분을 보충할 수 있지만, 초기 인류가 물을 담아 다닐 용기를 발명했다고는 확신할 수 없다.

그런데 이 가설에는 인류학자들이 거의 언급하지 않는 더 근본적인 문제가 있다. 한낮의 열기 아래에서는 몸에 털이 없으면 털이 있는 경우보다 실제로 열을 더 많이 흡수하므로 더 열심히 체온을 내려야 한다. 아마 여러분은 이런 일이 흔치 않으리라 생각할 수도 있다. 기온이 우리 체온 36.5℃를 넘어 대류현상을 통해 열이 우리 몸속으로 들어오는 경우에만 해당하는 얘기라고 말이다. 이는 평균 낮 최고 기온이 28.9℃ 정도인 사바나 지역에서는 드문 일이다.

하지만 이런 생각은 우리 신체와 환경 사이의 가장 중요한 열 전달 방식인 '복사'를 고려하지 않은 판단이다. 해가 내리쬐는 더운 날이면 털 없는 인간의 몸은 뜨거운 땅에서 방출되는 장파복사를 흡수한다. 더 중요한 사실은 태양이 방출하는 훨씬 더 많은 양의 단파복사(대체로 빛)도 흡수한다는 것이다. 그래서 이런 날 우리 체내로 흡수되는 순 복사량은 평방미터당 약 670와트까지 이를 수 있다. 이는 우리가 생성하는 에너지 양보다 훨씬 더 많은 양이다.

털북숭이 동물은 모낭층이 방패막이가 되어 이 모든 복사열을 막아준다. 그러면 털가죽 표면은 뜨거워질지언정 피부의 체온은 유지된다. 이런 이유로 사바나 포유류 대부분은 빽빽한 숲에 사는 사촌뻘 동물들보다 몸에 털이 더 많다. 특히 태양광선이 닿지 않도록 상부 옆구리 털이 빽빽하게 나는 경향이 있다. 이처럼 든든한 털코트의 보호를 받으면 벌거벗은 인간들보다 훨씬 적은 물로도 체온 상승을 막을 수 있다.

사막에서는 낮 동안 체온을 유지하는 문제가 가장 민감하고도 중요한 과제다. 그래서 '사막의 배$_{ship}$' 낙타는 상부 옆구리 털이 특히 무성하고, 낙타에 올라탄 인간은 헐렁하게 늘어뜨린 천으로 몸을 가린다. 털의 방패막이 효과는 인류가 왜 빽빽한 머리숱을 간직하고 있는지도 설명해준다. 우리에게 가장 중요한 기관인 뇌를 시원하게 유지하는 데 도움이 되기 때문이다. 영국 크리켓 팬이라면 뇌 부위의 체온을 조절하는 데 머리카락이 얼마나 중요한 역할을 하는지 뼈저리게 실감한 사건을 기억할 것이다. 1994년 영국 크리켓팀 만능선수로 활약한 크리스 루이스는 서인도제도 투어 개막전에 머리를 삭발한 상태로 출전했다가 경기 시작 후 일사병으로 쓰러지고 말았다. 아이러니하게도 '대회 열기를 돋우는' 개막전에 막상 열기 때문에 뛰지 못하게 된 셈이다.

우리 뇌를 시원하게 유지하는 데 머리털이 얼마나 중요한지는 인종별 특징을 살펴보면 잘 알 수 있다. 아메리카와 아프리카 원주민처럼 더운 지방에 사는 인종은 북유럽 서늘한 지역에 사는 코카서스 백인보다 남성형 대머리 비율이 낮다. 추측건대, 머리카락의 방패막이 효과를 상실하면 단점이 워낙 커지기 때문에 대머리 형질이 강력히 도태된 것으로 보인다.

그런데 이 책을 읽는 독자 가운데 적어도 50%는 사냥꾼 가설의 또 다른 문제점을 포착했을 것이다. 그 안에 내재한 성차별주의 말이다. 이 이론을 연구한 연구자들(대부분 남성)은 사냥이라는 활동에만 집중했다. 그들은 이 활동 역시 전적으로 남성이 수행했다고 가정했다. 여성의 기여는 전적으로 무시한 것이다. 그들은 여성이 대부분의 시간을 '채집' 활동으로 보내거나 어쩌면 남성이 사냥물을 집으로 가져오기만을 기다렸을 것이라고 가정했다. 그러면서 털이 없으면 여성이 식물의 뿌리를 캐거나 불을 지피거나 요리할 때 어떤 도움이 되는지에 대한 설명은 없었다. 사실 이 이론에 따르면, 여성은 신진대사 측면에서 체온을 내려야 하는 수요가 그리 크지 않았을 테니 남성보다 털이 더 많아야 하겠지만, 실상은 이와 반대다.

단체 막사생활로 인한 체외기생체설

이에 따라 최근 몇몇 과학자들은 1874년 자연박물학자 토머스 벨트가 처음 대안으로 제시한 가설을 옹호했다. 이는 남녀 모두

에게 적용되는 가설로, 인류가 털을 잃게 된 이유가 체외기생체로 인한 부담을 줄이기 위해서라는 주장이다. 이 논리에 따르면, 초기 인류가 단독의 보금자리 대신 반영구적인 단체 막사에서 함께 먹고 자게 되면서 털이 사라졌다고 한다. 이렇게 같이 살면 체외기생체가 막사에 퍼지면서 문제가 커질 가능성이 더 높았을 것이다. 현대의 살충제가 등장하기 전에는 이런 기생체에 크게 시달렸다는 것이 분명 사실이다. 매트리스에는 빈대가 들끓었고 머리카락에는 머릿니가, 음모에는 사면발니가 우글거렸다. 더 나아가 인간은 193종의 원숭이와 유인원 가운데 유일하게 고유한 벼룩, 즉 사람벼룩 Pulex irritans을 가지고 있다. 이는 오로지 우리가 영구적인 정착지에 살기 때문에 가능한 일이다. 인간 정착지에서는 집 안 바닥에 떨어진 유기물 부스러기를 먹고살던 유충이 번데기를 거쳐 성체가 되면 물어뜯을 새로운 인간이 얼마든지 있기 때문이다.

체외기생체는 피부를 자극하고 우리 피만 빨아먹는 것이 아니라 발진티푸스와 다양한 형태의 홍반열, 선페스트와 같은 위험한 감염병도 옮긴다. 따라서 초기 인류는 체외기생체 수를 감소시키는 방향으로 형태적 특징이 진화하도록 강력한 선택 압력을 받았을 것이다. 체외기생체 이론에 따르면 이를 위한 최선의 방도는 우리 몸의 털을 사라지게 만드는 것이었다. 이 주장은 인류의 역사적 경험과도 확실히 잘 들어맞는다. 제1차 세계대전 중 병사들의 머리를 짧게 자르자 머릿니 발생이 크게 줄어든 것이 확인되었다. 그 결과, 1960년대까지 '뒷머리와 옆머리를 짧게 자른' 스타일이 남성들의 표준 머리모양으로 줄곧 유행했다. 이렇듯 머리카락 길이를 자르고 숱을 치면 두피에 있는 벼룩과 이를 눈으로 잘 찾을 수 있는 이점만 있는 것이 아니다. 영국 셰필드 대학교의 이자벨 딘 교수와 마이클 시바-조시 교수의 최근 연구에 따르면, 우리 몸에 난 솜털이 움직임을 감지하는 훌륭한 탐지기 역할을 하기 때문에 우리는 기생체가 어디 있는지 쉽게 느낄 수 있다고 한다.

마지막으로, 체외기생체 이론은 여성이 남성보다 몸에 털이 적은 이유도 충분히 설명해준다. 남성보다 여성이 야영지에 오래 머물렀을 테니, 아마도 여성의 몸에 기생체가 더 잘 생겼을 것이기 때문이다. 따라서 체외기생체 이론이 우리 몸에서 털이 사라진 이유를 더 잘 설명한다고 생각한다. 하지만 독자 여러분이 어느 가설을 선호하건, 털이 없어지면서 생긴 이점이 그로 인한 심각한 단점을 충분히 극복할 만큼 많아야만 했을 것이다. 그 단점이란 벌거숭이 호모 에렉투스 개체들이 낮 동안의 체온 상승과는 사뭇 다른 체온 조절 문제에 시달렸을 것이라는 점이다. 밤에는 틀림없이 추웠을 테니 말이다.

현생 인류는 몸에 단열 기능을 지닌 털이 없는 탓에 기온 변화에 대처하는 것이 매우 서툴다. 모든 온혈 동물에게는 그들이 편안함을 느끼고, 안정시 대사율(RMR)을 올리지 않고도 심부 체온을 일정하게 유지할 수 있는 기온대가 있다. 이 기온 범주 안에서는 몸을 웅크리거나 반대로 길게 뻗는 등의 행동 변화만으로도 체열을 조절할 수 있다. 위에서 강조한 내용을 보고 예상했겠지만, 우리 인간의 임계체온 상한선은 아무리 어두운 그늘에 있더라도 약 36.1℃로 매우 낮고, 하한선은 약 25℃로 높다. 따라서 우림 지역에서는 기온이 대개 27.8℃에서 32.2℃ 사이를 유지하기 때문에 우리는 벌거숭이 상태로도 안락하게 지낼 수 있지만(그래서 우림 지역에 사는 부족은 거의 옷을 걸치지 않는다), 그 밖의 지역에서는 그렇지 않다.

사바나 지역에서도 낮 동안에는 덥다. 예를 들어, 탄자니아 세렝게티 평원의 평균 최고 기온은 26.1~28.9℃ 정도다. 하지만 이곳에서는 하늘에 구름 한 점 없는 날이 많고 우림 지역보다 공기도 건조해서 평균 야간 기온은 13.9~16.1℃까지 떨어진다. 설상가상으로 사바나 지역의 맑은 밤하늘은 지표보다 실제로 온도가 2.2℃나 더 낮다. 적어도 안정적인 여건 아래에서는 우리와 우리 주변 사이의 열전달은 주로 복사로 이루어지기 때문에 우리는 많은 체열을 밤하늘로 복사한다(축제나 야외공연 때 해가 떨어지고 나면 얼마나 쌀쌀한지, 그래서 추위 때문에 목과 어깨에 얼마나 힘이 들어가는지 생각해보라). 그래서 세렝게티 평원에서는 밤이면 실제 피부로 느끼는 체감온도가 6.1~10℃에 가깝다. 이 지역을 찾는 관광

객들에게 쌀쌀한 저녁에 대비해서 스웨터와 재킷을 준비하라고 충고하는 이유다. 그러므로 120만 년 전 동아프리카의 탁 트인 초원에서 살았던 벌거벗은 호모 에렉투스는 밤에 추위를 느끼고 잠을 잘 이루지 못했을 것이다.

그들이 이 난제를 해결한 방법으로는 세 가지를 꼽을 수 있다. 먼저, 초기 인류는 모닥불을 피우고 옹기종기 모여 지내면서 밤새 포식자의 공격을 피했을 것이다. 우리도 대부분 어렸을 적에 캠프파이어에 둘러 앉아본 경험이 있지 않은가. 우리 몸 가운데 불을 쬐는 쪽은 확실히 따뜻해지지만 불과 먼 쪽과 하늘을 바라보는 어깨 위는 추워지기도 한다. 또한 야외에 있으면 우리 몸은 차가운 땅에 금세 열을 빼앗긴다.

초기 인류가 보온을 위해 동원했을 수 있는 또 다른 방법은 동물의 가죽을 이부자리로 사용하는 것이다. 하지만 신체적 진화가 사람들이 점점 추위를 느끼도록 한 가지 방향으로만 진행되었고 이를 보완하기 위해 행동적 진화가 동시에 이루어졌다고 생각하기는 어렵다. 게다가 옷을 만드는 데 사용한 바늘과 같은 도구와 옷이 있었다는 최초의 물리적 증거는 인류사에서 이보다 훨씬 뒤에야 등장한다. 구멍을 파서 만든 은신처는 30만 년 전, 바느질한 옷은 겨우 2만 년 전의 일이다.

호모 에렉투스는 야간 보온에 도움이 될 만한 작업을 털을 잃기 전에 이미 하고 있었을 가능성이 매우 높다. 그들은 이미 비를 피할 수 있는 대피처를 막사에 짓고 있었다. 이런 대피처는 그들이 몸을 따뜻하게 유지하는 데도 도움이 되었을 것이다. 확실히 우기는 이런 대피처를 지을 만한 좋은 동기가 되었을 것이다. 대형 유인원 가운데 젖는 것을 좋아하는 유인원은 없다. 수마트라섬 오랑우탄은 흔히 나무 위에 지은 수면용 보금자리 바로 위에 두 번째 보금자리를 짓고 이를 캐노피 삼아 비를 피한다.

나무 위에 잠잘 보금자리를 짓고 거기서 쉬는 생활을 오랫동안 이어왔던 초기 인류로서는 피난처가 되어줄 간단한 움집을 짓는 것 정도는 문제도 아니었을 것이다. 실제로 많은 수렵 채집인 부족은 지금도 사바나 지역의 나무에서 잘라낸 얇은 나뭇가지로 작은 크기의 반영구적인 움집을 짓는다. 땅에 기둥을 박아넣을 둥근 구멍을 내고 나뭇가지의 굵은 끝부분을 구멍 안에 넣은 뒤 나뭇가지 윗부분을 한데 묶는다. 이는 유인원들이 보금자리를 한데 엮는 것과 같은 방식이다. 그런 다음, 이 뼈대 위에 나뭇잎이나 동물의 가죽을 덮거나 심지어 진흙으로 덮기도 한다. 구석기 시대에 지은 움집은 남아 있는 것이 없어서 초기 인류가 움집을 지었다는 증거는 없다. 그도 그럴 것이 현생 수렵 채집인들이 지은 움집도 버려진 지 몇 주 혹은 몇 달만 지나면 허물어져서 아무 흔적도 남기지 않는다.

그래도 탄자니아 올두바이 협곡 유적지에서는 방대한 화석 유물과 함께 180만 년 전에 집을 지었다는 흥미로운 증거가 발견되

사진 1 1911년, 잉글랜드 에식스에서 발견된 45만 년 전의 클랙턴 창 Clacton Spear은 현재까지 알려진 세계 최초의 목제품이다. 나무가 아직 마르지 않았을 때 혹은 불에 그을린 다음 돌날을 사용해서 끝을 뾰족하고 날카롭게 만들었다. 고고학자들은 이 공예품의 용도가 무엇이었을지 수많은 방식으로 해석을 내놓았다. 땅을 파는 막대기나 긴 창, 짧은 창의 부러진 끝부분으로 추정되기도 한다.

사진 2 중석기시대 사람들은 나무를 벨 수 있게 되면서 널찍한 원형 집을 지을 수 있게 되었다. 노섬브리아 해안 근처 호윅에 있는 기원전 7600년경에 지은 집이다. 겉은 잔디로 덮여 있고 안에는 복잡한 구조물이 숨어 있다. 안에는 서까래를 지탱하는 기둥들이 둥글게 원형을 이루고 있다.

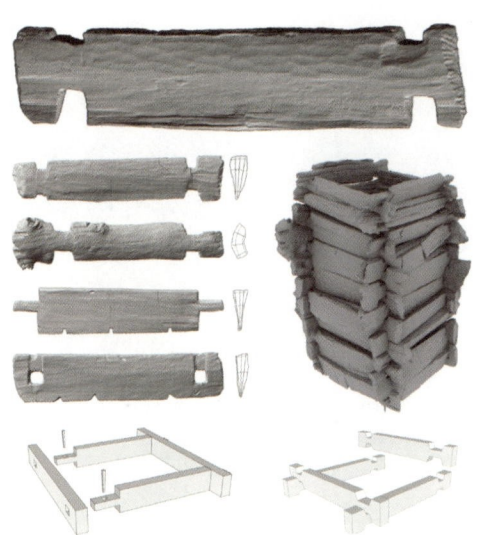

사진 3 이것이 바로 인류 최초의 목공이었을까? 독일 동부에서 발견된 7,300년 전 우물 내벽의 3D 투시도를 보면, 틀의 맨 아랫부분에 장부맞춤으로 결합한 것이 보인다. 반면, 그 위에 있는 층들은 홈을 파서 서로 맞물리게 해서 결합했다. 나무판자 가장자리가 거친 것을 보면, 신석기시대는 금속 도구가 등장하기 전이라 목재를 나뭇결 방향과 반대로 자르기 어려웠다는 것을 알 수 있다.

사진 4 신석기시대 LBK 사람들은 도구의 혁신 덕분에 여러 가족이 살 수 있는 길고 좁은 목조 가옥을 지을 수 있었다. 저지Jersy 섬에 있는 라 우그 비 박물관La Hougue Bie Museum에서 복원한 이 LBK 롱하우스는 기둥이 5열로 지붕을 떠받치고 있다. 가장 바깥쪽 열이 벽을 이루며, 이 기둥들은 모두 땅속에 박혀 있다. 울타리 모양의 문은 가지치기해서 얻은 장대로 만들었다.

사진 5 5,200년 전의 류블랴나 늪 바퀴는 현존하는 세계 최초의 바퀴와 차축이다. 이 바퀴는 나무판자 2개를 결합해서 만들었다. 나무판자에 낸 홈에 꼭 맞는 좁은 띠 형태의 나무판들(지금은 부서지고 없다)을 끼워서 두 나무판자를 결합했다. 바퀴 가운데 있는 네모난 구멍은 차축과 딱 들어맞아서 차축과 함께 회전했다.

사진 6 복원된 4,500년 전의 쿠푸왕의 배는 현재 이집트 기자에 있는 피라미드와 스핑크스 옆 박물관에 보존되어 있다. 대피라미드 발치의 구덩이 안에 해체된 상태로 봉인되어 있었던 이 배는 길이가 43.6m에 달한다. 부활한 파라오를 태우고 하늘을 건너가기 위해 만들어진 장례용 배였다. 청동기시대에 만든 배 대부분이 그렇듯, 짧은 삼나무 판자들을 장부맞춤방식으로 결합해서 만들었다.

사진 7 이집트 카이로 박물관이 소장한 약 4,500년 된 카아페르 조각상. 플라타너스를 조각해서 만든 이 조각상은 독특한 개성을 지닌 사제의 모습을 형상화한 것이다. 이상적인 모습으로 표현한 파라오의 석조상과는 대조적이다. 카아페르 조각상에서는 심지어 머리가 점점 벗겨지는 모습까지 표현되어 있다.

사진 8 오슬로 바이킹 박물관에 있는 9세기 초에 만들어진 오세베르그호의 뱃머리. 정교한 조각과 우아한 선, 클링커 빌트 선체에 주목할 것. 각각의 외판을 쇠못으로 고정한 다음, 선체를 보강하기 위해 내부 프레임을 추가했다.

사진 9 11세기에 만든 바이외 태피스트리의 일부. 잉글랜드 노르만 왕조의 침략전쟁을 위해 정복왕 윌리엄 1세의 함대를 만드는 모습이 표현되어 있다. 왼쪽에는 벌목꾼들이 나무를 베는 모습을, 중앙에는 한 목수가 넓은 도끼로 나무를 판자 모양으로 자르는 모습이 보인다. 맨 오른쪽에는 일꾼들이 선체를 만들고 있고, 오른쪽 위에는 선박 제조공이 선체를 정렬하고 일꾼 한 명이 나사송곳으로 선체에 구멍을 내고 있다.

사진 10 13세기 초 노르웨이 텔레마르크주 인근에 지어진 헤달 통널 교회. 통널 교회는 수직으로 쪼갠 통나무나 통널을 줄지어 세워서 벽을 만들었다. 주요 구조물은 통나무와 빔 골조로 지탱하고 지붕은 목조 타일로 덮었다.

사진 11 15세기 초 런던 인근에 지어진 하몬즈워스 대형 곳간은 4,000톤의 곡식을 저장할 수 있었다. 오크 기둥의 맨 아랫부분이 썩지 않도록 석조 받침대 위에 기둥을 올렸다. 지붕은 일련의 거친 오크 트러스들이 지탱해주고 있다.

사진 12 15세기 초 독일 남서부에 지어진 에슬링겐 시청은 전형적인 중세시대 목조 프레임 건축물이다. 위층이 아래층보다 튀어나와 있어서 바닥이 무너지지 않도록 방지해준다. 벽에 사선으로 교차하는 지지대는 바람이 불어도 구조물이 안정을 유지하게 도와준다.

사진 13 런던 웨스트민스터 홀의 외팔 들보 지붕은 14세기 말에 지어졌다. 이곳은 의회 건물로 사용하고 있는 웨스트민스터 궁에서 가장 오래된 공간이다. 이 인상적인 구조물의 경간은 20.7m에 달하지만, 트러스는 사실 너무 비효율적이다. 곡선형 아치처럼 보이는 부분은 사실 아치 역할을 하는 것이 아니라 단순한 장식일 뿐이다. 벽은 붕괴를 막기 위해 바깥에서 버팀벽으로 받쳐야 했다.

사진 14 중국 간쑤성 둔황에 있는 모가오 동굴의 기념비적인 아치형 입구에 선명하게 채색되어 있는 두공 또는 지붕 받침대. 두공은 중국 건축물의 지붕을 지탱하는데, 그 유연성 덕분에 지진이 나서 건물이 흔들려도 아무런 피해가 발생하지 않는다.

사진 15 잉글랜드 포츠머스 히스토릭 독야드에서 볼 수 있는 빅토리호는 목조 전함의 '끝판왕'으로, 1805년 트라팔가르 해전에서 넬슨 제독의 기함이었다. 거대한 돛대들은 아메리카산 스트로브 잣나무 줄기로 만들었고 선체는 오크 빔과 판자로 만들었다. 복잡한 삭구 작업은 수많은 목조 도르래 또는 풀리를 이용해서 제어되었다.

사진 16 1760년대 잉글랜드에서 제작된 윈저 체어. 스팀 벤딩 기법으로 만든 팔걸이와 등받이가 우아한 곡선을 이루며, 당시 유행하던 고딕풍 아치의 아름다움을 보여준다.

사진 17 1820년 프랑스에서 제작된 세르팡. 튜바의 전신이라 할 수 있는 이 악기는 코르넷 종류에 속하는 베이스 악기였다. 트럼펫과 비슷한 마우스피스가 달린 목조 '브라스' 악기들 가운데 마지막으로 흔히 사용되었던 악기다. 세르팡은 20세기에 접어들 때까지 교회 악기로 연주되었으며, 토머스 하디의 소설 《녹음 아래서》에도 언급되었다.

사진 18 1877년, 미국 서부에서 벌룬 구조 주택을 짓고 있는 남성들. 12번에 소개된 중세시대 시청에 사용된 목재와 비교했을 때 목재가 얼마나 가는지 주목할 것. 이 목재들은 기계 절단 못을 사용해서 결합했고, 안쪽과 바깥쪽은 나무판자로 덮었다.

사진 19 1916년, 알래스카 폭스 협곡을 가로지르는 트레슬 교각인 TVRR Tanana Valley Railroad(타나나 계곡 철도) 위를 달리는 열차. 미국인들은 협곡을 잇는 다리로는 석조 고가다리나 흙둑보다는 트레슬 교각을 더 선호했다. 연철 볼트로 통나무를 결합해서 복잡하게 버팀대를 괸 구조물을 만들었다. 기차에 깔때기 모양의 굴뚝이 있는 것으로 보아 연료로 석탄이 아닌 목재를 때고 있다는 것을 알 수 있다.

사진 20 1902년, 오리건주 컬럼비아강에 떠 있는 통나무 뗏목. 사슬톱과 벌목용 중장비가 발명되기 전에도 이미 대규모 임업 활동이 이루어지고 있었음을 알 수 있다. 수 세기 동안 세계 전역에서는 이런 식으로 통나무 뗏목을 강에 띄워 도시로 운반했다.

사진 21 잉글랜드 케임브리지셔에 있는 덕스포드 항공박물관에서 비행하고 있는 알바트로스 D.Va 전투기. 제1차 세계대전에 투입된 이 독일 전투기의 동체는 합판을 사용해서 아름다운 유선형으로 만들어졌다.

사진 22 2003년, 잉글랜드 셰필드에 지은 겨울 정원은 현대적 글루램 건축구조물의 건축학적 가능성을 보여주는 사례다. 낙엽송 집성재 빔을 구부려 우아한 포물선 형태를 만들어 틀에 박힌 온실 구조에 새 생명을 불어넣었다. 빔 맨 아래에서 지탱해주고 있는 강철 받침대에도 주목할 것.

사진 23 노르웨이 브루문달에 있는 높이 85.4m, 18층 규모의 주상복합빌딩 미에스토르네는 현재 세계에서 가장 높은 목조 건축물이다. 중세시대 대형 홀이나 벌룬 구조 주택과 매우 유사하게 글루램과 CFL 골조가 내부를 지지한다.

었다. 집터로 추정되는 곳에는 지름 약 3.96m 되는 원형으로 돌들이 놓여 있다. 이 돌들은 원형 움집이나 바람막이를 고정해서 보강하는 역할을 했을 것이다. 하지만 이런 해석에 관련해서는 여전히 논란이 여럿 있다. 이 원 모양이 자연적으로 생겼다고 주장하는 인류학자들도 많다. 그래도 돌로 만들어진 이 원형 움집은 인류 건축의 시초일 수도 있다.

조잡한 나무 움집은 외풍이 심한 구조라 찬 공기가 금세 들어와서 보온 능력이 거의 없다고 생각할지 모르겠다. 하지만 이런 집도 꽤 효과적일 수 있다. 차가운 밤하늘을 피할 수 있는 것이라면 무엇이건 도움이 된다. 나의 박사과정 학생 데이비드 암슨은 도시의 나무가 기후 측면에서 어떤 이로움이 있는지를 연구한다. 이 연구에 따르면, 사람들은 지붕처럼 우거진 나무 그늘에서는 최고 7~8°C 더 시원하게 느낄 수 있다고 한다. 또 밤에는 나뭇잎들이 차가운 밤하늘을 막아주는 방패막이가 되기 때문에 체감온도는 1~2°C 더 따뜻하게 느껴진다고 한다. 현생 인류도 가령 수렵 채집 생활을 하는 탄자니아의 하드자족 같은 경우에도 이러한 이유로 여전히 나무 바로 아래에서 잠을 잔다. 물론, 건기에만 해당하는 얘기다.

그런데 수면 전문가인 데이비드 샘슨 교수팀의 연구를 통해 단순한 움집 안에서 자는 것이 나무 아래서 자는 것보다 이점이 훨씬 크다는 사실이 확인되었다. 연구팀은 인류가 밤에 어떻게 길고 깊게 잠을 잘 수 있게 되었는지를 알아내기 위해 우기 동안 얼마나 많은 요인이 하드자족의 수면에 영향을 미치는지를 조사했다. 하드자족은 우기가 되면 여성들이 풀을 덮어 지은 단순한 움집 안에서 취침한다. 연구팀은 소음 등 수면에 영향을 줄 수 있는 여러 요인을 측정하는 것 외에도 사람들이 움집 안과 밖에서 얼마나 따뜻하게 느끼는지를 평가했다. 이를 위해 간단한 기상관측소를 만들어 기온, 상대습도, 풍속을 측정했다. 계산 결과, 움집 안에서 자면 밖에서 자는 것보다 체감온도가 약 4.4℃에서 5.6℃ 더 따뜻하게 느껴지는 것으로 나타났다. 이 정도면 편안하게 밤잠을 자기에 충분하다. 이런 결과가 나온 주된 이유는 움집이 실내 기류를 차단해서 차가운 밤하늘을 막아주었기 때문이다.

그러므로 초기 인류의 몸에서 털이 사라질 수 있었던 것은 그들이 나무 움집 안에서 잠을 잤기 때문이다. 그 결과 목재를 다루는 실용적인 기술에 훨씬 더 많이 의존하게 되었다. 이런 기술로 불을 지피고 더없이 정교한 은신처를 지었으며 나중에는 다른 재료를 사용해서 종이와 옷감도 만들게 되었다. 역설적이지만 이러한 활동에 능숙해지면서 더 서늘한 기후 지역으로 주거지를 넓힐 수 있게 된 것으로 보인다. 털을 잃음으로써 인류는 다른 동물들처럼 환경에 적응하는 대신, 환경을 조작하기 위해 더 독창적인 존재가 되었고 지능에 의존하게 되었다. 이로써 본래는 연약한 영장류였던 인류는 세상을 정복할 수 있었다.

제4장

도구로
무장하다

우리를 둘러싼 세계에 매혹된 사람들에게는 여행 중에 방문하는 현지 박물관보다 즐거운 명소는 없다. 낯선 도시를 방문할 때 그곳을 이해하고 그곳의 역사를 파악하려면 박물관만 한 곳이 없다. 박물관에 가면 그 도시가 왜 거기에 있으며 왜 그런 식으로 설계되었는지 알 수 있다.

매력적이면서 고색창연한 박물관은 현지인들의 자부심과 열정, 호기심을 보여주는 훌륭한 증거가 된다. 지난 세월 동안 일상적으로 사용했던 옛것들을 보관하고 있는 보고와 같은 박물관은 무엇보다 독특한 방식으로 우리 조상들의 모습을 되살려낸다. 거기에 보관된 옛것들은 노동자들이 사용한 도구, 정장 차림에 중절모를 쓴 남성과 풍성한 치마에 앞치마를 두른 여성의 모습을 담은 오래된 적갈색 사진, 건물과 선박 모형, 박제된 동물과 사람의 해골 등 이루 말할 수 없이 많다.

어느 박물관이건 예외 없다. 언제나 화석 컬렉션과 함께 현지의 지리와 지질을 소개하는 코너가 제일 먼저 마련되어 있다. 그 다음으로 소개하는 주요 전시에서는 '초기 석기시대의 어느 가상의 마을Xville'을 다룬다. 상상 속 모습을 입체적 모형으로 만들어 수천 년 전 어느 가상의 마을을 보여준다.

초기 인류 가운데 남성들은 동물 가죽으로 만든 가리개로 아랫도리만 가리고 있다. 이들은 창을 든 채 매머드를 비롯한 덩치 큰 짐승에게 몰래 다가가거나 장대에 사슴을 매달아 들고 야영지로 돌아오는 모습으로 묘사된다. 그러는 동안 '초기 여성들'은 노출이 덜한 가죽을 걸친 채 캠프파이어 옆에서 귀가하는 남성들을 반긴다. 이런 모형 앞쪽에는 대개 마호가니로 만든 진열대 속에 시대별로 정렬된 석기들이 전시되어 있다. 문외한의 눈으로 보면 그저 아무 조약돌처럼 보이는 것에서부터 눈물방울 모양의 아름다운 손도끼, 섬세하고 얇게 만든 화살촉, 매끈하게 다듬은 도끼날에 이르기까지 순서대로 진열해 관람객들에게 인류가 사용한 석기의 발전상을 보여준다. 물론, 석기의 발전 모습은 선사시대를 전공하는 학생들 대부분에게는 익숙할 것이다.

1831년, 덴마크 고고학자 크리스티안 톰센은 인류가 주로 사용했던 재료인 돌, 청동, 철에 따라 '인간의 시대'를 분류하는 개념을 도입했다. 그 후로 석기 연구는 인류학과 고고학의 주류가 되었다. 톰센의 아이디어를 발전시켜 대중화한 사람이 영국 인류학자 존 러벅 남작이다. 그는 1865년에 발표한 저서 《선사시대》에서 석기시대를 다시 구석기시대와 신석기시대로 나누었다. 그 중간 단계에 있는 유럽의 중석기시대에 대한 정의는 훨씬 나중에야 규정되었으며 더 많은 논쟁을 불러일으켰다.

이때부터 고고학자들은 어마어마하게 많은 시간과 노력을 들여 석기를 분류하여 연대순으로 정리하고, 석기를 제작하고 사용하는 모습을 재현하면서 석기의 발전상을 그대로 따라갔다. 이렇게 함으로써 초기 인류와 돌의 관계가 그들의 생활, 특히 그들의 물질문화를 지배했다는 세계관이 공고히 자리 잡게 되었다. 그리하여 인류가 최초로 도구를 만든 것이 초기 '석기시대'라는 것, 최초의 도구는 돌로 만들었고 석기가 세상을 지배했으며 초기 석기의 정교함이 초기 인류의 정신적 우월성을 보여주는 것이라는 추정이 일반화되었다.

19세기와 20세기 초반에는 이러한 가정이 더할 나위 없이 유효한 것처럼 보였다. 어쨌건 초기 호미닌 시대 이후 지금까지 살아남은 것으로 보이는 유일한 인공 유물은 석기였다. 유기물질인 가죽, 식물섬유, 목재를 재료로 삼아 만든 것은 모두 오래전에 사라지고 없기 때문이다. 하지만 지난 50년간 영장류학계와 인류학계가 새로 발견한 내용에 따르면, 19세기 고고학자들이 제시했던 가정이 하나도 유효하지 않다는 사실이 밝혀졌다.

첫째, 영장류학자들은 인류와 가까운 친척인 유인원들이 매우 다양한 도구를 생산한다는 사실을 발견했다. 따라서 인간은 최초로 도구를 만들었다는 이유로 다른 동물들보다 우월한 존재로 취급될 수 없다.

둘째, 유인원은 창, 끌, 땅 파는 막대기, 보금자리 같은 도구들 대부분을 석재가 아니라 목재로 만든다. 그런데 초기 호미닌은 유인원에게서 목공 기술을 물려받았을 가능성이 매우 크다. 따라서 초기 호미닌이 사용한 최초의 도구는 석재가 아니라 목재로 만들어졌을 것이다.

셋째, 심지어 석기시대 추종자들이 재현한 초기 호미닌들의 생활 모습을 보더라도 동물을 사냥하고, 식물 뿌리를 캐고, 은신처를 짓기 위해 주로 나무 도구를 사용한 것이 명백하다. 이뿐만 아니라 나무를 태워 포식자들을 쫓아내고 몸을 따듯하게 보온하고 음식을 요리했다는 사실도 분명히 알 수 있다. 예를 들어, 앞서 언급했던 박물관에 전시된 입체 모형을 다시 떠올려보자. 모형으로 묘사한 도구들 대부분은 실제로 목재로 만들어진 것들이다. 남성들은 사냥감을 잡기 위해 목재 창을 들었고 사냥감을 매달아 가져오기 위해 목재 장대를 사용했다. 야영지에서는 여성들이 목재 움집 옆에 서서 장작불 위에 올려둔 음식을 요리했다. 석기는 이미 죽인 동물의 고기를 자르고 가죽을 긁어 손질할 때만 사용되었다.

마지막으로 고고학자들의 주장과는 대조적으로 최초의 석기는 정교함이라고는 거의 찾아볼 수 없는 물건이었다. 기술적으로 지어진 유인원들의 보금자리와 비교하면 특히 더 그랬다. 가장 오래된 320만~250만 년 전의 올도완 석기는 어디서든 볼 수 있는 조약돌처럼 생긴 경우가 많다. 심지어 220만 년 전에 등장한 아슐리안Acheulean 기술로 제작된 돌조각들도 대충 만들어서 금방 사용할 수 있는 것들이다. 어쨌건 이런 석기는 돌덩어리 두 개를 서로 치거나 혹은 뼈나 통나무로 돌을 내리치는 단순한 방법으로 손쉽게 만들어졌다.

약 200만 년 전 처음 만들어진 주먹도끼는 확실히 더 인상 깊다. 처음으로 뚜렷한 디자인이 발견되기 때문이다. 하지만 이런 주먹도끼조차도 20분 만에 만들 수 있다. 이것들도 본질적으로는 양날을 지닌 물방울 모양의 암석에 불과할 따름이다. 이 디자인은 수십만 년 동안 크게 바뀌지 않았다. 따라서 이 석기를 제작한 것이 인류의 지능 발달을 보여주는 증거라고 하기는 어렵다. 그 후로도 한참 뒤 약 10만 년 전, 후기 구석기시대에 와서야 마침내 정교하게 다듬는 기법이 발달했다. 비로소 박물관을 찾은 어린이들이 감탄할 정도로 석기가 정교해진 것이다. 그제야 인류는 현대의 단검이나 작살, 미늘 달린 화살촉과 실제로 비슷한 칼날 모양을 만들게 되었다.

그러므로 석기는 그동안 추정한 것처럼 초기 인류의 삶에 새롭거나 중심이 되는 도구가 결코 아니었다. 하지만 어느 학문이건 일단 하나의 문화가 자리를 잡으면, 그 문화에 이미 발을 들인 사람들이 거기서 벗어나기는 힘든 것 같다. 오늘날까지 인류학자들은 계속해서 석기의 중요성을 지나치게 강조하면서 다른 재료로 만든 도구는 일체 무시하고 있다. 예를 들면, 저명한 인류학자 리처드 리키의 대표작 《인류의 기원》에는 호모 에렉투스 무리의 하루 일과가 생생하게 묘사되어 있다. 이 책은 경탄할 만큼 명료한 작품이지만, 옥의 티라면 석기를 다소 과장해 서술한 부분이다. 특히 인상적인 대목은 여성들이 '튼튼한 막대기'로 덩이줄기를 캐는 반면, 어린 소녀들은 석기 제작 연습에 대부분의 시간을 보내는 장면이다. 그러는 동안 남성들은 설득력 없게도 돌멩이를 던져 '놀랄 만한 타격'을 가하여 영양을 죽인 다음, '짧고 뾰족한 막대기'로 영양을 찌른다. 여기서 리키는 한 번도 목재를 언급하지 않는다.

사실 인류 진화에 관한 책 대부분이 그렇듯, 목재라는 단어는 색인에도 포함되지 못할 정도로 평가절하되어 있다. 하지만 실제로 초기 인류가 석기를 거의 사용하지 않은 이유는 무엇일까? 왜 이 석기들은 비교적 크기가 작았던 걸까? 왜 무언가를 잘게 자르는 용도로만 거의 사용되었을까? 그 이유를 알아내려면, 돌과 나무, 석재와 목재의 구조와 역학적 성질을 비교하고 대조해볼 필요가 있다.

석재의 성질은 그 구성요소에 따라 결정된다. 석재는 무형의 무기화학 물질 덩어리나 결정체로 이루어져 있기 때문이다. 화강암과 돌로마이트(백운석) 같은 전형적인 화성암은 용해된 상태에서 응고되지만, 이에 반해 부싯돌은 용액에서 침전되어 형성된다. 사암이나 셰일과 같은 퇴적암은 화성암 조각들이 압축되어 형성되는 데 반해, 백악白堊이나 석회암은 죽은 생물의 화석화된 무기물 뼈 잔해로 만들어진다. 암석은 원자가 강하게 결합해 있어서 대단히 단단하고 딱딱하다. 그래서 충격용 도구의 재료로 이상적이다. 돌로 견과류나 뼛조각을 치면 더 많이 변형되는 쪽은 견과류나 뼈다. 돌 안에 있는 모든 운동에너지는 견과류나 뼈를 부수는 데 사용된다. 돌에 흡수되는 에너지는 전혀 없다.

그런데 돌 두 개를 서로 부딪치면 에너지가 이동할 곳이 없는 탓에, 결정들 속으로 혹은 결정들 사이로 즉시 균열이 생기면서 한쪽 돌 또는 양쪽 모두가 깨져버린다. 부싯돌은 내부 구조상 충격을 가하면 일정한 방향으로 깨지기 쉬운 성질이 있는데, 부싯돌의 경우처럼 예측 가능한 약한 선들이 없는 경우라도 돌을 제대로 서로 부딪치면 예측 방향으로 균열이 생겨 가장자리를 날카롭게 만들 수 있다. 돌의 단단한 성질 때문에 이렇게 만들어진 날카로운 가장자리는 자르기에 적합하다. 살이나 심지어 돌보다 부드러운 뼈 같은 물질을 뾰족한 끝으로 누르거나 스치면서 자를 때, 돌의 단단한 가장자리가 거대한 압축응력을 견뎌낼 수 있기 때문이다. 부싯돌로 만든 날카로운 도구가 동물을 토막 내고 가죽을 긁는 데 이상적이고 적합한 이유가 여기에 있다.

하지만 돌의 깨지기 쉬운 성질 그 이면에는 중대한 단점이 있다. 표면에 작은 균열이 있어도 즉각 돌 전체로 퍼질 수 있는 탓에, 인장력이 가해지면 약해진다는 점이다. 돌막대도 마치 분필이 부러지듯 쉽게 부러진다. 그래서 돌칼은 짧고 굵어야 인장력으로 인해 쪼개지는 것을 피할 수 있다. 돌로 창을 만들 수 있다고 한들, 너무 약해서 사용하기는 힘들 것이다. 한 번만 던져도 산산조각이 날 테니 말이다.

반면 앞서 이미 살펴보았듯, 나무는 압축력과 인장력 모두에 강하고 나뭇결을 따라 절대 쉽게 부러지지 않도록 진화했다. 그래서 나무줄기와 나뭇가지는 휨력에 대한 저항력이 뛰어나다. 건조된 목재의 성질은 더욱 우수하다. 생나무 목재만큼 강하고 튼튼할 뿐만 아니라 생나무 목재보다 3배는 더 단단하다. 그러므로 건조 목재는 땅을 파는 막대기와 창을 만들기에 이상적이다. 잘 휘지 않고 뻣뻣해서 휨력이 가해졌을 때 구부러지거나 부러지지 않기 때문이다. 또한 충격을 견디기에도 충분할 만큼 단단하면서 가죽이나 흙을 뚫을 만큼 딱딱하기도 하다. 이뿐만이 아니다. 목재로는 무언가를 만들기도 비교적 쉽다. 건조되지 않은 상태에서는 자르거나 조각하거나 마무리 작업하기 수월할 정도로 부드러워서 원하는 모양대로 만들 수 있다. 따라서 초기 호미닌이 사용한 커다란 도구 대부분은 목재로 만들었고 오로지 자르는 용도로 사용한 작은 도구들만 석재로 만들었다는 추측이 완벽히 가능하다.

그들이 거주했던 움집은 본질적으로 보면 사촌뻘 되는 유인원들이 지은 보금자리를 거꾸로 뒤집어놓은 버전이었을 것이다. 창과 땅 파는 막대기는 사바나 침팬지가 만들어 사용하는 것들과 유사했을 것이다. 게다가 나무 도구와 석기를 만들 때 계획을 세우는 과정은 아마도 거의 차이가 없었을 것이다.

잠을 자기 위해서건 땅을 파기 위해서건 혹은 사냥하기 위해서건, 현생 유인원들은 당장 필요한 도구를 만들고 만드는 즉시 사용한다. 이렇게 만드는 도구는 나뭇가지 상태에서 크게 변형되지 않는다. 가령, 유인원은 창을 만들기 위해 손으로 나뭇가지에 붙은 나뭇잎과 잔가지를 떼어내고 이빨로 가지의 얇은 쪽 끝을 날카롭게 만든다. 이 정도로 손보는 것이 아니라면 '발견한 상태 그대로' 사용한다. 유인원들이 만드는 창은 고르지 않고 휘어져 있다. 이런 창의 모습을 보면 만들 때 미리 계획하거나 깊게 고민하지 않는다는 것을 알 수 있다. 초기 인류가 죽은 동물을 가공할 때 사용한 돌칼과 돌긁개도 마찬가지였다고 할 수 있다. 모두 그 자리에서 만들어 사용한 것들이다.

따라서 초기 인류가 석기를 만들었다는 사실이나 석기 제작법과 관련된 세세한 사항들로는 지능에 큰 변화가 있었다고 입증하기 어렵다. 그렇다면 인류가 점차 만물의 영장이 될 수 있었던 가장 큰 이유는 무엇일까? 바로 그들이 목재로 만든 도구를 발전시켰기 때문이다. 그중에서도 특히 목재로 만든 무기 덕분이다. 이러한 목재 도구의 발전을 살펴보면 인류의 지능이 어떻게 진화했는지도 알 수 있다.

목재 도구의 발전과 인류 지능의 향상

호미닌이 최초로 지적 진보를 이룬 것은 석기를 사냥감의 처리만이 아니라 나무 도구 제작에도 사용하기 시작하면서부터다. 초기 호미닌은 아마 사바나로 이동하면서 석기로 나무 도구를 만들어야 했을 것이다. 건기에 단단한 흙에서 뿌리와 덩이줄기를 캐려면 더 굵은 막대기가, 부시 베이비보다 덩치 큰 사냥감을 사냥하려면 더 큰 창이 필요했을 것이기 때문이다. 은신처로 삼을 움집을 짓는 데도 더 큰 나뭇가지들이 필요했을 것이다.

완전히 나무에서 내려와 땅에서만 살았던 최초의 호미닌 호모 에렉투스는 도구를 사용하지 않고서는 이런 작업을 할 수 없었을 것이다. 자그마한 앞니만으로는 창과 막대기를 갈아서 날카롭게 만들 수 없었다. 나무 위에서 생활했던 조상들보다 팔 힘이 약한 탓에 집을 지을 만큼 큰 나뭇가지를 자를 수도 없었다. 도구 끝을 날카롭게 갈기 위해 돌긁개를, 나뭇가지를 잘라내기 위해 돌칼이나 돌도끼, 돌톱을 동원해야만 했을 것이다. 이렇게 호모 에렉투스는 세계 최초의 목수가 되었을 것이다. 그러면서 그들은 당장 쓰기 위한 도구 외에 다른 도구 제작용 도구를 만든 최초의 영장류가 되었다.

목공을 했다는 최초의 증거는 실제로 호모 에렉투스가 등장한 직후의 것으로 밝혀졌다. 1981년, 일리노이 대학교의 로렌스 킬리 교수와 니콜라스 토스 교수는 케냐의 쿠비 포라 지방에서 출토된 150만 년 전의 석기에서 전형적인 목공 작업 연마의 흔적을 발견했다. 2001년, 마드리드 대학교의 마누엘 도밍게즈-로드리고 연구팀은 탄자니아에 있는 160만 년 전의 페닌즈Peninj 유적지에서 나온 손도끼와 박편薄片의 날 주변에 아카시아나무의 옥살산칼슘 결정이 붙어 있는 것을 발견했다. 이는 손도끼가 목공 작업에 사용되었음을 나타내는 증거였다. 도구 위에 남아 있는 마모 흔적으로 보아 나뭇가지를 톱질하는 것과 같은 힘든 작업을 했음이 확인되었다.

이 정도로는 대단한 발전이 아닌 것처럼 보일 수도 있다. 하지만 창을 깎아 만드는 데 석기를 사용하려면 인간의 상상력에 커다란 변화가 필요했다. 따라서 이것은 인류의 지적, 사회적 체계에 중대한 진보가 있었음을 보여주는 사건이다. 튀빙겐 대학교의 미리암 하이들레 교수는 얼핏 비슷해 보일 수 있는 두 가지 작업, 즉 침팬지의 창 만들기와 초기 인류의 이와 유사한 도구 만들기 사이에 큰 차이가 있음을 지적했다. 침팬지는 당장 도구를 사용해야 할 때 바로 그 자리에서 도구를 제작하는 모든 과정을 수행한다. 나뭇가지에 달린 잎과 잔가지를 손으로 훑어내고 가지의 얇은 끝부분을 이빨로 갈아서 날카롭게 만든다. 하지만 호미닌이 손도끼를 사용해서 창을 만드는 과정은 이와 달랐다. 실제 동작들이 반드시 더 복잡한 것은 아니다. 다만, 이들의 제작 과정에는 각기 다른 시간과 장소에서 일어날 수 있는 분리된 두 가지 세트의 동작들이 동원되었다. 손도끼를 먼저 만들고, 그다음에 이 손도끼를 사용해서 창을 만든 것이다. 그러므로 전체 제작 과정에는 이른바 작업기억을 동원해서 과거의 정보를 통합하는 과정뿐만 아니라 구성적 기억constructive memory이라는 것을 동원해서 미래의 동작을 상상하는 과정도 포함되었다.

하이들레 교수는 초기 인류가 창을 만들 때 밟아야 하는 모든 단계와 이들이 집중하는 대상들을 분류하고 계산하는 방법으로 이 두 과정을 분석했다. 그리고 이렇게 얻은 결과물을 코그니그램cognigram(인지표)이라고 명명했다. 침팬지의 창 만들기는 14단계를 거치는 동안 3가지, 즉 침팬지 자신, 먹잇감, 도구에 초점을 두고 작동한다. 이와 대조적으로, 초기 인류의 창 만들기는 8가지에 초점을 맞추어 29단계를 거치면서 이루어졌다. 과제의 복잡도가 침팬지보다 2배 이상 높았던 셈이다.

손도끼와 창을 제작하는 이 두 가지 과정은 반드시 같은 사람의 손을 거칠 필요가 없었다. 내가 (다른 사람들이 만든) 스위스 칼을 더없이 소중하게 여기면서 어디를 가든 꼭 챙기고 다니는 것처럼, 초기 인류도 다른 누군가가 만든 손도끼를 지니고 다녔을 수 있다. 그러므로 이 제작 과정은 호모 에렉투스가 그저 개인 차원에서 더 우수한 지능을 지닌 것만이 아니라 사회 조직 체계 역시 더 뛰어났음을 보여주는 증거도 될 수 있다. 한편 하이들레 교수의 분석 작업이 가진 가장 큰 장점은 따로 있다. 이런 분석 덕분에 다른 증거가 없더라도 초기 인류의 지능과 사회적 결속력이 어떤 발전 과정을 거쳤는지를 따라가며 파악할 수 있다는 것이다. 도구 제작 과정에서 그다음에 어떤 진전이 있었는지 분석하기만 하면 된다. 그러면 물건들을 보고 지능의 진화를 추론할 수 있다.

그런데 이런 식으로 인류의 지능 향상 과정을 따라가면 큰 난관에 직면하게 된다. 나무 도구 형태로 남아 있는 증거가 부족하다는 것이다. 앞서 말한 최초의 목공 흔적 이후 100만 년 동안 만든 목재 물건 가운데 지금껏 발견된 것은 하나도 없다. 따라서 우리는 호모 에렉투스가 어떤 도구를 만들었는지 모른다. 이런 이유로 많은 인류학자가 나무 도구의 중요성에 의혹을 품게 되었으며, 특히 이들 초기 인류의 사냥 능력에 의문을 가지게 되었다.

최근까지 호미닌은 주로 호시탐탐 기회를 노리다가 거대한 초식동물의 사체나 훔치는 청소 동물에 불과했을 것으로 추정되었다. 무리 지어 다니면서 다른 육식동물이 전리품에 접근하지 못하도록 작은 창이나 휘두르는 존재 정도로 여겨진 것이다. 하지만 최근 들어서 나무로 만든 창과 관련한 흥미진진한 발견이 이루어지면서 인류의 초기 조상들에 관한 우리의 생각에 일대 변화가 일어나기 시작했다.

목재 도구가 보존될 만한 여건은 인류가 지구상에서 비교적 선선하고 습한 지역에 살기 시작한 이후에야 조성되었다. 유럽에 초기 인류에 관한 훌륭한 고고학적 기록이 남아 있는 주된 이유도 이 때문이다. 비교적 선선한 지역에 축적되는 습한 산성 이탄토는 목재와 같은 유기물이 썩지 않도록 보호해서 놀랍도록 온전한 모습으로 보존해준다. 여덟 살 때 덴마크 오르후스 근처에 있는 실케보르 박물관에서 완벽한 모습으로 보존된 '톨룬드 맨' 미라를 보고 경악했던 기억이 지금도 생생하다. 특히 뺨에 난 까슬까슬한 수염까지 그대로 보존된 그의 얼굴은 거의 살아 있는 것처럼 보였다. 2,000년도 더 전에 어떤 의식에 제물로 바쳐졌던 그를 본 뒤, 몇 달 동안 악몽을 꾸며 죽음을 피할 수 없다는 깨달음, 즉 필사必死의 암시에 시달려야 했다.

사상 최초로 기록된 목재 도구는 클랙턴 창Clacton Spear이다(사진 1 참조). 1911년, 아마추어 선사학자 새뮤얼 해즐딘 워런이 영국

에식스의 45만 년 전 퇴적층에서 발견한 유물이다. 초기 인류의 목공 능력을 어렴풋하게나마 짐작할 수 있게 해준 최초의 유물이기도 하다. 이 '창'은 사실 40.64cm 길이의 주목朱木 조각으로 어떤 더 큰 물체에서 뾰족한 끝부분이 잘려나온 것이다. 땅 파는 막대기, 긴 창, 짧은 창 등 모체에 대한 해석은 다양했다. 하지만 면밀한 조사 결과, 이 창이 끝으로 갈수록 고르게 가늘어지는 것으로 보아 모체가 짧은 창이었을 가능성이 가장 큰 것으로 드러났다.

영국 사우샘프턴 대학교의 존 맥냅 교수와 해나 플럭 교수는 이 창의 제작 방법을 재현하는 실험을 진행했다. 그 결과, 유적지에서 발견된 날이 넓은 도구 가운데 하나, 즉 (돌을 한 번 강타해서 날을 만드는) 클랙토니안 노치Clactonian notch 방식으로 만든 뗀석기를 사용해서 창끝을 향해 긁는 방법으로 모양을 잡은 것으로 짐작되었다. 만약 잘 건조된 목재에 이 공정을 진행했다면 두 시간은 족히 걸렸을 것이다. 따라서 목재가 아직 마르지 않았을 때 창의 모양을 잡았을 것으로 보인다. 나아가 맥냅 교수는 창의 모양을 잡을 때 불의 도움도 받았을 것으로 추측했다. 타다 남은 잉걸불 속에 끝부분을 넣어서 뜨겁게 만들고 겉면을 그을린 다음 긁어냈을 것으로 추정했다. 플럭 교수는 이런 과정을 거치면 단 45분 만에 창끝의 모양을 만들 수 있다는 것을 알아냈다.

두 사람이 지적했듯, 이 작업에는 '불 담금질'로 창끝을 단단하게 만드는 추가적인 장점도 있었을 수 있다. 나는 이 아이디어를 시험하고자 학부 과정 학생인 마이클 찬에게 불 담금질이 가져올 수 있는 효과를 연구하게 했다. 그는 개암나무 막대기들을 두 그룹으로 나누어 실험한 뒤 역학적 성질을 비교했다. 한 그룹은 일회용 그릴 위에서 가열했고, 나머지 그룹은 천천히 건조되도록 그냥 방치했다. 결과에 따르면 목재를 가열했더니 조금 더 단단해진 것으로 나타났다. 세포벽 속 헤미셀룰로스가 결정을 이룰 것이므로 충분히 예상할 만한 결과다. 그런데 이와 동시에 가열된 목재의 질김도 반으로 줄고 말았다. 그래서 클랙턴 창의 끝부분이 잘려나간 모양이다. 이는 목재 도구를 불 담금질하는 것이 그다지 유용하지는 않다는 것을 시사한다. 그저 겉으로만 불 담금질이 유용할 것처럼 보일 뿐이다. 마치 불이 지닌 힘 가운데 일부를 도구에 옮겨주는 것처럼 보여 사람들에게 무기가 지닌 힘을 더 신뢰하게 만드는 것뿐이다.

초기 인류의 생활과 초창기 사냥법에 대한 인식을 완전히 뒤바꿔놓은 발견은 1990년대에 이르러서야 이루어졌다. 독일 북부 니더작센주 하노버 기념물보존연구소 소속 하르트무트 티에메는 1982년부터 하노버 근교 쇠닝겐의 노천광에서 대규모 갈탄 채굴로 인해 훼손될 위기에 처한 중기 구석기시대 유적지 구조작전을 장기적으로 진행해오고 있었다. 그러다가 1995년 가을, 과거에 호숫가였던 지점을 발굴하던 티에메와 동료들은 깜짝 놀라고 말았다. 아름답게 깎아 만든 목재 도구들과 20마리가 넘는 도살된 말의 사체가 함께 발견된 것이다. 나무 도구 가운데 7개는 투창이라는 것을 뚜렷이 알아볼 수 있었다. 천천히 자라는 어린 가문비나무의 얇은 나무줄기를 깎아 만들었으며, 길이는 1.5~2.1m, 굵기는 3~4cm, 양쪽 끝으로 갈수록 가늘어지고 3분의 1 지점이 가장 굵었다. 이 나무 도구들은 현대 올림픽의 투창 경기에서 사용하는 투창과 매우 흡사했다. 곧이어 복제품을 만들어 실험한 결과, 이들 투창은 던졌을 때 안정감 있게 날아가고 최대 19.8m까지 정확하게 던질 수 있었을 것으로 확인되었다. 말 유골에 남아 있는 강한 충격에 의한 상처 흔적으로 보아 바로 이 무기를 사용해서 말을 죽인 것으로 추측됐다.

티에메 팀이 발견한 창과 사체의 수로 미루어보아, 이곳은 일종의 매복 지역이었던 것이 분명했다. 당시 이곳에 살았던 초기 인류는 호모 하이델베르겐시스 *Homo heidelbergensis*이거나 우리와 더 가까운 호모 네안데르탈렌시스 *Homo neanderthalensis* 종에 속했을 것이다. 이들은 무리를 지어 함께 움직이면서 마른 땅과 물의 중간 지점으로 말을 몰아 가둔 뒤 도살한 듯했다. 물론, 발견된 말은 전부 한날한시에 죽지는 않았을 것이다. 하지만 발견물을 전체적으로 보면 이들 초기 인류가 얼마나 정교한 능력을 지니고 있었는지를 알 수 있다. 그들은 창을 깎는 능력이 뛰어나고 나무에서 창의 모양을 생각해내는 상상력과 석기로 창 모양을 만드는 능력만 있었던 것이 아니다. 효율적인 사냥꾼 무리를 조직하고 먹잇감 동물의 습성과 행동을 이용해서 먼 거리에서 안전하게 사냥할 줄도 알았다.

쇠닝겐에서 발굴된 나무 도구 가운데 일부에는 손잡이 흔적이 남아 있다. 끝부분 둘레에 홈이 있는 것으로 보아 작은 돌 박편을 나무 도구 안이나 끝부분에 붙여서 언뜻 보기에 더 효과적인 절단용 무기로 만든 듯하다. 사실, 강하고 단단한 나무 손잡이와 예리한 돌날을 결합한 이런 '합성 도구'는 그 당시 여러 다른 지역에서도 등장했던 것으로 보인다. 아프리카 전역의 많은 유적지에서도 발견되었는데, 이는 중기 구석기시대의 시작을 알리는 것이기도 하다. 이 시기에 개발된 전형적인 합성 도구는 끝에 돌로 만든 촉이 달린 창이었다. 바로 할리우드가 사랑하는 그 무기다. 석기시대를 배경으로 한 영화를 보면 초기 인류는 이 창을 위협적으로 휘두르는 모습으로 흔히 묘사된다.

네안데르탈인과 초기 호모 사피엔스는 끝을 뾰족하게 만든 나무 도구에 의지하기보다는 손도끼처럼 예리한 석기에 손잡이를 달기 시작했다. 목재로 만든 창 앞쪽에 홈을 파서 석기를 넣고, 동물성 접착제와 동물의 힘줄로 만든 끈을 이용해서 돌날을 홈 안에 고정했다. 이렇듯 합성 창을 제작하는 일은 별개의 여러 과제나 '부품'이 필요한 매우 복잡한 작업이었다. 끈을 준비하고 접착제를 끓이고 돌 끝을 날카롭게 만들고 손잡이에 홈도 파야 했다. 그렇게 준비한 다음에야 최종적으로 조립해서 완성할 수 있었다. 이것을 보면 네안데르탈인은 훨씬 더 뛰어난 조직 능력과 기술력, 지능을 지녔다는 것을 알 수 있다. 나라면 장시간의 훈련을 받지 않고서는 이런 복잡한 과제를 수행하지 못할 것 같다.

하지만 당혹스러운 점은 이러한 합성 창을 사용했을 때 어떤 이점이 있는지 알기 어렵다는 것이다. 많은 인류학자가 끝에 돌촉이 달린 창과 단순히 목재로만 된 창으로 각각 동물을 죽일 때의 효율을 비교하는 실험 연구를 진행했다. 돼지 사체나 젤라틴으로 만든 실험용 동물 근육 모형을 가지고 하는 실험은 무척 재미있었던 것 같다. 그런데 실험자들은 돌 촉이 달린 창이 살을 더 잘 뚫고 들어갈 것으로 예상했지만, 실험 결과 이를 뒷받침할 증거는 거의 발견하지 못했다. 목재와 석재 모두 가죽보다 단단하기에 둘 다 쉽게 가죽을 뚫을 수 있었다. 몇몇 연구에서는 목재 창 촉이 석재 창 촉보다 심지어 더 깊이 뚫고 들어가기도 했다. 하지만 석재 날이 더 넓으면 더 많은 살집에 손상을 입힐 수 있었다는 증거도 나왔다. 아마 피를 많이 흘리게 하는 데 더 유리했기 때문이리라.

하지만 합성 창에는 단점이 있다. 돌 촉이 깨지기 쉽고 더 잘 부러지는 탓에 더 자주 손질해야 했다는 점이다. 장점은 돌의 밀도가 높다는 데 있다. 덕분에 돌 촉을 짧은 원통형 손잡이에 고정하더라도 창끝이 무겁기 때문에 창의 무게중심이 앞으로 쏠리게 되고 그러면 창을 효과적으로 던질 수 있게 된다. 물론, 이 창은 손으로 들고 찌르는 창으로 사용할 수도 있었다. 그러므로 가까운 거리와 먼 거리에서 모두 기능하는 합성 창은 공격용과 수비용 무기로 모두 사용할 수 있었다.

하지만 목재 투창과 합성 창은 둘 다 살상 범위가 제한되어 있다. 우리 팔이 짧기 때문에 창을 잡은 손을 앞뒤로 움직이려면 팔 근육을 최적의 속도보다 훨씬 빠르게 수축시켜야 한다. 게다가 팔과 손을 빠르게 움직이기 위해 소모하는 전체 에너지 가운데 절반가량은 그냥 낭비되고 만다. 그래서 우리가 손으로 던진 물체에 전달되는 속도의 한계 때문에 어떤 유형의 창이건 30m 이상 던질 수 있는 사람은 거의 없다. 그러나 다행스럽게도 우리 조상들은 이런 문제를 극복하여 더 효율적인 사냥꾼이 될 여러 방법을 개발해냈다. 그리고 그들 대부분은 인위적으로 팔 길이를 확장하는 기법을 활용하여 이런 목표를 달성해냈다.

목재로 만든 활은
사냥꾼들이 가장 선호한 무기

1980년대에 마거릿 대처가 사우스요크셔 석탄 탄광을 폐쇄하기 전, 젊은 광부들이 즐기던 취미 가운데 뜻밖의 것이 하나 있었다. 바로 화살 던지기다. 먼저 끈의 한쪽 끝을 화살대 끝에 한 번

돌려 묶은 뒤, 끈의 반대쪽 끝을 집게손가락 둘레에 돌려 감는다. 그런 다음 화살대 축을 따라 더 앞쪽으로 화살을 잡아 끈을 팽팽하게 만든다. 이 상태에서 화살을 던지면 손가락으로 잡고 있던 화살대는 일찍 손을 떠나지만, 끈은 화살대에서 풀려서 화살을 날려 보낼 때까지 계속해서 화살에 속도를 붙여준다. 이렇듯 끈이 광부들의 팔을 효과적으로 연장해줘서 화살을 던질 때 더 많은 에너지를 실을 수 있었고 무려 200m 이상 날려 보낼 수 있었다고 한다!

물론 창을 던질 때 이와 정확히 똑같은 기법을 사용하기는 무리일 것이다. 화살과 달리 창의 경우, 손가락 한 개에 가해지는 끈의 힘이 너무 클 테니 말이다. 하지만 유사한 방법이 고대 그리스에서 사용되었다. 펠타pelta라는 작은 방패로 무장한 보병들은 중무장한 전통적인 보병들보다 가벼운 투창을 사용하면서 더 멀리까지 던질 수 있었다. 그들은 아멘타amenta라는 가죽끈을 손가락 두 개에 감고 이를 보조로 삼아 투창을 던졌다.

뿐만 아니라 약 2만 3,000년 전, 후기 구석기시대 호모 사피엔스 역시 이와 거의 똑같은 방식으로 행동한 것이 확인되고 있다. 다만, 이들은 끈을 잡기 위해 특별한 도구를 사용했다. 20세기 초에 접어들면서 고고학자들이 목재나 사슴뿔을 장식해서 만든 막대를 발굴하기 시작했다. 막대에는 굵은 쪽 끝부분에 구멍이 하나 뚫려 있었다. 이 막대의 용도를 어떻게 설명해야 할지 몰랐던 고고학자들은 처음에는 늘 하던 대로 전형적인 입장을 취했다. 즉, 이들 막대가 '의례용'으로 쓰였다고 가정하면서 왕이 들던 홀笏과 비슷하게 생긴 점에 주목하여 지휘봉 bâton de commandement이라 명명했다. 그 후의 연구자들은 이들 막대가 창을 곧게 펴는 데 사용되었다고 보았다. 막대의 구멍 안에 창이 들어갈 수 있었기 때문이다. 하지만 창은 이런 것 없이도 손쉽게 곧게 펼 수 있어서 굳이 이런 도구가 필요했다고 생각할 이유가 없다.

천만다행으로 세상에는 이런 물건들에 관심이 많은 유능한 사람들이 많다. '원시적 기술'에 열광하는 아마추어 전문가들이 바로 그들이다. 주로 남성들이 많은데, 이들은 훌륭한 연장을 세트로 갖추고 있고 공학 분야에 소질이 많다. 자택이나 개인 창고에서 직접 실험한 뒤, 알게 된 내용을 자비로 출판하거나 요즘에는 멋진 동영상을 찍어서 유튜브에 올린다. 이들은 지팡이 구멍에 줄을 매단 뒤, 먼 끝부분을 손으로 잡으면 광부의 화살처럼 작은 창이나 화살에 추진력을 가하여 약 55m까지 비행 범위를 늘릴 수 있다는 것을 보여주었다. 실제로 이런 막대들이 그렇게 사용된 것이라는 더 많은 증거는 프랑스 튀르삭의 유명한 라 마들렌느La Madeleine 동굴에서 발굴된 지휘봉 파편에서 발견되었다. 그 위에는 화살을 들고 있는 한 남성이 지휘봉과 함께 화살을 막 던지려는 것처럼 보이는 모습이 단순하게 조각되어 있었다.

투창기를 사용하면 창을 더 멀리 더 정확하게 던질 수 있다. 이런 투창기는 후기 구석기시대에만 발달한 것이 아니라, 지금도 여전히 중남미에서는 아틀라틀atlatl이라는 이름으로, 또 호주에서는 우메라Woomera라는 이름으로 불리며 광범위하게 사용되고 있다. 이 투창기는 15~20cm 길이의 단순한 막대기 끝에 컵 같은 받침이나 갈고리가 달린 모습이다. 사용법은 간단하다. 투창기를 창 아래 나란히 수평으로 잡는데, 투창기의 갈고리를 창대 뒤쪽으로 겹치게 한다. 이때 창을 잡는 손은 창대의 앞쪽으로 멀리 잡는다. 이렇게 하면 투창기가 제3의 팔 관절 역할을 한다. 팔과 동시에 손목을 이용해서 투창기를 앞으로 회전시키면 창이나 다트가 추진력을 얻어 앞으로 날아간다. 오늘날 반려견을 키우는 견주는 공 던지기 기구를 사용해서 최소한의 노력을 들여 개를 훈련한다. 이 기구에 적용되는 원리가 투창기의 역학 원리와 같다.

이 사실을 바탕으로 아틀라틀의 효능이 길이에 따라 어떻게 좌우되는지 연구하기로 했다. 이를 위해 내가 지도하는 석사과정 제자 해나 테일러가 실험에 나섰다. 그녀는 가족과 친구들이 길이 조절이 가능한 공 던지기 기구를 사용하여 다양한 무게의 공을 얼마나 멀리 던질 수 있는지 실험하면서 동영상 기록을 남겼다. 실험 결과, 가벼운 공을 던질 때는 기구의 길이가 길어야 효과적이었지만, 공의 무게가 무거워질수록 가장 멀리 던질 수 있는 기구의 최적 길이는 줄어들었다. 이유는 단순했다. 긴 지렛대를 사용해서 무거운 공을 날려보낼 만큼 사람들의 손목 힘이 강하지 않았기 때문이다.

지금도 여전히 많은 사람이 아틀라틀 던지기를 즐기며, 세계 아틀라틀 협회가 후원하는 대회에도 참가한다. 위키피디아에 따르면, 아틀라틀 던지기 세계기록은 1995년 7월 15일, 미국 미주리주의 데이브 잉그볼이 수립한 258.63m라는 놀라운 기록이라고 한다.

그런데 나무 도구의 타격 범위를 늘리는 또 하나의 기법이 있었다. 바로 막대기 자체를 팔의 연장으로 사용하는 것이다. 강아지에게 막대기를 물어오라고 던질 때처럼, 막대기를 던지면서 앞쪽으로 회전시키는 방법이다. 이 기법은 막대기가 손을 떠날 때 막대기의 속력을 높이는 데 매우 효과적이다. 하지만 막대기가 공기를 가르며 공중제비를 돌면 공기저항이 커지기 때문에 창보다 훨씬 빨리 속도가 느려진다. 하지만 이 방법을 개선한 사람들이 바로 오스트레일리아 원주민들이다. 이들은 매우 다양한 부메랑을 발명했는데, 하나같이 유선형의 단면으로 공기저항을 줄여서 공기를 가르며 날아가기 쉽게 만들어졌다. (덜 구부러진) 몇몇은 똑바로 날아가도록 디자인되어 최대 180m까지 날아가 치명타를 날릴 수 있다. 비교적 더 휘어진 것들은 곡선을 그리며 날아가 다시 제자리로 돌아오도록 디자인되었다.

그래도 목재 발사체의 타격 능력을 향상하는 최고의 방법은 단연코 활과 화살이다. 이 둘의 조합이 처음 고안된 곳은 아마도 대략 6만 5,000년 전 아프리카였던 것 같다. 이에 반해 유럽에서 발견된 증거는 겨우 2만 년 전의 것으로 보인다. 활은 우리 팔과 어깨 근육의 빠른 수축 능력에 의존하기보다는 이들 근육이 천천히 수축할 때 생성되는 더 큰 힘과 에너지를 활용한다. 우리가 활시위를 당기면 탄성에너지가 활에 저장된다. 그러다가 당겼던 시위를 놓으면 저장되었던 탄성에너지가 방출되면서 화살을 앞으로 날아가게 한다.

활에 숨어 있는 복잡한 역학적 원리와 활이 효율적인 이유를 설명한 글은 무척 많다. 하지만 활이 작동하는 과정은 기본적으로 단순하다. 활을 완전히 잡아당기면 활시위는 뒤쪽으로 예각을 이루며 휘어졌다가 활시위를 놓으면 일부 에너지는 활대를 앞으로 가속시키는 데 쓰이고, 또 일부는 화살을 가속시키는 데 쓰인다. 하지만 활줄이 곧게 펴지면서 삼각법이 적용된다. 그래서 활대가 제아무리 미미하게 움직이더라도 화살은 크게 움직이는 결과가 초래된다. 화살이 활시위를 떠나는 시점이면, 활대는 탄성에너지와 운동에너지를 거의 모두 화살에 전달한 뒤 사실상 움직임을 멈춘 상태가 된다.

앞서 살펴본 다른 모든 기법을 능가하는 활의 3대 장점은 무엇일까? 첫째, 멀리까지 날아갈 수 있다는 점이다. 우리 근육은 천천히 수축할 때 더 많은 에너지를 생성할 수 있어서, 활은 발사체에 비교적 많은 에너지를 실어 방출할 수 있다. 그러면 화살은 274m

이상 날아갈 수 있다. (위키피디아에 따르면 현재 세계양궁연맹이 인정하는 최장 명중 기록은 2015년 12월 9일, 미국 양궁선수 매트 스터츠먼이 달성한 283.47m다.) 둘째, 활을 당길 때는 천천히 매끄럽게 움직이기 때문에 훨씬 정확히 겨냥할 수 있어서 창보다 정확도가 훨씬 높다는 점이다. 셋째, 정면에서 보면 활을 쏘는 궁사가 거의 움직이지 않는 것처럼 보이기 때문에 투창을 던지는 사람보다 훨씬 더 먹잇감의 눈에 띄지 않는다는 점이다. 그래서 활과 화살은 매우 뛰어난 스텔스 무기가 된다. 그 결과 얼마 지나지 않아 활과 화살은 사냥꾼들이 선호하는 사냥 무기가 되었다. 사바나 지역에 살았던 사냥꾼들뿐만 아니라 마지막 빙하기 말기의 중석기시대에 조성된 울창한 밀림을 누볐던 사냥꾼들도 마찬가지였다.

활은 지극히 효과적이지만, 목재와 석재를 복합한 합성 창보다는 만들기가 무척이나 복잡한 도구다. 마를라이즈 롬바르와 미리암 하이들레의 계산 결과, 완전한 활과 화살 한 세트를 만들려면 10차례 하위 조립 과정을 거치면서 102가지 과제를 수행해야 한다.

인류의 사냥 기술을 들여다보면 참으로 오랜 여정을 걸어온 것을 알 수 있다. 침팬지의 단순한 찌르기용 창에서 시작하여, 현생 인류의 손잡이와 깃이 달린 화살과 동물 내장 끈 활줄을 활용한 활에 이르기까지 많은 발전을 이루었다. 이에 따라 인류의 살상 능력도 확대되었다. 몸집 작은 영장류가 단순히 근거리에서 사냥감을 해치우던 수준에서 200m 이상 떨어진 곳에 있는 덩치 큰 발굽 동물(과 다른 사람들)을 죽일 수 있는 수준까지 된 것이다.

목재로 만든 무기의 발달이 우리를 최상위 포식자로 만들었고, 그 결과 우리를 둘러싼 세상에 대량 멸종을 불러왔다. 우리는 농경을 통해 환경을 바꾸는 기술을 익히기도 전에, 나무 도구를 이용하여 거대한 짐승들을 죽여 없앴다. 유럽에서는 매머드와 털코뿔소, 메갈로케로스(거대 순록), 아시아에서는 거대 오랑우탄, 북아메리카에서는 마스토돈과 말, 테이퍼, 남아메리카에서는 땅나무늘보와 거대 아르마딜로, 오스트레일리아에서는 거대 웜뱃(디프로토돈)과 거대 캥거루가 지구상에서 사라졌다. 이뿐만 아니다. 백년전쟁을 대표하는 크레시와 아쟁쿠르 전투에서 프랑스에 맞서 영국이 거둔 승리를 살펴봐도 알 수 있다. 나무로 만든 활의 극치라 할 수 있는 주목나무로 만든 장궁(큰활)이 대표하듯이, 목재로 만든 활이야말로 15세기까지 명실상부 세상에서 가장 효과적인 대량 살상 무기였다(백년전쟁 당시 프랑스는 중무장 기사와 석궁병을 내세웠지만, 영국은 장궁병을 대규모로 운용했다. 장궁은 석궁보다 사거리뿐 아니라 속사력과 관통력에서 우월했으며, 영국의 방어진 구축과 지형·기후 조건까지 맞물리면서 승리의 결정적 요인이 되었다-역자).

PART 2

문명을 건설하다

제5장

숲을
개간하다

신석기시대는 인류가 땅을 경작하기 시작하면서 처음으로 환경에 지대한 영향을 준 시기다. 이런 신석기시대를 대표하는 상징물을 하나 꼽으라면 단연코 마제 돌도끼(간돌도끼)다. 실제로 최근 출판된 서적 가운데 유럽의 신석기시대를 다룬 주요 도서에도 《도끼 이야기 The Tale of the Axe》라는 제목이 붙여졌다.

세계 곳곳에 있는 현지 박물관에는 간돌도끼 머리가 전시되어 있다. 만약 직접 만져볼 기회가 생긴다면 꼭 한번 손으로 들어보기 바란다. 갈고 다듬어서 아주 매끈하고 둥근 모양인데, 손으로 들었을 때 꽤 묵직하고 한 손에 편안하게 잡힌다. 폭이 넓은 날은 끝으로 갈수록 아주 예리하지는 않더라도 매끈하게 얇아진다. 반면, 뒤쪽은 뭉툭한 반구형으로 곡선을 이룬다.

지금은 이 도끼머리가 어디에 사용되었는지 알지만, 처음부터 그랬던 것은 아니다. 처음 출토되기 시작해서 고대 유물 마니아들의 관심을 받았을 때만 해도 사람들이 이것이 무엇인지 몰랐다. 사실 놀라운 일도 아니다. 폭이 훨씬 더 좁고 날이 훨씬 더 날카로운 지금의 도끼머리와는 많이 다르게 생겼기 때문이다. 사실, 자르는 용도를 지녔을 것으로는 전혀 보이지 않는다. 밭에 묻혀 있던 돌도끼들을 발견한 농부들은 이것을 벼락이라고 불렀다. 폭풍이 치는 동안 하늘의 신이 땅으로 이 돌들을 던졌다고 상상한 것이다. 곧이어 돌도끼를 접한 고고학자들은 이것을 의례 용품으로 판단했다. 제일 갸름하게 생긴 도끼날 가운데 몇몇은 신들에게 바치는 제물로 사용되었던 것으로 보인다. 신석기시대의 긴 모양 무덤에서는 부장품으로 함께 묻혀 있는 원시 유물이 발견되는 일이 흔했다.

신석기시대 간돌도끼가 목재를 자를 때 얼마나 효과적인지 그 진가가 알려지기 시작한 것은 불과 60년 전부터다. 숲을 개간하고 전 세계로 농경을 전파하고 최초로 농장과 마을, 도시를 건설하면서 우리의 문명 건설에 얼마나 결정적인 역할을 했는지 그제야 밝혀졌다. 이 장에서 살펴보겠지만, 간돌도끼의 성공은 단지 첫 단추일 뿐이다. 목재가 아닌 다른 재료가 기술적 발전을 이루어 사람들이 늘 사용했던 재료인 목재를 더욱 잘 활용할 수 있게 이바지한 경우는 그 이후로 무수히 많다. 간돌도끼는 그 시작을 알린 것일 뿐이다.

그런데 약 1만 5,000년 전, 세계 기후변화가 시작되지 않았더라면 간돌도끼는 결코 발달하지 못했을지도 모른다. 앞 장에서 살펴보았듯, 그때까지 유일하게 살아남은 호모 종인 호모 사피엔스는 사냥 기술을 완벽에 가깝도록 개선해서 마지막 빙하기에 초원과 툰드라를 호령하던 덩치 큰 거대한 맹수들과도 맞설 수 있게 되었다. 그러다가 지금의 간빙기가 시작되어 기후가 더 따뜻해지고 습해지면서 숲이 발달하기 시작했다.

유럽과 아시아, 북아메리카 등 북반구 전역에 살던 사람들은 이런 숲에서 번성하며 돌아다니던 사슴, 들소, 멧돼지 같은 몸집 작은 동물들에 대처하기 위해 무기를 개조해야만 했다. 무거운 돌날 대신, 잔석기라고 하는 작고 예리한 부싯돌 파편을 투창에 붙였고, 정교하게 깎은 가시(미늘) 달린 화살촉을 화살에 달았다. 그런데 이들에게는 나무줄기와 가지를 잘라낼 도구도 필요했다. 그래야 빽빽한 숲에 탁 트인 작은 빈터가 생기고, 새로 나무가 자라면서 이곳으로 사냥감을 불러들일 수 있고, 이들이 머물 야영지도 지을 수 있었기 때문이다. 물론, 이들은 톱니 모양의 돌날로 작은 묘목의 줄기를 톱질해서 잘라 쓰러뜨릴 수는 있었을 것이다. 최근까지도 북아메리카 인디언들이 그렇게 했던 것처럼 말이다.

하지만 이처럼 가공하지 않은 투박한 도구로 목재를 톱질하듯 잘라내는 것은 비효율적이다. 게다가 굵은 나무줄기에는 시간이 더 오래 걸릴 테니 도저히 적용할 수도 없었을 것이다.

점점 북쪽으로 자라나가는 커다란 나무를 베어내기 위해 유럽의 중석기시대 사람들은 부싯돌을 작게 조각내어 날을 만들고 목재 손잡이에 달아 트랑셰tranchet(프랑스어로 손잡이 없이 칼날만 있는 칼을 가리킴. 중석기에서 신석기시대의 지층에서 발견된 끌 모양의 석기-역자) 도끼라는 이름으로 불리는 도구를 만들었다. 아메리카 대륙도 마찬가지다. 미시시피강 연안에 살았던 돌턴 부족Dalton people(마지막 빙하기가 끝나는 약 기원전 8500~7900년에 아메리카 대륙에 살았던 원주민-역자) 역시 현무암 날이 달린 자귀를 만들었다. 자귀는 도끼와 비슷하게 생긴 도구인데, 한 가지 차이는 도끼는 양쪽으로 갈아 날을 세우고 날이 자루와 같은 방향으로 이루어진 반면에 자귀는 한쪽 면을 갈아 날을 세우고 날과 자루가 직각을 이룬다는 것이다.

투창기와 마찬가지로, 도끼와 자귀의 손잡이는 벌목꾼의 팔 길이를 효과적으로 길게 연장해주어서 더 많은 에너지를 도끼머리로 전달할 수 있었다. 나무를 베려면 도끼날을 나무줄기에 비스듬하게 아래로 휘둘러야 했다. 그러면 목재가 쪼개지면서 나무줄기가 비스듬히 대각선으로 잘렸다. 처음 자른 지점을 반복해서 강타하면 목재가 점점 깎이면서 나무줄기가 넓은 쐐기 모양으로 잘려 들어갔다. 전체 나무줄기를 돌아가며 이 과정을 반복하면 비버가 나무를 갉듯 연필처럼 뾰족하게 깎아서 결국에는 나무줄기를 잘라낼 수 있었다.

벌목 능력은 완전히 새로운 재료를 사용하는 문화를 탄생시켰다. 이 문화는 전 세계 산림지대 대부분에서 발생했지만, 중석기 시대의 유럽에 관한 연구가 가장 많이 이루어졌다. 고고학 연구 결과, 중석기인들은 벌목 능력 덕분에 널찍하고 둥근 집을 지을 수 있었던 것으로 밝혀졌다. 2002년 노섬브리아 해안 근처 호윅에서 클라이브 와딩턴이 진행한 발굴 현장에서 원형으로 둥글게 늘어선 기둥구멍 자국이 발견되었다(사진 2 참조). 이것은 기원전 7600년경에 지은 지름 610cm가량의 원형 움집의 흔적이었다.

BBC의 재정 지원으로 복원된 움집의 외관은 북아메리카 인디언들의 원뿔형 천막과 비슷했다. 하지만 구조물은 실제로 더 복잡했다. 우선 길이가 짧은 소나무 기둥을 각각의 구멍 속에 묻은 뒤, 그 기둥들 위로 여러 통나무를 길게 이어 빙 둘러 묶었다. 이렇게 땅에 박은 기둥 위로 가로로 길게 연결된 통나무는 마치 보의 역할을 하듯 다른 길고 가는 자작나무 기둥들을 지탱해주었다. 이 자작나무 기둥들을 한쪽 끝은 땅에 받치고, 중간 부분은 보 역할을 하는 나무에 묶은 다음, 움집의 중심부 위로 어느 지점까지 세웠다. 마지막으로 더 작은 가지들로 이 기둥들을 하나로 묶은 뒤 그 위는 잔디로 덮었다. 나중에 살펴보겠지만 이 디자인은 역사적으로 사람들이 반복해서 다시 채택하게 되는 디자인이다. 2008년에는 이보다 더 오래전인 기원전 9000년경에 지어진 움집 유적이 영국 노스요크서 스타 카에 있는 유명한 중석기시대 유적지에서 발견되었다.

새로운 목공 기술 덕분에 탄생한 선박들

일단 나무를 베어 쓰러뜨리면 나무줄기는 세로 방향으로(섬유 방향으로) 길게 쪼개어 더 얇고 더 쓸모있는 기둥이나 널빤지로 만들 수 있었다. 목재를 쪼개는 가장 쉬운 방법은 방사형, 즉 파이 조각 모양으로 쪼개는 것이다. 이 방향으로 쪼개면 균열이 방사조직들 사이를 지나 나무줄기 중심에 있는 약한 수심까지 뻗어들어가기 때문이다. 힘을 거의 쓰지 않고도 나무줄기 전체를 놀랍도록 손쉽게 쪼갤 수 있다. 목재로 된 쐐기를 가장자리와 옆에 집어넣고 망치질만 하면 균열이 생기고 결국에는 나무줄기가 여러 조각으로 쪼개진다.

스타 카 유적지에 살았던 사람들은 쪼갠 나무판자의 편평한 면을 위로 오게 일렬로 배열하여 호숫가로 가는 길을 만들었다. 통나무를 반으로 가른 다음에는 같은 방법으로 4등분하고, 그런 다음에는 점점 더 작은 파이 조각 모양으로 자를 수 있다. 대다수의 수종樹種은 나무줄기를 접선 방향, 즉 (둥근 나무줄기의 곡면을 따

라) 나이테에 접하는 방향으로 쪼개어도 나무판자로 자를 수 있다. 다만, 이 과정은 방사조직 세포를 가로질러 잘라야 해서 에너지가 더 많이 소모되기 때문에 꽤 까다롭다. 하지만 2007년, 영국 와이트섬에 있는 볼드너 절벽의 8,000년 된 퇴적층에서 접선 방향으로 쪼개진 약 90cm 길이의 오크 조각이 발견되었다. 이것은 고고학자들이 가능하다고 생각했던 것보다 수천 년 앞서서 이미 중석기시대 사람들이 이 기법에 정통했다는 것을 의미한다.

  새로운 목공 기술 덕분에 사람들은 서로 매우 다른 두 가지 유형의 배를 만들어 이동성과 사냥 역량 또한 향상할 수 있었다. 증거에 따르면, 북부 산림지대에서 개발된 최초의 선박은 목조 뼈대에 동물 가죽을 씌운 배라고 한다. 이 배는 사냥감을 따라 북쪽 스칸디나비아와 시베리아, 캐나다로 이동할 수밖에 없었던 순록(레인디어와 카리부) 사냥꾼들이 사용했다. 온전한 상태로 남아 있는 배는 없지만, 훗날 노르웨이의 여러 암각화에 동물 가죽을 씌운 갑판 없는 배가 묘사되어 있다. 노르웨이 남쪽 트론헤임스피오르에 있는 에벤수스 암각화에는 사냥꾼 한 명과 그의 포획물이 새겨져 있다. 레파르피오르에 있는 크발순트 암각화에는 배에 탄 사냥꾼 두 명이 헤엄치는 순록을 사냥하는 장면이 그려져 있다.

  독일에서는 이보다 앞선 시기의 중석기시대 사람들의 순록 사냥법에 대한 증거와 실제 배의 일부 유적이 발견되었다. 함부르크 북동쪽에 자리한 아렌스부르크에 있는 1만~1만 1,000년 된 유적지에서 이마에 구멍이 뚫린 순록의 머리뼈가 발견되었다. 이 구멍은 같은 유적지에서 발견된 사슴뿔로 만든 여러 손도끼 가운데 하나에 강타당해서 생긴 것이다. 이 순록을 죽인 사냥꾼들이 이처럼 강한 동물에 가까이 접근할 수 있는 경우는 순록이 헤엄치며 물을 건너고 있을 때 배를 타고 접근하는 경우뿐이었을 것이다. 이런 기법은 북아메리카 이누이트 부족이 지금도 순록을 사냥할 때 사용하는 방법이다. 중석기시대에는 이 사냥법으로 사슴의 이동을 막은 뒤, 사슴 고기를 비축해서 공기 중에 자연 건조하거나 훈제하여 보존했을 것이다.

독일 슐레스비히홀슈타인주 후줌Husum에서는 기원전 9000년에 만들어진 실제 배의 뼈대 중 일부 유적이 출토되었다. 그런데 그 모양이 사슴뿔의 휘어진 부분처럼 생겼다. 이 조각을 바탕으로 독일 브레머하펜에 소재한 독일 해양박물관의 전문가들이 이 배를 복원했다. 이들은 발견된 유적과 같은 사슴뿔 뼈대를 사용했다. 가지 달린 자작나무 조각과 길고 가는 자작나무 조각으로 만든 목조 용골(선박 바닥의 중앙을 받치는 길고 큰 재목-역자)에 사슴뿔을 붙여서 측면을 지지하게 만들었다. 이는 오늘날 이누이트 부족이 카약을 건조하는 방법과 똑같다. 마지막으로 여기에 동물 가죽을 씌우고 뼈로 만든 바늘로 꿰매어 빠르고 가벼운 배를 완성해냈다. 바로 이렇게 해서 세계에서 제일 오래된 배를 복원한 것이다.

더 남쪽에 살던 사람들은 이와 완전히 다른 부류의 배를 개발했다. 바로 통나무배다. 유럽 저지대에 살던 중석기시대 사람들과 미시시피강 연안에 살던 돌턴 부족은 그들이 살던 지역에서 자라기 시작한 커다란 나무들을 활용할 방법을 찾아냈다. 그들은 나무를 벤 다음, 나무줄기 속을 파내어 배로 사용했다. 물론, 말처럼 간단한 일은 아니었다. 나무줄기 속에서부터 많은 양의 목재를 제거해야만 했기 때문이다. 최근까지 아메리카 원주민들이 그랬듯, 그들도 이를 위해 아마 불을 사용한 듯하다. 불로 그을리면 목재가 약해져서 도끼와 자귀로 훨씬 쉽게 파낼 수 있었다.

지금까지 발견된 가장 오래된 통나무배는 네덜란드 페세Pesse 근처에서 발굴된 페세 카누로, 기원전 6300년(기원전 6300년이라는 숫자는 과거 보수적 추정치며, 이후 정밀한 방사성 탄소 연대 측정 결과 제작 시기가 기원전 8200~7600년으로 밝혀졌다-역주)에 만들어졌다. 이 배도 여전히 크기가 작았다. 길이가 약 280cm에 불과했으며, 지름이 약 45cm에 불과한 소나무를 잘라 만든 것이었다. 틀림없이 딱 한 사람만 탈 수 있었을 것이다. 하지만 아마도 이 시기에는 통나무배가 매우 흔했던 듯하다. 볼드너 절벽에서 발견된 쪼개진 나무판자는 중석기시대 조선소에서 만든 유일한 배의 일부였던 것으로 추정된다.

유럽 전역에 있는 그 이후의 여러 유적지에서는 크기가 큰 통나무배들이 발견되었다. 이들 통나무배를 건조하는 기술은 틀림없이 급속히 발전한 것 같다. 실제로 기원전 4000년이 되자 통나무배 기술자들은 여러 부품으로 배를 만들도록 설계했다. 덴마크 티브린트만에서는 길이 약 10m, 너비 66cm 규모의 통나무배가 발견되었다. 이 배는 선미를 가로지르는 패널이나 가로대를 끼워 넣음으로써 피나무 목재로 만든 선체의 후미로 물이 새어들지 않게 보강했다. 당시 통나무배는 아메리카부터 아프리카, 동남아시아에 이르기까지 세계 전역에 흔하게 존재했던 것이 분명하다. 그리고 곳에 따라서는 현대까지도 주요 교통수단으로 남게 되었다.

유럽에는 가죽을 씌운 배와 통나무배 덕분에 사람들이 장거리 교역을 했다는 증거가 남아 있다. 여러 물품이 라인강과 그 지류들의 주요 수로를 따라 이동해 원산지로부터 멀리 떨어진 곳에서 발견된 것이다. 이것은 초기 단계에서도 목조선을 통해 장거리 교역이 가능했으며 사회에 큰 변혁을 가져올 수 있었다는 것을 보여준다. 또한 스타 카와 일리노이의 돌턴 유적지 같은 곳에서는 사람들이 정착 생활을 시작했다는 증거가 발견되었다. 그들은 야영지를 옮기기보다 물물교환을 했던 것으로 보인다.

수렵 채집 생활을 버리고
농경 생활을 시작

온화한 기후의 북부 지방에 산림이 다시 조성되면서 사람들의 생활양식이 바뀌어갔다. 하지만 그 밖의 지역에서는 기후가 따뜻하고 습해지면서 훨씬 더 급격한 변화가 일어났다. 인류는 문명으로 가는 길목에서 가장 중요한 한 걸음을 내딛게 되었다. 수렵 채집 생활을 버리고 농경 생활을 시작하게 된 것이다. 이런 변화가 가장 먼저 일어난 곳은 서남아시아, 그중에서도 튀르키예 남부 아나톨리아 고원지대다. 이 지역에서는 따뜻하고 습한 봄, 덥고 메마른 여름, 춥고 얼음이 어는 겨울이 번갈아 찾아오는 기후가 발달했다.

계절에 따라 가뭄과 추위가 반복되는 이런 기후 조건에서는 나무가 살아남을 수 없었다. 그 대신 이런 조건은 빨리 자라는 한해살이 식물에 유리했다. 한해살이풀은 이른 봄에 싹이 돋은 뒤, 빨리 자라서 늦여름이면 모든 에너지를 씨에 담을 수 있었다. 이 풀들은 나무처럼 목재조직을 만들거나 다년생 식물처럼 뿌리에 당분을 저장할 필요가 없다. 그래서 훨씬 더 많은 열매와 씨앗을 생산할 수 있다. 그러자 사람들이 재빨리 이곳에 정착했다.

이들은 열량을 얻기 위해 보리와 밀의 조상뻘 되는 작물인 한해살이풀을, 단백질을 얻기 위해 렌틸콩과 병아리콩 같은 한해살이 채소와 콩을 경작하고 추수하면서 농부가 되었다. 작물을 추수할 때는 단순한 모양의 돌낫을 사용했고, 모판을 준비할 때는 수렵 채집인들이 썼던 것과 비슷한 땅 파는 나무 막대기와 돌턴 부족의 자귀와 비슷한 곡괭이를 사용했다. 하지만 농경이 더 멀리까지 전파되자 이보다 더 정교한 도구가 필요해졌다.

　농경은 가장 먼저 남쪽 비옥한 초승달 지대로 전파되었다. 특히 유프라테스 티그리스강 삼각지 주변의 계절적 습지에서 농경이 발달했다. 나일강 유역처럼 이곳도 매년 홍수로 불어난 물이 빠지면서 새로 생긴 점토가 드러나기 때문에 모판으로는 안성맞춤이었다. 세월이 지나 농경 생활이 더 큰 성공을 거두자 농부들은 티그리스 유프라테스 계곡 위 북서쪽에 있는 조금 더 건조한 땅으로 이주했다. 이곳에서는 농경용 수로를 파기 위해 목재로 만든 가래를 사용해야 했다. 물을 길어서 경작지까지 운반하려면 나무 양동이와 두레박 같은 물 긷는 장치를 써야 했다. 그러면서 비옥한 초승달 지대는 이내 세계 최초의 문명을 낳은 곡창지대가 되었다. 그러면서 성서에 등장하는 도시 우르Ur와 예리코Jericho(여리고) 같은 최초의 거대 정착지가 탄생했다.

　곡물 농사는 동쪽으로는 쉽게 퍼져나가지 못했다. 중앙아시아 스텝지대의 여름 가뭄과 춥고 건조한 겨울이 방해 요인이었다. 이런 땅에서는 여러해살이풀만 잘 자랄 수 있어서, 양과 염소, 말 떼를 몰고 이동하는 유목민들의 차지가 되었다. 반면, 저 멀리 서쪽에는 곡물 경작의 확산에 훨씬 유망한 영토가 있었다. 온화한 겨울과 따뜻하고 습한 봄이 찾아오는 지중해 주변 땅은 한해살이 곡물이 성장하기에 이상적인 조건을 갖추고 있었다. 더 북쪽과 서쪽에 있는 중부유럽 및 북유럽의 따뜻하고 습한 여름도 곡물

성장에 훌륭한 환경을 제공했다. 유일한 문제는 이들 지역의 기후 여건이 나무의 성장에도 이상적이라는 점이었다. 지중해 연안의 오크와 유럽 콩나무 같은 상록활엽수와 북유럽의 낙엽성 오크와 너도밤나무, 물푸레나무, 피나무가 대표적이다. 그래서 곡물을 재배하려면 이런 땅은 먼저 나무를 베어내 개간해야 했을 것이다. 지중해 연안에서는 그다지 어려운 일이 아니었다. 이 지역 나무의 나뭇잎에는 여름 가뭄에 맞서는 데 도움을 주는 향기로운 화학물질이 함유되어 있었는데, 이 물질은 나무를 더 잘 타도록 만들기도 했다. 이를 통해 사람들은 건조한 여름에 녹지를 불태우는 방법으로 땅을 개간할 수 있었고, 그리스와 이탈리아 남부 저지대를 거쳐 스페인까지 농경이 비교적 빨리 확산되었다.

중부유럽과 서유럽에서는 나무를 제거하기가 훨씬 더 어려웠다. 이곳은 날씨도 더 습하고 나무의 키도 더 커서 나무를 불태우기가 무척 힘들었다. 이런 지역에서는 나무를 베어서 없애야만 했을 것이다. 물론, 아메리카 인디언처럼 나무를 죽이기 위해 먼저 나무껍질을 띠 모양으로 빙 둘러 벗겨낸 다음, 나무 몸통 둘레로 불을 붙여서 벌목하기 수월하게 만드는 방법을 썼을 수도 있다. 아니면 소나 돼지를 풀어서 새순이 돋아날 때 뜯어먹게 해서 자라지 못하게 했을 수도 있다. 하지만 트랑셰 도끼는 벌목에 적합하지 않다는 것이 입증되었을 것이다. 이 도끼는 예리하기는 하지만 표면이 거칠다. 그래서 나무에 찍으면 안에 박혀버리기 쉽고, 충격 응력이 표면의 올록볼록한 날 주위로 집중되기 때문에 산산이 부서지기 쉽다. 게다가 너무 작고 가벼워서 두꺼운 나무줄기 속을 깊이 자르기에는 적합하지 못했다. 따라서 유럽을 거쳐 북서쪽으로 이주한 사람들은 성공적으로 정착하기 위해 농경 기술에 더해 두 가지 혁신적인 기술을 개발했다.

하나는 선을 새겨 장식하는 방법으로 그들만의 고유한 도기를 개발한 것이다. 고고학자들은 이 문화를 일컬어 독일어로 리네어반트케라믹Linearbandkeramik 또는 줄여서 LBK, 즉 '선형토기 문화'라고 부른다. 다른 하나는 이보다 더 중요한 혁신으로, LBK 사람들은 부싯돌로 만든 트랑셰 도끼머리를 옥이나 녹암, 현무암, 유문암처럼 알갱이가 큰 변성암이나 화성암으로 만든 두껍고 무거운 머리로 대체해 사용했다는 것이다. 그리고 석기의 머리를 떼어내어 얇은 조각 모양으로 만들기보다는 갈고 연마해서 매끄럽긴 하지만 특별히 예리하게 만들지는 않았다.

도끼머리가 더 무거워지면 도끼의 성능이 어떻게 향상되었을지는 쉽게 짐작할 수 있다. 하지만 LBK 사람들이 왜 그렇게까지 애써서 도끼머리를 갈고 연마했는지는 금세 이해가 가지 않는다. 심지어 잘 잘릴 것처럼 보이지도 않는 도끼머리를 만들려고 수백 시간의 노고를 아끼지 않았던 이유는 무엇일까? 이런 의문에 대한 답을 얻는 한 가지 방법이 바로 돌도끼 모형을 만들어 시험해 보는 것이다. 실제로 선구적인 실험고고학 테스트를 진행한 결과,

트랑셰 도끼보다 간돌도끼가 훨씬 더 효과적이고 내구성이 강하다는 사실이 밝혀졌다. 하지만 이런 간돌도끼를 사용하더라도 나무를 베려면 많은 시간이 소요되었다. 1950년대 초, 스벤트 요르겐센과 동료 연구자들은 한 사람이 오크 숲 약 4,000㎡(1에이커)를 벌목하려면 약 80일이 소요된다는 것을 입증했다. 작업 효율이 현대적인 쇠도끼에 비해 4분의 1에 불과한 셈이다. 간돌도끼의 사용법은 트랑셰 도끼와 거의 같았다. 대각선으로 비스듬하게 나무줄기를 자르면서 계속해서 나무를 잘게 쪼개어 점점 줄기 속으로 깊이 파고들어가는 방법이었다.

고고학자들의 실험 복원은 유용한 작업이긴 하지만, 간돌도끼가 목재를 자를 수 있는 이유나 간돌도끼의 최선의 모양이 무엇인지는 설명하지 못한다. 그래서 이 문제를 더 심도 있게 연구하기로 했다. 간돌도끼의 디자인을 연구하기 위해 목재를 쪼개는 과정을 이론적으로 분석하고 이와 함께 다양한 모양과 표면 성질을 지닌 금속 쐐기로 간이 자르기 시험을 했다.

먼저 인스트론 만능재료시험기Instron Universal Testing Machine(재료의 기계적 성질을 측정하는 대표적인 장비-역자)로 개암나무 막대의 가운데를 쪼개어 양분하는 데 필요한 장력과 에너지를 조사했다. 이 실험은 내 연구 프로젝트에 참여한 연구생 주앙 올리베이라가 진행했는데, 꽤 놀라운 실험 결과가 도출되었다. 얇고 예리한 쐐기는 자르기 작업을 시작할 때는 두껍고 넓은 쐐기보다 초기 장력이 적게 필요했지만(예상대로), 목재를 쪼갤 때는 더 많은 힘이 필요했다. 여기에는 그럴 만한 이유가 있었다. 목재를 쪼개는 데 동원된 에너지 대부분이 쐐기와 목재 사이의 마찰을 극복하는 데 쓰였기 때문이다. 날이 얇으면 균열의 끝자락에 더 가까이 닿기 때문에 더 많은 마찰을 일으키면서 균열을 앞으로 계속 이동시키려면, 얇은 쐐기로는 더 큰 장력을 동원해서 바깥쪽으로 밀어내야만 했다. 이에 반해 두껍고 넓은 날은 균열의 끝자락과 멀리 떨어져서 틈을 벌리기 때문에 훨씬 적은 장력이 필요했다. 따라서 간돌도끼에 예리한 날이 없어도 문제가 되지 않았던 것으로 보인다. 벌목 과정 대부분 동안 도끼날 끝이 목재에 조금도 닿지 않았기 때문이다. 이보다 더 예측 가능한 결과지만, 쐐기가 매끈할수록 목재를 쪼갤 때 힘이 덜 들었다. 목재를 따라 더 쉽게 미끄러져서 마찰이 더 적었기 때문이다.

　실험 결과를 종합하면, 신석기시대 간돌도끼의 넓고 매끈한 도끼날이 목재를 쪼개는 데 고도로 효율적인 것으로 드러났다. 그래서 오늘날까지도 우리는 장작을 팰 때면 신석기인들의 간돌도끼 디자인을 차용한다. 현대의 쪼개기용 도끼 splitting mauls 역시 도끼머리가 넓고 무거우며, 도끼날 각도는 35도 정도 된다. 일반적인 쇠도끼로 목재를 쪼개려 해서는 절대 안 된다. 얇은 도끼날이 통나무에 너무 쉽게 박혀서 꼼짝도 할 수 없게 되기 때문이다.

　이러한 실험 결과는 도낏자루의 디자인에 대한 실마리도 제공한다. 어쨌든 뭉툭한 도끼머리가 통나무를 쪼개는 데 유리한 것으로 확인되었다. 그렇다면 나무 손잡이의 구멍 안에 도끼머리를 끼워넣은 뒤 이 도끼로 나무 몸통을 내리치면, 구멍이 벌어지면서 도낏자루가 쪼개질 가능성이 너무 높다. 실험고고학자들이 실험했을 때도 늘 이것이 문제였다.

신석기인들에게도 이것이 문제였다고 추정할 만한 증거가 있다. 1997년 영국 동부 케임브리지셔주 에턴에서 발견된 도낏자루를 보면 알 수 있다. 구멍 가장자리가 세로로 길게 쪼개져 있었고 사용자에 의해 버려진 것이 분명했다. 하지만 신석기인들은 대개 이런 일이 너무 자주 일어나지 않도록 능숙하게 잘 대처했던 것 같다. 도낏자루의 구멍을 상당히 넓게 만들어서 도끼날이 측면이 아니라 위아래로 구멍에 닿도록 했다. 그러면 도끼를 내려쳤을 때 횡력이 생기지 않았다. 구멍 자체도 강화해서 쪼개지지 않게 만든 경우도 많았다. 손잡이 부분에서 먼 쪽의 나무를 구멍 주변으로 더 두껍게 만들었고, 구멍 위아래로 나무 테두리를 더 길게 만들었다.

신석기인들은 도낏자루로 쓸 목재의 종류도 신중히 선택했다. 오크처럼 방사조직이 큰 목재를 사용했고, 구멍을 낼 때는 접선 방향으로 잘랐다. 이런 방법으로 방사조직이 구멍의 위와 아래를 강화하게 해서 균열을 방지했다. 보덴호 주변에 있는 신석기시대 호숫가 마을에서 발견된 도끼들을 보면, 돌날을 사슴뿔로 만든

마개에 쑤셔넣은 다음, 이것을 도낏자루에 박아넣었다. 이렇게 하면 사슴뿔이 충격을 흡수하는 역할을 해서 도낏자루로 전달되는 충격 응력을 감소시켰을 것이다.

이외에도 다른 여러 방법으로 도끼머리와 도낏자루 사이의 연결부위를 튼튼하게 만들 수 있다. 아메리카 원주민들은 도끼머리와 도낏자루 끝을 끈으로 여러 번 감는 방법으로 연결부위를 묶어서 우리에게도 친숙한 토마호크 도끼를 만들었다. 이렇게 하면 도끼날이 안정감 있게 고정되고 도낏자루가 쪼개지는 것도 방지할 수 있다. 후에 유럽에서는 종류가 아주 다른 도끼도 개발되었다. 도끼머리를 두껍고 무겁게 만든 다음, 모래 연마재와 나무 송

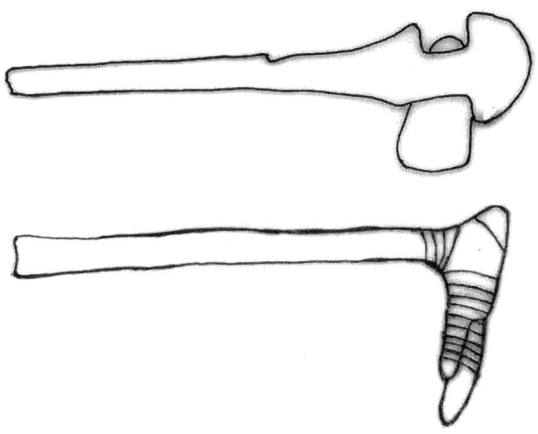

신석기시대 목공 도구 디자인. 석기시대 도끼가 도낏자루를 포함해 원형을 잘 유지한 상태로 발견된 슐리셰이더Shulishader의 도끼(위)를 보면, 도낏자루의 굵은 쪽 끝부분에 구멍을 내고 그 안에 도끼날을 고정했다. 자귀(아래)를 보면, 나뭇가지의 한쪽 끝에 돌날이 묶여 있다.

곳으로 동그란 구멍을 뚫고 나무 손잡이를 부착했다. 최근 북부 독일에서 렝게르트 엘부르크 연구팀이 진행한 실험 결과, 이들 '망치형 도끼'로 나무를 베면 현대의 도끼와 더 비슷하게 사용할 수 있었던 것으로 밝혀졌다. 이 도끼를 수평으로 휘두르면 나무 몸통에 직각으로 맞아서 바로 앞에 있는 목재 세포가 가루가 되었다. 이런 식으로 점차 홈을 넓게 낼 수 있었다.

하지만 도끼는 LBK 사람들이 개발한 여러 목공 공구 가운데 하나에 불과했다. 아마 가장 흔히 사용한 공구는 자귀였을 것이다. 자귀 머리는 나무줄기가 갈라지는 분기 지점을 활용하면 도끼 머리보다 훨씬 쉽게 손잡이에 효과적으로 부착할 수 있다. 이 방법은 나무가 가지 접합부와 나뭇가지의 갈래를 튼튼하게 만들 때 사용하는 방법을 활용한 것이다. 그런데 나무의 이런 설계법은 박사과정 제자였던 던컨 슬래터가 최근에야 발견해낸 것이다. 수

나무가 갈라진 분기 지점의 구조.
섬유조직이 나무 갈래나 나뭇가지 연결부에서 서로 휘감는 방법으로 그 부위를 강하게 만든다.

목재배학과(수목 외과술) 부교수로 재직 중인 그는 나뭇가지와 줄기의 연결부위 갈라진 부분 안에서 목재섬유 세포들이 마치 두 팔을 뻗듯 두 줄기로 뻗어나와 서로를 휘감는 방법으로 연결부위가 쪼개지는 것을 방지한다는 사실을 밝혀냈다.

신석기시대의 자귀를 보면, 자귀 머리를 V자 모양 홈 바깥쪽에 넣어 끈으로 묶어서 단단하게 연결했다. 독일 작센에 있는 고고학 문화유산청 소속 렝게르트 엘부르크와 동료 연구원들은 LBK 사람들이 다양한 크기의 자귀를 만들었으며 다양한 각도로 자루에 부착했다는 사실을 발견했다. 실험 결과, 날이 자루와 예각을 이루도록 부착된 커다란 자귀들은 머리 위로 높이 휘둘러서 나무를 베는 데 사용된 것으로 보였다. 반면, 손잡이 각도가 둔각을 이루는 자귀들은 중세시대 자귀처럼 사용했을 때 더 효과적이었다. 베어낸 나무 몸통의 표면을 따라 위에서부터 아래로 내리치면 목재를 나뭇결대로 쪼개어 정사각형 기둥으로 자를 수 있었다. 자귀의 날이 작고 얇을수록 나무 기둥을 다양한 모양으로 깎을 수 있었다. 또한 나무 몸통 안의 목질을 파내어 통나무배도 만들 수 있었다. 신석기인들이 사용한 공구 가운데 마지막으로 끌이 있다. 짧은 돌날이나 비버 이빨을 나무 손잡이 끝에 달거나 긴 소뼈를 깎은 날로 끌을 만들기도 했다.

마제 석기는 특히 나뭇결을 따라 나무를 자를 때 매우 효율적이다. 영국의 고고학 연구 및 교육 단체 웨섹스 고고학 Wessex Archaeology 소속 필 하딩은 대표적인 신석기시대 '공구 세트'만을 사용해서 슐리셰이더 도끼의 자루를 그대로 제작해낼 수 있었다. 이 도끼는 1982년 스코틀랜드 루이스섬에서 발견된 것이다. 그는 오크 통나무를 쪼개어 조각을 내고 이것을 깎아서 자루 모양을 만든 다음, 끌로 홈을 내고 부싯돌 송곳으로 구멍을 뚫은 뒤 마지막으로 자루를 갈고 연마했다. 이 모든 작업을 마치는 데 3~4일이 걸렸지만, 숙련된 신석기시대 목수라면 아마 더 빨리 마칠 수 있었을 것이다.

확실히 LBK 사람들은 도낏자루보다 더 크고 더 훌륭한 공예품과 구조물을 만들 수 있었던 것이 분명하다. 그들은 나무 막대 두 개를 십자 모양으로 간단히 묶은 다음, 끝에 뾰족한 돌 조각을 박아 넣어서 최초의 쟁기나 아드ard 쟁기(가볍고 단순한 쟁기로 얇은 고랑만 팔 수 있음-역자)를 만들었다. 나무 멍에를 씌운 소가 이 단순한 쟁기를 끌고 가면, 흙이 부드러워지고 곡식을 심는 고랑을 팔 수 있었을 것이다.

정교한 목공
결합방식으로 집짓기

LBK 사람들이 이룩한 업적 가운데 가장 인상적인 것은 최초의 다가구 주택으로 사용한 대형 목조 저택을 건설한 것이다(사진 4

참조). 신석기시대에 지은 건물 가운데 온전한 모습으로, 또는 일부만이라도 남아 있는 것은 하나도 없다. 하지만 기둥을 박았던 기둥구멍과 벽으로 세웠던 나무판자의 파인 자국이 땅에 남아 있어서 집의 평면도가 어떠했으리라고 미루어 짐작할 수 있다. 이런 평면도를 바탕으로 고고학자들은 신석기시대 주택을 복원했는데, 대표적인 예가 체코공화국 브세스타리 고고학 공원에 있다.

LBK의 롱하우스 전통가옥은 최대 규모가 길이 약 50m, 너비 10m에 이른다. 지붕은 건물 내부에 3열로 세운 기둥들이 떠받쳤다. 바깥쪽 벽은 내부 기둥보다 얇은 기둥들을 1열씩 세워서 만들었다. 이 기둥들에는 홈을 파서 수평으로 나무판자를 끼워넣었다. 이런 건물은 복원하기가 쉽다. 흔적들이 이들보다 잘 보존된 상태로 남아 있는 앵글로색슨 주택의 잔해와 매우 비슷하기 때문이다. 뿐만 아니라 이들 건물은 그보다 뒤에 똑같은 석기시대 기술을 사용해서 지은 목조 구조물과도 무척 비슷하다. 가령, 태평양 연안 아메리카대륙 북서부 지역의 치누크족과 5대호 지역의 이로쿼이족이 지었던 인디언 전통가옥, 대나무로 지은 동남아시아의 전통가옥, 아마존부족 마을, 뉴질랜드 마오리족의 집회소 등이 유사하다.

LBK 롱하우스 내부에 3열로 세웠던 기둥들은 경사진 지붕을 떠받쳤던 것으로 보인다. 중앙 기둥 위에는 대들보를 올리고 그 양쪽 옆에 세운 기둥에는 중도리를 올려서 서까래를 떠받치게 했다. 이 서까래들은 다시 양쪽 벽으로 연결되어 바깥쪽으로 돌출되어 나왔다. 이렇게 기둥과 보, 서까래를 연결한 다음, 마지막으로 지붕에는 가는 윗가지를 채운 뒤, 작게 쪼갠 나무 널빤지나 짚, 잔디를 씌웠다. 이런 구조물을 세우려면 기둥들을 간단히 연결하거나 끈으로 묶기만 하면 되었을 것이다. 이로퀴이족과 마오리족의 건물들처럼 아마 여러 사람이 힘을 합쳐 지었을 것이다. 그리고 같은 방식으로 나무를 깎고 조각해서 건물을 장식했을 것이다.

최근 이루어진 발견을 통해 현재 우리는 신석기 선형토기 문화인들의 정교한 목공 기술을 훨씬 더 제대로 평가할 수 있게 되었다. 2011년, 독일 프라이부르크 대학교의 윌리 테겔 연구팀은 독일 동부의 선형토기 문화 유적지에서 무산소 토양 안에 보존되어 있던 7개 우물의 온전한 내벽 구조물을 발굴했다(사진 3 참조). 이들 우물은 모두 기원전 5000년경, 약 1m 너비의 정사각형 모양으로 자른 오크 나무판자로 만들어졌다. 작은 자귀를 사용해서 목재 널빤지를 편평하게 자른 뒤, 현대의 목수들도 여전히 사용하는 목공 결합방식으로 목재를 결합했다. 맨 아래 틀을 이루는 나무판자는 장부맞춤법(한 부재에는 가늘고 긴 장부를 내고 또 다른 부재에는 장붓구멍을 파서 끼우는 맞춤법-역자)으로 단단히 결합한 다음, 장부에 목재 핀을 박아서 더 단단히 고정했다. 그 위로 구조물 틀을 이루도록 쌓은 판자들은 중간에 홈을 파서 아래 틀에 있는 홈과 끼워맞춰서 순차적으로 결합했다. 홈이 파인 통나무 블록을 서로 맞물려 쌓아올리는, 어린이 장난감 링컨 로그Lincoln Logs 통나무집 모형 세트를 떠올리면 된다.

전체적으로 이 우물 구조물을 보면, 7,000년 전에도 이미 사람들은 고도로 숙련된 목수로서 정교한 기법을 사용해서 복잡한 구조물을 건설할 수 있었음을 알 수 있다. 이들의 디자인 가운데 유일하게 정돈되지 않은 부분은 나무판자 가장자리 부분이다. 효율적인 예리한 도구가 없었던 신석기인들은 나뭇결과 반대로 목재를 자르기가 힘들었던 것이 분명하다. 그래서 판자 가장자리를 잘라낼 수 있을 정도로 목재를 약하게 만들기 위해 불에 그을리고 태운 흔적이 남아 있었다.

이후 영국에서 발견된 신석기시대 가옥들은 선형토기 문화기의 롱하우스보다 크기가 더 작았다. 대체로 면적 약 6×4.9m²의 방 1개만 있어서 아마 한 가족만 거주했던 것으로 보인다. 그래도 최근 발굴에 따르면 이들 가옥 내부에는 빌트인 가구가 잘 갖추어졌던 것을 알 수 있다. 역설적이지만, 스코틀랜드 북부 연안의 오크니 제도에 있는 유명한 신석기시대 촌락 스카라 브레이Skara Brae 유적지에서 돌벽 가옥이 발굴되지 않았더라면 이런 사실은 절대 알려지지 못했을 것이다. 오늘날의 오크니 제도에는 거의 나무가 없다. 숲이 사라지기 전 신석기시대에도 이곳에는 기껏해야 키가 아주 작거나 발육이 부진한 나무만 자랐을 것이다. 그래서 현지인들은 나무 말고 손쉽게 구할 수 있는 다른 재료, 즉 구적색사암을 사용해서 가옥 벽을 올렸다. 구적색사암은 데본기에 강 하구의 삼각주에 쌓여 형성된 것으로, 층이 얇아서 쉽게 쪼개어 널빤지처럼 얇고 평평한 판으로 만들 수 있다.

스카라 브레이 유적지에는 여러 가옥이 무리 지어 있었고, 61cm 두께의 벽으로 둘러싸인 집에는 귀한 목조 들보들이 경사진 지붕을 떠받쳤을 것으로 추정된다. 사람이 살기 힘든 척박한 스코틀랜드의 섬과 고산지대에서는 근대에 이르기까지도 목재 들보가 생존에 필수적이었다. 그래서 19세기 중엽에 이른바 '하일랜드 클리어런스Highland Clearances(고지대 강제 이주)'를 강행하기 위해 부재지주들이 사용한 가장 잔인하고도 효율적인 방법이 바로 소작농들이 살던 집 지붕에 불을 지르는 것이었다.

스카라 브레이 유적지 7호 가옥의 입구 정면에 보이는 벽에는 일종의 '드레서'처럼 보이는 것이 있었다. 선반처럼 수평 평판 두 개가 가로로 놓여 있고 각각 수직 평판이 밑에서 받치고 있는 모습이 현대의 CD 선반이나 책장과 비슷했다. 왼쪽 벽을 따라 돌로 된 '상자 모양 침대'가 놓여 있는데, 이런 침대는 스코틀랜드의 작은 농가나 배 안에서 지금도 볼 수 있다. 이런 모습을 보면 마치 돌로 나무판자를 흉내 낸 것 같았다. 그런데 이런 추정은 고고학자들이 스톤헨지 인근 더링턴 월스Durrington Walls 유적지에 있는 목

제5장 숲을 개간하다

조 가옥 유적을 발굴하면서 사실로 확인되었다. 이 유적지의 땅속에는 기둥 구멍 및 벽 구멍과 함께 스카라 브레이와 정확히 똑같은 가구 잔해의 윤곽이 정확히 똑같은 위치에 있었다. 오늘날과 마찬가지로 당시에도 집 짓는 사람들은 똑같은 평면도에 따라 집을 짓는 경향이 있었던 것 같다.

신석기인들의
왜림작업을 보여주는 증거

초기 신석기인들은 다 자란 나무의 몸통을 사용해서 집을 지었다. 커다란 나무의 통나무에서 무거운 널빤지를 쪼개어 쓴 것이다. 하지만 나중에는 새로운 산림관리법으로 정기적인 벌채를 통한 왜림작업coppicing을 개발했다. 그래서 집을 더 쉽고 빨리 짓는 데 필요한 크기가 더 작고 다루기 쉬운 목재 조각을 만들 수 있었다. 어떤 나무는 베어도 죽지 않는다. 참나무, 물푸레나무, 밤나무, 개암나무 등 많은 활엽수종과 침엽수인 주목은 죽는 대신 나무줄기에 있는 휴면눈에서 다시 움이 튼다. 수많은 싹이 똑바로 위로 빠르게 성장하면서 금세 키도 자라고 굵기도 굵어진다. 이렇게 싹이 자라면 윤작 방식으로 계속해서 수확할 수 있다. 이것은 일정한 지름과 길이의 막대를 공급하기 위해 설계된 방법이다.

왜림작업을 하면 나무를 다 자라게 한 다음 죽이고, 그루터기를 뽑고, 새 나무를 심는 것보다 여러 가지 장점이 있다. 첫째, 왜림작업으로 잘라낸 나무 밑동에는 이미 물을 공급할 뿌리조직이 있어서 벌채 후 한 해만 지나도 싹이 빨리 자란다. 둘째, 줄기를 통해 나무 위 꼭대기까지 물을 운반할 필요가 없기 때문에 새싹은 큰 나무 가지보다 물을 더 잘 공급받는다. 그러면 더 빨리 자랄 수 있어서 단위 면적당 더 많은 목재를 생산할 수 있다. 그래서 정기적인 벌채를 통한 왜림작업이 이상적인 장작 공급 시스템이 될 수 있고, 숯을 공급하는 데도 안성맞춤인 시스템이다. 셋째, 이렇게 싹튼 줄기는 나뭇가지보다 빨리 자라기 때문에 거기에 나뭇잎들이 듬성듬성 나게 된다. 이렇게 하면 새로 싹튼 줄기는 나뭇가지의 목재보다 더 곧고 단단하고 튼튼하게 자라서 매우 다양한 구조적 용도를 지니게 된다.

신석기인들이 왜림작업을 했음을 가장 잘 보여주는 증거는 또 하나의 인류 최초의 업적에서 발견되었다. 나무를 잘라낸 등걸에서 자란 어린 나뭇가지 막대를 사용해서 인류 최초의 길과 도로를 만든 것이다. 1970년 영국 서부의 물 빠진 습지대 서머셋 평원에 있는 글래스톤베리 인근에서 토탄층 발굴을 시작하자 직선형의 목재 구조물이 모습을 드러냈다. 발견자인 레이 스위트Ray Sweet의 이름을 따서 스위트 트랙Sweet Track이라 불리게 된 이 길은 목재 보행로로 밝혀졌다. 이 지역에 있는 호숫가 마을 사람들이 서로 왕래할 수 있도록 습지 위로 방죽길을 설계한 것이다. 이 보행로에 사용된 오크 참나무 판자는 너비 약 40cm, 길이 3.1m 규모로, 400년 된 나무를 쪼개어 만들었다. 이 널빤지들의 끝과 끝을 연결해서 길을 냈다. 나무판자 아래에는 참나무와 물푸레나무, 느릅나무를 왜림작업해서 얻은 어린 가지 나무 막대를 서로 엇갈리게 박아서 판자를 떠받치게 했다. 이 구조물 전체는 다른 더 얇은 막대들을 못처럼 사용해서 하나로 고정했다. 나무판자에 남아 있는 나이테를 통해 연륜 연대학을 조사한 결과, 이 구조물은 정확히 기원전 3806년에 지어진 것으로 밝혀졌다. 이 밖에도 영국 저지대 지역 일대에서는 다른 보행로들도 발견되었는데, 그 가운데 포스트 트랙Post Track은 기원전 3838년에 만들어져서 가장 오래된 보행로로 기록되었다.

신석기인들은 왜림작업으로 얻은 막대를 도구의 손잡이를 만드는 데 사용하는 등 다양한 용도로 활용했다. 하지만 이런 막대를 사용하기 위해 개발한 기술 가운데 가장 일반적인 것은 잔가지 엮기였다. 우리가 나무에서 내려오기 전부터 나뭇가지를 엮기 위해 사용했던 방법을 발전시킨 기술이지만, 훨씬 더 체계적이다. 가장 단순한 형태로는 일련의 얇은 가지를 더 굵은 가지로 만든 평행한 틀에 직각으로 교차하면서 엮는 것이다. 큰 규모로는 개암나무 막대로 잔가지 패널이나 울타리를 만들어 담과 대문으로 사용했다. 이렇게 만든 울타리는 무엇보다도 가축으로 키우던

소와 돼지로부터 새로 자라는 어린나무를 보호하는 용도로 쓰였을 것이다.

이렇게 잔가지를 엮어 만든 울타리는 가옥에 쓸 가벼운 벽을 만드는 데도 사용되었을 것이다. 패널을 반목조 가옥의 뼈대 사이에 끼워서 고정한 뒤, 점토나 회반죽을 발라서 흙벽을 만들었을 것이다. 현재도 사람들은 잔가지를 엮어서 울타리를 만든다. 먼저 목재로 된 받침 위에 구멍을 내서 제일$_{zale}$이라는 둥근 막대 9개 정도를 수직 기둥처럼 한 줄로 꽂는다. 그런 다음, 여기에 이보다 가는 목재를 감는데, 대개는 낫으로 막대기를 4등분해서 제일이라는 기둥 막대의 앞뒤로 엇갈리게 엮어가면서 울타리를 쌓아올린다. 이렇게 엮다가 마지막 기둥 막대에 도달하면 목재를 비틀어서 뒤로 돌려 다시 반대 방향으로 엮는다. 이렇게 밑에서부터 기둥 막대 위까지 다 엮어 올라가서 울타리가 완성되면 받침에서 빼낸다. 이제 울타리를 필요한 곳 어디로든 옮겨서 땅에 나무못을 박아 고정하면 된다. 이 기본적인 엮기 기법은 버드나무처럼 새로 돋는 잔가지가 어리고 얇을수록 유용한 것으로 확인되었다. 신석기인들은 이런 잔가지를 사용해 다양한 엮기 기술을 발달시켰는데 대표적인 예가 어망과 바구니다.

신석기시대 농부들이 이 기술을 이용해서 작고 둥근 경량 보트를 만들었다는 증거도 있다. 잔가지를 엮어 틀을 만들고 여기에 가죽을 씌워 선체를 완성했는데, 현대판 아일랜드식 코라클

Coracle 배와 무척 비슷하게 생겼다. 고대 그리스 여행가이자 역사가인 헤로도토스도 이런 배를 묘사한 바 있고, 이런 모양의 도자기 모형 보트들도 발견되었다. 아마 신석기인들은 이 작은 배를 물물교환할 때 사용했을 것으로 보인다. 다뉴브강 옆 채석장에서 만든 자귀날과 도끼날이 유럽 전역에서 강둑을 따라 발견되었기 때문이다. 또한 농부들은 기원전 6000~4000년 사이에 유럽을 가로지르는 길고 느린 이동을 위해 이 배를 사용했을 수 있다. 이들은 삿대로 배를 밀어서 다뉴브강 지류들의 상류까지 올라와서 분수령을 넘은 다음, 마지막으로 배를 타고 북서 유럽의 강물을 따라 하류로 떠내려갔을 것이다.

물론 잔가지 엮기 기술을 사용한 것은 비단 유럽인들만이 아니다. 이 기술은 세계 전역에서 찾아볼 수 있다. 이것으로 보아, 도끼 및 자귀와 마찬가지로 이 기술도 여러 번 독립적으로 발명되어 광범위하게 공유되었다는 것을 알 수 있다.

요약하자면 목공의 발전이 서아시아에서 농경이 발달하는 데 핵심적인 역할을 했던 것은 아니다. 하지만 농경이 유럽 전역으로 전파되는 데는 무척 중요한 역할을 했다. 석기가 향상되자 이주하며 살던 농부들이 나무를 베어 산림을 개간하기가 수월해졌다. 덕분에 완전히 새로운 생활방식이 자리 잡게 되었고, 수렵 채집인들보다 그들을 대신한 농부들이 훨씬 더 많이 유럽 대륙으로 이주하여 살게 되었다. 세계 다른 지역에서도 상황은 거의 같았지만, 농경이 등장한 시기는 장소에 따라 다르다.

또한 다양한 곡물이 경작되고 여러 형태의 농경법이 발달하면서 각 지역의 산림에 미친 영향도 대조적이었다. 일본에서 간돌도끼가 등장한 것은 무려 3만 년 전이지만, 기원전 6000~4000년에야 조(또는 기장)를 경작하면서 처음 영구 정착하기 시작했다. 중국에서는 기원전 7000년경 북부에서는 조, 남부에서는 쌀을 재배하면서 농경이 시작된 것으로 보인다. 아메리카에서는 옥수수, 콩, 호박이 주요 작물이었지만 농경법은 매우 다양했다. 심지어 숲을 개간하지 않고 농사를 지었던 사람들도 있었다. 뉴잉글랜드 지역에 살던 많은 부족은 숲을 텃밭 삼아 그곳에서 작물을 키웠다. 이에 반해 캘리포니아의 윈투 부족과 카위야 부족은 '도토리재배법'을 발전시켰다. 이들은 참나무 숲을 가꾸면서 도토리 가루로 구성된 식단으로 생활했다. 아프리카에서 주로 재배한 농작물은 수수, 조, 얌이었던 데 반해, 뉴기니에서는 사탕수수와 바나나가 경작되었다.

하지만 세계 어디에서건 사람들이 숲을 개간하고 땅을 경작할 수 있게 된 것은 새로 등장한 마제 석기 덕분이었다. 그 결과, 농부들은 무척이나 다양한 필요조건을 충족시킬 수 있었다. 큰 집도 지을 수 있었고, 밭에 울타리를 두르고, 연장을 만들고, 가구와 집기를 제작하고, 배를 만들고, 도로까지 낼 수 있었다. 신석기시대에는 중석기시대보다 산림지역은 줄었지만, 사람들은 목재를 더 많이 필요로 하고 더 많이 사용했던 것으로 보인다. 네모난 집과 목조 가구, 배, 폭넓은 도로망 등을 갖추었던 신석기시대는 놀라울 정도로 우리에게 친숙한 모습이었을 것이다.

제6장

녹이고 제련하다

신석기시대의 아이콘이 간돌도끼라면, 그 뒤를 이은 구리 및 청동기시대를 대표하는 것은 이들 신소재로 만든 무기류다. 창 촉, 방패, 투구와 함께 이 시대 사람들의 최애품은 단검이었다. 무기에 대한 이런 집착을 보고, 인간은 다른 사람을 죽이는 것에만 관심을 갖고 도구를 개발했다는 생각이 들 수도 있다. 문명의 혜택이 고작 다른 사람을 더 신속하고 효율적으로 죽일 수 있게 된 것이라는 생각에 회의가 들 수도 있다. 하지만 우리 조상들이 마음만 먹으면 곤봉, 창, 활과 화살처럼 나무와 돌로 만든 무기로도 얼마든지 서로를 완벽하게 죽일 수 있었다는 이야기보다 더 중요한 것은 구리와 청동의 이점에 관해서다.

이 장에서는 서아시아와 유럽에 살았던 사람들이 어떻게 금속을 제련하고 주조할 수 있게 되었는지, 그리고 어떻게 이것을 더 평화로운 목적으로 사용했는지에 주안점을 둘 것이다. 앞으로 살펴보겠지만, 사람들은 목재를 이용해서 이들 신소재만 만들어낸 것이 아니다. 신소재를 만든 다음, 이를 광범위하게 이용해서 목재를 채집하고 조형하는 방법도 발전시켰다. 역설적이지만, 금속 때문에 사람들은 목재에 더 의존하고 목재를 더 많이 사용하게 되었다. 이런 신기술은 아시아 전역과 아프리카까지 전파되었다. 그 결과, 구세계 문명이 변화하면서 신세계 문명을 압도하는 결정적인 우위를 점할 수 있었다.

하지만 인류가 이와는 완전히 다른 또 하나의 소재와 관계를 맺지 않았더라면, 우리는 결코 금속을 제련할 수 없었을지도 모른다. 그 주인공은 바로 도기다. 사람들은 농경 공동체로 정착하기 전부터 이미 점토가 지닌 잠재적 이점을 파악했던 것이 틀림없다. 흙이라는 흔한 소재는 강둑이나 호숫가에서 특징이 뚜렷이 드러난다. 사람들은 점토가 젖으면 조형하기 얼마나 쉬운지, 마르면 얼마나 단단해지는지 알게 되었을 것이다.

선사시대를 거치면서 사람들은 점토를 활용할 방법을 찾아냈다. 잔가지를 엮어 만든 벽에 점토를 바르면 외풍을 막을 수 있었다. 또는 점토를 틀에 넣어 벽돌도 만들 수 있었다. 이때 짚도 함께 넣어 벽돌을 강화한 뒤 햇볕에 말렸다. 성서 시대를 통틀어 비옥한 초승달 지역에서는 일광건조 벽돌 벽으로 지은 가옥이 흔했다. 목재가 귀한 지역이었기 때문이다.

지금도 전 세계적으로 건조한 지역에서는 여전히 어도비$_{adobe}$ 점토(짚과 섞어 햇볕에 말려 만든 흙벽돌의 재료-역자)로 지은 집을 사용한다. 비만 잘 피할 수 있으면 점토는 습한 지역에서도 성공적으로 사용할 수 있다. 잉글랜드 남서부의 비가 많이 오는 데번주에서는 벽토(점토, 모래, 짚을 섞어 만드는데, 어도비 점토보다 구조를 지탱해주는 짚의 비율이 더 높다-역자)로 만든 가옥을 흔히 볼 수 있다. 벽토는 기본적으로 작은 돌조각과 진흙도 틀에 함께 넣어 만든다. 이곳에서는 넓고 길게 튀어나온 처마를 가진 초가지붕을 얹는 것으로 집짓기를 마무리한다. 이 초가지붕이 있어 조용히 내리는 데번의 보슬비는 벽토에 닿지 않는다. 한번은 그림엽서처럼 예쁜 어느 마을에서 크림티를 파는 찻집에 들렀을 때의 일을 절대 잊지 못한다. 놀랍게도 정원의 담장마저도 저마다 초가지붕이 올려져 있는 것이 아닌가!

점토 벽돌에 방수 처리를 할 더 좋은 방법이 있다. 바로 가열하는 것이다. 점토 광물은 판상 운모로 구성되어 있다. 운모는 자연 상태에서는 비교적 약한 수소결합으로 이루어져 있다. 여기에 물을 가하거나 제거하면 결합이 약해지거나 강해진다. 그런데 점토를 480℃ 이상으로 가열하면, 점토 구조 안에 결합해 있던 수분이 모두 증발하면서 점토 입자들이 영구 결합한다. 그러면 점토는 비스킷 같은 고체인 토기가 되어 물이 닿아도 영향을 받지 않게 된다. 하지만 그래도 여전히 작은 기공이 많아서 약하다. 980°C 이상으로 가열되어야 일부 화학물질이 융합하거나 유리화해서 유리 같은 물질이 형성된다. 그러면 이 물질이 점토 입자들을 결합해서 더 강하고 방수가 잘 되는 새로운 소재, 즉 사기가 만들어진다.

선사시대에 인류는 불에 구운 도자기를 만드는 법을 비교적 일찍 터득했다. 최초의 점토 조각품으로 알려진 돌니 베스토니체 Dolní Věstonice의 비너스는 체코공화국 모라비아의 작은 마을 돌니 베스토니체에서 발견된 11.5cm 높이의 여성상이다. 이 비너스상은 약 3만 년 전, 후기 구석기시대에 만들어진 것으로 밝혀졌다.

점토로 만든 최초의 항아리가 등장한 것은 이보다 먼 훗날의 일이다. 최초의 점토 항아리 조각이 동아시아에서 발견되었는데, 모두 2만~1만 년 전에 만들어진 것으로 추산된다. 동아시아 이외의 다른 지역에서는 신석기시대가 되어서야 항아리가 다량으로 등장하기 시작했다. 점토 항아리는 무겁고 깨지기 쉬워서 늘 이동해야 하는 수렵 채집인들에게는 적합하지 않았기 때문이다.

하지만 정착생활을 하게 되면서 점토로 만든 항아리의 이점이 확실히 부각되었다. 방수가 되는 덕에 마른 음식과 액체류 모두를 저장할 수 있었고, 불 위에 올려서 음식을 요리하는 데도 사용할 수 있었다. 죽, 스튜, 수프와 같은 새로운 종류의 음식을 만들 수 있게 되면서 신석기시대 요리사의 요리 역량이 분명 엄청나게 성장했을 것이다.

모래 함량이 더 높은 점토로 만든 구운 벽돌과 타일은 이보다 뒤에 등장한 것으로 보인다. 기원전 약 4300년경 중국 청터우산 유적에서 성벽과 건축에 사용된 것으로 보이는 구운 벽돌이 발견되었다. 반면, 기원전 3000년이 되어서야 메소포타미아에서 기와가 초가지붕을 대신하여 등장했다.

도자기를 만드는 데 한 가지 문제는 방수성과 견고성을 지닌 도자기가 될 만큼 높은 온도로 가열하기가 무척 어렵고 위험하다는 것이다. 앞서 2장에서 살펴보았듯, 장작불은 최소한 초기 단계에서는 대부분 온도가 200~300℃ 사이를 기록한다. 그러다가 나중에 휘발성 물질이 증발하고 탄소만 남으면 온도가 최대 약 600℃까지 올라간다. 신석기인들은 땅에 구멍(인류 최초의 가마)을 파고 그 안에서 토기를 구웠다. 이렇게 하면 온도를 약 800℃까지 높일 수 있었다. 하지만 고온을 지속하려면 다른 것이 필요했다. 신석기인들은 목재를 새롭고 더 농축된 에너지원으로 전환했다. 순수한 탄소로 이루어진 숯을 최초로 만들어낸 것이다.

숯을 만드는 열쇠는 목재를 가열하여 300℃ 이상, 500℃ 미만으로 온도를 유지하는 데 있다. 일단 300℃까지 온도가 도달해야 모든 휘발성 화합물이 날아간다. 하지만 온도가 500℃를 넘어서는 안 된다. 그 이상이 되면 남은 탄소가 타기 시작하기 때문이다. 사람들이 이 온도를 유지한 방법은 근본적으로 늘 같았다. 장작

불에 공기 공급을 제한하는 방법이었다. 가장 단순한 숯가마에서는 장작을 빽빽하게 쌓고 그 위에 토탄을 덮은 다음 장작더미 바닥에 불을 놓는다. 이렇게 전부 다 탈 때까지 길게는 며칠이 걸린다. 그동안 숯을 굽는 사람은 장작이 잘 타는지 들여다보면서 최적의 불 온도를 유지하도록 공기 공급량을 늘리거나 줄이면서 조절한다.

숯을 굽는 일은 오래 걸리고 더러움도 많이 탄다. 굽는 동안 목재의 질량이 60%까지 감소하고 목재에 저장된 화학 에너지가 절반 이상 소모된다. 그 대신, 에너지 밀도가 건조 목재의 2배나 되는 순수 탄소 덩어리가 생산된다. 숯은 목재의 개방적 세포구조를 그대로 유지한다. 덕분에 표면적이 극대화되어 산소가 빨리 연소하는 데 도움이 된다. 목재 대신 숯을 사용하면서 별도의 공기 공급 없이도 가마 온도를 980℃까지 올릴 수 있게 되었다. 그 결과, 더 강하고 방수가 잘되는 도자기를 생산할 수 있었다.

뿐만 아니라 숯가마 덕분에 메소포타미아 공예가들은 최초로 또 하나의 신소재를 생산해냈다. 훗날 도자기 못지않게 유용하게 사용될 재료, 바로 유리를 만든 것이다. 그들은 기원전 2300년경에 이미 목재나 해초를 태워 만든 재와 함께 모래를 가열하면 융합되어 딱딱하고 빛나는 물질이 만들어진다는 사실을 알게 되었다. 이 물질, 즉 유리는 나중에 다시 녹여서 도자기를 장식하고 방수 처리하는 데 사용할 수도 있었고, 틀에 넣어 장신구나 방수

되는 그릇을 만드는 데 사용할 수도 있었다.

금석 병용 시대의 도래

지금까지 적어도 구세계에서는 숯의 가장 중요한 용도는 금속을 제련하는 것이었다. 숯은 고도로 반응성이 높은 원소인 탄소로 이루어져 있다. 그래서 숯을 사용해서 금속 산화물을 태우면, 단순히 산화물을 가열하기만 하는 것이 아니라 광석에서 산소를 제거하여 순금속을 생성했다. 하지만 인류가 사용한 최초의 금속은 이런 방식으로 만들어지지 않았다. 아나톨리아반도의 산악지대에서 발견한 천연 구리는 가열하고 돌망치로 두드려서 모양을 만들었다. 이 새로운 금속에 대한 수요는 급증했다. 석재와 목재의 재료적 특성 가운데 몇 가지 최상의 성질을 구리가 모두 지니고 있었기 때문이다.

오늘날에는 이러한 특성이 구리의 원자구조와 관련되었다는 것이 알려져 있다. 구리와 같은 금속은 동일 원자의 결정들로 구성되어 있기 때문에 돌만큼 단단하고 강하지만 또 다른 장점이 하나 더 있다. 그 장점은 구리의 구조가 완벽하지 않고 결정질의 망구조 안에 결함과 전위(어긋나기)도 있다는 점으로 설명된다. 물질에 응력을 가하면 이러한 결함이 물질을 관통해서 빠져나가

국지적 응력을 완화하고 많은 양의 에너지를 흡수한다. 그 결과, 금속을 두드려 다양한 모양을 만들 수 있게 되는데, 이런 성질을 금속의 가단성이라고 부른다. 또한 금속을 늘려서 철사로도 만들 수 있는데, 이런 특성은 금속의 연성이라고 한다. 무엇보다 금속은 워낙 많은 에너지를 흡수하는 탓에 목재보다 더 질기고 단단하며 목재처럼 나뭇결 방향만이 아니라 모든 방향에서 강하다. 이것은 금속이 모든 종류의 유용한 도구로 만들어질 수 있으며, 부러지지 않고 휨력을 버틸 수 있는 저항력이 강하다는 뜻이다. 이러한 성질 때문에 금속은 다양한 용도로 사용하기에 적합하다.

특히 초창기 공예가들은 금속으로 예리한 날을 지닌 길고 가는 절삭 공구를 만들 수 있다는 사실을 발견했다. 게다가 이 금속 날은 돌로 갈아서 손쉽게 다시 날카롭게 만들 수 있었다. 금속의 유일한 단점은 밀도가 높다는 점이다. 특히 목재보다 밀도가 몇 배나 더 높다. 하지만 그렇더라도 대부분의 금속은 질량백분율로 따지면 여전히 목재만큼 단단하고 강하며 심지어 더 튼튼하다.

구리에 대한 수요가 증가하면서 사람들은 어떤 돌을 숯불로 가열하면 마치 기적처럼 순수한 구리가 방출된다는 사실을 발견했다. 기원전 5000년대 초까지만 해도 구리 광석은 불가리아와 세르비아에서 채굴되고 있었다. 그러다가 얼마 지나지 않아 야금가들이 제련해서 녹인 금속을 미리 구워 만든 토기 거푸집에 부어서 금속 도구를 만들 수 있다는 것을 알게 되었다. 토기 거푸집을 만들 때도 숯으로 구워서 딱딱하게 만들고 열에 대한 내구성을 높였다. 이 두 과정은 모두 목재에서 파생된 숯을 동력원으로 사용했다. 덕분에 야금가들은 전적으로 새로운 슈퍼 소재로 된 물건을 주조해낼 수 있었다. 기원전 5000년경, 최소한 서아시아와 동유럽에는 바야흐로 새로운 시대의 서막이 열렸다. 순동시대 또는 금석 병용 시대가 도래한 것이다.

그런데 구리는 좋은 소재지만, 단점이 있다. 구리의 원자층 사이 결함이 쉽게 이동해서 금속이 잘 늘어나고 아무리 튼튼해도 너무 무르다는 점이다. 그 결과 구리로 만든 날은 너무 쉽게 무뎌지고 찌그러졌다. 그래서 이후 2,000년간 야금가들은 구리를 다른 금속과 합쳐서 더 단단한 새로운 합금을 만드는 방법을 개발했다. 일찍이 기원전 5000년, 이란에서 사용된 원소는 비소였다. 비소는 단 0.5~2.0%만으로도 구리의 경도를 15~30% 증가시켰다. 덕분에 구리는 더 단단해져 효과적이고 우수한 절삭 도구를 만들 수 있었다. 하지만 비소는 독성이 있어서 합금 과정을 통제하기가 힘들었다.

기원전 4000년 중엽부터는 더욱 효과적인 합금이 개발되었다. 구리에 주석을 12% 첨가해서 더욱 튼튼하고 부식에 강한 금속인 청동을 만든 것이다. 이렇게 탄생한 금속은 얼마 지나지 않아 도구와 무기를 만들 때 가장 선호하는 소재가 되었다. 유일한 문제는 주석을 구하는 것이었다. 주석은 구리보다 훨씬 희귀한 원소인 데다, 이 두 금속이 같은 장소에서 발견되는 경우는 드물다. 따라서 유럽의 초창기 야금가들은 영국이나 독일, 스페인에서 채취한 주석을 동유럽으로 운반하는 공급망을 구축해야만 했을 것이다. 그래야 동유럽에서 주석을 구리와 합쳐서 청동이라는 합금을 만들 수 있었다.

사람들은 재빨리 구리와 청동의 성질을 활용해서 도구의 성능을 향상하고 새로운 도구를 늘려갔다. 특히 나무를 벌목하고 목재를 가공하는 데 필요한 도구에 활용했다. 그때까지 가장 흔한 초기 금속 공구는 도끼머리였다. 1991년, 오스트리아 티롤 남부의 빙하에서 발견된 아이스맨 외치Ötzi를 예로 들어보자. 기원전 3300년경에 사망한 그의 목재 배낭 안에는 부싯돌 칼만이 아니라 구리 도끼도 한 자루 들어 있었다. 이 도끼의 금속 날은 당대의 돌날보다 얇았고, 그에 맞춰서 도낏자루도 새로 설계해야 했다. 직선형 손잡이의 홈에 끼우기에는 금속 날이 너무 얇았다. 그래서 신석기시대의 자귀처럼 금속 날을 갈라진 나뭇가지 연결부위로 만든 손잡이에 부착했다. 아이스맨의 구리 도끼는 날 뒤쪽이 나뭇가지 끝에 있는 홈에 끼워져 가죽끈으로 묶여 있었다.

초기 청동기시대에도 이와 똑같은 시스템을 동원해서 청동 도끼라고 불리는 도끼머리를 도낏자루에 고정했다. 하지만 날을 끼워넣는 홈이 확실히 약점이었다. 그래서 나중에는 아주 다른 방식으로 청동 도끼를 만들었다. 도끼머리를 움푹하게 만들어서 장갑처럼 나뭇가지에 잘 맞도록 했다. 더 나중의 청동기시대에는 도끼와 자귀 머리에 장붓구멍을 만들어서 직선형 나무 손잡이를 꽂아 고정했다. 이렇게 하면 현대의 도끼와 더 비슷한 모습이 되었다.

어떤 방식으로 도끼머리를 고정했건, 새로운 금속으로 만든 도끼는 낡은 간돌도끼보다 훨씬 우수한 것으로 판가름 났다. 펜실베이니아 대학교의 제임스 마티유는 청동 도끼가 돌도끼보다 나무줄기를 약 2배 더 빨리, 쇠도끼만큼 빠르게 자른다는 사실을 입증했다. 또한 현대의 벌목업자들이 사용하는 기법과 같은 벌목 기법으로 청동 도끼를 사용할 수 있다는 것도 밝혔다. 청동 도끼는 나무줄기에 훨씬 더 수평으로 휘둘러도 되고, 날이 더 얇아서 도끼 자국이 훨씬 더 얇게 남는다. 돌도끼는 85도 각도로 자국이 남지만, 청동 도끼는 평균 70도밖에 되지 않아서 목재를 25% 정도 덜 낭비하는 셈이 된다.

사람들은 곧이어 청동 자귀도 목공 공구 세트에 추가했다. 나뭇결을 따라 목재를 깎고 조형할 때 돌 자귀보다 훨씬 더 효율적이었기 때문이다. 하지만 이보다 더 중요한 것은 청동 끌이 공구 세트에 합류했다는 사실이다. 청동이 쉽게 끊어지지 않고 잘 늘어나기 때문에 청동을 사용하면 돌을 갈아 만든 끌보다 훨씬 더 얇게 만들 수 있었다. 게다가 청동이 더 단단했기에 망치로 두드려도 훨씬 더 잘 견뎌낼 수 있었다. 그래서 청동 끌은 목재의 결을 가로질러 더 깊고 날카롭고 정확하게 깎을 수 있었다. 그 도움으로 사람들은 마침내 장부맞춤, 중복맞춤, 주먹장맞춤(도브테일 맞춤, 비둘기 꼬리처럼 홈이 안으로 들어갈수록 사다리꼴로 넓어져서 짜 맞추기가 더 어렵지만 그만큼 튼튼하게 결합됨-역자)처럼 정밀한 결합법을 개발할 수 있게 되었다. 이로써 인류가 얻은 큰 혜택은 무엇일까? 그 힌트는 구리와 청동으로 만든 도구의 등장이 두 가지 목재 기술의 출현과 동시에 일어난 데서 찾을 수 있다. 구세계의 운송 수단을 변화시키고 국제교역을 촉발한 이 두 가지 목재 기술로 탄생한 것은 바로 나무판자로 만든 배(또는 판자선)와 나무 바퀴다.

초기 청동기시대
선박 제조와 교역의 발전

우리는 지난 장에서 신석기시대 통나무배가 강을 오르내리고 호수를 가로지르며 단거리로 사람과 물건을 실어나르는 역할을 완벽하게 수행했던 것을 확인했다. 하지만 선체의 둥근 모양 때문에 통나무배는 근원적으로 불안정할 수밖에 없었다. 또한 나무 몸통의 지름 이상 크게 만들 수 없어서 크기도 제한적이었고, 물에 잠기는 부분이 좁고 얕았다. 그래서 해상용으로는 절대 쓸 수 없었다. 이런 문제를 해결할 방법은 명백했다. 배에 나무판자를 붙여서 너비나 깊이, 또는 두 가지 모두를 늘리면 된다. 하지만 무딘 석기를 사용해서 나무판자 사이에 물이 스며들지 않도록 결합하기란 매우 어려웠다. 이때 예리한 청동기를 사용하면 더 이상 문제가 되지 않았다.

따라서 지금까지 발견된 최초의 나무판자 배(플랭크 선박)와 선박들이 청동기시대에 만들어진 것은 전혀 놀라운 일이 아니다. 아마도 통나무배를 더 안정되게 만드는 가장 확실한 방법은 선체 중앙을 양쪽으로 나누어 가운데에 한 개 이상의 널빤지를 추가하는 것이었다. 북유럽 선박 제조자들이 이 기법을 이어받은 것으로 보인다. 특히 영국에서 많은 청동기시대 배들이 물가 주변에 있는 진흙 속에 보존된 상태로 모습을 드러내기 시작했다.

가장 유명하고 가장 오래된 청동기시대 배 가운데 대표적인 것이 바로 페리바이 보트Ferriby Boat다. 1937년과 1940년에 초등학생이었던 테드 라이트와 윌 라이트 형제가 요크셔주 험버강 어귀 북쪽 기슭에서 배 2척을 발견했다. 이후 1963년에 테드는 아들과 함께 세 번째 배를 발견했다. 발견 장소는 모두 우리 집에서 불과 몇 마일 거리에 있는 곳이다. 3척 가운데 제일 오래된 배는 기원전 2000년에 만든 것으로 확인되었다. 이들 배에 사용된 널빤지들은 꼬인 주목 잔가지로 단단히 묶여 있었다. 배 설계 가운데 가장 정밀한 부분은 널빤지들 사이의 접합 부위였다. 오크 판자들은 장부맞춤처럼 골과 핀을 겹치는 방법으로 단단히 하나로 연결되어 있었다. 두꺼운 판자를 깎아 만든 평행한 나무판들 사이에 막대를 끼워서 접합 부위에 빈틈이 없도록 안정적으로 만들었다. 마지막으로 곡선형 내부 뼈대를 추가해서 배의 모양을 안정적으로 튼튼하게 만들었다. 이렇게 만들어진 페리바이 보트는 길이가 거의 15m, 너비가 약 1.8m에 달했다. 아마도 화물을 최대 3.3톤까지 운반할 수 있었을 것으로 여겨진다.

1888년에 발견된 배 바닥이 평평한 평지선 브리그 뗏목Brigg Raft 역시 험버강 어귀 반대편 남쪽 기슭에서 발견되었다. 이것으로 보아 이미 3,000년 전에도 다양한 디자인의 배가 사용되고 있었음을 알 수 있다. 이 뗏목은 앤콤강 너머에 있는 도시 브리그로 가축을 실어나르는 용도로 사용된 것이 분명하다. 브리그에서는 오늘날까지도 말 시장이 열리고 있다.

이 배들은 아마도 영국 내륙에 있는 수로로 화물을 운반했던 것으로 보인다. 이런 배로 영국 해협을 건너 지중해까지 장거리 무역을 했을 가능성은 거의 없다. 하지만 청동기시대에는 해상을 운항하는 선박들을 사용한 것이 분명하다. 영국 남서부의 콘월주 인근에서 채굴한 영국산 주석을 키프로스와 같은 청동 제련 산업의 중심지로 운반해야만 했을 테니 말이다. 키프로스라는 이름 자체가 구리 금속에서 따왔을 만큼 이곳은 당대 청동 산업의 중심지였다. 이처럼 항해에 딱 적합한 선박 중 하나로 꼽히는 배가 바로 1987년에 발견된 도버 보트Dover Boat다. 이 배는 온전한 상태로 발견되지 않아서 총 길이는 확실치 않지만, 페리 보트보다는 확실히 훨씬 더 넓었다.

지중해에서는 초기 청동기시대 선박이 거의 발견되지 않았다. 그도 그럴 것이 이 지역은 선박이 보존되기에 적합한 조건이 아니다. 하지만 이 지역에서도 틀림없이 배를 사용했던 것으로 알려져 있다. 1975년 수중고고학의 선구자 피터 스록모턴이 이드라섬 연안 인근의 에게해 바닥에서 청동기시대 키클라데스 문명(에게해 그리스 군도인 키클라데스 제도에 기원전 3000~2000년경 존재했던 초기 청동기시대 문명-역자)의 토기를 발견했기 때문이다. 토기를 싣고 왔던 배는 오래전에 썩어서 사라졌지만, 발견된 토기는 기원전 2200년경에 만들어진 것으로 추정되는 난파선의 잔해가 분명했다.

다행히 또 다른 청동기시대의 플랭크 선박이 살아남은 덕분에 우리는 이 시기의 목공 기술이 얼마나 정교했는지 알 수 있게 되었다. 바로 기원전 2500년에 만들어진 장례용 배, 쿠푸Khufu왕의 배다(사진 6 참조). 이 배는 1954년에 고고학자 카말 엘-말라크가 쿠푸왕의 피라미드로 알려진 이집트에서 가장 큰 피라미드인 기자의 대피라미드 옆 구덩이에서 발견했다. 발견 당시 비록 해체되어 있긴 했지만 온전한 상태였다. 나무가 거의 없는 이집트는 역사적으로 조선 분야에서 중심이 될 수는 없었다. 배를 사용했어도 대개는 나일강을 따라 화물을 운송하는 용도로만 필요했다.

하지만 쿠푸왕의 배가 발견됨으로써 이집트에서도 이처럼 일찍이 정교한 디자인으로 제작된 배를 사용했음이 드러났다. 이 배를 짓는 데는 레바논 삼나무로 만든 짧은 나무판자가 굉장히 많이 동원되었다. 모든 판자에는 번호가 표시되어 있어서 정밀한 장부맞춤법으로 끼워맞췄다는 것을 알 수 있었다. 이집트 고대 유물부 복원 책임자 아메드 유세프 무스타파가 이끄는 복원팀이 애써 조립한 끝에 마침내 배가 복원되었다. 복원된 배의 길이는 43.6m, 너비는 5.9m였다. 이 배는 작업용보다는 의례용으로 사용되었던 것이 분명해 보였지만(부활한 왕을 천국으로 건너 보내기 위해 만든 것으로 추정), 그래도 청동기시대 선박 제조 능력이 어디까지 발전했는지를 보여주기에는 충분했다.

이집트에서 사용한 방법은 1,000년 후 지중해에서 사용한 방법과 같았다. 1982년, 튀르키예 고고학자들이 기원전 1400년경 튀르키예 남서부 인근 바다에서 후기 청동기시대 선박 울루부룬 난파선Uluburun Shipwreck을 발견했다. 14.9m 길이의 선체는 쿠푸왕의 배와 같은 재료로 지어졌으며, 두 배의 장부맞춤도 똑같았다. 이 배는 화물로 구리 주괴를 싣고 있었는데, 아마도 키푸로스에서 미케네 그리스로 운반 중이었던 것 같다. 이것은 플랭크 선박과 함께 교역망이 갖추어지기 시작했음을 보여주는 좋은 징표다.

다른 어떤 기술보다 지중해를 서양 문명의 도가니로 만든 것은 플랭크 선박이었다. 망망대해를 가로질러 신속하고 자유롭게 사람과 물품을 실어나를 수 있게 되었다. 그리하여 물질적, 지적 진보가 가속화되고 거대도시에 공급이 이루어질 수 있었다. 로마 제국은 거대한 선박이 없었더라면 정치적으로 지속될 수 없었을 것이다. 이집트 식민지에서 생산된 밀을 운반해 와서 로마 시민들에게 무료로 빵을 공급할 수 있었던 것은 다 이런 대형 선박이 있었기 때문이다. 그 후 플랭크 선박은 아라비아와 인디아, 근동 일대에서도 마찬가지 역할을 했다. 즉, 성장하는 제국들을 서로 조화롭게 조정하는 데 필수적인 연락망과 교역망을 연결하고 유지하는 수단이 되었다.

최초로 바퀴가 등장하다

청동기 때문에 판자 배를 만들기가 훨씬 수월해졌듯, 청동기는 인류의 삶에 커다란 변화를 가져올 또 다른 구조물, 즉 바퀴를 만드는 데도 핵심적인 역할을 했다. 바퀴는 육상 운송 수단에 변혁을 가져오고 더 나아가 실용적인 기계를 탄생시킨 일등 공신이 되었다. 바퀴로 물건을 이동시킨다는 개념은 과일을 비롯한 둥근 물체가 땅 위로 쉽게 구르는 모습을 관찰하면서 발달한 것이 분명하다.

흔히 통나무 굴림대를 사용해서 돌을 운반한 것이 공과 바퀴의 중간 단계라고 생각한다. 하지만 고대인들이 어떻게 무거운 돌을 굴려서 옮길 수 있었는지를 둘러싸고 최근은 물론 이전에도 매우 많은 주장이 제기되었다. 토목공학자 딕 패리는 고대 이집트인들이 피라미드 건설용 석회암 덩어리를 건설 현장까지 굴려서 운반할 때 석회암의 네 면에 모두 곡선형 목재 틀을 감았을 것으로 추정했다. 그런가 하면, 맨섬에서 활동하는 공학자 개리 래빈은 그 유명한 스톤헨지의 청회색 사암을 채석장이 있는 펨브로크셔의 프레셀리 힐스에서 동쪽으로 무려 323km나 떨어져 있는 월트셔 현장까지 굴려 갈 때도 유사한 기법을 사용했을 것으로 보았다. 다만, 이 경우에는 잔가지를 엮어 만든 새장 같은 것을 씌웠을 것이라고 주장했다. 영국 엑시터 대학교의 앤드루 영 교수는 목재 레일에 난 홈을 따라 작은 공 모양의 돌들을 굴러가게 하고 그 위에 거대한 건축용 돌을 올려 옮겼다고 주장했다.

하지만 고고학자들이 인정하는 정론은 이와 다르다. 이집트 무덤 벽화에 흔히 묘사되었듯, 거대한 돌은 썰매에 실어 땅 위로 끌어서 옮겼고, 이때 건축가들은 마찰력을 줄이기 위해 다양한 방법을 동원했다는 것이다. 고대 이집트인들은 모래에 물을 부어서 표면을 미끄럽게 만들었다고 한다. 신석기시대 영국인들은 목재 레일에 윤활제로 기름을 발라 미끄럽게 만들고 그 위에 돌을 올려 끌었던 것으로 보인다.

바퀴는 구르기와 미끄러지기 사이의 중간쯤 되는 방식으로 작동한다. 썰매와 달리, 바퀴의 테두리는 지면을 가로질러 미끄러질 필요가 없다. 하지만 바퀴는 차축(굴대) 주위를 미끄러지며 돌고, 이렇게 움직일 때 마찰력이 작용한다. 바퀴는 운동에 대한 저항력을 감소시킨다. 마찰력이 바퀴의 회전 중심과 매우 가까운 곳에 작용하고, 바퀴 차축이 지면보다 쉽게 윤활제 역할을 하기 때문이다. 바퀴 지름이 넓어질수록, 바퀴 축이 얇고 매끄럽고 윤활 작용이 잘될수록 바퀴는 더 쉽게 굴러간다. 목재로 만든 차축은 휨력을 견딜 만큼 충분히 두꺼워야 하는데, 대략 지름 3~5cm 정도의 굵기는 되어야 한다.

효율적인 바퀴 달린 운송 수단을 만들기 위해 초창기 바퀴 제조공들은 지름이 50cm가 훌쩍 넘는 바퀴를 만들어야 했다. 이렇게 말하면 그게 뭐 그리 어려운 일이냐고 반문할 수도 있다. 마치 살라미를 얇게 자르듯, 나무 몸통에서 목재를 원반 모양으로 잘라내기만 하면 될 테니 말이다.

하지만 안타깝게도 신석기시대는 물론 청동기시대에도 이는 한마디로 불가능한 일이었다. 톱이 없이는 통나무에서 원반 모양의 목재를 절대 잘라낼 수 없었기 때문이다. 톱 말고 나뭇결을 똑바로 가로질러 그렇게 큰 목재 조각을 잘라낼 수 있는 도구는 없었다. 설령 원반 모양으로 잘랐더라도, 나무줄기를 잘라서 만든 바퀴는 절대 제 기능을 하지 못했을 것이다. 너무 약해서 금세 바퀴 중앙이 쪼개졌을 것이다. 심지어 무거운 짐을 싣지 않아도 쪼개졌을 것이다.

목재는 건조되면서 수축한다. 문제는 사방에서 고르게 오그라들지 않는다는 것이다. 목재 속 셀룰로스 미소섬유 대부분은 나뭇결 방향으로 분포해 있다. 그래서 목재는 나뭇결을 가로질러 수축하는 것보다 나뭇결 방향으로 수축하는 비율이 훨씬 적다. 나뭇결을 가로지르는 수축이 4~8%라면 나뭇결 방향은 0.1% 정도다. 또한 셀룰로스 섬유가 목재의 방사조직도 강화하기 때문에 방사 방향으로는 접선 방향보다 절반밖에 수축하지 않는다. 그 결과, 목재 원반이 마르면 방사상으로 쪼개져서 약 15도 정도 쐐기 모양으로 갈라진다. 이렇게 되면 나무줄기를 원형으로 잘라서 만든 바퀴는 전혀 구르지 못했을 것이다. 사실, 금방 자른 목재로 만든 큰 기둥은 모두 건조되면서 쪼개진다. 그래서 곳간에 세운 목재 기둥과 오래된 가옥의 지붕 들보에는 늘 갈라진 자국이 있다. 다행히도 이 경우에는 이런 결함으로 구조가 크게 약해지지는 않는다.

최초의 바퀴는 나무줄기의 중심에서 방사형으로 잘라낸 나무 판자를 깎아서 바퀴 모양으로 만들었다. 이렇게 만든 바퀴는 잘 굴러갔겠지만, 크기가 나무 몸통의 반지름 이하로 제한되었기 때문에 바퀴로는 너무 작았을 것이다. 그래서 청동기시대 바퀴는 2개 이상, 대개는 3개의 나무판자를 결합해서 만들었다. 이 디자인에서 난제는 바퀴가 접히지 않도록 튼튼하게 결합하는 것이다. 청동기시대 바퀴 제조공들은 어떻게 이 문제를 극복했을까? 먼저, 바퀴 표면을 가로지르도록 커다란 사각형 장부 구멍을 낸 다음, 구멍에 꼭 맞는 좁은 널빤지를 집어넣은 뒤, 못으로 고정했다. 이렇게 해도 접합부는 여전히 약했겠지만, 그래도 최소한 바퀴로 사용할 수는 있었을 것이다.

이 모든 과정을 수행하려면 정밀한 목공 작업이 필요하다. 따라서 기원전 3500년에야 바퀴에 대한 증거가 고고학 기록에 처음 등장하지만, 이는 전혀 놀랄 일이 아니다. 기원전 3500년이라면 순동으로 만든 도구는 한참 전에 등장했고 청동기가 흔해지기 시작한 시점이다. 바퀴는 메소포타미아의 수메르 문명과 코카서스산맥, 동유럽에서 거의 동시에 출현했다. 남아 있는 문자 기록에 따르면, 최초의 운송 수단은 썰매 디자인을 변형한 4륜 마차였던 것으로 보인다. 마차를 상징하는 기호로 양쪽 코너에 원을 그린 것 외에도 원시 인도유럽어Proto-Indo-European에서 이 두 운송 수단을 상징하는 기호가 거의 같기 때문이다. 사실 바퀴 달린 운송 수단이 있었다는 최초의 증거는 실물이 아니라 이와 같은 그림이다. 폴란드 남부에서 발견된 기원전 3400년경에 만들어진 토기 브로노치체 항아리Bronocice Pot에 마차 모양이 새겨져 있었다.

현재까지 실제로 발견된 최초의 바퀴는 기원전 3150년경에 만들어진 슬로베니아의 류블랴나 늪 바퀴Ljubljana Marshes Wheel다(사진 5 참조). 지름 70cm의 이 바퀴는 물푸레나무 판자 2개를 원형으로 결합한 뒤, 참나무 차축에 쐐기를 박아 붙인 것이다. 이 경우에는 바퀴가 차축과 함께 회전했고, 이 차축이 2륜 손수레 바닥에 낸 홈 안에서 회전했다. 이후로 청동기시대 동안 사람들은 바퀴 차축이 고정된 마차와 수레를 만들었다. 바퀴가 떨어지지 않고 독립적으로 자유롭게 회전하게 하려면 바퀴 축 양 끝에 큰 바퀴통을 붙여야 한다. 이런 디자인은 더 복잡하기 때문에 더 정밀한 목공 기술이 필요했다. 하지만 이렇게 하면 양쪽 바퀴가 각자 다른 속도로 회전할 수 있어서 코너를 돌 때 수레나 마차를 운전하기 훨씬 쉬웠다.

바퀴가 점점 흔해지면서 필연적으로 도로도 뒤따라 등장했다. 특히 땅이 비교적 무른 습한 지역에 도로가 많이 생겨났다. 최초의 포장도로는 메소포타미아의 고도古都 우르 유적지에서 발견되었는데, 기원전 4000년경에 건설된 것으로 추정된다. 북서 유럽에서는 청동기인들이 신석기시대의 좁은 목재 보행로를 벗어나 더 넓은 통나무 보행로를 만들기 시작했다. 통나무 길은 기원전 3000년경 독일과 네덜란드에서 처음 등장했다. 만드는 방식은 단순했다. 각각 약 3.6~3.9m 길이의 반으로 가른 통나무를 둥근 면이 아래로 오게 맨땅에 줄지어 놓으면 끝이었다. 아일랜드 클룬보니에서 발견된 보행로는 그 뒤로 기원전 2550년경에 만들어진 것이다. 더 복잡해진 이 보행로에는 현대의 철로처럼 레일이 거의 1.5m 간격으로 드문드문 땅에 고정되어 있었다.

뒷부분에서 선박과 바퀴 달린 운송 수단이 어떻게 발전했는지 살펴보겠지만, 이들을 발명하는 데 금속 도구가 얼마나 중요한 역할을 했는지는 지금 여기서 강조해야겠다. 그것을 드러내는 가장 좋은 방법은 야금술이 발달했던 구세계와 그렇지 않았던 신세계의 기술을 대비하는 것이다. 16세기에 중앙아메리카와 남아메리카를 침략한 스페인 정복자들은 고도로 세련되기는 했으나 청동이나 철과 같은 경금속을 한 번도 사용해본 적 없는 문명의 땅을 발견했다. 잉카와 아스텍, 마야 문명인들은 경금속이 없어도 얼마든지 거대한 피라미드가 있는 멋진 도시를 건설했고, 아름다운 도자기를 빚었으며, 정교한 황금 장신구를 만들었다.

하지만 신세계에 존재했던 문명이 아무리 앞서 있었다 해도, 나무판자 배를 개발한 문명은 없었다. 예를 들면, 잉카인들은 거대한 돌을 티티카카 호수 건너편으로 운반해야 할 때 갈대 뗏목에 의존했다. 아스텍인들은 통나무를 깎아서 최대 길이 15.2m의 바닥이 평평한 카누를 만들어 복잡한 수로를 따라 사람과 물건을 수송했다. 마야인들도 비슷한 배를 타고 멕시코만 일대에서 교역 활동을 했다.

최근까지도 아메리카대륙에서는 유럽인들이 정복하기 전까지는 나무판자 배가 만들어진 적이 없는 것으로 여겨졌다. 하지만 지금은 두 가지 예외가 존재하는 것으로 밝혀졌다. 캘리포니아의 샌타바버라 해협 일대에 살던 추마쉬 인디언들은 토몰tomol이라고 하는 나무판자를 꿰매듯 이은 단순한 배를 만들었다. 이 배는 최대 길이가 7.6m, 너비가 1.2m에 달했다. 돌과 조개껍데기로 만든 도구만 사용해서 이 배를 제조하는 데는 최대 6개월의 기간이 걸렸다. 하지만 이웃 부족들이 이용하는 카누보다는 훨씬 더 항해용으로 적합했다. 남쪽으로 위도 47도 정도 내려가서 칠레 해안에 있는 초노스 제도에 거주했던 주민들도 달카dalca라고 하는 이와 유사한 나무판자 배를 만들었다. 낙엽송 나무판자 3개를 묶어 붙여서 만들었는데, 그 모양이 영국에서 발견된 초기 청동기시대 배와 매우 비슷했다.

그런데 이렇게 고립되어 있던 부족들이 과연 어떻게 공통으로 나무판자 배를 만들 수 있었을까? 이처럼 첨단형 배를 만드는 법을 대체 어떻게 알게 되었을까? 고고학계 일각에서는 이들의 전통이 폴리네시아인들과 접촉하면서 도입되었을 것으로 본다. 그 당시 폴리네시아인들은 단순한 나무판자 선체를 만드는 기술을 개발한 상태였다. 이들은 대왕조개Tridacna gigas 껍데기의 두꺼운 부분으로 자귀 날을 만들어 활용했다. 알고 보니 연체동물의 껍데기는 돌보다 훨씬 더 단단했다. 금이 가는 방향을 바꾸거나 균열 작용을 증대시키는 다양한 기법을 발휘할 수 있기 때문이다. 이 말은 얇은 조가비 날이 휨력을 견딜 수 있고 거의 금속 날만큼 성능이 좋다는 뜻이다.

폴리네시아인들이 아메리카 연안에 사는 부족들에게 나무판자 배 제작법을 전수했다는 주장을 뒷받침하는 증거는 여럿 있다. 먼저, 아메리카대륙의 이쪽 부분은 가장 동쪽에 있는 폴리네시아 섬들, 즉 하와이와 이스터섬과 거리가 제일 가깝다. 추마쉬 부족의 배 제작 전통도 약 1,300년 전에 시작되었는데, 이 시기는 폴리네시아인들이 처음으로 하와이에 도착했던 때와 일치한다. 확실히 이들 사이에는 접촉이 있었던 것으로 보인다. 폴리네시아인들이 키우던 고구마는 수천 년 전 아메리카대륙으로부터 구한 것이 틀림없다. 추마쉬 부족이 사용하기 시작한 복잡한 낚싯바늘은 얼추 비슷한 시기에 폴리네시아인들이 사용한 낚싯바늘과 비슷하다. 심지어 언어 측면에서도 몇 가지 증거가 있다. '토몰'이라는 단어는 다른 어떤 추마쉬어 단어와도 비슷하지 않지만, 그 대신 '유용한 나무'라는 뜻의 하와이어 단어와 관련 있는 것으로 보인다. 이렇듯 목재 기술이 세계의 식민지화에 관한 실마리를 제공할 수 있다고 생각하니 무척이나 흥미롭다.

위대한 아메리카 문명 가운데 어떤 문명도 운송을 위해서건 도자기를 만들기 위해서건 바퀴를 사용하지 않았다는 것은 훨씬 널리 알려진 사실이다. 아메리카 문명인들은 무리를 지어 물품을 옮기거나 라마 같은 짐 나르는 동물을 이용했다. 잉카인들은 고대 이집트인들처럼 썰매를 사용해서 거대한 돌을 끌어 옮겼다. 하지만 아메리카대륙에서는 구세계 사람들이 한 것처럼 바퀴 달린 운송 수단은 한 번도 만들지 않았다. 신세계 문명에서 바퀴를 발명하지 않았기 때문에 그랬던 것이 아니다. 아스텍문명을 포함한 여러 문명에서는 점토 바퀴로 굴러가는 아동용 장난감은 만들었지만, 목재로 바퀴를 만들어 썰매에 연결한 적은 한 번도 없다.

이렇듯 바퀴가 없었던 이유는 대개 두 가지라고 설명한다. 첫째, 이 지역은 산과 언덕이 너무 많은 지형이기 때문이다. 둘째, 이곳 사람들에게는 수레나 마차를 끌 가축이 없었기 때문이다. 하지만 이 두 가지 이유 중 어느 것도 설득력은 없다. 우선 유럽에서 온 정착민들은 이 대륙을 정복한 후, 아무리 언덕이 있어도 바퀴가 유용하다고 생각했다. 게다가 멕시코시티와 유카탄반도처럼 중앙아메리카 일부 지역은 평지로 유명하다.

다음으로, 두 번째 이유와 관련해서는 명심해야 할 사항이 있다. 지금껏 발견된 최초의 운송 수단을 포함해 유럽의 청동기시대 운송 수단 중 많은 운송 수단이 손수레였다는 사실이다. 또한 중국에서는 기원후 약 100~200년에 손수레가 발명되었다. 이는 바퀴 달린 운송 수단은 사람이 직접 끌어야 하더라도 어디까지나 유용하다는 의미다. 더군다나 짐 끄는 동물도 충분히 구할 수 있었다. 북아메리카에서는 평원 인디언들이 개를 이용해서 트러보이travois라는 운반 장비를 끌었다. 트러보이는 인디언들의 천막에 썼던 장대로 만든 일종의 간단한 썰매다. 따라서 이들 문명권에서 바퀴 달린 운송 수단을 개발하지 못한 이유는 다른 데 있을 가능성이 크다. 즉, 석기만으로는 쓸 만한 나무 바퀴를 만들기에 기술적 어려움이 컸기 때문이었을 것이라는 점이다.

그러므로 이 장의 교훈은 명백하다. 대개 그렇듯 새로운 기술은 오래된 기술을 대체하는 것이 아니다. 대신 오래된 기술을 사용할 새로운 방법을 떠올리도록 영감을 준다. 구리와 청동의 경우도 마찬가지다. 이들 신소재가 끼친 가장 큰 영향은 구세계 사람들이 그들의 주된 구조재였던 목재를 더욱 효과적으로 활용할 수 있게 만든 것이다. 그들의 운송망에도 혁명을 불러올 수 있었다. 그 결과, 구세계 사람들은 물류 분야에서 대단히 앞서나가게 되었고, 이로써 5,000년 후 그들이 신세계를 발견하고 그곳 사람들을 장악하는 데 도움이 되었다.

제7장

인류 공동체를
일구다

목재가 선조들의 삶에서 얼마나 중요한 자리를 차지했는지 알고 싶은가? 가장 손쉬운 방법은 야외 민속박물관을 방문하는 것이다. 선조들의 생활상을 재현할 목적으로 조성된 박물관은 전 세계 어디에나 있고, 모두 기본 디자인은 같다. 오래된 건물들을 박물관으로 옮겨와서 전략적으로 배치해놓고, 시골집과 농장, 작업장, 작은 마을, 심지어 꽤 규모 있는 마을 전체를 복원하기도 한다. 이때 더 현실감 있게 재현하기 위해 마치 지금도 사용하고 있는 것처럼 보이도록 이것저것 물건을 갖추어놓는다. 예를 들면 가구며 도구, 집기, 장식품을 적재적소에 배치하고 심지어 벽난로 안에 불이 활활 타는 모습도 연출한다.

나는 이런 민속박물관을 무척이나 좋아해서 세계 이곳저곳을 다니며 즐겨 방문했다. 난생처음 여덟 살 때 부모님 손을 잡고 갔던 코펜하겐 근교의 야외 민속박물관이 첫 시작이었다. 가장 최근에 방문했던 곳은 쉰여섯 살 때 스스로 차를 몰고 찾아간 카디프 외곽의 세인트 파간스 국립 역사박물관이다. 그 밖에 캐나다 로키산맥과 보르네오섬 코타 키나발루에 있는 민속촌들도 방문했다. 또한 고고학적 고증을 바탕으로 건물을 복원해놓은 박물관들도 여럿 관람했다. 웨스트 서식스에 있는 버처 고대 농장 Butser Ancient Farm과 내가 개인적으로 제일 좋아하는 잉글랜드 서퍽주에 있는 웨스트 스토우 앵글로색슨 민속촌은 모두 매력적이고 고즈넉하며 믿어지지 않을 정도로 즐거운 곳이다. 미국에서는 야외 민속박물관을 방문하지 못했는데, 미국의 민속촌이라 불리는 버지니아주 윌리엄스버그는 꼭 한 번 방문할 만하다고 한다.

이처럼 야외 민속박물관을 방문하면 배움에 대한 열정과 향수, 신선한 공기 속에서 하루를 보내는 즐거움과 순수한 호기심을 충족시킬 수 있다. 이 같은 순수한 기쁨 외에 이런 박물관을 찾으면 아무리 무심한 관람객이라도 두 가지 큰 깨달음을 얻는다.

첫째, 약 3,000년 전 철기시대가 시작된 후부터 약 200년 전 산업혁명이 일어날 때까지 사람들이 사는 모습이 그다지 변하지 않았다는 점이다. 농촌 지역에서는 예전의 생활 모습이나 지금 우리가 기억하고 있는 모습이나 거의 같다. 게다가 여전히 산업화 이전의 과거에 갇혀 있는 것처럼 보이는 곳도 세계 곳곳에 많다.

둘째, 평범한 시골 사람들은 엄청나게 목재에 의존하며 살았다는 점이다. 이들은 목재로 전체 가옥을 짓거나 최소한 집 뼈대는 목재로 세웠고, 지붕을 이는 데도 목재로 된 지붕널을 사용했다. 침대, 식탁, 의자, 찬장 등 가구도 거의 다 목재로 만들었고, 통, 주전자, 컵, 그릇, 숟가락 등의 주방용품도 나무로 만들었다. 집 밖에 있는 연료 창고에는 난방과 요리용 땔감으로 쓸 장작이 가득했다.

농장에서 사용했던 수레와 마차 같은 운송 수단은 모두 목재로 만들었고, 쟁기, 건초 갈퀴, 곡괭이, 대형 낫 등의 공구 손잡이도 전부 목재였다. 뿐만 아니라 동력장치인 물레방아와 풍차도 모두 압도적으로 목재 구조물이었다. 심지어 드물게 목재로 만들지 않은 물건들도 제작 과정에서는 모두 목재를 사용해서 만들었다. 가령, 철로 된 절삭 도구와 항아리, 팬을 만들려면 숯을 사용해서 제련해야 했다. 옷감도 나무 물레를 돌려 실을 뽑아서 나무 베틀에서 직조해서 만들었다. 가죽 역시 무두질할 때 나무껍질을 사용했다.

하지만 목재는 복잡한 입체적인 물건을 만들기에는 많은 면에서 불리하다. 점토나 금속과 달리, 주형에 넣어 모양을 만들어낼 수 없다. 목재로 복잡한 물건을 만들려면 작은 조각 여러 개를 결합해서 조립하거나 커다란 조각 하나를 깎아서 만들어야만 한다. 또한 목재는 비등방성(방향에 따라 물리적 특성이 달라지는 성질-역자)을 지니는 탓에 나뭇결 방향과 일치할 때보다 나뭇결과 반대일 때 더 약하고 깨지기 쉬워서 깎기도 까다롭고 쪼개짐에도 취약하다.

그렇다면 지금까지 이 책에서 살펴본 목재 도구들, 즉 창, 땅 파는 막대기, 활과 화살, 통나무배 등 길고 가는 구조물들을 한번 살펴보자. 당연하게도 이들 대부분은 나뭇가지나 나무줄기를 크게 변경하지 않고 만든 것이며, 원재료인 나무가 그렇듯 휨력을 잘 버텨내도록 디자인되었다. 마침내 우리 조상들은 완전히 새로운 목재 세계를 개척하는 데 성공하여 따뜻하고 안락한 삶을 누릴 수 있게 되었다. 이것은 그들의 뛰어난 독창성과 함께 새로운 금속, 즉 철의 장점을 여실히 보여주는 증거다.

인류가 최초로 철을 사용한 것은 약 5,500년 전이다. 이때에는 희귀한 운철(땅에 떨어진 운석 중에 철을 포함한 것. 전체 운석의 약 5%가 운철-역자) 덩어리를 망치로 두드려 모양을 잡아 구슬을 비롯한 귀한 물건을 만들었다. 투탕카멘의 무덤에서 부장품으로 발견된 철제 단검이 그렇다. 하지만 숯불 가마에서 청동을 제련하듯 최초로 철을 제련한 것은 이보다 훨씬 뒤인 기원전 1500년경이다. 이 새로운 금속으로는 구리나 청동보다 유용한 도구를 만들기가 더 어려운 것으로 드러났다. 철의 녹는점이 1,200℃로 훨씬 높았기 때문이다. 그래서 숯불로는 철을 녹여서 주형에 부어 주조할 수 없었다. 따라서 당시에 가능했던 최고 온도인 약 1,000℃

까지 철을 가열하여 무르게 만든 다음, 망치로 두드려 모양을 만들어야만 했다.

대장장이의 쇠 다루는 기술이 발전하면서 두 가지 장점이 드러났다. 첫째, 이 새로운 금속은 역학적 성질이 청동보다 뛰어나다는 점이다. 특히 가공된 후에 더 뛰어났다. 덕분에 철로 더 섬세하고 잘 닳지 않는 절삭 도구를 만들 수 있었다. 그런데 대장간에서 용광로 속 철을 두드리고 접기를 반복하다가 아주 우연히도 광재섬유(제련 후에 남은 찌꺼기-역자)를 철에 넣게 되었다. 그 결과, 셀룰로스 섬유가 목재 세포벽을 강화하듯 광재섬유도 철을 강화하게 되었다. 이렇게 해서 만들어진 물질인 조철은 순수한 철보다 부식에 강하고 훨씬 더 딱딱하고 튼튼했다.

둘째, 철광석이 구리와 주석 광석보다 지각에 훨씬 더 흔히 분포한다는 점이다. 덕분에 철광석은 각 지역에서 자체적으로 채취해서 제련할 수 있었다. 그 결과, 대장장이들은 청동제 도구보다 철제 도구를 훨씬 저렴하게 만들 수 있었고, 철기 기술이 급속히 전파되었다. 중동에서 철 제련법이 발견된 것을 시작으로 기원전 1000년경 철기 기술은 곧장 유럽 전역으로 전파되었고 기원전 700년경에는 중국에, 서기 200~1000년 사이에는 사하라 이남 아프리카까지 퍼져나갔다.

목조건축이 이룬 위대한 발전

최초의 철기는 장인들이 개발해놓은 청동제 목공용 공구인 도끼, 자귀, 끌의 재료를 단순히 철로 바꾼 것이다. 목공 장인들도 철제 공구를 기존의 청동제 공구와 똑같은 방법으로 사용했다. 새로 나무를 벌목해서 목재가 아직 마르지 않고 무를 때 철기로 목재를 쪼개어 모양을 만들고 깎아서 결합부를 만들었다.

어떤 분야에서는 새로운 기법이 개발된 뒤에도 기존의 방법을 오랫동안 고수한다. 실제로 생나무 목공green woodworking 공법은 오늘날까지도 이어지고 있을 뿐만 아니라 다리, 가옥, 선박 등 대형 구조물 건축에 이상적으로 적합한 공법임이 오랜 기간을 거치며 입증되었다.

사람들은 용도에 따라 목재를 변형하지 않고 통나무로 사용하는 것이 최선인 경우가 있다는 것을 알게 되었다. 앞서 프롤로그에서 살펴보았듯, 선박의 돛대는 기본적으로 온전한 나무줄기를 그대로 사용해서 만들었다. 그러면 나무줄기에서 가지와 나무껍질만 제거하고 그대로 배에 부착하기만 하면 된다. 그런데 이런 방법을 사용한 이유는 이처럼 편리하기 때문이기도 하지만 역학적 측면에서도 다 이유가 있다. 사실 나무는 바람에도 잘 견딜 수 있도록 사전응력prestress을 가지고 있기 때문이다.

목재의 작은 단점은 벽공 세포로 이루어져 있어서 인장응력을 받을 때보다 압축응력에 더 약하다는 점이다. 목재가 짓눌리면 세포는 인장력의 3분의 1만큼의 하중만으로도 구겨져버린다. 이를 극복하기 위해 나무는 줄기에 인장력이 가해질 때 겉면에 사전응력을 조성한다. 나무가 자라면서 목재의 바깥층은 수명을 다하면 수축하려 하지만, 그 안에 있는 목재 층과 붙어 있어서 수축하지 않는다. 그러면 바깥쪽 세포는 사전인장응력pretension을 받아서 안쪽 세포에 압축을 가하는 경향이 있다. 그 결과, 세로 방향으로 사전응력이 되풀이되는 패턴이 생긴다. 그러면 나무줄기 내부는 압축응력을 받고 외부는 인장응력을 받는다.

폭풍을 겪는 나무는 이런 방식으로 강해진다. 바람이 불어오는 쪽에서는 나무줄기가 휘면 더 강한 인장응력을 받지만, 세포들이 여기에 손쉽게 대처한다. 나무의 장점은 바람이 불어가는 쪽에서는 사전인장응력이 세포에 가해지는 압축응력을 감소시킨다는 점이다. 그 결과, 만약을 가정해서 나무에 사전응력이 조성되지 않는 경우와 비교한다면, 나무는 바람이 불 때 거의 2배 더 많이 휠 수 있고 바람의 하중도 거의 2배 더 버틸 수 있다. 따라서 나무줄기로 만든 돛대와 활대는 최악의 폭풍만 아니라면 모두 버텨낼 수 있었다.

사전응력이 유일하게 문제가 되는 경우는 나무를 벨 때다. 도끼나 톱으로 나무줄기를 자르면 나무 밑동이 드러나면서 자유롭게 사전응력에 반응하게 된다. 그러면 나무줄기의 바깥쪽 부분은

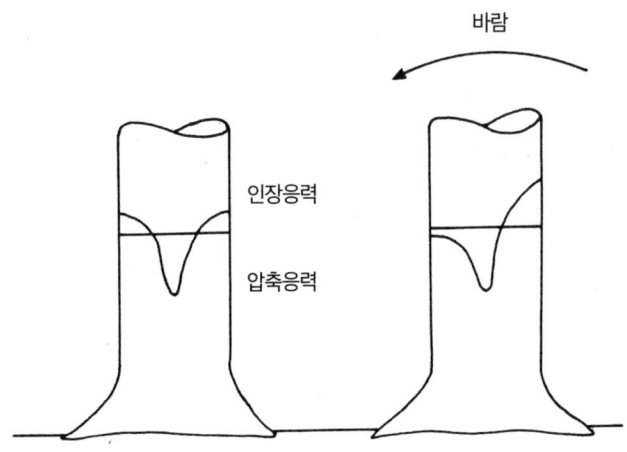

나무줄기 안쪽에 사전응력이 조성되면 줄기의 바깥쪽은 사전인장응력을 받고 중심부는 압축응력을 받는다(왼쪽). 그러면 바람이 불어 나무가 휘어질 때 바람이 부는 쪽 나무줄기에 가해지는 압축력이 감소한다(오른쪽).

세로로 수축하고, 안쪽은 팽창한다. 그 결과, 나무줄기 하단이 바깥쪽으로 휘면서 줄기가 세로로 쪼개져 산림 전문용어로 할렬 shakes(목재가 갈라져 생긴 균열이나 금-역자)이 생긴다.

커다란 유칼립투스 수종에서 이런 문제가 특히 잘 생긴다. 그래서 영국 출신 식민지 개척자들에게는 크게 실망스럽게도 일명 오스트레일리아 검 나무라고도 불리는 유칼립투스 나무는 돛대의 재료로는 무용지물이었다. 그뿐만이 아니다. 나무줄기가 1~2m나 바깥쪽으로 튈 수 있어서 유칼립투스 나무를 베면 치명상을 입을 수도 있었다.

단단한 통나무는 가옥의 뼈대와 다리의 구조물을 만드는 데도 사용될 수 있다. 목조 다리는 대부분 길이가 짧고 정교하지 않은 구조물이었다. 통나무는 휨력에 저항하는 단순한 보로 사용되었다. 하지만 중국 송나라에서는 통나무를 엮어 만든 독창적인 형태의 아치형 다리를 개발했다. 이런 아치형 다리는 거의 60.96m에 달하는 긴 거리를 이을 수 있었다. 무지개다리라는 이름으로도 불리는 아치형 다리는 다각형 아치 구조재 두 세트로 구성되었다. 각 세트는 장부맞춤으로 끝과 끝을 이은 통나무들로 이루어져 있고 서로를 가로지르며 엮여 있다. 두 아치 구조재 사이에는 통나무를 연결해서 전체 구조를 팽팽하게 유지한 다음 그 위로 목조 보행로를 짓고 뉴잉글랜드의 지붕 덮인 다리와 마찬가지로 그 위에 지붕을 두어 구조물이 젖지 않도록 보호했다.

역사 기록에 따르면, 최초의 목조 아치형 다리는 1032년에서 1033년 사이에 산둥성 칭저우의 군사령관 시아 슈킹에 의해 건설되었다고 한다. 또한 서기 1120년경에 그려진 청명상하도淸明上河圖에도 송나라 수도 변량(카이펑)의 변하汴河를 가로지르는 무지개다리가 묘사되어 있다. 이 시기에 건설된 다리 가운데 지금까지 남아 있는 것은 없다. 하지만 전통이 이어져 중국 동부 푸젠성과 저장성에는 깊은 하곡河谷을 가로지르는 이런 아름다운 다리가 100개 이상 남아 있다.

참나무 골조 가옥 역시 생나무 목공 전통 속에서 계속해서 지어졌다. 시간이 지나면서 점차 집을 지을 때 네모난 보로 자른 목재를 많이 사용하게 되었다. 앞서 5장에서 신석기시대 목수들이 어떻게 직사각형 롱하우스를 지었는지 살펴보았다. 먼저 기둥을 열 지어 땅에 박아넣은 다음, 그 위로 바깥쪽 외벽과 중앙의 대들보를 올렸다. 서까래는 간단히 외벽과 대들보 사이에 걸쳐 있으면서 휘는 힘으로 지붕을 떠받쳤다. 유럽 대륙에서는 집을 지을 때 이 방법을 계속 사용했지만, 영국의 상황은 달랐다. 청동기시대와 철기시대 농부들이 중석기시대에 지었던 원형 가옥과 크게 다르지 않은 모양의 원형 가옥을 짓는 쪽으로 다시 돌아간 것이다.

왜 이런 일이 벌어졌는지를 놓고 고고학자들은 오랫동안 혼란에 빠졌다. 대개는 그저 영국만의 특이한 방식이라고 설명하는 데 그쳤지만, 그보다는 실제로 영국에 목재가 상대적으로 부족했기 때문에 일어난 결과로 보인다. 인구밀도가 높고 산림 비율이 이미 25%까지 떨어진 나라에서는, 농부들이 집 외벽을 윗가지와 진흙으로 채운 초벽으로 만들고 집 둘레를 최소화하기 위해 원형으로 만든 것은 합리적인 선택이었다.

또한 원형으로 지었기 때문에 집 중앙에 지붕을 지지할 긴 기둥 없이도 원뿔형 지붕을 지탱할 수 있었다. 서까래는 잔가지 막대를 수평으로 빙 둘러 이어 만든 것에 간단히 묶었다. 이렇게 하면 서까래가 벽 위에서 밖으로 밀려나는 것도 막고 지붕 중앙이 아래로 늘어지는 것도 방지할 수 있었다. 이 수평 막대들은 우산 천이 우산의 돔 모양을 유지할 수 있게 도와주는 것과 똑같은 역할을 했다.

오늘날도 마찬가지지만, 옛날에도 집을 짓는 목수나 건축업자는 보수적이었다. 하지만 수백 년이 지나는 동안 가옥 설계에는 두 가지 위대하고도 중요한 발전이 이루어졌다. 첫째, 건물의 수명이 20~30년밖에 안 되는 이유를 파악하기 시작했다. 기둥의 맨 아랫부분이 젖고 마르기를 반복하면서 곰팡이가 자라기에 이상적인 조건이 만들어져 건물 토대의 상단이 썩어버렸기 때문이라는 사실을 알게 된 것이다. 얼마 지나지 않아 위대한 건축가들은 신전의 목조 기둥을 석조 받침대 위에 올리기 시작했다. 그러자 지붕이 비를 막아주고 주춧돌이 젖은 흙을 차단해주어 건물이 수백 년간 살아남을 수 있게 되었다.

목조건축이 이룬 위대한 발전 가운데 두 번째는 바로 지붕을 떠받치는 구조물인 지붕 트러스(지붕틀)를 개발한 것이다. 신석기시대의 직사각형 가옥에서는 대들보를 떠받치는 기둥들이 생활공간을 차지해 불편했다. 그렇다고 이 기둥들을 생략하면 지붕 무게 때문에 지붕이 내려앉고 서까래가 벽을 밖으로 밀어낼 것이다. 이 문제를 해결할 방법은 건물을 가로지르는 수평 들보를 이용해서 서로 마주 보는 서까래의 밑단을 이어주는 것이다. 아마 이 해법은 고대 로마인들이 최초로 고안했을 것이다. 이 A자형 방식 안에 버팀대를 추가하면 서까래를 지지하는 힘이 추가로 생길 수 있어서 지붕 가운데가 내려앉는 것을 방지할 수 있었다. 삼각형 지붕 트러스는 고대 로마의 공공건물인 바실리카와 이 바실리카를 모델로 한 초기 교회의 공통된 특징이었다. 하지만 로마제국의 몰락 이후, 고대 로마인들이 사용했던 선진기법은 사라진 것 같다. 예를 들면, 앵글로색슨 가옥은 크기도 협소했고, 신석기시대 가옥처럼 집 한가운데 땅에 묻어 세운 기둥들이 지붕을 지지하는 구조였다. 결과적으로 신석기시대와 똑같은 식으로 완공 후 몇십 년 안에 부패해버렸다.

다행히 중세시대 교회 건축가들이 주춧돌과 지붕 트러스, 이 두 가지 모두를 북유럽으로 다시 도입했다. 분명 남아 있던 로마시대의 바실리카와 교회를 그대로 베꼈을 것이다. 그 결과, 종교와 세속 건축, 양쪽 분야 모두에서 중세 목조건축이 꽃을 피웠다. 영국 에식스 그린스테드에 있는 색슨 교회 등 많은 초기 교회가 목재로 지어졌다.

뭐니 뭐니 해도 가장 유명한 목조 교회는 1130년 노르웨이 서부 피오르 송Sogn에 건설된 대표적인 최초의 스칸디나비아식 통널 교회stave church인 우르네스Urnes 교회다. 멋지게 솟아 있는 통널 교회에는 목재 타일을 붙인 가파른 지붕이 당황스러울 정도로 많이 올려져 있다.

하지만 기본 설계는 단순하다. 교회 중앙의 신랑(교회당 내부 중앙 부분. 대개 신도석이 있다-역자) 코너에 수직 기둥이나 통널을 세우고, 그 상부에 도리(가로보)를 연결한다. 지붕은 가파르게 경사진 목조 서까래가 지지하고, 이 서까래들이 A자에서 비스듬히 내려오는 양쪽 날개 부분을 이룬다. 바깥쪽 통로(측랑)는 (아마 양쪽으로 두 곳이 있을 것이다) 단순히 본당에 추가로 붙여 지은 공간이다. 그렇지만 이런 단순한 구조는 중앙 기둥들 사이에 X자형 십자가 모양과 패널을 붙여서 눈에 띄지 않게 했다. 이런 장치 덕분에 마치 아치가 벽을 지지하는 것처럼 보인다. 이와 달리 통널 교회를 지은 기능공들이 보고 따라했던 석조 교회에서는 실제로 아치가 벽을 지지한다.

교회의 십일조 곡식을 저장했던 영국 남부의 대형 곳간에서는 이와 같은 단순한 구조적 설계가 훨씬 더 효과적으로, 그리고 확실히 더 뚜렷하게 드러나기도 한다. 히스로 공항 활주로와 터미널 건물에서 불과 몇백 미터 떨어진 곳에는 15세기에 지은 하몬즈워스 대형 곳간Harmondsworth Great Barn이 있다(사진 11 참조). 영국에서 가장 큰 목재 골조 건물인 이 곳간은 공항 출발 라운지의 어리석은 소비지상주의에 물든 면세점들을 벗어나 한번 둘러볼 만한 곳이다. 이 거대한 규모의 곳간은 길이 60.96m, 너비 11.3m, 높이 11.9m에 육박한다. 기둥과 기둥 사이에 11개의 공간이 있는 11베이 구조에 복잡한 트러스가 중앙의 신랑과 측면의 측랑 위 지붕을 지지하고 있다. 이곳에는 거의 4,000톤에 달하는 곡식을 저장할 수 있었다. 이 기본적인 설계는 영국 출신 식민지 개척자들에 의해 북아메리카로 건너갔고, 그곳에서 점차 3베이 곳간과 뉴잉글랜드식 곳간으로 진화했다. 이들 곳간은 전체가 목조로 지어졌고 지붕에는 밤나무로 만든 지붕널을 이었다.

생나무 목공 전통이 유지되어온 까닭

전통적으로 북유럽에서는 가옥과 시골집도 목조 골조로 지었다. 다만, 그 규모가 작았다. 가장 단순한 구조를 지닌 크럭(자연적으로 휘어진 한 쌍의 목재로, 영국에서는 예부터 시골집 뼈대로 사용됨-역자) 가옥의 경우, 자라면서 자연스럽게 휘어진 나무를 쪼개어 목재를 만들고, 곡선형 나무 기둥을 양쪽에서 짝지어 세우고, 꼭대기에서 만나게 해 지붕을 아치형 또는 A자 형으로 지탱하도록 했다. 그런 다음에야 이 크럭 프레임을 중심으로 나머지 구조물을 지었다.

이보다 정교한 골조 가옥이 바로 일반적으로 하프팀버half-timber(밖으로 드러난 기둥과 들보 사이에 회반죽을 채워 만든 건축 양식-역자)라고 불리는 건축물이다. 하프팀버 양식의 건물에도 십일조 곳간처럼 지붕을 지지하는 트러스가 있었지만, 바닥에서 천장까지 닿는 하나의 긴 목재를 사용하지는 않았다. 그 대신, 일련의 상자 모양 골조 구조물을 만들어 상자 위에 상자를 올리는 식으로 넓은 다층구조 가옥을 지었다. 이런 현명한 설계의 특징은 짧고 값싼 보를 사용할 수 있다는 것뿐만 아니라 위층을 아래층보다 몇 미터 더 바깥쪽으로 돌출시킬 수 있다는 장점이 있었다(사진 12 참조). 이렇게 되면 바닥 면적이 더 넓어질 뿐만 아니라 위층의 무게로 바닥보 중앙이 밀어올려져 바닥 중앙이 내려앉는 것을 방지할 수 있었다. 다만, 한 가지 문제가 있었다. 거리 양편에 있는 도시 가옥들의 위층이 서로 가까워져 화재가 발생하면 옆 건물로 훨씬 쉽게 불이 번질 수 있다는 점이었다. 1666년에 발생한 런던 대화재 당시, 불길이 급속도로 확산한 것도 분명 이런 특징에서 기인한다.

하지만 화재 안전에 대한 우려에도 불구하고 이런 목조 건물 설계에는 본질적으로 아무런 문제도 없을 뿐만 아니라 오히려 선호할 만한 요인이 많다. 그래서 오크 생나무 집은 계속해서 지어지고 있고 오늘날까지도 지방 부유층 사이에서 대단히 인기가 많다. 오크는 마르지 않은 생나무 상태에서 쉽게 작업할 수 있다. 자귀를 사용해서 잘라낸 보는 표면이 불규칙한 것이 매력적이다. 오크 생나무 목재로 지은 집은 조립식 건축물의 대표적 사례다. 접합부를 현장 밖에서 깎아 만들어 시험해볼 수 있어 일단 기초공사만 마무리되면 신속히 구조물을 조립할 수 있다.

생나무 목재를 사용하면 장점이 또 있다. 나무못으로 접합부를 고정한 뒤 목재가 건조되면서 수축하기 때문에 접합부가 구조물을 단단히 조여서 강하게 만든다는 점이다. 마지막으로 골조를 세운 뒤, 윗가지와 회반죽을 바른 단열성이 뛰어난 벽체로 채웠다. 이렇게 하면 벽돌이나 석조로 만든 어떤 구조물보다도 아늑한 집이 완성되었다.

그래도 생나무 목공 전통이 낳은 가장 위대한 걸작은 아마도 좁고 긴 바이킹선, 롱보트일 것이다. 흉악하기로 유명한 고대 스칸디나비아인들이 세계 정복과 발견의 여행길에 오를 때 타고 다녔던 바로 그 배다. 이 훌륭한 선박이 있어 바이킹은 영국, 아일랜드, 북유럽의 많은 지역을 정복한 데 이어 아이슬란드와 그린란드를 식민지로 삼고 콜럼버스보다 몇 세기나 앞서서 신세계를 발견할 수 있었다. 뿐만 아니라 바이킹 상인들은 멀리 동쪽으로는 러시아와 지중해 연안으로는 콘스탄티노플까지 그들의 영향력을 넓혔다.

그런데 바이킹은 가장 오래된 구식 도구만으로 그들의 번쩍번쩍한 배를 만들어냈다. 도끼로 나무를 벴고 넓은 날 도끼로 목재를 모양대로 잘랐으며 송곳으로 목재에 구멍을 뚫었다. 이런 작업 모습은 바이외 태피스트리Bayeux Tapestry의 한 부분에 고스란히 묘사되어 있다(사진 9 참조). 여기에는 정복왕 윌리엄 1세(영국 노르만 왕조의 제1대 왕-역자)가 침략 함대를 구축하는 장면이 담겨 있다. 1066년에 영국을 침략한 노르만족은 10세기 초 프랑스 북부에 정착했던 바이킹의 후손이었다.

바이킹 선박 제조공들은 적당한 곧은결 나무를 선택해서 벤 다음, 가장 먼저 배의 용골을 만들었다. 용골은 느릅나무나 오크를 T자형 단면을 지니도록 길게 깎아 만들었다. 그런 다음 용골에 차례대로 선체 측면, 즉 선측 외판을 붙였다. 선측 외판은 나무에서 방사상으로 쪼갠 오크 판자로 만들었다. 이렇게 방사상으로 쪼갠 덕분에 이들 오크 판자는 톱으로 잘라 만든 현대의 나무 판자보다 장점이 많았다. 목재가 섬유질과 도관의 방향을 정확히 따랐기 때문에 판자 끝의 나뭇결이 하나도 노출되지 않았다. 그 결과, 판자는 완전 방수되었을 뿐만 아니라 대단히 튼튼하면서도 유연해졌다. 오크의 넓은 방사조직도 판자를 측면으로 강화하여 쪼개짐을 방지하는 역할을 했다.

외판을 만들기 위해 바이킹은 드로나이프drawknife라는 새로운 철기를 사용했다. 드로나이프는 자귀와 똑같이 나무를 깎는 기능을 하지만, 이 공구를 만드는 방식은 아주 다르다. 긴 쇳날의 한쪽 가장자리를 날카롭게 만든 다음, 양쪽 끝에 목재 손잡이를 붙인다. 나뭇결대로 목재를 깎으려면 공구의 날이 목재와 큰 각도를 이루도록 나이프를 잡아야 한다. 그래야 나이프가 목재 안으로 파고 들어간 뒤 사용자 쪽으로 당겨져 나오면서 목재 조각이 길게 제거된다. 기록상 최초의 드로나이프는 매스터미르Mästermyr 상자 안에서 발견되었다. 이 상자는 서기 1000년경에 사용된 것으로, 스웨덴 고틀란드섬에서 발견되었다. 하지만 드로나이프는 아마도 이보다 몇 세기 전부터 사용되었을 것으로 추정된다.

바이킹은 변형된 드로나이프인 몰딩용 철제기구도 사용했다. 이것으로 각 외판의 안쪽 하단 가장자리를 따라 홈을 팠다. 그런 다음, 이 홈과 그다음 외판 사이에 물이 스며들지 않도록 봉하기 위해 쐐기 모양으로 밧줄을 홈에 밀어넣어 메웠다. 그리고 나서 안쪽 외판의 바깥면에 그다음 외판을 쇠 리벳으로 고정하여 튼튼한 '클링커clinker 빌트(판자를 서로 겹치게 이어 만드는 결합법-역자)' 선체를 만들었다. 마지막으로, 배의 늑골로 쓸 휘어진 가지와 곧은 가로보를 골라서 양쪽 끝을 선체 측면을 따라 상부 외판에 붙여서 구조물을 탄탄하게 만들었다. 멋진 조각 장식이 있는 오세베르그Oseberg호는 서기 800년경에 만들어졌다(사진 8 참조). 이 배의 돛대는 독창적인 '돛대 이음매'를 통해 선체에 부착되어 떠받쳐졌다. 이 T자형 목재 조각은 오크의 가지가 갈라지는 지점을 깎아 만들었는데, 이는 나무가 살아 있는 동안 이용했던 보강 메커니즘을 활용한 것이다. 하지만 바이킹 시대의 절정은 서기 890년에 건조된 고크스타드Gokstad호에서 드러난다. 오세베르그호보다 장식은 덜하지만, 선체의 선은 더 순수하고 우아한 데다, 구조물이 더 효과적으로 강화되었기 때문이다.

위대한 바이킹선 건조의 시대는 서기 1100년경에 막을 내렸다. 그렇게 된 이유 가운데 하나는 바이킹이 그리스도교적 삶에 정착하면서 약탈과 노략질에 대한 의욕이 감소한 탓도 있지만,

곧은결 목재를 구하기가 점점 더 어려워졌기 때문이기도 하다. 그래서 훗날 중세시대 선박 제조공들은 다시 나뭇결이 고르지 않은 나무를 사용하는 쪽으로 되돌아가야만 했다. 그들은 이런 나무를 톱으로 잘라서 품질이 떨어지는 나무판자를 생산했다. 새로운 선박은 단단한 골조로 지어야 했지만, 선박 제조공들은 계속해서 휘어진 목재 조각을 광범위하게 사용했다. 이런 목재는 일부러 탁 트인 공간에서 자라게 한 거대한 오크에서 잘라내어 만들었다. 그 결과, 이런 목재로 만든 모서리 지지대(또는 삼각재-역자)와 중간 늑재, 가로널은 다 휘어져버렸다. 반면 다른 목재들은 19세기가 될 때까지 군함의 무거운 골조도 끄떡없이 잘 지지했다.

전통적인 생나무 목공 기법은 가구, 접시, 그릇, 장식품 등 크기가 작은 구조물을 생산하는 데는 덜 적합한 것으로 드러났다. 우선, 버려지는 부분이 너무 많았다. 예를 들어 방사상으로 쪼갠 목재로 일반적인 나무판자를 만들려면 목재의 많은 부분을 깎아내야 한다. 도끼로 나뭇결과 직각으로 목재를 자르면 벤 자국도 넓게 남는다.

또한 생나무 목공 기법은 정밀하지 않은 경향도 있었다. 게다가 나무를 목재 모양으로 자른 후에는 목재가 수축해서 휘는 경향이 있어서 접합부가 헐렁해질 수 있다는 문제도 있다. 이에 따라 장인들은 점차 새로운 목공 기법을 개발했다. 목재가 마르기 전보다는 다 건조되거나 '시즌된seasoned' 다음에 목재를 다루는 방법이었다. 바로 건조재 목공이다. 이를 위해 장인들은 철과 강철의 우월한 강성과 경도硬度를 충분히 활용한 새로운 공구 세트를 발명했고, 이들 공구가 완벽해질 때까지 성능을 개선했다.

목재를 효과적으로 다루기 위한 공구, 톱과 대패

목수의 연장통에 가장 먼저 추가된 공구는 나뭇결을 가로질러 자를 수 있는 가로톱crosscut saw이었다. 이 톱은 목재를 나뭇결에 직각이 되도록 효과적으로 자르면서도 얇은 베임 자국만 남기는 최초의 도구였다. 중석기시대 사람들이 사용했던 뼈로 만든 단순한 톱과 비슷하게 생긴 금속제 톱이 가장 먼저 등장한 곳은 고대 이집트였다. 청동으로 만든 이 톱은 목수가 당길 때 목재가 잘리도록 톱니를 배열했다.

이런 배열방식은 일본에서는 오늘날까지 남아 있는데, 이렇게 하면 얇은 톱날이 찌그러지는 것을 방지할 수는 있었지만, 목수가 가하는 힘은 제한되었다. 또한 이런 톱니는 매우 단순해서 톱이라기보다는 톱칼 같은 역할을 했다. 일정한 지점에 압력을 집중시켜서 절삭 깊이가 향상되었고, 톱밥 치우기도 수월했다.

하지만 철로 톱날을 만들기 시작하면서 톱니 디자인도 개선되었다. 현대의 가로톱에서는 톱니마다 앞면을 예리하게 갈아 날을 만든다. 그러면 톱니 하나하나가 작은 끌처럼 작용하는 셈이라 효과적이다. 가로톱은 톱니 날 방향을 번갈아 톱의 좌우로 향하게 한다. 그러면 톱니가 긴 모양의 작은 세포벽을 자르게 되고, 잘린 세포벽이 톱밥이 되어 떨어져나간다.

이 밖에도 장인들은 톱에 두 가지 특징적인 기능을 더 추가하여 톱의 효능을 극대화했다. 먼저 톱니를 살짝 바깥쪽으로 굽히거나 '세팅'하여 톱으로 자른 자국이 톱날보다 조금 넓어지게 했다. 그러면 톱날이 끼지 않아 톱질이 쉬워졌다. 또한 일부 가로톱에는 좌우로 엇갈려 있는 톱니 한 쌍 사이마다 갈퀴처럼 다듬는 톱니를 두어 톱밥을 제거하기 쉽게 했다.

그런데 목재를 자를 수 있을 만큼 얇으면서도 양방향으로 톱질했을 때 찌그러지지 않을 만큼 튼튼한 톱날을 만드는 일은 만만치 않았다. 고대 로마인들은 여러 난관을 극복하고 마침내 그런 톱날을 만드는 데 성공했다. 톱날 등에 금속을 덧대어 보강한 백소backsaw(등쇠톱)는 작은 부분을 정교하게 자르는 데 사용하는 장부톱의 형태로 오늘날에도 여전히 흔히 사용되는 톱이다. 이 톱에는 톱날 윗부분 가장자리를 두껍게 해서 잘 구부러지지 않게 만들었고 목재 손잡이를 달았다.

틀이 달려 있는 틀톱frame saw은 단단한 목재 틀로 좁고 유연한 톱날을 잡아주어 팽팽하게 만든 것이다. 오늘날에는 활톱과 쇠톱, 실톱에서 볼 수 있는 디자인이다. 그런데 백소와 틀톱, 이 두 가지 유형의 톱은 단단한 틀 때문에 최대 절삭 깊이가 제한된다는 단점이 있었다. 이 단점을 극복하기 위해 일부 틀톱은 톱날 위가 아니라 톱날의 양쪽 면으로 틀을 돌출시켰다. 18세기에 이르러 스프링강spring steel(스프링재로 사용되는 철강-역자)이 등장하면서 그제야 톱을 지탱해줄 등쇠나 틀 없이도 충분히 단단한 톱을 만들 수 있었다. 그 결과, 전형적인 현대적 톱을 생산할 수 있게 되었다.

가로톱은 나무를 베고 나무판자를 정확한 길이로 자를 때 특히 유용했다. 시간이 지나면서 목수들은 목재를 나뭇결대로 톱질할 일이 점점 많아졌다. 나뭇결대로 자르면 비둘기 꼬리 모양대로 나무를 정확하게 잘라서 두 나무판자를 직각으로 결합하는 주먹장맞춤을 하기 수월하다. 또한 귀한 목재를 얇은 베니어판으로 쉽게 잘라서 비교적 저렴한 목재 위에 덧씌울 수도 있다. 무엇보다도 중요한 것은 나뭇결대로 자를 수 있으면 결이 완벽하지 않아 쉽게 쪼갤 수 없는 나무줄기와 가지로도 나무판자를 만들 수 있다는 점이다. 오래된 숲이 벌목되고 산림지대가 관리 대상이 되면서 이런 목재가 점점 흔해졌다.

오늘날 사용되는 유형의 나무판자를 생산할 수 있도록 나뭇결 방향으로 목재를 자르려면, 새로운 디자인의 톱이 필요했다. 그래서 탄생한 것이 세로톱이다. 가로톱은 톱니 측면이 끌처럼 작용하지만 세로톱은 앞쪽의 톱니 위아래가 날카롭다. 세로톱은 각각의 섬유 세포를 직각으로 가로질러 자르면서 동시에 분리된 부분을 제거한다.

중세시대 이후로 세로톱은 계속해서 점점 더 일반화되었다. 두 사람이 동원되어야 사용할 수 있는 긴 '큰 세로톱pit saws'은 거대한 나무줄기를 잘라 판자를 만들 때 사용했다. 이 작업을 위해서는 구덩이 위에 나무줄기를 수평으로 걸쳐놓고, 한 명은 구덩이 안에 들어가고 다른 한 명은 나무줄기 위에 서서 톱을 맞잡고 톱질했다. 점차 이런 공정은 기계화되었다. 특히 유럽 대륙에서는 1594년에 네덜란드의 화가이자 제도사인 코르넬리스 코르넬리스존Cornelis Corneliszoon이 세로톱의 왕복운동을 이용한 최초의 수력 제재소를 설립했다. 말할 필요도 없이, 제재소 역시 철제 톱날만 제외하면 거의 전체가 목재로 지어졌다.

나무판자를 작은 크기로 더 정밀하게 자르고 매끄럽게 다듬고 더 복잡한 모양으로 깎기 위해 고대 로마인들은 연장통에 새로운 공구를 하나 더 추가했다. 이름하여 대패. 대패가 목재를 자르는 방식은 자귀 및 드로나이프와 정확히 똑같다. 나뭇결대로 쪼개어 깎인 윗부분을 정리한다. 다만, 대패의 장점은 틀이 있어 얇은 강철 날이 40도 정도 최적의 각도를 유지할 수 있고 그럼으로써 깎아낼 목재의 깊이를 통제할 수 있다는 것이다. 드로나이프와 마찬가지로 대패 날도 다양한 모양으로 디자인할 수 있다. 그러면

판자를 평평하고 매끈하게 다듬을 뿐만 아니라, 목재를 곡선으로 깎을 수도 있다. 심지어 나무판자 가장자리에 장부와 홈도 정밀하게 자를 수 있어서 판자와 판자를 옆으로 연결할 중복결합부를 신속히 만들기에도 이상적이다.

목수들은 이런 몇 가지 간단한 공구로만 무장해도 평면이건 입체건 온갖 종류의 물건을 만들 수 있었다. 공구를 사용해서 최대 강도를 얻기 위해 나뭇결이 장축 방향과 일치하도록 준비된 나무판자를 결합하기만 하면 되었다. 문 만들기는 아주 흥미로운 좋은 사례다. 어쩌면 문 하나쯤이야 간단히 만들 수 있다고 생각할지 모르겠다. 커다란 나무줄기에서 나무판자 하나만 잘라내면 된다고 생각할 수 있다. 하지만 그럴 만한 나무판자는 구하기도 어렵고 구하더라도 값이 너무 비쌀 것이다. 게다가 나무줄기를 방사 방향으로 잘라 만든 판자가 아니라면 뒤틀리기 쉽고 쪼개짐에 취약하다.

목수들은 대신 작은 나무판자로 저렴하면서도 튼튼한 문을 만드는 두 가지 방법을 고안해냈다. 가장 확실한 방법은 장부촉이음tongue-and-groove joints으로 여러 나무판자를 나란히 연결한 뒤, 바튼batten이라고 불리는 좁고 얇은 수평 판자를 나란히 연결한 나무판자에 못으로 고정하여 문의 가로 방향을 보강한 것이다. 이렇게 하면 이른바 보드 바튼 도어board batten door가 만들어졌다. 여기에 커다란 금속 경첩을 달아 문이 떨어지지 않게 방지했다. 또 하나 대각선으로 엇갈린 십자가 모양의 버팀대를 덧대면 마찬가지로 문을 보강하는 효과가 있었다.

이렇게 만든 문은 잘 작동하기는 하지만, 너무 무겁고 목재를 너무 많이 쓴다는 단점이 있다. 여전히 작은 시골집에서는 흔히 볼 수 있지만, 이런 단점 때문에 보드 바튼 도어는 대부분 양판문 panel doors(밑막이와 선대로 둘레를 만들고, 속에 중간막이를 넣어 그 사이에 얇은 판재를 끼운 문-역자)으로 대체되었다. 양판문의 틀은 양쪽 가장자리에 있는 수직 문설주에 장부맞춤이나 연귀맞춤으로 수평 띠장을 결합하고, 수평 띠장 사이에 수직으로 중간막이를 붙여서 만든다. 이렇게 틀을 만든 다음, 틀에 파놓은 홈 안에 얇은 판이나 유리로 만든 패널을 끼운다. 문이 완성되면 몰딩용 철제 기구인 특수한 대패를 사용해서 문틀의 내부 가장자리를 깎아서 장식할 수도 있다. 양판문은 보드 배튼 도어보다 가볍고 우아하며 잘 뒤틀리지 않는다. 물론 양판문도 접합부가 헐렁해지면 보드 배튼 도어와 똑같이 떨어질 수 있다.

목수들은 나무판자와 좁고 얇은 판자를 서로 결합해서 3차원의 입체 구조물을 만드는 법도 금세 터득했다. 이를 위해 이들은 장부맞춤이나 주먹장맞춤, 연귀맞춤 등 수많은 복잡한 결합법을 이용했다. 이렇게 목재를 결합하려면 다른 어떤 각도보다 직각으로 결합하는 편이 훨씬 쉽다. 이에 따라 가옥과 마찬가지로 의자, 식탁, 옷장, 책상, 찬장, 책장 같은 목재 가구도 거의 예외 없이 직사각형이거나 정육면체 형태다. 이런 식으로 만든 가구는 무척 우아하기도 하다.

18세기 셰이커교도들이 만든 사랑스러운 셰이커 스타일 의자나 아르누보 건축가이자 디자이너 찰스 레니 매킨토시가 만든 일명 사다리 의자를 생각해보라. 또한 전형적인 직사각형 가구는 확실히 직사각형 집에 잘 들어맞는다. 이 책 후반부에서 살펴보겠지만, 이런 디자인에는 단점도 있긴 하다. 목수들은 둥근 모양의 물건이나 곡선형 목재 조각으로 이루어진 물건을 만들려면 지금과는 완전히 다른 기법을 개발해야만 했다.

곡선형 목재를 만들기 위한 새로운 목공 기법

접시, 그릇, 컵, 의자 다리, 목관악기처럼 단면이 원형인 소형 물건은 건조 목재 목공과는 다른 기법을 사용해서 만들었다. 바로 우드 터닝이다. 회전하는 나무 블록을 특수한 끌로 원형이 될 때까지 깎아서 목재를 가공하는 기법이다. 이 아이디어가 도공이 점토를 그릇 모양으로 가공하는 방식에서 영감을 얻은 것이라는 데는 의심의 여지가 없다. 도공의 물레(녹로 또는 돌림판)는 수레와 마차의 바퀴가 개발되었던 때와 거의 같은 시기인 기원전 3500년경에 개발되었다. 하지만 기원전 1500년경에야 최초의 목공 선반旋盤이 등장했고, 그 모습이 고대 이집트 벽화에 담겨 있다. 철기의 출현이 목선반의 발전에 이바지한 것이 틀림없다. 철을 사용해서 너무 빨리 닳지 않으면서도 목재를 가공할 수 있을 만큼 단단한 끌을 만들 수 있었기 때문이다.

모든 목선반의 기본 디자인은 똑같다. 작업할 목재 조각의 한쪽 끝은 차축에 죔쇠로 고정하고 다른 쪽 끝은 핀으로 고정해서 목재가 자유롭게 회전하게 만든다. 선반공은 목재 조각을 돌리면서 끝이 딱딱하고 뾰족한 끌을 목재 쪽으로 누른다. 그러면 목재가 회전축을 중심으로 고르게 깎인다. 목선반들 사이의 차이점이라면 주로 회전 동력 방식과 목재가 깎이는 시점에 있다. 가장 오래된 고대 이집트의 목선반은 목재 둘레에 끈을 감아서 목재를 회전시켰다. 옆에서 조수가 끈을 앞뒤로 당기면서 왕복운동을 일으켰다. 그러면 선반공은 반복되는 왕복운동 가운데 딱 한 번 운동하는 동안 목재를 깎았다. 활 목선반bow lathe(또는 활비비 갈이틀-역자)을 사용하는 선반공은 목재에 활줄을 감아서 직접 목재를 돌렸다. 활 드릴(활비비)의 드릴 비트를 돌리는 것과 같은 원리다. 활 목선반은 따로 조수가 필요하지 않았지만, 그 대신 선반공은 한 손으로만 끌을 잡아야 했다.

그 후 장족의 발전을 이룬 결과, 장대 목선반pole lathe이 탄생했다. 이 목선반은 발판으로 동력을 얻어 돌았다. 먼저, 회전시켜야 하는 목재나 나무토막에 끈을 감은 뒤, 끈의 한쪽 끝은 발판과 연결하고 다른 쪽 끝은 탄성 있는 긴 막대기, 장대와 연결했다. 발로 발판을 누르면 끈이 아래로 당겨지면서 장대가 아래로 휘어졌다. 발판에서 발을 떼면 굽었던 장대가 펴지면서 목재가 뒤로 회전했다. 이런 식으로 규칙적으로 힘을 가하면 목재가 왕복운동 하는 동안에도 양손을 자유롭게 사용해서 끌 작업을 할 수 있었다. 하찮은 사람bodger이라 불렸던 목공 장인들이 사용했던 장대 목선반은 유럽에서는 일찍이 철기시대부터 사용되었으며, 바이킹시대에는 일반적으로 사용되었다. 조빅 바이킹센터Jorvik Viking Centre가 있는 영국 요크의 카퍼게이트Coppergate 거리는 그곳에서 일했던 수많은 컵 제조공들의 이름에서 거리명을 따왔다.

목재 컵을 만들려면 목재 조각을 나뭇결이 목선반의 장축과 평행하게 놓아야 했다. 그래야 컵의 얇은 손잡이가 최대한 튼튼하게 만들어질 수 있었다. 반면, 목재 그릇과 접시를 만들 때는 목재를 나뭇결이 목선반의 장축과 수직이 되도록 목선반에 설치해야 튼튼해졌다. 수많은 세월 동안 시골 사람들은 먹고 마실 때 거의 목재 식기만 사용했다. 각자 개인용 접시나 그릇이 있어서 식사 때마다 사용했던 것 같다. 목선반은 포크나 숟가락, 나이프 등의 손잡이를 만들 때도 사용되었다. 특히 18세기 들어 사람들이 목재 식기 대신 도자기 식기를 사용하면서부터는 식탁과 의자 다리를 만드는 데 이용되었다.

디자인에 곡선을 도입하기 위해 장인들이 개발한 또 다른 기법은 스팀 벤딩steam bending이다. 목재를 물의 끓는점까지 가열하면 헤미셀룰로스 분자 사이의 결합이 느슨해진다. 그러면 망 구조가 부드러워지고, 셀룰로스 미소섬유가 자유롭게 지나치면서 서로를 잘라낸다. 따라서 긴 목재에 증기를 쐬면 구부리고 조여서 원하는 모양으로 만들 수 있다. 이렇게 한 다음 목재가 식으면서 건조되면 새로운 모양을 갖추게 된다. 목재에 증기를 쐬는 방법은 다양한 곡선형 물건을 만들 때 사용되어왔다. 선박의 늑골부터 눈에 미끄러지지 않게 만든 스노 슈즈(설피)와 테니스 라켓에 이르기까지 다양하다.

이 기법을 통해 장인들은 전통적인 디자인보다 우아하고 안락한 가구를 생산할 수 있게 되었다. 가장 유명한 디자인으로는 등받이가 우아한 아치 모양으로 휘어 있는 고전적인 윈저Windsor 체어가 꼽힌다(사진 16 참조). 17세기의 초창기 윈저 체어는 런던의 서쪽 칠턴 구릉지대의 하이위컴High Wycombe에서 나는 너도밤나무 목재로 만들었다. 목수들은 그 지역에서 나는 색이 옅은 너도밤나무 목재로 곡선형의 등받이를 만든 다음, 여기에 현지 선반공들이 목선반으로 깎아 만든 의자 다리와 다리 사이의 가로대를 조립했다. 마지막으로 현지 벤치 제조공들이 만든 좌판을 조립한 다음, 윈저를 거쳐 런던으로 발송했다. 그 후 이 디자인은 미국 식민지로 건너갔다. 1726년, 펜실베이니아 도지사였던 패트릭 고든 대령이 윈저 체어를 미국에 처음 도입한 뒤, 얼마 지나지 않아 필라델피아에서 현지 생산이 시작되었다.

하지만 스팀 벤딩 기법으로 만든 가장 중요한 아이템은 다름 아닌 나무로 만든 통, 배럴이었다. 고대 그리스와 로마시대에는 포도주와 기름을 비롯한 액체를 바닥이 둥글고 키가 크며 목 주변에 두 개의 손잡이가 달려 있는 암포라amphora라는 도기 항아리에 담아 보관하고 운반했다. 하지만 이 항아리는 무거워서 옮기기도 힘들고, 겹겹이 위로 쌓아올릴 수도 없는 데다 무척 쉽게 깨졌다. 남아 있는 이 시대의 고고학 사료 대부분이 바로 이 깨진 암포라 조각들이다. 곡선을 이루는 나무 통널을 결합해서 만든 나무 배럴은 아마도 기원전 350년경 켈트족에 의해 발명된 뒤 금세 그 실용성을 인정받은 듯하다. 이 나무로 만든 통은 튼튼한 데다 땅 위에 굴려서 옮길 수 있었고 손쉽게 쌓을 수도 있었다. 성공의 열쇠는 통널의 굴곡에 있다. 가운데 부분이 바깥쪽으로 불룩하게 휘어짐으로써 목재의 세로 방향에 강성을 부여한 덕분에 통 속 액체의 내부 압력을 잘 견딜 수 있었다.

나무 배럴을 만들기 위해 통 제조공들이 제일 먼저 해야 했던 일은 통널 하나하나를 정확히 깎는 것이었다. 이를 위해 특별히 제작한 드로나이프를 사용해서 통널에 원하는 곡선형 단면을 만들었다. 또 긴 조인터 대패를 사용해서 통널을 나란히 연결했을 때 원형을 이루도록 통널 측면 각도를 다듬었다. 그런 다음 통널을 결합해서 양쪽 끝부분을 임시 고리 안에 넣은 뒤, 통널이 편하게 들어맞을 때까지 가열했다. 마지막으로 위아래 헤드 판을 만들어 배럴 양쪽 끝에 맞춰 넣고, 위아래 끝부분에 철제 고리를 채워 구조를 보강했다. 나무 배럴은 산업화 이전 시대에 교역의 생명선이 되었다. 오늘날로 치면 통조림 캔과 플라스틱병, 선적 컨테이너의 역할을 모두 합쳤다고 보면 된다.

바퀴 제조공들은 3대 목공 기법, 즉 건조재 목공과 우드 터닝, 스팀 벤딩 기법을 모두 사용해서 최종적인 목조 구조물, 즉 바퀴의 설계를 개선했다. 지난 장에서 살펴보았듯 초기 청동기시대 바퀴는 목재 나무판자 3개를 결합하여 만들어서 무거우면서도 약했다. 고대 전차 설계자들에게는 이 디자인을 개선해서 더 가벼우면서 빠르고 튼튼한 전차를 만드는 것이 지상과제였다. 마침내 후기 청동기시대에 이르자 바로 그런 디자인을 찾아냈다. 그 주인공은 바로 부챗살 모양의 바큇살 spoke 을 연결해 만든 스포크 차륜이다. 먼저, 느릅나무처럼 쪼개짐에 강한 목재를 돌려 깎아 바퀴통을 만들고, 여기에 드로나이프나 목선반을 사용해서 만든 길고 가는 바큇살을 결합했다. 그런 다음, 스팀을 이용해 가는 나뭇가지를 곡선형으로 구부려 만든 바퀴 테두리에 이 바큇살들을 장부맞춤으로 연결했다.

최초의 스포크 차륜은 기원전 1500년경 경쟁 관계에 있던 고대 이집트와 중동에서 처음 만들어졌다. 하지만 바퀴 디자인은 호머의 시에 등장하듯 고대 그리스 전차에서 절정을 이루었다.

그리스 전차의 바퀴에는 바큇살이 단 4개밖에 달리지 않았다. 덕분에 바퀴 테두리가 돌 때 살짝 구부러질 수 있어서 전차에 완충 역할을 했다. 특히 울퉁불퉁한 트로이 전장을 가로지를 때도 매끄럽게 달릴 수 있었다.

다만, 한 가지 단점이 있었다. 제아무리 아킬레스 같은 영웅이라 해도 밤에는 전차 바퀴를 빼내거나 전차를 통째로 뒤집어야 했다. 그래야만 전차 무게에 눌려 목재가 변형되거나 휘는 것을 방지할 수 있었다. 그 후 로마와 중세시대 바퀴 제조공들은 더 튼튼한 바퀴를 만들고 쇠테를 끼어 보강했다. 이들이 만든 바퀴 가운데는 접시형 또는 컵 받침 모양도 있었다. 이런 바퀴의 바큇살은 약간 원뿔형으로 배열되어서 바퀴를 측면으로 단단하게 보강해주었다. 덕분에 수레가 바큇자국이 많은 울퉁불퉁한 길을 지날 때 접합부가 헐렁해지는 것을 예방할 수 있었다.

농부들은 수레를 얕은 물 속에 세워두는 일이 많았다. 목재가 젖어서 불어나면 접합부가 탄탄히 조여 있는 상태가 유지되었기 때문이다. 19세기 영국을 대표하는 풍경화가 존 컨스터블의 대표작 〈건초 마차〉에서 건초 마차가 스투어강 속에 서 있는 것도 이런 이유에서다.

철을 제련하는 방법이 발견된 후 3,000년이 넘는 세월 동안, 철기는 어디서든 나무로 만든 가공품을 찾아볼 수 있는 세상이 도래하는 데 이바지했다. 하지만 앞서 살펴보았듯 모든 기법마다 많은 시간이 소요되었고, 기계를 다루는 재주와 기계에 관한 전문 지식도 높은 수준이 요구되었다.

그 결과, 목공 분야에서 수많은 숙련된 장인이 생겨났다. 이는 목재 관련 직업에서 생겨난 흔한 성姓이 얼마나 많은지만 봐도 잘 알 수 있다. 카펜터Carpenters(목수)와 조이너Joiners(소목장이)뿐만 아니라 라이트Wrights(제조공), 휠라이트Wheelwrights(바퀴 제조공), 십라이트Shipwrights(선박 제조공), 웨인라이트Wainwrights(수레와 마차 제조공), 버저Bodgers(목공 장인), 보이어Bowyers(궁장이), 플레처Fletchers(화살 제조공), 터너Turners(목선반공), 볼러Bowlers(그릇 만들던 사람), 쿠퍼Coopers(통 만들던 사람), 소여Sawyers(톱질꾼), 포레스터Foresters(산림 노동자), 콜리어Colliers(숯 만들던 사람)가 모두 그렇다.

게다가 메이슨Masons(미장공)은 목재 손잡이가 달린 공구를 사용했고, 밀러Millers(제분업자)는 목재로 지은 물레방앗간과 풍차 안에서 살면서 일했다. 글레이저Glaziers(유리 끼우는 사람)와 포터Potters(옹기장이), 그리고 온갖 분야의 스미스Smiths(기능공)가 숯불을 사용해서 가마에 불을 땠다. 이렇듯 철기시대는 목재가 사람들의 생활을 지배했던 시대였다. 그리고 그런 세상은 불과 200년 전까지도 계속 유지되었다.

제8장

삶에 사치품을 선물하다

앞 장에서 살펴보았던 야외 민속박물관과 세계 주요 문화박물관을 비교해보면, 그 차이는 극명하다. 대형 박물관에서는 일상 용품을 전시하기보다는 권력자와 부자, 정치 엘리트를 위한, 그리고 그들에 관한 텍스트와 예술작품, 장식품을 주로 전시한다.

대영박물관을 방문해보니 최소한 1,000년 전까지는 권력자들의 주된 관심사가 전투와 사냥이었던 것 같다. 달리 말하면 그들은 죽이는 장면을 묘사하는 것을 좋아했다. 온통 다른 남자를 죽이는 남자, 여자를 죽이는 남자, 다른 동물을 죽이는 남자, 혹은 아마도 문명의 절정기에 만들었을 파르테논 신전 조각상의 경우 켄타우로스 같은 상상 속 생물을 죽이는 남자로 가득했다. 심지어 르네상스시대에 이르기까지도 줄곧 흉갑이 단골로 등장했다.

남자들을 비현실적인 가슴 근육과 '식스팩'이 울퉁불퉁하게 드러나는 갑옷을 입은 모습으로 묘사한 것이다. 다행히 그 후로 등장한 예술작품 가운데는 평화로운 주제를 표현한 것들이 많다. 옷을 입었거나 벗은 훈남훈녀의 모습, 동물과 식물, 풍경, 추상적인 패턴 등이 다루어졌다. 전시실은 온통 보석, 금과 은, 도자기와 유리그릇, 양피지 책, 석상과 청동상으로 가득하다.

그런데 정교하게 만든 수많은 귀한 물건 때문에 감각이 과부하에 걸린 탓에 일상생활에서 가장 흔히 쓰였던 소재, 즉 목재가 빠졌다는 사실을 눈치 채는 사람은 거의 없다. 하긴 어떤 것이 없을 때 그 사실을 알아채기란 늘 어려운 법이다. 다방면에 장점이 있음에도 목재는 지배층 엘리트의 총애를 금세 잃은 듯하다. 여기에는 그럴 만한 현실적인 이유가 있었다. 나무는 금속이나 보석보다 반짝이지 않는 데다 유리보다 투명하지 않고 돌이나 청동보다 오래가지 않기 때문이다.

하지만 이런 이유보다는 나무가 단지 너무 평범하고 무난하고 흔하다는 것이 주된 이유였다는 의심을 지우기가 힘들다. 가난뱅이도 가질 수 있는 것이 목제품이라면, 부자는 그런 것을 갖고 싶어 하지 않을 것 아니겠는가! 앞으로 살펴보겠지만, 부자들은 목재의 역학적 우월성이 압도적 요인이라 목재를 소재로 선택할 수밖에 없는 물건을 만드는 경우에만 목재를 인정했다. 하지만 그럴 때조차도 엘리트들이 구매한 가공품은 특출나게 품질이 뛰어나거나 희귀한 목재로 만들어진 것이어야 했으며 목재의 비천한 출신 성분을 숨길 수 있도록 장식된 것이어야 했다.

부자들의 사랑을 받기 위해
더욱 정교해진 목제품들

이 책에서는 지금까지 목재라고 하면 다 똑같은 것처럼 이야기했던 경향이 없지 않다. 하지만 다양한 수종의 나무로 만든 목재가 밀도와 강성, 색상 등의 특성이 얼마나 다른지, 이렇게 다른 이유가 무엇인지 살펴볼 필요가 있다. 당연한 일이지만, 목재는 그 나무가 생존하는 데 필요한 생물학적 요구사항, 나무의 크기와 환경, 나무가 자라는 토양 조건과 기후에 적응한다.

먼저 온대 지방에서 자라서 수관층을 이루는 키 큰 활엽수로는 떡갈나무·물푸레나무·너도밤나무·피나무가 있다. 이들은 잎에 수분을 공급하려면 비교적 신속하게 나무줄기 위로 물을 운반해야 한다. 또한 강풍도 잘 견딜 수 있어야 한다. 그래서 이들이 생산하는 목재는 물관이 비교적 굵고 섬유 세포의 벽공도 크다. 그래야 최대한 효율적으로 굵은 나무줄기를 생산할 수 있기 때문이다. 그런 이유로 이들 목재의 평균 밀도는 약 $0.5 kg/m^3$다. 호랑가시나무·층층나무·회양목 등 하층 식생 나무는 키가 더 작아 수분이 덜 필요하고 느리게 자라서 오래 사는 경향이 있다.

그래서 이들의 목재는 물관이 더 가늘고 섬유 세포벽은 더 두껍다. 그 결과, 더 밀도 높고 딱딱한 목재가 생산된다. 또한 자작나무처럼 빈 땅에 새로 군락을 이루며 빨리 자라는 선구수종과 포플러와 버드나무처럼 강변에 서식하는 수종이 있다. 이들은 물관이 특히 굵고 섬유 세포벽은 얇다. 덕분에 빠른 성장을 지원하고 가능한 한 신속하게 나무줄기를 굵게 만들 수 있다. 따라서 0.35 kg/㎥의 낮은 밀도를 지니는 연재(무른 나무)가 만들어진다.

북쪽 수림대에서도 양상은 같다. 이 지역에서 숲우듬지를 이루는 나무는 소나무·가문비나무·전나무 같은 침엽수이며, 선구수종은 자작나무·단풍나무·사시나무다. 마지막으로, 열대우림에서 나는 목재는 밀도차가 극에서 극에 달한다. 발사Balsa나무처럼 빨리 자라는 선구수종의 밀도는 0.1kg/㎥에도 못 미치는 반면, 흑단과 아이언우드(이페나무)처럼 느리게 자라는 하층 식생 나무는 밀도가 1.0kg/㎥이 넘는다. 이 정도로 밀도가 높은 나무는 실제로 물속에 가라앉는다!

목재는 색상도 다양하다. 주된 이유는 나무마다 유색의 화학적 방어물질 함유량이 다르기 때문이다. 나무는 타닌, 페놀 화합물 등의 방어물질을 목재 안쪽 심재에 주입해서 진균성 질병을 일으키는 균류를 죽이고 부패를 방지한다. 나무는 오래된 것일수록, 또 성장 환경의 기후가 따뜻할수록 화학적 방어물질이 더 많이 필요해서 목재의 색상이 더 짙어진다. 온대 지방에서 자라는 나무 가운데 오래된 오크(떡갈나무)와 삼나무는 목재 색상이 제일 어둡고 내구성이 가장 뛰어나다. 이에 반해, 빨리 자라는 포플러와 버드나무는 목재 색상이 제일 밝고 가장 잘 부서진다. 일반적으로 열대 나무는 온대 수종보다 목재 색상이 짙다. 따라서 티크 같은 목재는 정원용 가구를 만들 때 널리 사용된다. 흑단과 블랙우드 같은 하층 식생 나무의 목재는 유독 색상이 어두운데, 이와 극명한 대조를 이루는 선구수종인 발사나무는 목재 색상이 하얗다.

지난 장에서 언급했던 생나무 목공 장인과 현지의 목수는 숲 우듬지를 이룬 키 큰 나무에서 나는 중간 밀도의 목재를 주로 사용했다. 이들은 오크와 삼나무처럼 나무 가운데 수명이 가장 긴 수종의 목재로 습한 날씨를 버텨야 하는 건물과 선박, 수레를 만들었다. 물푸레나무와 너도밤나무처럼 비교적 수명이 짧은 수종의 목재로는 실내에서 사용하는 도구와 가구를 만들었다. 반면, 엘리트층이 사용하는 가구를 만들었던 장인들은 더 밀도가 높고 색상이 짙은 하층 식생 나무로 장식품을 만들거나 아니면 최소한 그 겉면을 씌웠다.

초창기 가구 가운데 가장 잘 보존된 것은 고대 이집트인들이 만들어 무덤에 보관했던 가구다. 나일강을 따라 좁게 이어진 지역에는 나무가 거의 자라지 않았지만, 이집트인들은 현지의 목재가 부족하더라도 이웃 나라에서 다양한 목재를 수입할 수 있을 만큼 충분히 부유했다. 그래서 북아프리카와 중동, 지중해 연안에서 나는 다양한 종류의 이국적인 목재를 구할 수 있었다. 이들은 현지에서 자라는 아카시아도 많이 사용했지만, 값싼 목재의 겉면에 이보다 이국적인 나무에서 얻은 통나무를 톱으로 얇게 잘라 만든 베니어를 씌우기 시작한 최초의 목수이기도 했다.

고대 이집트인들은 대비되는 색상의 작은 목재 조각을 붙여서 패턴과 그림을 만드는 쪽매붙임 기술도 개발했다. 투탕카멘의 무덤은 목재 가구로 가득 채워져 있었다. 이 가운데는 사자 몸을 모방한 침대 프레임과 목재와 유리, 보석으로 상감 장식한 아름다운 상자들도 있다. 그중 가장 멋진 부장품은 현재 카이로 박물관에 소장되어 있는 투탕카멘의 황금 왕좌다. 이 왕좌는 기본적으로는 평범한 팔걸이의자지만, 전체에 완전히 금박을 입혔고 등받이에는 소년 왕 투탕카멘의 어깨에 그의 아내이자 이복누나(고대 이집트에서는 가능했던 일이다)인 안케세나멘이 성유를 바르는 모습이 매우 아름답고 정교하게 그려져 있다.

고대 로마인들도 쪽매붙임 기술을 발전시켜 나갔다. 온갖 종류의 유색 목재를 충분히 공급할 수 있었던 중국과 인도에서도 쪽매붙임은 오랫동안 사랑받는 장식 기술이었다. 하지만 중세 유럽에서는 열대산 목재를 거의 접할 수 없어서 목수들은 대개 현지에서 나는 단단한 목재를 사용했다. 그들이 구할 수 있는 가장 밀도 높고 색이 짙은 목재 가운데 하나인 오크로 가구를 만든 것이다. 그들은 유색 패턴 대신 가구 겉면을 매우 다양한 종류의 복잡한 부조로 장식했다. 그러면서 부유한 가정에서 사용하는 오크 가구와 벽난로, 벽판이 점점 더 정교해졌다.

가장 정교한 목공 기술은 경배 장소를 꾸미는 데 사용되었다. 대부분의 교회에는 신자석과 제단 사이를 나누는 오크 칸막이인 루드 스크린rood screen이 있었다. 이 칸막이는 나무를 아름답게 깎아 만든 고딕 양식의 아치와 그 사이사이에 성인들의 그림과 조각이 있는 패널로 장식되었다. 루드 스크린 위쪽에 있는 갤러리 루드 로프트는 섬세한 꽃과 나뭇잎으로 장식되었다. 이런 목조 장식은 대성당의 장식 중 가장 복잡하면서 아름다웠다. 루드 스크린뿐 아니라 성가대석 전체도 아름답게 깎은 오크로 만들어졌다. 성가대석 제일 위에는 성인, 성직자, 심지어 신화 속 맹수의 머리로 장식되었다. 아마 당시의 장인들은 장식에 대한 열정을 주체하지 못했던 것처럼 보인다. 성직자용 접이식 의자, 즉 미제리코드의 아랫면조차 동물, 식물, 사람, 신화 속 생물, 심지어 일상생활 모습을 표현하는 부조로 장식된 것을 보면 말이다. 이러한 조각작품이 뿜어내는 순수한 에너지는 사람들의 상상력에 불을 지른다.

작가 루이스 캐럴은 요크셔 리폰에서 성장했는데, 그의 아버지는 그곳 대성당의 참사회원이었다. 전해지는 바에 따르면 《이상한 나라의 앨리스》의 첫 장면은 바로 그 대성당에 있는 미제리코드에서 영감을 받은 것이라고 한다. 거기에는 그리핀(사자 몸에 독수리 머리와 날개가 달린 신화 속 존재-역자)에게 쫓기는 토끼가 구멍 속으로 달아나는 장면이 묘사되어 있다.

오크 조각품들은 감동을 줄 뿐만 아니라 확실히 내구성도 있었다. 그러나 많은 방면에서 오크는 조각하기에 좋은 목재가 아니다. 매년 봄마다 굵은 물관이 고리 무늬를 이루며 자리 잡으면 목재가 쪼개질 수 있는 약한 선이 만들어진다. 커다란 방사조직은 눈에 띄는 '무늬figure'를 만들어서 작품의 형태로부터 시선을 분산시킬 수도 있다. 가장 성공적이고 디테일이 살아 있는 목재 조각품들은 비교적 일관적이고 고운 나뭇결을 지닌 목재로 만들어진다. 그래서 장인들은 지배층 엘리트가 결과물의 가치를 높이 평가하건 말건 밝은 목재에 조각하는 오랜 전통이 있다.

플라타너스로 만든 카아페르Ka-Aper 조각상은 분명 카이로 박물관에서 가장 눈에 띄는 전시품 중 하나로 꼽힌다(사진 7 참조). 카아페르는 기원전 2500년경 5왕조 초기에 살았던 서기이자 사제다. 약간 살집이 있는 대머리 아저씨의 모습으로 마치 살아 숨쉬는 듯 놀라우리만치 생생하게 표현되어 있다. 여러분도 아마 그 모습을 보면 길을 걷다가 우연히 마주칠 것처럼 퍽 친근하게 느낄 것이다. 이런 느낌을 뒷받침하듯 이 조각상을 발굴했던 이집트인들도 그를 셰이크 엘-벨레드Sheik el-Beled, 즉 '마을 촌장'이라고 불렀다. 그들이 아는 마을 어르신의 모습과 무척 닮았던 모양이다. 이런 사실로 미루어보아 아마도 이 조각품의 주인공은 최상류층에 속한 사람은 아닌 것 같다. 왜냐면 이 조각상과는 대조적으로 파라오의 조각상은 돌을 조각한 석조상에 고도로 양식화되어 있는 데다 인물을 인간미 없는 존재로 묘사했기 때문이다.

초기 르네상스시대의 가장 완성도 있고 섬세한 목조 조각품들은 린덴이라고도 불리는 피나무로 만들었다. 이 목재는 오크보다 무르면서도 한결같고 눈에 거슬리는 무늬도 없다. 이 시기 조각 작품의 정수로는 15세기 독일 출신 조각가 두 명의 작품이 꼽힌다. 바로 틸만 리멘슈나이더와 바이트 슈토스다. 이들이 정교하게 조각한 제단 장식 작품 가운데 일부는 지금도 독일과 폴란드에 있는 교회에서 볼 수 있다. 두 조각가의 작품에서 느껴지는 인간미와 야망은 이들보다 유명한 이탈리아 르네상스의 석조 걸작품에 비견할 만하다. 특히나 그리스도와 그 제자들이 겪었던 고통이 생생하게 느껴진다.

이후로도 피나무는 북유럽 전역에서 목재 조각가들이 선호하는 최애 목재 자리를 지켰다. 기교적인 측면에서 목재 조각은 그린링 기번스의 손끝에서 절정에 이르렀다. 네덜란드 출신으로 17세기 중반에 영국으로 이주한 기번스는 셰필드에서 생산되던 최상품 신형 철제 공구로 걸작을 내놓았다. 특히 런던 햄프턴 코트 궁전과 서식스 펫워스 하우스Petworth House에 소장된 그의 조각 작품들은 숨 막힐 정도로 섬세하고 완벽하다. 그는 벽난로와 벽판을 꾸미는 격식을 갖춘 프리즈frieze(건물이나 벽의 상단 장식용 띠 또는 테두리-역자) 장식을 통해 옥수수 알갱이 하나하나, 꽃잎 한 장 한 장, 심지어 바이올린의 현까지 온갖 섬세한 부분들을 정교하게 조각해냈다.

르네상스 이후로는 유럽 가구 제조자들 역시 오크에 등을 돌렸다. 그 대신 이들은 오크보다 나뭇결이 더 촘촘하고 색상이 아름다운 밤나무와 호두나무 같은 목재를 선택했다. 또한 고대 그리스와 로마시대에 대한 경의의 표시로, 단순한 디자인의 가구에 짙은 열대산 목재와 하얀 상아로 상감하거나 얇은 베니어판을 붙여서 장식했다. 극동의 교역 파트너와 신세계 식민지에서 열대산 목재와 상아를 구할 수 있게 된 덕분이었다. 장식예술은 17세기와 18세기 초에 최고조에 달했다. 예를 들면, 프랑스 루이 14세의 육중한 바로크 양식의 가구와 루이 15세 재임기에 사랑받았던 더 가볍고 우아한 로코코 양식이 대표적이다.

18세기 후반, 고대 그리스와 로마 양식이 부활하면서 가구 제작자들은 더 단순한 디자인의 가구를 만들기 시작했다. 이런 가구의 효율성은 나무 자체의 질감과 균형잡힌 비율에 좌우되었다. 런던의 토머스 치펜데일과 같은 가구 제작자들은 열대 지방에서 온 새로운 목재인 마호가니의 아름다움을 강조했다. 이들은 영국의 식민지 자메이카의 언덕에서 자란 이 거대한 나무를 십분 활용했다. 톱으로 얇은 베니어판을 넓게 잘라서 식탁 표면에 씌웠고, 작은 목재 조각은 식탁 다리와 뼈대를 만드는 데 사용했다.

이들은 상감 세공을 훨씬 덜 쓰면서 주로 가구의 선을 강조함으로써 진정 우아한 가구를 만들었다. 치펜데일 가문은 명문가의 시골 저택에 필요한 가구 일체를 제작할 능력이 있다는 것에 자긍심을 느꼈다. 이들은 심지어 하인들의 거처에서 쓸 가구까지 만들었다. 이런 가구는 상류층의 가구와 기본 디자인은 같았지만, 발트해 연안에서 나는 가문비나무로 더 튼튼하게 만든 대신 접합부는 덜 정교하게 처리했다.

목재의 우월한 역학적 성질로 인해 탄생한 악기들

모든 예술 분야 가운데 목재를 선택할 수밖에 없게 된 이유가 목재의 우월한 역학적 성질 때문인 경우는 음악이 유일하다. 악기에는 대부분 공명실(울림통)이 있다. 그 안에서 공기 덩어리의 진동이 연주자가 원하는 특정한 주파수로 증폭된다. 사실상 모든 악기는 공명실의 벽이나 별도의 판이 조화롭게 진동해서 소리의 크기와 질을 향상할 수 있게 설계된다. 이를 위해 악기는 언제나 목재로 만들어졌다. 목재는 가벼우면서도 단단해서 소리를 고속으로 전도해서 고주파수로 울리게 할 수 있다.

최초의 악기는 열대우림에서 나무를 지지해주기 위해 자연스럽게 생긴 넓고 평평한 판근, 즉 버팀뿌리가 틀림없다. 침팬지들은 한바탕 경쟁을 벌일 때 위협적인 소리를 내기 위해 흔히 이 판근을 두드린다. 보르네오섬에 사는 부족들도 장거리 소통을 위해 최근까지도 판근을 사용했다. 악기 장인들은 항상 악기가 더 나은 음질을 내도록 하기 위해 진동을 효과적으로 전달하는 나뭇결이 곱고 균일한 입자를 가진 목재로 만든다. 따라서 가구나 도구와 달리 악기를 만들 때는 절대로 오크나 물푸레나무처럼 환공성(가을과 봄에 생긴 목질부의 경계에 큰 물관이 동그랗게 생기는 성질-역자) 수종의 목재는 쓰지 않는다. 이런 목재에는 나이테를 따라 커다란 물관이 선을 이루고 있어서 소리를 흡수하기 때문이다. 대신 단풍나무나 회양목, 흑단과 같은 산공재(물관이 일정한 굵기로 골고루 분포되어 있는 목재-역자)나 가문비나무 같은 연재가 사용된다.

목재 악기 제조술은 17세기와 18세기 바로크시대에 완성되었다. 음악에서 사람의 목소리가 차지하던 아성에 악기가 처음으로 도전하기 시작한 때였기 때문이다. 프랑스의 오트테르 가문과 영국의 토마스 스탠즈비와 같은 관악기 제조자들이 리코더, 플루트, 오보에, 초기 클라리넷인 샬루모를 생산했다. 이들 목관악기는 정교한 목선반으로 돌려 깎아 만들었으며, 점차 고품질의 목재를 사용했다. 크룸호른과 숌 같은 르네상스시대 악기와 르네상스 리코더에 사용되었던 단풍나무와 플라타너스 대신 색상이 더 짙고 단단한 회양목, 체리, 블랙우드 같은 목재가 사용되었다. 밀도가 높은 이런 목재는 소리를 더 빠른 속도로 그리고 고주파수를 우선적으로 증폭시켜 전달한다. 그로 인해 악기의 음역이 위로 확장되고 더 청명한 음색이 만들어진다. 예를 들면, 바로크 리코더의 음역은 두 옥타브가 넘지만, 르네상스 악기의 음역은 12분의 1에 불과하다. 하지만 리코더 연주를 즐기는 나는 블랙우드나 흑단처럼 단단한 목재보다 회양목으로 만든 리코더를 더 선호한다. 적어도 내 생각에 더 그윽하고 '나무 느낌'이 나는 음색을 지닌 것은 회양목 악기다.

17세기 초는 목관악기 몸체에 '브라스' 마우스피스를 합한 악기의 전성기이기도 했다. 코르넷이나 코르네토, 그리고 이보다 크기가 아담한 친척뻘 되는 악기 코르네티노는 휘어진 긴 모양의 회양목이나 서어나무로 만들었다. 먼저 목재 가운데를 반으로 쪼개어 속을 파낸 다음, 다시 붙인 뒤 그 위에 가죽을 씌웠다. 여기에 송곳으로 손가락 구멍을 뚫고 플루트처럼 손가락으로 구멍을 막아 연주했다. 하지만 소리는 도토리처럼 생긴 마우스피스로 공기를 불어넣어서 냈다.

코르넷의 음색은 사람의 목소리와 매우 비슷한 것으로 유명했다. 이들 악기는 베네치아 성마르코성당을 위해 작곡된 교창음악에서 흔히 사용되었다. 교창음악을 연주할 때는 성악가와 악기 연주자가 여러 그룹으로 나누어 거대한 교회를 가로질러 서로 주거니 받거니 연주했다. 이들 악기는 숙부와 조카 사이인 안드레아 가브리엘리와 조반니 가브리엘리가 작곡한 교회음악, 몬테베르디의 1610년 작품 《성모마리아를 위한 저녁기도》와 초기 오페라 작품이 성공하는 데 대단히 중요한 역할을 했다.

훌륭한 목재 가공 솜씨가 절정에 이른 것은 현악기에서였다. 하프시코드와 피아노 같은 건반악기에서는 목재 사운드보드(울림판)가 현 바로 아래에(또는 업라이트 피아노는 바로 뒤에) 온다. 사운드보드는 무른 나무인 가문비나무를 톱으로 네 조각으로 잘라 만든 판자들을 나란히 접착제로 붙여서 제작한다. 이런 유형의 나무판자는 판자를 방사 방향으로 쪼개는 대신 톱으로 켠 것이다. 이때 방사조직이 판자 폭에 평행하게 배열되도록 톱 방향을 잡는다. 이렇게 하면 판자가 뒤틀리는 것도 방지되고 진동이 울림판을 가로지르는 속도도 빨라져서 소리가 더 청명해진다.

청각적인 측면에서 모든 현악기 가운데 가장 정교한 악기는 바이올린·첼로·비올(15세기 중후반 스페인과 이탈리아에서 처음 등장했으며, 르네상스와 바로크시대에 가장 인기가 많았던 악기로 비올라나 바이올린과는 다름-역자)·류트·기타 등 발현악기(손가락으로 현을 뜯어서 소리 내는 악기-역자)와 찰현악기(활로 현을 마찰시켜 소리를 내는 악기-역자)다.

이들 현악기에는 모두 상판이 있는데, 바로 이 사운드보드는 네 조각으로 자른 가문비나무로 만든다. 현이 울리면 굄목(브리지)을 통해 진동이 사운드보드로 전달된다. 음색을 향상하기 위해 대개 뒷면에 버팀목(베이스 바)을 붙여 사운드보드를 단단하게 보강한다. 바이올린에는 추가로 사운드보드와 뒤판을 연결하는 나무못(사운드 포스트)이 있어서 소리를 더 증폭시킨다. 사운드보드에 있는 구멍은 소리가 청중을 향해 발산되도록 돕는다.

광범위한 연구가 이루어졌음에도 아무도 현악기의 명품으로 불리는 스트라디바리우스 바이올린의 아름다운 음색의 비밀을 풀지 못했다. 하지만 이 바이올린에 사용된 목재를 연구한 결과, 사운드보드가 알프스에서 채집한 유독 느리게 자라고 나뭇결이 고운 가문비나무로 만들어진 것으로 드러났다. 목재에 고운 나뭇결이 생겨서 바이올린이 청명한 음색을 지니게 된 것은 이들 나무가 자라던 16~18세기 사이 소빙하기에 추운 날씨로 나무가 자라기에 척박한 환경이 조성된 것과 관계가 있는 듯하다. 지구 온난화는 나무의 성장 속도를 촉진한다. 그래서 이런 완벽한 악기를 어쩌면 다시는 만들 수 없을지도 모르겠다.

하지만 음악도 유행이 변했다. 하이든과 모차르트 등 고전주의 작곡가들은 빠른 조성 변화로 감정을 표현하려 했고, 베토벤 등 낭만주의 작곡가들은 음량의 폭을 넓히려고 애썼다. 이런 상황에서 악기 제조공들은 가볍게 만든 바로크 악기들을 변경해야만 했다. 바이올린, 심지어 스트라디바리우스 바이올린도 브리지를 높이고 지판을 받치는 넥을 낮추는 쪽으로 고쳐야 했다. 바이올린 현도 양의 내장으로 만든 거트 현에서 금속을 감은 현으로 바꾸어 더 큰 소리를 만들어냈다. 초기 포르테피아노의 목제 골격은 철제 골격으로 대체되었다. 그 결과, 현의 장력이 커져도 잘 견딜 수 있고 더 무거운 금속 현에 적합하여 더 큰 소리를 낼 수 있었다. 목관악기에는 수많은 키가 장착되어 연주가 쉬워졌고, 음계의 12개 반음 모두를 훨씬 더 고른 음색으로 연주할 수 있게 되었다. 워낙 많은 키가 달리면서 플루트와 같은 몇몇 목관악기는 통째로 금속으로 다시 디자인되었다. 이러한 변화를 겪으며 결국 코르넷과 코르넷의 저음 버전이었던 세르팡(사진 17 참조)이 사라지고, 손 구멍보다는 금속 밸브가 달린 금관악기가 등장했다.

하지만 부유층과 권력층은 음악에 대한 사랑에도 불구하고 가난한 사람들보다 목재가 훨씬 덜 지배하는 세계에 살았다. 그런 그들의 삶을 영위하기 위해 훨씬 더 많은 목재 소비가 요구되었다는 점은 참으로 역설적이다. 그들이 사용하는 금속 가공품을 제련하고, 완성되기까지 여러 차례 굽기 과정을 거쳐야 하는 도기, 유리를 만들려면 방대한 양의 목재와 목재로 만든 숯이 필요했을 것이다. 이솝우화에 나오는 심술쟁이 '여물통 속 개'의 이야기처럼 부자들은 평범한 목재는 쓰고 싶지 않았지만, 그런 목재를 사용해서 다른 값비싼 소재를 생산하는 방법으로 가난한 사람들이 목재를 쓰지 못하게 만들었다. 아름답고 호화로운 것에 둘러싸여 사는 부자들 때문에 가난한 사람들은 추위에 몸을 떨어야 했으며 몸을 피할 은신처도 제대로 구하지 못했을 것이다.

제9장

인간의 헛된 야망을 지지해주다

스코틀랜드 보더스주에 있는 트위드강 북쪽 기슭에는 생소한 모습의 교회가 강 건너편 잉글랜드 쪽 노럼 성을 바라보고 서 있다. 레이디커크Ladykirk, 혹은 정식 명칭인 '스테일의 커크 성모 교회Our Lady Kirk of Steill'로 불리는 이 교회는 외관이 상당히 특이하다. 크기도 작달막한 데다 지붕이 거대한 판석으로 덮여 있기 때문이다. 교회 내부는 어둡다. 두꺼운 돌벽과 낮은 아치형 석조 지붕에 작은 창문 몇 개만 뚫려 있는 탓이다.

전설에 따르면 이 교회는 스코틀랜드 제임스 4세의 명으로 건설되었다고 한다. 아마도 1497년 노럼 성 포위 작전에 실패한 뒤, 트위드강 가운데 가장 깊은 곳 중 한 곳에서 익사할 뻔했다가 구조된 것에 감사하기 위해 지은 듯하다. 전해지는 말에 따르면,

'화재와 홍수'에도 무너지지 않고 영원히 건재할 수 있게 비범하게도 건물 전체를 돌로 지었다고 한다. 하지만 이보다는 제임스 4세가 노럼 잉글랜드 방어군의 동향을 살피기 위한 안전한 망루로 사용하기 위해 이 건물을 짓도록 했을 가능성이 크다. 원래 목적이 무엇이었건 제임스 4세는 교회의 완공도 보지 못하고 사망했다. 다시 한번 기회를 틈타 잉글랜드를 침공한 뒤, 플로든Flodden 전투에서 대다수의 스코틀랜드 귀족과 1만 명의 병사와 함께 장렬히 전사했다.

그런데 영구적으로 남을 기념비를 세우고 싶어했던 것은 비단 제임스 4세만이 아니었다. 일찍이 석기시대부터 줄곧 지배층 엘리트들은 그들의 영원한 기억을 보존하는 구조물을 건설하려고 시도했다. 그리고 이를 위해 그들도 거의 예외 없이 제임스 4세처럼 뻔한 건설 자재인 목재 대신 석재를 사용했다. 하지만 앞으로 살펴보겠지만, 이런 시도가 완벽히 성공한 경우는 드물었다. 결국 건물을 유지해 거주할 수 있는 곳으로 만들기 위해 건축가들은 되풀이해서 목재를 다시 찾아야만 했다.

신석기시대부터도 사람들은 목조 건축물의 수명이 짧은 것에 불만을 품기 시작했다. 넓은 저택을 지어도 30년 정도만 지나면 지면과 닿은 곳이 썩어버렸다. 그러면 이런 곳은 주거지로 사용하는 것을 포기하고, 대신 많은 곳을 죽은 자들이 기거할 집으로 용도 변경했다. 즉, 거대한 묘로 사용한 것이다. 이곳에 시신을 안치한 뒤 건물을 흙으로 덮어서 이른바 장형분(가늘고 긴 토총)을 조성했다. 이른바 선사시대 의식의 장場이라 불리는 잉글랜드 남부 윌트셔에 있는 캐츠브레인Cat's Brain 장형분도 이런 종류의 토총으로, 기원전 3600년경에 조성되었다. 땅에 희미하게 남은 기둥 구멍과 목조 벽의 흔적만이 이 고분의 원래 디자인을 보여주는 유일한 증거다.

그 후로 사람들은 처음부터 계획해서 무덤을 건설했다. 넓은 판석을 수직으로 세워서 방을 나누어 여러 공간을 만들었고, 그 위에 상인방이라는 수평 들보를 가로질러 올렸다. 그런 다음, 마지막으로 건축물 전체에 흙을 덮어서 복도식 무덤, 석실 구조 무덤, 단일 석실 구조의 소형 봉분을 완성했다. 이 같은 신석기시대 무덤은 북서 유럽 전역에 여기저기 흩어져 있다. 많은 경우 그 위를 덮었던 흙은 사라지고 고인돌이라고 하는 벌거벗은 석조 구조물만 남아 있다. 그래서 초창기에 고인돌을 본 유물 수집가들은 고개를 갸우뚱할 수밖에 없었다.

복도식 무덤의 정교함이 절정에 달한 것은 거대한 아일랜드 구조물들에서 확인할 수 있다. 기원전 3200년에 지은 아일랜드 미스주의 뉴그레인지Newgrange 묘실이 대표적이다. 이 구조물은 지름 76.2m, 높이 11.9m의 거대한 원형 흙더미로 이루어져 있다. 석판을 일렬로 세워 만든 18.3m 길이의 통로를 따라 구조물 내부로 들어가면 3개의 석실로 통한다. 시신이 안치되었을 것으로 보이는 석실의 지붕은 각각 돌을 들여쌓기 방식(벽돌이나 돌을 한 칸 한 칸 안으로 쌓아올리는 기술-역자)으로 쌓아올려 만들었다.

죽은 사람들만 수용해야 한다면 석조 건물 짓기는 무척 쉬웠다. 산 사람들을 위한 건물과는 달리, 완전히 방수될 필요도 없었고 안에서 돌아다닐 수 있을 정도의 공간이 필요하지도 않았다. 낮고 좁은 통로와 거친 판석 지붕이 있는 작은 방만 지으면 되었다. 안에 무덤이 있건 없건 의례용 흙더미를 만든다는 아이디어는 세계 전역에서 생겨났다.

영국에서는 기원전 2400년경 윌트셔에 실버리 힐Silbury Hill이 조성되면서 이런 트렌드에 정점을 찍었다. 이 거대한 원뿔형 기념물은 그냥 단순한 흙더미가 아니라 영리하게 기획된 석조 구조물이다. 돌담을 하나의 나선형으로 쌓아서 돌망태처럼 돌을 채울 용기를 만든 다음, 그 안을 현지에서 많이 나는 백악(회백색 석회암-역자) 조각들로 채웠다. 마지막으로 구조물 전체 표면에 점토를 덮어서 방수 처리해서 완성했다. 실버리 힐은 높이가 39m에 면적이 2만m²에 달할 정도로 거대하지만, 전 세계 다른 지역, 즉 메소포타미아, 멕시코, 안데스, 그리고 가장 유명한 이집트에 건설된 대피라미드들에 비하면 아무것도 아니다. 3,800년 넘는 세월 동안 세계 최고층 건물의 자리를 차지했던 고대 이집트 쿠푸 왕의 대피라미드는 높이가 무려 146.5m에 달하며, 여전히 그곳을 방문하는 모든 이의 상상력을 자극한다.

이 거대한 구조물들은 대부분 돌로 만들어졌다. 그래도 기술자들이 돌덩어리를 잘라내려면 여전히 목재가 필요했다. 먼저, 채석장 노동자들은 나무망치를 사용해서 원하는 균열선을 따라 돌에 얕은 홈을 팠다. 그런 다음, 마른 나무로 된 방사형 쐐기를 갈라진 틈에 끼워넣은 뒤, 쐐기에 물을 부었다. 그러면 물을 머금은 목재가 접선 방향으로 팽창하면서 돌을 쪼갰다. 이처럼 거의 힘들이지 않고도 원하는 모양으로 잘린 돌덩어리를 얻을 수 있었다. 이런 기법은 돌을 자를 금속 공구가 없었던 신석기시대 유럽과 아메리카 대륙에서는 특히 중요했다. 고대 이집트에서는 I자형으로 생긴 나무 또는 금속 조각을 조임 막대로 사용해서 나란히 있는 돌덩어리를 연결하기도 했다. 양쪽 돌에 I자 모양 자국을 파서 그 안에 조임 막대를 집어넣어서 두 돌을 이어붙였다. 이 기법은 현장 바닥에 원래 있던 바위에 맨 아랫줄 돌덩이들을 고정할 때 가장 흔히 사용되었다. 이렇게 하면 전체 구조물의 토대를 튼튼하게 놓을 수 있었다.

영국 땅에 살았던 후기 신석기인들은 또 다른 형태의 토공 작품도 발달시켰다. 바로 환상열석이다. 헨지henge라고도 불리는 이들 작품은 매우 인상적이면서도 훨씬 적은 작업량과 복잡하지 않은 공학 기술로도 만들 수 있었다. 환상열석은 높은 둑 안쪽에 배수로가 있는 원형의 단순한 구조물이지만, 거대한 규모로 세워졌던 것으로 보인다. 가장 인상적인 헨지는 잉글랜드 요크셔주 리폰 근처에 있는 소른버러 헨지Thornborough Henges다. 거의 알려지지 않은 이 환상열석은 오리온 별자리의 3태성을 본떠서 약간 비스듬히 늘어선 세 개의 원형으로 이루어져 있다. 각 원의 지름은 약 240m에 높이가 3m에 이르는 둑으로 되어 있었으며, 세 원이 이어진 지대의 전체 길이는 약 1.61km가 넘는다.

둑을 처음 건설했을 때는 아마도 그 지역 지하에 분포하는 흰색 석고로 칠해져 있어 눈에 띄게 장관을 이루었을 것이다. 그러다가 더 작은 헨지를 더 눈에 띄게 하기 위해 둑 위를 따라 혹은 더 일반적으로는 헨지 안쪽에 수직 부재部材를 추가하기 시작했다. 일부 헨지에 남아 있는 기둥구멍 흔적을 보면, 이렇게 세운 부재가 태평양 연안 북서부 아메리카인들의 토템 막대처럼 처음에는 목재로 만들어졌음을 알 수 있다. 특히 월트셔에 있는 선사시대의 거대한 의례 유적지 주변에 점점이 흩어져 있는 환상열석들이 그렇다.

이런 구조물 가운데 가장 유명한 것이 상상력 부족으로 우드헨지Woodhenge라는 재미없는 이름이 붙여진 구조물이다. 우드헨지는 그 유명한 스톤헨지에서 북동쪽으로 불과 3.2km 떨어진 곳에 있다. 전체 지름이 약 109.7m에 이르는 우드헨지는 거대하지는 않지만, 안쪽에는 기둥구멍이 뚫린 6개 목조 기둥이 원형으로 배열되어 있다. 이중 가장 큰 원은 지름이 약 42.67m에 이른다. 물론, 남아 있는 기둥은 하나도 없다. 게다가 영국 건설부는 1950년대에 짧은 콘크리트 기둥만으로 이 구조물들의 위치를 간단하게 표시해두기만 했다. 이런 탓에 우드헨지는 틀림없이 세상에서 가장 감흥을 불러일으키지 않는 관광명소 중 하나로 꼽힐 것 같다. 그럼에도 전성기에는 무척 인상적인 구조물이었을 것이다. 바깥쪽에서 세 번째 원이 나머지 원보다 더 넓고 깊은 것으로 보아 이곳에 중앙 대들보를 지지한 높고 굵은 기둥이 세워졌던 것으로 추정된다. 그래서 최근에는 우드헨지를 수직 기둥이 혼란스럽게 배열된 모습이 아니라 스톤헨지의 블루스톤 같은 의례용 돌이 있는 탁 트인 중앙 지역을 커다란 원형 건물이 둘러싼 모습으로 복원했다. 우드헨지는 스톤헨지의 동쪽에 자리하고 있으며, 우드헨지가 포함된 선사시대 의례 유적지에는 북쪽으로 불과 76.2m 떨어진 곳에 또 다른 대규모의 목조 헨지인 더링턴 월스$_{\text{Durrington Walls}}$도 포함되어 있다.

최근 고고학자들은 이런 위치를 근거로 의례의 차원에서 목조 헨지는 살아 있는 자들의 영역이었던 데 반해, 스톤헨지를 비롯한 다른 석조 구조물은 죽은 자들의 영역을 나타낸다고 주장한다. 하지만 스톤헨지 역시 한때는 대부분 목재로 이루어진 구조물이었을 것이다. 스톤헨지는 중앙의 블루스톤을 사슨스톤$_{\text{Sarsen Stone}}$(잉글랜드 남부에서 발견된 규화 사암 바위-역자)들이 원형으로 둘러싸고 있다. 그리고 다시 그 주위를 구멍이 뚫린 여러 개의 기둥이 원형으로 둘러싸고 있는 모습은 우드헨지와 매우 비슷하다. 그러므로 원래 이 돌들은 거대한 원형의 목조 건물로 덮였거나 둘러싸였을 가능성이 있다. 심지어 고고학 블로거 조프 카터는 사슨 스톤과 그 상인방(수평 들보)이 블루스톤을 완전히 덮은 거대한 목조 사원에서 내력 구조물 역할을 했을 가능성이 있다고까지 주장했다. 이런 주장은 상당히 설득력 있게 들린다. 그렇지 않았다면 강풍에 노출된 황량한 평원에서 의례가 진행되었을 테니 말이다.

물론 완전히 돌로만 지은 건물도 잘 버티고 서서 시신뿐만 아니라 살아 있는 사람들의 은신처가 될 수 있다. 특히 석조 건물을 원형으로 지으면 성공할 수 있다. 이탈리아 풀리아주에 있는 작은 원형 트룰리trulli 가옥과 아일랜드 서해안 바위섬에 있는 스켈리그 마이클 수도원의 벌집 모양 골방이 대표적인 사례다. 둘 다 돌덩어리를 겹쳐 쌓는 들여쌓기 방식으로 지붕을 지어서 비가 와도 새지 않는다. 또한 콘스탄티노플의 아야 소피아, 즉 성 소피아 대성당과 로마의 판테온은 거대한 돌과 콘크리트로 된 돔 지붕을 갖추고 있다. 원형 건물에서는 지붕을 이루는 돌들이 맞물려서 서로를 지탱해준다. 하지만 직사각형 구조물은 돌을 사용해서 지붕을 만드는 것이 훨씬 더 어렵다. 미케네 문명기에 그리스인들은 들여쌓기 방식으로 미케네와 아르고스에 직사각형 건물을 지었다. 하지만 건물이 잘 버티고 서 있을 수 있도록 매우 두꺼운 벽과 거대한 석제 상인방을 사용해야만 했다.

그 후 유럽과 중동, 남아시아의 지배 엘리트들도 더 영구적이고 강한 인상을 주는 사원과 궁전을 짓기 위해 목조 대신 석조 건물을 지으려 했다. 이때 그들도 모두 똑같은 고민에 빠졌다. 어떻게 하면 안정적인 구조물을 구하기 쉬운 재료로 지을 수 있을까? 앞으로 살펴보겠지만, 이 문제를 해결하기 위해 건축가들은 대개 석조 구조물 안에 목조 구조물을 숨기는 방법을 사용했다. 결론적으로 건축의 역사는 석조 건축물을 위한 효과적인 목재 활용기법의 발달사로 봐도 무방하다. 표면적으로는 석조 건물로 보이는 건물을 안정적으로 보호하기 위해 건축가들이 주력한 부분은 목재 활용기법을 점차 효과적으로 발달시키는 것이었다.

튼튼한 지붕을 만들기 위한
고대 건축가들의 속임수

세계 어느 지역보다 건축가들에게 날씨가 문제 되지 않았던 곳은 바로 이집트의 사막이었다. 이곳에 살던 보통 사람들은 간단한 진흙 벽돌로 벽을 쌓아 집을 지었다. 여기에 야자 나뭇잎의 주맥으로 만든 보를 사용해서 평평한 지붕을 떠받쳤다. 초창기 신전은 야자수 줄기나 파피루스 줄기 다발로 기둥을 만들어 일반 가옥보다 웅장했을 것이다. 이를 석재로 대체하기 위해 건축가들은 단순히 진흙 벽돌 벽을 돌벽으로 바꾸었고, 나무줄기와 파피루스 다발로 된 기둥 대신 돌기둥을 깎아 만들었다. 얼마 지나지 않아 그들은 이 기법을 사용하면 건물 규모를 자유롭게 키울 수 있고 어떤 야자수보다 기둥을 크게 만들 수 있다는 사실을 깨달았다. 건축가 입장에서는 다행히도 벽돌 벽과 목조 기둥을 석조 벽과 석조 기둥으로 바꾸어도 구조적으로는 거의 문제가 없었다. 단지 무게 때문에 돌의 축을 따라 돌에 압축응력이 가해질 뿐이다. 수직 벽은 특히 위로 갈수록 얇아지게 지으면 안정적이다. 고대 이집트 신전의 거대한 탑문이 그렇다.

유일한 문제는 지붕 공사였다. 얇은 석조 상인방이나 두 기둥 사이에 놓인 들보는 강도와 인장력이 약한 탓에 자체 무게 때문에 아랫면을 따라 균열이 생기고 부서지기 쉽다. 그래서 이집트 신전을 지을 때는 두꺼운 석조 지붕널을 사용해야 했다. 하지만 그렇게 해도 충분치 않았다. 신전 기둥을 가깝게 배치해서 아래쪽 공간이 어수선해지는 한이 있어도 상인방에 가해지는 응력을 줄여야 했다. 이뿐만 아니라 신전 가운데 일부는 그냥 비바람에 노출되게 했다. 이집트처럼 세계에서 제일 건조한 지역에서는 의례를 치를 때 비를 맞을 일이 거의 없었을 테니 말이다.

파르테논으로 대표되는 고전적인 그리스 신전 역시 본질적으로는 초창기 목조 신전을 석조로 재료만 바꾼 것이다. 고대 이집트인들처럼 고대 그리스인들도 진흙 벽돌 벽과 나무줄기 기둥을 석조 벽과 석조 기둥으로 대체했다. 하지만 이들에게는 추가적인 숙제가 하나 더 있었다. 구조물 전체에 물이 새지 않게 덮을 수 있는 석조 지붕을 만드는 문제였다. 신전 크기가 커지면서 이 문제는 점점 더 해결하기 어려워졌다. 기본적으로 고대 그리스 건축가들은 일종의 속임수를 썼다. 즉, 지붕 구조물 안에 목재 들보를 감추는 방법을 택했다. 그리스 신전의 기본구조는 직사각형으로 서 있는 주랑이다. 약간 경사진 지붕의 가장자리를 이 주랑이 떠받치는 구조다. 지붕 위 용마루는 신전 전면에서 후면까지 이어진다. 타일로 덮인 지붕은 외부에서 보면 현대 가옥의 지붕과 비슷해 보인다. 하지만 동원된 공법은 지극히 원시적이다. 목재 대들보를 효율적인 트러스가 지지하는 것이 아니라 상인방 위에 얹혀 있던 짧은 버팀목들이 떠받쳤다. 상인방 양단은 신전 내부에 있는 내벽이나 줄지어 서 있는 기둥들이 밑에서 지지했다.

이런 방식은 상인방에 휨력을 가했기 때문에 상인방은 무겁고 투박해야 했다. 또한 상인방이 안전하게 가로지를 수 있는 기둥과 기둥 사이의 최대 거리도 제한될 수밖에 없었다. 결과적으로 고대 그리스 신전은 겉에서 보기에는 인상적이지만, 내부는 어둡고 자칫 밀실 공포증을 유발할 정도로 답답했다. 줄지어 서 있는 기둥들이 중앙 공간을 협소하게 만든 탓이다. 파르테논 신전조차 기둥 간 최대 거리는 겨우 10.97m에 불과했다. 실제로 10~11m가 초기 석조 건물에서 단순한 목조 상인방이 안전하게 이을 수 있는 최대 간격이었던 것으로 보인다. 가령, 성경 가운데 〈열왕기〉에 따르면, 솔로몬의 신전은 길이가 60큐빗(약 27.4m), 너비가 20큐빗(약 9.1m)이었다고 한다(큐빗은 고대에 사용된 길이 단위, 손가락 끝에서 팔꿈치까지의 길이로 약 45.72cm-역자). 이는 약 250m²에 해당한다. 신전의 지붕은 두로Tyre의 왕 히람Hiram에게서 구매한 삼나무 기둥들이 떠받쳤다고 한다. 추측건대 당시에 구할 수 있었던 가장 큰 구조재가 삼나무 기둥이었던 것 같다.

목조 지붕 트러스의 다채로운 변화

지붕이 놀랄 만큼 길게 이어져 있는 건물을 설계하는 데 처음으로 성공한 사람들은 고대 로마인이었다. 앞서 7장에서 살펴보았듯, 이것은 목조 지붕 트러스의 발명 때문에 가능한 일이었다. 지붕 트러스에서는 서까래가 바깥쪽으로 밀어내는 압력을 지붕보가 잡아준다. 로마인들이 지은 바실리카와 초기 교회 건물을 보면, 트러스 덕분에 너비 19.8m 이상의 중앙 신도석 공간이 확보될 수 있었다.

트러스 외에도 고대 로마인들은 주요한 구조적 혁신을 하나 더 이루어냈다. 바로 아치다. 그들은 아치를 활용해서 신도석 측벽에 구멍을 내어 통로로 접근할 수 있게 만들었다. 그런 다음, 측면 통로는 한쪽 면만 있는 단순한 부섭지붕으로 덮었다. 고대 로마의 바실리카 대성당은 그야말로 거대했다. 서기 320년경 콘스탄틴 대제 시대에 지어져서 16세기까지 존속했던 옛 성 베드로 대성당에는 너비가 24.4m에 이르는 중앙 신도석이 있었다.

지금까지 남아 있는 고대 로마시대의 트러스 지붕 가운데 가장 인상적인 것은 판테온 출입구에 있는 포르티코(건물 입구에 기둥을 세워 올린 현관 지붕-역자)다. 포르티코에 있는 트러스는 쌍을 이루며 서 있는 중앙 기둥들 사이 약 14m의 경간을 지지해주고 있다. 전해지는 말에 따르면, 원래 있던 트러스에는 청동이 씌워져 있었다고 한다. 그러나 1625년에 교황 우르바노 8세가 모두 벗겨내어 청동 대포 80문을 만들었다. 동시대인들은 이처럼 실리를 추구하는 교황의 속물 근성을 다음과 같은 말로 씁쓸하게 지적했다. "야만인들이 하지 않은 짓을 바르베리니Barberini(우르바노 8세의 본명-역자) 가문이 저질렀다".

고대 로마인들은 건물 통로와 때로는 중앙 신도석까지도 원통형 궁륭barrel-vault 구조(아치를 길게 이어 터널처럼 만든 구조-역자)의 천장으로 덮었다. 그래서 오늘날 우리는 아치의 중요성을 강조하는 경향이 있다. 하지만 무엇보다 잊지 말아야 할 것은 이런 궁륭형 천장 위에 실제로 날씨의 영향을 막아준 목조 지붕 트러스가 있었다는 사실이다.

중세시대 석공들은 이 같은 고대 로마의 구조 설계를 이어받아 알맞게 바꾸어 발전시켰다. 이들이 고안한 새로운 첨두아치

(아치의 위쪽을 뾰족하게 만들어 높은 첨탑을 올릴 수 있게 만든 구조-역자)를 활용해서 지은 고딕 양식의 교회와 대성당이 석조 공학의 걸작이었다는 데는 거의 이견이 없다. 하지만 이번에도 목재가 없었다면 건물은 버티고 서 있을 수도 없었고, 방수가 되지도 못했을 것이다. 이런 상황은 대성당보다 규모가 작은 교구 교회에서 매우 뚜렷하게 확인할 수 있다. 이들 교회에는 거의 대부분 단순한 목조 지붕이 덮여 있다. 목수들이 지은 이런 목조 지붕은 다양한 디자인의 트러스에 의해 지탱된다. 본질적으로 십일조 곳간의 지붕을 교회 버전의 지붕으로 바꾸어놓았다고 생각하면 된다. 이런 목조 지붕은 가벼우면서도 경제적이어서 대단히 효과적이고 성공적인 것으로 드러났다.

    건축가들은 오로지 웅장한 대성당을 지을 때만 전력을 다해 온전히 석조로만 지은 건물이라는 인상을 심으려 애썼다. 중앙 신도석과 성가대석에는 천상으로 높이 치솟는 느낌의 석조 궁륭으로 덮었다. 고딕 양식을 대표하는 자랑스럽고 유명한 구조는 뛰어난 공학적 천재성이 발현된 결과다. 이를 극찬하는 글은 실로 방대하지만, 성공의 열쇠는 하나로 요약된다. 천장으로 무거운 궁륭을 올리면 이를 떠받치는 신도석 벽에는 바깥쪽으로 밀어내는 압력이 작용한다. 이 압력을 해소하기 위해 바깥쪽에 플라잉버트레스(건물 외벽이 무너지지 않도록 설치하는 버팀벽. 주로 고딕 양식의 건축물에서 사용됨-역자)를 연결해서 압력을 바깥쪽으로, 그리고 이와 연결된 측랑의 낮은 벽을 통해 땅으로 전달해서 해소하는 방법을 이용한 것이다. 고딕 양식의 궁륭은 인상적이기는 하나, 천장을 미화한 것 이상은 아니다.

대성당 천장 가이드 투어 가운데 석조 궁륭 위에 있는 실제 지붕을 보여주는 투어는 없다. 사실 궁륭 너머에서는 통나무만 한 거대한 목재를 투박하게 연결해서 만든 대형 목조 트러스가 타일이나 납을 입힌 지붕을 지지하고 있다. 안타깝게도 궁륭과 지붕 사이의 공간은 불길이 이동할 수 있는 넓은 통로 역할을 한다. 최근 파리 노트르담 대성당에서 발생한 화재가 신도석을 따라 급속히 번지면서 하마터면 유명한 종탑이 파손될 뻔했던 이유이기도 하다.

북유럽인들과는 달리, 이탈리아인들은 궁륭을 그렇게 좋아하지 않았을 뿐만 아니라 플라잉버트레스를 흉측하고 정직하지 않은 구조물이라고 여겼다. 이탈리아의 많은 대형 교회와 대성당에서는 석조 궁륭 대신, 우아한 목조 지붕 트러스가 떠받치는 천장을 그대로 드러냈다. 프란치스코회에서 지은 성당들이 특히 그랬다. 피렌체에 있는 산타 크로체 성당의 경우 중앙 신도석은 너비가 약 20m, 화사하게 칠한 천장까지 높이는 약 30.5m에 이른다. 외부에 무거운 버트레스를 댈 필요가 없었기에 내부가 밝고 공간에 여유가 있다.

영국에서는 석공들과 목수들이 정교한 플라잉버트레스에 대한 의존을 줄일 또 다른 방법을 발전시켰다. 14세기 말, 평 아치(상부를 거의 수평에 가깝게 만든 아치-역자)와 우아한 부채 궁륭(벽과 기둥을 늑재로 연결하여 부채 모양으로 뻗어나가게 만든 궁륭-역자)으로 대표되는 수직 양식Perpendicular style(영국의 후기 고딕 건축 양식. 곡선이나 아치를 많이 사용했던 이전의 양식과 비교해서 직선을 많이 사용한 특징을 반영한 명칭-역자)을 개발한 것이다. 이런 건축기법의 도움으로 석조 궁륭으로부터 불과 몇 미터 위에 있는 벽에 목조 지붕 트러스를 붙여서 돌에 가해지는 횡력을 줄일 수 있었다. 수직 양식의 걸작은 단연 케임브리지의 킹스 칼리지 예배당이다. 천장의 부채 궁륭으로 유명한 중앙 신도석은 높이가 약 28.9m, 너비가 약 12.1m에 이른다. 외부에는 가는 버팀대만 있어서 거대한 스테인드글라스 창을 거의 가리지 않는다.

유럽 전역에서는 많은 건축가가 석조 지붕 없이 목조 구조물만 사용해서 건물을 지었다. 영국의 요크 민스터는 북유럽 최대의 고딕 양식 성당 가운데 하나다. 그런데 이곳의 14.9m 너비의 중앙 신도석 위 석조 궁륭은 가짜다. 사실은 목조 천장인데 석조처럼 보이도록 칠을 해서 무게를 10분의 1로 줄였다. 궁륭 위에 있는 지붕은 효율적인 목조 가위 트러스(트러스의 삼각형 아랫변 보가 없는 대신, 양쪽 서까래의 베이스에서 마주 보는 서까래의 중심까지 각각 보를 이어 가위 모양이 되게 만든 구조-역자)가 지지하고 있다. 이 속임수가 드러난 것은 1984년 7월 9일, 번개로 인해 남쪽 익랑(십자가 모양의 교회 건물에서 팔에 해당하는 부분-역자) 지붕이 불길에 휩싸이면서 285만 달러의 피해가 발생한 화재 때문이었다. 그 당시, 어떤 사람들은 이 사건이 신의 계시라고 생각했다. 그리스도의 육체적 부활을 부인하면서 논란을 일으킨 더럼 교구 주교의 임명식이 이 성당에서 거행되고 불과 사흘 뒤에 화재가 발생했기 때문이다. 만약 이 주장이 맞다면 신은 남쪽으로 몇 마일 엇나가게 목표물을 잡은 셈이 된다. 화재 발생 시점에는 주교가 이미 더럼으로 돌아갔기 때문이다. 다른 경량 목조 지붕들은 이보다 공개적으로 지어졌다. 케임브리지셔 늪지대 가장자리에 있는 엘리 대성당은 십자가 형태로 건물이 교차하는 넓은 중앙부에 솟아 있는 목조 8각탑이 유명하다. 원래는 석조 탑을 올렸으나, 늪지대의 무른 토양 위에 세우기에는 너무 무거워서 이 아름다운 목조 구조물로 대체되었다.

고딕 양식 교회에서 돌의 약한 인장응력이 큰 문제가 된 마지막 부분은 바로 첨탑이다. 첨탑처럼 높고 가는 구조물의 경우, 바람이 불면 풍력에 의해 바람을 맞는 쪽에 인장응력이 가해진다. 그 결과, 돌이 쪼개지면서 구조물이 무너져버린다. 이 난제는 다양한 방식으로 해결되었다. 독일에서는 많은 대성당에 있는 첨탑이 개방된 선 세공 구조로 되어 있다. 덕분에 바람이 첨탑을 통과하면서 첨탑에 가해지는 힘이 약해진다. 또 다른 간단한 대안은 첨탑을 목재로 만드는 것이다. 이 방법은 효과가 좋다. 다만, 목조 첨탑이 비바람에 노출되는 탓에 틀어지기 쉽다. 수많은 세월 동안 더비셔의 보슬비를 맞으며 서 있던 체스터필드 교회의 첨탑은 모양이 변형되어 이제는 코르크 따개처럼 나선형으로 뒤틀린 모양으로 유명하다. 바로 앞에서 살펴보았던 파리의 노트르담 대성당의 경우처럼 목조 첨탑은 화재에 훨씬 더 취약하다.

하지만 뭐니 뭐니 해도 안정적인 첨탑 건축이라는 문제를 해결한 가장 독창적인 해법은 아마도 윌트셔의 솔즈베리 대성당에 적용한 방법일 것이다. 솔즈베리 대성당은 20세기까지 잉글랜드에서 가장 높은 구조물이었다. 건축가들은 석조 첨탑을 올리기 위해 내부에 무거운 목조 비계를 설치해서 도움을 받았다. 그런데 구조물 완공 후 비계를 해체하는 대신, 철제 연결장치로 비계 구조물을 제일 위에 있는 돌에 매달았다. 그랬더니 비계의 무게로 인해 첨탑에 사전 압축응력이 조성되어 첨탑이 안정되었다. 최근 이곳에서 벌어졌던 사건들을 보면, 이런 장치 덕분에 약 121.9m 높이로 우뚝 솟아 있는 이 랜드마크를 러시아군 첩보부대 소속 요원들도 구경하러 오지 않을 수 없었던 모양이다(2018년 솔즈베리에서 러시아 정보요원에 의한 독극물 살인 미수사건이 발생했다. 이때 용의자로 체포된 러시아 요원들이 조사 과정에서 솔즈베리를 방문한 이유를 이 유명한 대성당을 관광하기 위해서라고 대답했던 것을 가리킨다-역자).

건축가들은 속세의 건물을 지을 때는 종교 건물과는 다른 접근방식으로 지붕을 지지하는 방법을 찾았다. 영국에 있는 많은 대형 홀은 지붕을 지지하는 구조물로 거대한 오크 트러스를 사용했다. 이들 대부분은 처음에는 십일조 곳간처럼 측랑이 있는 건물로 지어졌다. 교회 건물로 치면 '중앙 신도석'에 해당하는 가운데 공간의 양측에 기둥을 두 줄로 줄지어 세워서 중앙 트러스를 지탱하게 하고, 양옆의 측랑 위로 부섭지붕을 덮었다.

하지만 나중에 목수들이 이 기둥 두 줄을 제거하여 화려한 '외팔 들보(해머 빔)' 지붕으로 바꾸었다. 지붕보들이 교차하는 이 지붕 구조물은 돌출된 외팔 들보들 위로 떠 있는 것처럼 보인다. 얼핏 보면 외팔 들보 끝의 양각 장식에 조각된 천사들이 떠받치고 있는 것 같다. 이런 느낌이 두드러지는 이유는 외팔 들보에서 지붕 중앙으로 뻗어 올라온 곡선형 목조 '아치' 때문이다. 하지만 사실 이런 외팔 들보 지붕은 그저 무겁고 필요 이상으로 복잡하게 만든 트러스 구조물이다. 이런 지붕은 굴곡의 유연성 때문에 벽 바깥쪽으로 밀어내는 압력이 상당히 크다. 가장 유명한 사례가 웨스트민스터 궁에 남아 있는 가장 오래된 건물인 웨스트민스터 홀이다(사진 13 참조). 이곳의 외팔 들보 지붕 아래로 폭이 약 20.7m에 달하는 기막히게 넓은 공간이 탁 트여 있다. 이렇게 넓은 홀의 외벽이 무너지지 않으려면 바깥쪽에서 거대한 버트레스의 지지를 받아야만 한다.

중세시대 목조 지붕 건물 가운데 가장 눈부신 작품으로는 아마도 이탈리아 파도바에 있는 팔라초 델라 라지오네(중세시대 시장, 시청, 재판소로 사용된 건물-역자)를 꼽아야 할 것이다. 이 중세시대 시장 건물의 지붕은 아름다운 곡선을 이루고 있다. 마치 뒤집어놓은 배의 선체처럼 보인다. 길이 81m, 너비 27.4m에 이르는 공간을 이 둥근 지붕이 덮고 있다. 이 밖에도 이곳에는 목재 애호가들을 위해 보너스로 높이 6.1m에 이르는 거대한 말 목조 조각상이 있다. 다만, 이 목조상이 왜 여기에 있는지, 또는 사람들이 어떻게 안으로 들여놨는지는 어떤 관광 안내서에도 설명되어 있지 않아서 미스터리로 남아 있다.

석조 건물보다 추위와 지진에 더 잘 견디는 목조 건물

지금까지 우리는 공공건물을 집중적으로 살펴보았다. 하지만 부유층과 권력층이 점점 넓은 석조 주택을 짓기 시작하면서 목재를 사용해야만 해결할 수 있는 문제들이 생겨났다. 우선, 성을 비롯해 그 뒤를 이어 생겨난 궁전과 대저택은 대개 여러 층을 쌓아 올려 높게 지었기 때문에 위층을 지탱하려면 건물 벽에 목조 빔을 넣어야 했다. 허물어진 성을 방문할 기회가 있다면 벽에 남아 있는 기둥 구멍을 볼 수 있을 것이다. 이런 구멍은 벽에 떠 있는 것처럼 보이는 벽난로보다 항상 살짝 낮은 위치에 뚫려 있다.

또한 건축가들은 궁전 지붕을 가벼운 목조 지붕으로 만들었다. 베네치아의 위대한 건축가 안드레아 팔라디오는 단순하면서도 효율적인 지붕 트러스를 최초로 설계한 인물이다. 그의 설계법은 유럽 전역으로 퍼져나갔다. 그런데 팔라디오 스타일의 저택이 점차 북쪽으로 전파되면서 새로운 난적이 등장했다. 바로 추위였다.

석조 건물은 이탈리아의 기후에는 이상적이다. 돌은 열용량(어떤 물질의 온도를 1℃ 높이는 데 필요한 열량. 물질 온도 변화의 지표-역자)이 높아서 더운 여름에도 건물을 시원하게 만들어 일정한 온도를 유지해주기 때문이다. 하지만 춥고 눅눅한 북유럽 기후에서 돌의 열전도율이 높다는 것은 겨울에 열을 빨리 잃는다는 뜻이다. 게다가 건물이 일단 차가워지면 다시 데우기까지 오랜 시간이 걸렸다. 이 문제를 피부로 실감하고 싶다면, 석조 건물로 지어진 교회에서 크리스마스 캐럴 공연을 관람해보면 된다. 단, 교회는 겨울에 추운 것으로 악명 높으니 단단히 챙겨 입고 가야 할 것이다. 돌로 지은 성에 살던 중세시대 귀족들은 이런 추위 문제를 극복하기 위해 실내 벽에 태피스트리를 걸었다. 그 뒤에 등장한 석조 궁전과 대저택에서는 태피스트리를 대신해서 목재 벽판이 보온재 역할을 했다.

목재는 석재보다 훨씬 뛰어난 절연재다. 그 주된 이유는 목재 세포의 특성, 즉 목재 세포 속에 있는 수많은 미세한 기공이 열의 흐름을 제한하는 특성 때문이다. 목재 벽판이 훌륭한 보온재가 되는 이유는 목재가 석재보다 10배 더 효과적으로 열 손실을 방지하기 때문이기도 하지만, 이것이 전부가 아니다. 석조 벽에 목제 벽판을 붙이려면 가는 나무판을 대야 하는데, 그러면 벽과 벽판 사이에 추가로 공간이 만들어져서 이중벽 단열효과가 생겼다. 당시에는 아마 시골집에서 가장 안락한 방은 서재였을 것이다. 벽판과 책장뿐만 아니라 책장에 꽂힌 책들 역시 단열재 역할을 톡톡히 했기 때문이다. 목재는 창문 단열재로도 쓰였다. 남유럽에서는 창밖에 미늘 모양의 덧문을 달아서 태양열 에너지가 안으로 들어오지 못하게 차단하면서도 시원한 공기는 통하게 했다. 한편 북유럽에서는 창문 안쪽 실내에 접이식 덧문을 설치했다. 밤에는 덧문을 닫아 열을 보존했고, 낮에는 덧문을 열어 햇볕이 최대한 많이 들어오게 했다.

 목재로 석조 건물을 지탱하는 방법 가운데 마지막은 건물 밑에서 지탱하는 방법이다. 앞서 7장에서 목조 건물이 토양 표면에 닿으면 부패하기 쉽다는 사실을 확인한 바 있다. 토양 표면에 닿으면 목재가 젖었다 마르기를 반복하기 때문이다. 하지만 목재는 계속해서 건조한 상태로 유지될 때만 안정적인 것은 아니다. 목재는 젖은 상태가 상시 유지될 때도 부패에 강하다. 목재를 망가뜨리는 균사는 산소가 없는 환경에서는 생존하지 못하기 때문이다. 살아 있는 나무가 진균성 질병으로부터 자유로운 이유도 바로 나무 속 세포가 수분으로 채워져 있기 때문이다. 나뭇가지는 죽어서 마르기 시작해야 비로소 곰팡이의 공격에 취약해진다.

영국 동남부 이스트앵글리아 습지에 있는 엘리 대성당처럼, 많은 교회가 북유럽 이탄(이끼나 낙엽 등이 땅 속에서 완전히 탄화하지 못해 탄소 함유량이 적은 석탄-역자) 지대에 건설되었다. 이 경우 뗏목을 젖은 이탄 덩어리 속에 잠기게 해서 이것을 건물의 토대로 삼아 그 위에 교회를 세웠다.

유럽의 많은 주요 도시도 마찬가지다. 베네치아·암스테르담·함부르크에서는 건물 대부분이 목재 말뚝에 지탱하고 있다. 베네치아의 경우 이런 용도로 사용된 느릅나무 통나무는 길이가 12.3m에 이르기도 한다. 먼저, 수많은 느릅나무 말뚝을 무른 실트(모래보다 잘고 진흙보다 거친 침적토-역자)층을 거쳐 단단한 진흙 바닥에 닿을 때까지 눌러 박았다. 이렇게 해서 지하수면 바로 아래에서 안정적으로 자리 잡게 만든 다음, 그 위에 나무판자를 덮고 마지막으로 벽돌 토대를 올렸다.

이렇듯 유럽에서는 석조 건물과 벽돌 건물의 안정성과 안락함은 언제나 목재에 좌우되었다. 목재가 밑에서는 지탱해주고 위에서는 비바람을 막아주며 안에서는 단열재 역할을 해주었기 때문이다.

이처럼 유럽과 중앙아시아의 많은 지역에서는 목조 건물의 뒤를 이어 석조 건물이 주류가 되었다. 하지만 극동에서는 이야기가 달랐다. 중국과 일본의 사찰과 궁전은 계속해서 목재로 지어졌다. 세계 최대 규모의 궁궐인 베이징의 자금성도 마찬가지다. 전통적으로 서양 기술자들은 중국 건축물을 매우 원시적인 구조물로 여겼다. 중국 건물에는 서양 건축가들이 건물 지붕을 지탱하는 데 사용하는 트러스가 쓰이지 않기 때문이다. 중국에서는 구조를 탄탄하게 만들기 위해 기둥을 삼각형 모양으로 설치하는 대신, 모든 기둥이 서로 직각을 이루게 만든다. 가령 전형적인 사찰의 경우, 건물 전면과 후면에 있는 기둥들은 커다란 수평보(대들보) 하나만 지지하고 있다. 그 위로 다시 조금 더 짧은 보를 걸고(중보), 다시 더 짧은 보를 건다(종보). 이처럼 특이한 계단식 배열 방식에서는 각 보의 양단에 있는 까치발 받침대를 통해 무거운 지붕을 떠받친다. 이런 설계에서는 모든 보에 휨력이 가해지기 때문에, 지붕 무게를 버티려면 보가 두껍고 무거워야 한다.

 이런 방식에는 두 가지 장점이 있다. 첫째, 우아한 곡선형 지붕을 만들 수 있다. 곡선형 지붕은 삼각형 트러스 구조에서는 절대 나올 수 없는 디자인이다. 둘째, 가장 큰 장점은 구조적으로 유리하다는 것이다. 기둥과 보는 모두 두공(처마 무게를 받치기 위해 기둥머리에 맞춰댄 나무 받침. 중국에서는 두공, 한국에서는 공포라고 함-역자)이라고 하는 복잡한 목조 받침을 통해 그 위에 올린 기둥과 보 그리고 지붕과 연결되어 있다.

 두공은 많은 목조 연결 부재를 중첩하여 만드는데, 각 부재는 다음에 오는 것과 직각을 이루며 중첩된다. 이렇게 만들어진 장치는 어떤 무게도 감당할 수 있는 느슨한 메커니즘을 이루어 자동차의 충격 흡수장치와 같은 역할을 한다(사진 14 참조).

그런데 굳이 이렇게 복잡하게 직각으로 중첩하는 이유는 무엇일까? 중국과 일본의 지각구조 조건을 생각하면 답이 나온다. 이 두 나라 모두 환태평양 지역에 속하는 까닭에 대형 지진이 자주 발생하기 때문이다. 중국 기술자들이 최근 발표한 연구 결과에 따르면, 재래식 목조 건축물의 유연한 설계와 충격을 흡수하는 두공 때문에 건축물이 훼손되지 않는다고 한다. 지진이 발생해서 땅이 움직이면 기둥이 흔들리지만, 무거운 지붕은 관성 때문에 미동도 하지 않고 두공이 에너지를 흡수한다. 모형실험 결과, 이런 건물은 리히터 규모 10 이상의 충격도 견딜 수 있는 것으로 밝혀졌다. 이 정도 충격이라면 지금까지 기록된 어떤 지진보다 강력한 것이다. 그러니 자금성이 600년 이상 끄떡없이 서 있는 것도 놀랍지 않다.

일본에는 이보다 더 오래된 사찰도 많다. 서기 600년경에 세워진 호류지法隆寺 5층탑은 일본에 있는 다른 탑들처럼 중앙에 목조 기둥이 하나 있다. 이 기둥의 유연성 덕분에 지진으로부터 탑이 보호된다. 지진이 일어나면 이 기둥이 흔들리면서 지진 에너지를 흡수하여, 구조물의 다른 곳에 피해가 가지 않도록 방지한다. 동아시아의 승려들은 이 같은 앞선 지진 설계가 가져다주는 장점을 누리는 대신, 화재에 각별한 주의를 기울이고 몇 세기마다 나무 들보를 교체해야 하는 불편함을 감수해왔다!

목조 건물은 얼핏 수명이 짧고 원시적으로 보이지만, 석조 건물이 무너져내린 곳에서도 꿋꿋이 살아남을 수 있으니 참으로 역설적이다. 나일강 서쪽 기슭에 있는 람세스 2세의 그 유명한 묘지 사원 라메세움Ramesseum에 서서 수많은 세월 동안 강에 침수되면서 석조 사원과 조각상들이 하나의 거대한 잔해로 탈바꿈한 모습을 바라보다 보면, 19세기 영국 시인 퍼시 셸리Percy Shelley의 시 한 구절에 고개가 끄덕여진다. 다만, 여기서는 영원히 남을 석조 기념물을 만들려 애쓰는 인간의 어리석음을 지적하는 의미로 그 구절을 인용하겠다. "너희 이른바 강자들이여, 나의 위업을 보라, 그리고 절망하라."(〈오지만디어스Ozimandias〉의 한 구절. 오지만디어스는 람세스 2세의 그리스식 왕명-역자)

제10장

우리의 시야를
제한하다

　스코틀랜드의 제임스 4세는 영원히 남을 건물을 짓겠다는 헛된 야망만 품었던 것이 아니다. 그에게는 기독교 왕국을 위해 팔레스타인을 탈환하겠다는 웅대한 계획도 있었다. 그는 십자군 원정을 위해 38척의 전함으로 구성된 함대와 이를 이끄는 거대한 기함을 건조하라는 명령을 내렸다. 이렇게 해서 만들어진 마이클호는 세계 최대 규모의 선박이었다. 길이 약 73m, 너비 약 11m에 배수량은 약 1,000톤에 달하는 데다 4개의 돛대가 달린 크라크선(14~16세기에 유럽에서 사용된 대형 범선-역자)이었다.

　그런데 배를 건조하자니 수송 문제가 불거졌다. 스코틀랜드에는 이 정도 규모의 배를 건조할 만한 조선소가 없었기에 에든버러에서 북쪽으로 2마일 떨어진 뉴헤이븐에 새로운 항구를 만들어야 했다. 완공되기까지 장장 5년이 걸린 이 배를 만들기 위해 스코틀랜드 동부 파이프 일대의 모든 목재가 사용되었다는 이야기가 있다. 마침내 마이클호는 1511년에 진수되었고, 1512년에는 일제 사격용으로 사용할 중포 24문이 설치되었다. 그러자 그 누구보다 자존감이 강했던 왕 잉글랜드의 헨리 8세가 시기심에 불타올랐다. 결국 부글부글 끓던 그의 마음은 이보다 더 큰 배를 만들고 나서야 겨우 진정되었다. '신의 은총을 입은 헨리'라는 겸손한 이름이 붙여진 이 배에는 43문의 중포가 자랑스럽게 배치된 포열 갑판이 2개나 있었으며, 총 배수량은 1,500톤에 달했다.

하지만 이 두 선박 가운데 어느 것도 실전에서 뛰어난 활약을 하지는 못했다. 제임스 4세는 프랑스와 올드동맹을 맺으면서 기존에 품었던 십자군 원정 계획을 포기하고 잉글랜드와의 전쟁에 뛰어들었다. 이에 맞서기 위해 헨리 8세는 프랑스의 루이 12세와의 전쟁은 뒷전으로 돌리고 스코틀랜드와 맞붙게 되었다. 앞서 살펴보았듯 제임스 4세는 1513년 잉글랜드를 침공한 뒤 플로든 전투에서 처절한 항전 끝에 사망하고 만다. 이에 따라 그가 만든 거대한 선박은 4만 리브르(당시 프랑스의 화폐 단위-역자)라는 헐값에 프랑스에 팔려갔다.

헨리 8세의 배는 상부가 너무 무거워서 불안정한 것으로 드러나면서 원래보다 작은 크기로 개조되어 주로 외교용 선박으로 사용되었다. 이 배가 수행했던 가장 중요한 임무는 1520년 그 유명한 황금천 들판Field of the Cloth of Gold(잉글랜드와 프랑스의 정상회담이 열린 중간지대 들판에 양측 모두 천막에 황금을 칠하며 화려하게 치장한 데서 유래된 명칭-역자)으로 헨리 8세를 태워 나른 것이다. 황금천 들판에서는 헨리 8세가 프랑수아 1세와 즉흥적으로 레슬링을 벌이다가 패하는 (잉글랜드는 아닐지언정 프랑스로서는) 잊지 못할 해프닝도 벌어졌다고 한다.

목공 기술의 정체기를 가져온 권력다툼

더 넓은 역사적 시각으로 되돌아보면, 이런 사건들은 권력을 거머쥔 자들의 오만함과 어리석음뿐만 아니라 목재의 전성시대에 기술이 정체기에 있었다는 사실도 보여준다. 이 두 선박은 규모가 크기는 했지만, 고대에 건조되었던 거대한 선박들보다는 작았다.

기원전 240년 시라쿠사(시칠리아섬에 있는 도시. 고대 그리스의 주요 도시국가 중 하나-역자)의 폭군 히에로 2세는 돛대가 3개 달린 대형 유람선 시라쿠시아호를 만들어 세계 최초의 크루즈선이라는 기록을 세웠다. 이 배의 갑판은 3층으로 되어 있었는데, 가장 낮은 층만 화물 선적용이었다. 시칠리아섬의 최대 수출품이었던 곡물 약 1,700톤을 선적할 수 있었다. 중간층은 승객들을 위한 공간이었다. 30개의 객실과 예배당, 도서관, 체육관, 목욕탕이 갖추어져 있었으며, 대리석 상판과 그림, 조각상, 살아 있는 나뭇잎 등이 정교하게 장식된 가구들이 비치되어 있었다. 마지막으로 제일 위층은 해병 부대와 장비를 위한 공간이었다. 이로써 이 배는 호화로움과 안전함을 모두 갖추게 되었다. 하지만 19세기 영국의 위대한 토목·조선 기술자 이점바드 킹덤 브루넬Isambard Kingdom Brunel이 건조한 그레이트이스턴호와 마찬가지로 이 거대한 선박을 진수하는 것이 중대한 난제였다. 다행히 히에로에게는 도움을 청할 공학 천재 아르키메데스가 있었다. 함선의 제일 큰 돛대는 타우로메니움(시칠리아의 도시 타오르미나의 옛 이름-역자) 출신 기술자 필레아스가 이탈리아반도 발끝 부분에 있는 산맥에서 운반해왔다. 안타깝게도 이 배는 대부분의 항구에서 수용하기 어려울 정도로 너무 거대했다. 단 한 번만 운항하여 이집트의 알렉산드리아에 도착한 뒤, 프톨레마이오스 3세에게 선물로 진상되면서 알렉산드레이아호로 이름이 바뀌었다.

히에로의 배는 마이클호나 신의 은총을 입은 헨리호처럼 순전히 허영심 가득한 프로젝트였다. 하지만 고대 로마인들은 훗날 이와 동급이거나 더 큰 규모이면서도 전적으로 실현 가능한 선박들을 만들어냈다. 선박 대부분은 이집트 곡창지대에서 생산된 방대한 양의 곡물을 지중해를 가로질러 약 1,931km 떨어진 곳에 있는 제국의 수도 로마로 운송하는 데 사용되었다. 운송 가능했던 화물량은 배에 따라 1,000톤에서 1,200톤에 달했다. 기원후 2세기에 이 배들 가운데 하나가 항로를 벗어나 아테네에 도달했던 모양인데, 지금의 우리에게는 퍽 다행한 일이다. 고대 로마의 풍자작가 루키아노스가 이 배에 대해 열심히 설명하는 글을 남길 수 있었으니 말이다.

배가 이렇게 크다니! 이 배를 만든 목수가 말하길, 전체 길이는 54.9m, 최대 폭은 그것의 4분의 1 이상, 갑판에서 배 바닥의 가장 깊은 지점까지 13.4m라고 한다. 게다가 배의 돛대는 또 얼마나 대단한지, 돛대에는 또 얼마나 굉장한 활대가 달려 있는지, 여기에 걸린 앞밧줄은 또 얼마나 멋진지! 완만한 곡선을 이루며 서 있는 선미재(배의 뒤 끝에 있는 기둥-역자) 꼭대기에 달린 금박을 입힌 거위 머리! 배 앞쪽 맞은편에 거위 머리와 쌍을 이루며 뱃머리 양쪽에 서 있는, 이 배의 이름을 따온 이시스(고대 이집트의 풍요의 여신-역자) 여신상! 이외에도 나머지 장식, 그림, 주요 활대에 걸린 붉은 삼각기, 앞갑판에 있는 닻과 캡스턴, 윈치(밧줄이나 케이블을 감는 장치-역자), 선미 쪽에 있는 선실 등 모든 것이 내게는 경이롭게만 보인다! 이 배의 승무원은 틀림없이 부대만큼이나 많았을 것이다.

고대 로마 황제들은 로마 주변 지역을 꾸미기 위해 이집트에서 오벨리스크를 운반할 더 큰 배를 건조했다. 지금 성 베드로 대성당 앞에 서 있는 오벨리스크는 높이가 약 25m, 무게가 약 500톤에 달한다. 서기 40년에 이것을 로마로 가져오기 위해 당시 황제 칼리굴라는 거대한 선박을 지었다. 이 배의 바닥짐으로 렌틸콩 800톤을 실으면서, 오벨리스크와 함께 배의 총적재량은 1,300톤이 되었다.

이처럼 거대한 고대 로마의 선박과 크기 면에서 자웅을 겨룰 만한 배는 얼마 되지 않는다. 겨우 17세기 스페인 제국 최대의 마닐라 갤리온선(16세기 후반부터 스페인이 필리핀과 멕시코를 잇는 태평양 항로를 빠르게 이동하기 위해 제작한 2,000톤급 대형 갤리온선-역자)과 18세기 영국 동인도 무역선 정도다. 아무래도 로마의 선박 제조공들은 목조 건축이 도달할 수 있는 한계까지 이르렀던 것으로 보인다.

목재 생산과 기술 진보의 상관성

고대 로마인들이 뛰어난 기량을 발휘한 분야는 비단 조선에만 그치지 않았다. 로마 건축가들 역시 목조 지붕 트러스가 감당할 수 있는 폭의 한계점인 약 24.4m에 도달했던 것 같다. 수레와 마차도 고대 이후로 딱히 더 커지지 않았으며, 바퀴 디자인도 철기

시대 초기부터 19세기에 이르도록 변함없이 그대로였다. 같은 기간 동안 마차와 전차가 달리는 속도도 더 빨라지지 않았다. 목조주택 또한 설계에 변화가 없었고, 가구뿐만 아니라 쟁기 같은 농기구의 디자인도 그대로였다. 고대 로마시대 이후로 16세기에 제재소가 발전하기 전까지는 목공 공구 역시 거의 개선된 부분이 없었다. 금속, 도자기, 유리, 가죽 등 다른 소재를 제작할 때 목재를 사용하던 방식에도 큰 변화는 없었다. 또한 소금 제조, 비누 제조, 염색, 백반 생산 등의 공업 용도로 목재를 사용하던 방식도 크게 달라지지 않았다. 근대 초기가 저물어갈 무렵까지 도시도 고대보다 더 커지지 않았으며, 인구밀도와 농업 생산량도 증가하지 않았다. 그러므로 당시 유럽인들이 고대인들을 우월한 존재로 생각하고 고대의 학문을 경이로운 시선으로 바라본 것은 전혀 놀랄 만한 일이 아니다. 그들은 자신이 처한 환경을 개선할 수 있는 자신감이 부족했다.

앞으로 살펴보겠지만, 이렇게 된 이유는 생각보다 명확하지 않다. 목재에 대한 의존도는 당대의 공학 기술뿐만 아니라 산업화 이전 사회구조 자체에도 영향을 주었다. 목재가 우리의 몸과 마음을 형상화했듯 이제는 우리의 문명을 빚어냈다. 그런데 이 과정에서 목재는 진보가 일어나지 못하도록 한계를 설정했다. 목재는 경제성장과 인구증가, 기술과 과학의 발전을 가로막았다. 또한 본질적으로 보수적인 세계관이 자리 잡도록 이바지했다.

목재는 일상생활을 이루는 핵심 구성요소였기에 목재 생산에 한계가 있었던 것이 진보가 부진했던 원인이라고 생각할 수도 있다. 앞서 살펴보았듯, 보통 사람들이 소유했던 물건은 대부분 목제품이었다. 실제로 목재로 만들지 않은 물건도 생산과정에서는 많은 양의 목재가 필요했다. 중세시대에는 철 450g을 제련하는 데 약 14kg의 목재가 필요했다. 음식을 요리하고 집을 데우는 데는 이보다 훨씬 더 많은 목재를 태워야 했다.

목재는 소금 제조, 양조, 무두질, 축융(모직물 가공), 염색 등 당대의 주요 산업공정에 없어서는 안 되는 에너지원이었다. 체스 용어로 비유하자면, 목재는 하나 이상의 과잉 방어 임무를 수행하는 기물인 셈이었다. 더군다나 인구가 늘어나면서 농사지을 땅을 개간하게 되자, 산림이 파헤쳐져 목재 공급이 더욱 감소했다. 그렇다면 자연스럽게 목재가 부족해져서 목재의 발전에 걸림돌이 되지 않았을까 하는 생각이 머릿속에 떠오를지도 모른다. 어쨌든 대중 역사서를 보면, 목재를 사용하면서 산림 벌채와 재난으로 이어지게 된 이야기들로 가득하다.

하지만 과연 이런 이야기들이 면밀한 검증 과정을 견뎌낼지 반드시 확인할 필요가 있다. 가장 좋은 검증 방법은 정확한 수치보다 '개략적 규모ROM, Rough Order of Magnitude' 산정치를 산출해보는 것이다. 여기서는 목재 사용량과 잠재적 목재 공급량을 비교해야 한다. 최근 들어 경제사학자들과 환경사학자들이 이 접근법을 사용해서 상당히 유익한 결과를 얻기 시작했다. 예를 들면, 이스트 앵글리아 대학교의 폴 워드 교수는 1650년대 잉글랜드와 웨일스에서 장작을 때는 방법으로 연간 약 20테라줄(TJ. 1TJ=10^{12}J)의 열에너지를 얻었다고 계산했다. 이 정도 에너지는 사람들이 신진대사로 소모하는 열량과 그들의 농장 가축이 소모하는 열량보다 조금 더 높은 수준이었다. 장작불은 1파운드(약 0.45kg)당 약 7.3메가줄의 에너지를 생산하므로, 매년 120만 톤의 장작을 태웠다는 이야기가 된다. 이렇게 말하면 엄청난 양처럼 들리지만, 임업 종사자들에 따르면 정기적인 벌채를 통한 왜림작업을 벌이면 잡목으로 1에이커(약 4,000m²)당 연간 약 2톤의 목재를 생산할 수 있다고 한다. 따라서 60만 에이커 혹은 2,428km² 면적의 잡목림만 있으면, 장작용 목재를 충분히 생산할 수 있었다는 얘기다. 그런데 이 정도 면적은 잉글랜드와 웨일스 총 표면적의 1.6%에 불과하다. 그렇다면 장작 말고 다른 용도로 사용할 목재를 공급하는 데 필요한 토지 면적은 얼마나 되었을까?

오늘날에는 전 세계적으로 채취된 목재의 40%만이 연료 외의 용도로 사용된다. 만약 산업화 이전에도 이 비율이 같았다고 가정한다면, 연료 외의 용도로 사용된 목재는 약 88만 톤이었을 것이다. 재목으로 쓸 수 없는 잡목보다 재목용 나무가 숲을 조성하는 속도가 훨씬 느린 데는 두 가지 이유가 있다. 첫째, 재목용 나무가 수관층을 이룰 정도로 높이 자라기까지는 수많은 세월이 걸리기 때문이다. 둘째, 이들의 키가 점점 커지고 성숙해지면 수관층까지 물을 운반하기가 어려워져서 낮에 일찍 기공을 닫고 광합성을 중단해야 하기 때문이다. 그 결과, 교목림(높이가 8m가 넘는 키 큰 나무로 이루어진 숲-역자)의 생장률은 잡목림의 절반 정도에 그치게 되어 1에이커당 연간 약 1톤의 재목용 목재만 생산된다. 그렇더라도 재목용 목재 수요는 약 3,626km² 면적의 교목림만 있으면 충족될 수 있었다. 이는 동원할 수 있는 토지 면적의 단 4%만 산림지대로 필요했다는 뜻이다. 하지만 실제로 산업화 이전에 잉글랜드와 웨일스의 총 산림 면적은 10% 정도였다. 따라서 결론은 명확하다. 유럽에서 숲이 가장 적고 인구 밀도가 가장 높았던 영국에서조차 경제 성장의 부진을 나무가 충분히 빠르게 목재를 생산하지 못한 탓으로 돌릴 수는 없다는 것이다.

이렇듯 산업화 이전 시대에 필요한 모든 연료용 목재와 재목용 목재를 충분히 공급할 수 있을 만큼 나무들은 빠르게 자랄 수 있었다. 심지어 잉글랜드처럼 산림 면적이 적고 인구밀도가 높은 나라에서조차도 그랬다. 그렇다면 실제로 목재를 잘라서 필요한 곳으로 운반하는 과정에 문제가 있었을 것이다. 숲을 들여다보면 목재는 넓은 지역에 걸쳐 고르게 퍼져 있다. 완전히 자란 잡목림만 해도 그 안에 1에이커당 약 40톤의 목재가 있다. 그리고 목재는 에너지 밀도가 높은 연료가 아니다. 건조 목재는 단위 질량당 에너지 함유량이 석탄의 절반에 불과하며, 밀도도 석탄의 40%

정도밖에 되지 않는다. 따라서 건조 목재의 단위 체적당 에너지 양은 석탄의 5분의 1에 불과하다.

목재는 채취한 뒤 쓸모 있게 잘라서 작은 공간에 효율적으로 보관하기까지 많은 시간이 소요된다. 전통적으로 잉글랜드의 산지기들은 땔감용 잡목을 비교적 곧고 작은 가지로 잘라 하나로 묶었다. 이렇게 해서 길이 90cm, 지름 20cm 정도 되는 나뭇단을 만들었다. 그런 다음에야 목재를 마차에 실어 숲 밖으로 운반할 수 있었다. 그런데 이것이 끝이 아니었다. 목재를 목적지까지 옮겨야 했다. 특히 항해가 가능한 수로에서 동떨어진 곳이 문제였다. 산업화 이전 시대에는 도로 상태가 열악해서 바퀴 달린 운송 수단은 느린 데다 비쌌다. 그래서 몇 마일 이상 되는 먼 곳으로 운반하려면 목재 가격이 터무니없는 수준까지 올랐다.

이런 점은 현지에서 목재를 쉽게 조달할 수 있는 촌락이나 소도시에서는 크게 문제가 되지 않았을 것이다. 하지만 규모가 큰 도시에서는 이야기가 달랐다. 네덜란드 바헤닝언 농업대학교의 아드 판 데어 바우더 교수와 동료 연구자들이 추산한 결과, 인구 5,000명의 덴마크 오덴세에서는 연간 약 7,500톤의 목재가 필요했던 것으로 보인다. 이 정도 수요는 15.5km² 면적의 산림지대를 개발하면 충족되었을 것이다. 만약 이 지역의 산림 비율이 약 20%이고, 나머지 땅은 시민들의 식량 공급을 위한 시장원에 지대로 활용했다고 가정해보자. 그렇다면 약 77.7km²에 달하는 인근지역을 활용했고, 개발지역 규모는 지름 약 9.66km에 불과했다는 뜻이다. 결국 도로로 운송하더라도 시내에 쉽게 접근할 수 있는 환경이었다. 한편, 이보다 인구가 10배 많은 5만 명이 사는 큰 도시라면, 지름 약 32km에 달하는 지역이 필요했을 것이다. 또, 인구 50만 명이 사는 대도시는 지름 약 96.56km 규모의 지역이 필요했을 것이다. 이 정도면 중세시대의 열악한 도로를 이용해서 쉽게 접근하기에는 거리가 너무 멀었을 것이다.

목재 수송로 확보와
도시의 성장

따라서 중세 유럽에서 항구도시와 항해 가능한 큰 강을 끼고 있는 도시만이 적당한 크기로 성장할 수 있었던 것은 전혀 놀랄 일이 아니다. 1600년경 파리는 인구 약 40만 명의 대륙 최대 도시로 성장했다. 그런데 파리 시민들이 소비하는 장작은 대부분 부르고뉴의 모르방산맥에서 정기 벌채로 채취한 너도밤나무 가지로 공급되었다.

목재를 산지에서 193km 이상 떨어진 곳에 있는 파리까지 운반하려면 욘강과 센강에 띄워 보내야만 했다. 목재 공급은 워낙 중요한 일이라 뗏목 형태로 목재를 운반하기 적합하도록 센강 유역 전체를 바꾸었을 정도다. 대륙의 다른 대도시들도 이와 같은 방식으로 목재를 공급받았다. 그중 가장 인상적인 땔감 보급로는 라인강이다. 이 강은 독일 남서부 슈바르츠발트 산맥에서 채취한 연재를 스트라스부르와 쾰른, 네덜란드 도시 지역으로 운반하는 수로 역할을 했다.

먼저, 산림 노동자들은 목재로 만든 활송장치(물건을 아래로 미끄러뜨리듯 내려보내 운반하는 장치-역자)를 이용해서 나무줄기를 산 아래로 미끄러뜨려 라인강 지류로 보냈다. 그런 다음, 통나무 무더기를 긴 뗏목으로 만들어 라인강을 따라 떠내려 보냈다. 통나무는 특별히 꼬아 만든 목재 밧줄로 각각 앞뒤에 오는 통나무와 연결했다. 이렇게 하면 뗏목이 강의 굴곡에 따라 방향을 틀 수 있었다. 통나무 뗏목을 운반하는 일에는 온 가족이 동원되어 주의를 기울였다. 장대와 방향타를 이용해 뗏목을 조정했고, 밤에는 강바닥으로 통나무를 빠뜨려 이를 이용해서 뗏목을 정박시켰다(사진 20 참조).

난방과 요리에 필요한 목재를 도시에 공급하는 것조차 어렵고 비용이 많이 들었기 때문에 연료 집약적인 산업을 도시지역에 유치하는 것은 완전히 비경제적인 일이었을 것이다. 따라서 도시에서 멀리 떨어진 곳, 나무는 잘 자라되 농작물은 잘 자라지 않아서 땅을 두고 경쟁할 일이 거의 없는 지역에서 공업 활동이 이루어졌다. 그러므로 산업 시대의 대규모 도시형 공장과는 대조적으로 전근대 시대에는 산업 단위가 대체로 소규모 농촌 기업이었다.

북유럽에서는 유리 제조공들이 '숲의 글라스'라는 뜻을 지닌 '발트글라스Waldglas'를 생산했다. 이들은 너도밤나무를 태워서 얻은 칼리(탄산칼륨)를 사용했다. 나무 재를 녹여 순수한 탄산칼륨 결정을 얻어서 주원료인 모래에 첨가할 용매제로 사용했다. 가마에 불을 땔 연료로는 숯을 사용했다.

비누 역시 숲에서 생산되는 제품이었다. 비누를 만드는 데는 칼리와 동물성 지방을 함께 사용했다. 화약은 주요 정착지에서 멀리 떨어진 곳에서 만들었다. 화학반응을 일으키는 숯 성분을 생산하기 위해 오리나무를 사용했다. 오리나무는 산공재라서 넓은 물관이 목재 전체에 고르게 분포된 덕분에 물을 잔뜩 머금은 침수토양에서 빨리 자랄 수 있다. 따라서 오리나무 숯은 넓은 표면적을 지니게 되어 연소 속도가 빨랐다. 오스트리아의 소금 광산 주변에서도 주변의 알프스 산비탈에서 채취한 목재로 소금물을 가열하여 순수한 소금 결정을 얻었다. 중국에서는 베이징에서 1,448km 떨어진 중부에 있는 징더전景德鎭이 중국 제1의 요업 중심지였다. 이곳에는 자기를 만드는 흰색 점토인 자토만 풍부했던 것이 아니라 가마를 땔 장작을 구할 산림지대도 어마어마하게 넓었다.

그래도 산림 수요가 가장 많고 그만큼 많이 이용했던 산업은 바로 제철산업이었다. 제철소는 철 함유율이 높은 광석이 나는 곳에 자리 잡아야 하는 것은 물론, 산림은 풍부하되 땅을 다른 용도로 사용할 가능성이 거의 없는 곳에 들어서야 했다. 로마제국 시대 이래로 잉글랜드 최대의 제철 지대는 잉글랜드 남부 켄트, 서식스, 서리 일대에 걸쳐 있는 월드Weald 지방이었다. 이곳은 노출된 백악질 암석과 철 함유율이 높은 사암, 불투수 점토층이 거대한 돔 모양을 이루고 있다. 19세기 초, 세계 최초의 공룡 화석이 발견된 곳이기도 하다.

철광석은 점토층에서 잘 자란 오크와 너도밤나무, 개암나무로 만든 숯을 사용해서 제련한 다음, 작은 하천가 물레방아에서 동력을 얻어 작동하는 망치로 두드려 모양을 만들었다. 이 일대 전체가 하나의 산업 동력원이었다. 지역의 자원을 최대치로 활용했고, 지속적으로 숯을 공급받기 위해 집중적인 정기 벌채 방식을 이용했다. 이곳을 두고 경쟁을 벌일 농지 수요도 거의 없었다. 점토는 너무 무거워서 쟁기질이 어려웠고, 사암토는 너무 척박해서 곡식이 자라지 못했기 때문이다. 그래서 숲을 뜻하는 독일어 발트Wald에서 이곳의 지역명 월드가 유래한 것이다. 오늘날에는 런던으로 출퇴근하는 사람들이 이곳까지 밀어닥쳐 살고 있지만, 그럼에도 여전히 전국에서 산림 밀도가 가장 높은 곳 가운데 하나다.

철과 강철 생산지로 유명한 다른 지역들도 여전히 수목 비중이 매우 높다. 사우스요크셔의 셰필드 주변 산지가 그렇고, 지금은 낭만파 시인들의 문향文鄕으로 더 유명한 윈더미어 호수 인근의 사우스레이크랜드도 여기에 해당한다. 그 밖에 다른 북유럽 지역에서는 벨기에의 아르덴 숲과 스웨덴 북부를 제철산업의 중심지로 꼽을 수 있다. 스웨덴 북부에 풍부하게 매장되어 있는 철광석은 주변에 넓게 분포한 침엽수림에서 얻은 숯을 사용해서 제련한 다음, 여름에 발트해 연안에서 선적하여 실어 보냈다.

이렇듯 산업화 이전의 유럽에서는 산업공정이 작은 규모로 분산되어 있었다. 그리고 목제품과 철제품을 바탕으로 하는 공예 산업도 마찬가지였다. 숲에는 석탄을 실어 나르는 석탄선, 가지를 엮어 울타리를 만드는 장인, 선반공, 목공 장인들로 가득했다. 마을마다 목수와 대장장이가 있었고, 장이 서는 소도시마다 건축공, 수레 제조공, 바퀴 제조공, 가구공이 있었다. 이런 종류의 사업은 대규모로 성장할 만큼 많은 투자가 필요하지 않았다. 한마디로 이 시기는 벤처투자나 산업화가 일어나기 좋은 세상이 아니었다.

목재의 뒤틀림을 해결하려는 노력

공급 문제는 목재 기반 업계의 생산량과 생산성 증대에 걸림돌이 된 많은 요인 가운데 하나였을 뿐이다. 앞서 살펴보았듯, 목수가 손 공구를 사용해서 목재 용품을 만드는 것은 그것이 아무리 간단한 물건이라도 복잡하고 많은 시간을 투자해야 하는 공정이다. 목재를 필요한 크기에 맞게 자르려면 시간이 걸린다. 접합부를 계산해서 측정하고 표시해서 잘라내려면 훨씬 더 오래 걸린다. 그런 다음, 당시에 구할 수 있는 동물성 접착제로 각 조각을 이어붙이려면 또 시간이 필요하다. 19세기 영국 작가 조지 엘리엇의 위대한 전원소설 《애덤 비드 *Adam Bede*》의 첫 장면은 동네 목공소에서 시작된다. 주인공인 목수 애덤의 동생 세스 비드는 몸은 근육질이나 마음은 여린 인물이다. 하루가 저물어갈 무렵, 그는 그동안 만들던 문을 드디어 완성했노라고 주장한다(하지만 그의 착오다).

문을 만드는 일은 틀림없이 여러 날이 걸리는 작업이었을 것이다. 게다가 목공 작업 이전에도 이미 많은 시간이 소요되었을 것이다. 먼저, 벌목꾼이 적합한 나무를 선별해서 벌목하는 데 걸린 시간, 톱질꾼이 통나무를 나무판자로 자르는 데 걸린 시간, 목재를 건조하는 데 걸린 수년이라는 시간, 마지막으로 작업에 맞는 적합한 나무판자를 선별하는 데 걸린 시간. 그러니 목재 가공업은 현대의 '적시_{JIT, just-in-time}' 생산방식에 전적으로 상반되는 것이었다. 심지어 오늘날에도 여전히 목수들은 속도와 생산성보다는 품질과 완성도를 높이기 위해 고군분투한다.

이처럼 방대한 숙련 작업을 요하기 때문에 목공업에는 높은 노동비용이 발생했을 것이다. 그러니 부유한 가정에서도 가구가 희귀했던 것은 새삼 놀랄 일이 아니다. 그래서 귀한 오크 의자, 식탁, 궤 등은 대를 이어 물려 써야 하는 것으로 여겨졌다. 이보다 복잡한 물건들은 만드는 데 훨씬 오래 걸렸을 것이다. 바퀴는 몇 날이 걸렸고, 수레는 몇 주가 걸렸으며, 배는 몇 년이 걸렸다. 따라서 재목으로 목재가 아무리 작은 조각만 사용되었더라도 목제품 생산량은 가용 노동력 규모와 높은 노동비 때문에 제한적일 수밖에 없었을 것이다.

분산되어 작은 규모로 운영되는 목공업의 특성 또한 혁신을 억제하고 기술 발전을 지연하는 데 일조했다. 가령, 어떤 장인이 유용한 혁신을 이루더라도 외부로 전파될 가능성이 없었을 것이다. 공예업은 대를 이어 주로 아버지에게서 아들로 전수되었다. 기법을 전수할 때도 글이나 말로 가르치는 것이 아니라 시범을 보이는 방식으로 진행되었다. 장인이 되려면 교과서로 공부하는 것이 아니라 장기간 견습 생활을 거치면서 일에 대한 감을 익혀야 했다. 여기에 더해서 공방은 전원 지역 전역에 고르게 흩어져 있었고, 목재를 기반으로 한 다양한 업계 사이에는 거의 접촉이 없었다. 이런 환경에서는 새로운 기술이 등장해도 천천히 전파될 수밖에 없다. 장인들은 늘 같은 방식으로 전통대로 작업했을 것이다. '늘 하던 방식이 이것이라면, 그것이 바로 제대로 된 맞는 방식'이라고 생각했기 때문이다. 이처럼 전통에 대한 경의가 밑바탕에 있으면 보수적인 특성이 생긴다. 다시 말해 표준을 유지하고 실수를 방지할 수는 있지만, 혁신의 발목을 잡는다. 또한 목재 가공업계는 분야마다 길드가 따로 있었다. 길드라는 폐쇄적인 조직을 통해 외부자뿐만 아니라 다른 업계로부터도 각자의 고유한 영업비밀을 지켜냈지만, 새로운 아이디어의 확산도 가로막는 결과를 낳았다.

마지막으로, 직접 해보면서 배우는 접근방식과 시범을 보이면서 가르치는 방식 역시 기술 발전을 제한한 요소가 되었을 것이다. 이런 교육 방식은 장인들 사이에 목재의 성질이나 반응을 표현하고 목재에 가해지는 힘을 파악할 언어가 없었다는 것을 의미하기 때문이다. 그래서 전통적인 목공 장인의 설계에는 견실한 구조적 토대가 부족했고, 장인들은 선배들이 했던 기초적인 공학적 실수를 대물림하여 계속해서 반복했다.

전통적 목재 구조물의 설계에서 드러나는 주된 약점은 목재의 비등방성에서 비롯된다. 나뭇결 방향과 그 반대되는 방향에 따라 매우 다른 성질을 지니는 목재의 이런 특성은 목수에게는 크나큰 난제다. 목재가 쪼개지지 않도록 방지하면서 두 요소를 결합하기란 힘들기 때문이다. 앞서 7장에서 살펴보았듯, 목수들은 구조물을 이루는 요소들을 직각으로 결합하는 방법으로 이 문제를 극복했다. 장부맞춤이나 주먹장맞춤으로 결합하는 방식을 개발한 것이다. 이런 결합법은 축방향력(부재의 축 방향으로 작용하는 힘. 인장력 또는 압축력-역자)을 견디기에는 상당히 좋다. 두 부분이 뜯어지는 것을 방지하기 때문이다. 특히 이 상태에서 접착제로 붙이면 목재 구조물이 거의 부서지지 않는다. 이는 스스로 꽤 괜찮은 목수라고 착각하게 되는 이유이기도 하다.

하지만 문제는 일련의 직각 결합법으로 이루어진 목재 구조물이 제아무리 튼튼하다 해도 충분할 정도로 단단하지는 않다는 것이다. 모두 너무 쉽게 변형되는 경향이 있는데, 특히 기술 용어로 전단력(물체의 단면에 평행하게 작용하는 반대 방향의 두 힘-역자)이 가해지는 상태에서 엇갈리면서 잘 변형된다. 가령, 정사각형 구조물의 모서리가 핀으로 연결되어 있으면 이 구조물은 금세 마름모 모양으로 변형되고, 직사각형 구조물이라면 평행사변형으로 변형된다.

전통적인 목재 접합법은 대부분 전단력을 받아서 수명이 다하는 동안 점점 느슨해진다. 직사각형 모양의 양판문이 자체 무게 때문에 내려앉는 경향이 있는 것도 다 이런 이유에서다. 책꽂이가 기우는 것도, 낡은 식탁이 흔들리고 낡은 의자가 삐걱거리는 것도 다 같은 이유 때문이다. 또한 침대 프레임의 경도가 떨어져서 침대 헤드에 역동적인 압력이 작용했을 때 민망하게도 삐걱거리는 소리가 나는 것도 다 이 때문이다. 수레바퀴가 흔들리기 시작하고 마차 프레임이 뒤틀리기 시작하는 것도 모두 같은 이유에서다. 이렇듯 전통적인 목공은 비효율적인 구조물을 생산한다.

어쨌든 적어도 한 무리의 목공 장인, 즉 건설공들은 이 문제를 제대로 인식했던 것 같고, 결과적으로 효과적인 해법을 내놓았다. 지붕의 내부 구조재를 자세히 살펴보면, 서까래 사이에 사선으로 부재가 설치되어 있는 것을 볼 수 있다. 이런 횡구(또는 대풍구. 풍하중이나 지진하중 등 횡방향의 하중에 저항하기 위해 주요 들보 사이에 설치한 부재-역자) 덕분에 카드 한 벌이 쓰러지듯 서까래가 옆으로 무너지는 사태가 방지된다. 이와 유사한 사선형 요소들은 보드 배튼 도어와 가로장 5개를 붙여 만든 문뿐만 아니라, 많은 하프팀버 가옥의 벽에서도 발견된다. 이런 구조물에 전단력이 가해지면, 사선 부재가 축 방향으로 하중을 받는다. 이 부재가 압축력이나 인장력에 저항하면서 구조물에 필요한 전단 강성(전단력에 의한 부재의 변형에 저항하는 능력-역자)이 생긴다.

하지만 그 당시 건설공들은 그들이 다루는 힘에 대해 온전히 파악하고 있었던 것 같지는 않다. 그들이 일반적으로 많이 사용했던 지붕 트러스 설계들, 가령, 쌍대공 트러스(또는 퀸포스트트러스. 수평 지붕보 위에 쌍으로 마주 보는 수직재를 세워서 삼각형 트러스 안에 사각형이 들어 있는 모양으로 만든 트러스-역자)가 지붕보에 휨력을 가한 탓에 구조물이 필요 이상으로 무거워지고 잘 휘어졌기 때문이다. 또한 바로 앞장에서 살펴보았듯, 외팔 들보 지붕은 무거워지게 과잉 설계된 비효율적인 구조물이다. 여기서 가장 중요한 점은 건설공들의 이런 해법이 다른 업계로 전수되지 못했다는 것이다. 그리고 이에 따른 대가를 가장 심각하게 치른 분야가 바로 조선업이었다.

앞서 7장에서 살펴보았던 모든 선박 설계를 보면, 외부구조를 먼저 만든 다음 내부골조로 보강을 하든, 아니면 내부골조를 먼저 만든 다음 외부구조로 겉을 덮든, 순서에 상관없이 구조 요소는 모두 서로 직각을 이루게 되어 있다. 늑골은 선체를 감싸는 방향으로 배치되어 있지만 판재는 선체를 따라 배열된다. 이런 직각 배치는 튼튼한 설계처럼 보인다. 하지만 바다에 떠 있을 때 선박에 하중이 어떻게 작용하는지를 고려하면 생각이 달라진다. 선박을 떠 있게 만드는 부력은 대부분 선박 중앙에서 발생한다. 이곳은 폭이 가장 넓고 선체가 물속에 제일 깊이 잠기는 부분이다. 반면, 선박의 양쪽 끝부분으로 갈수록 폭은 좁아지고, 선미와 선수는 실제로 물 밖으로 나와 있다. 그 결과, 양쪽 끝부분의 무게 때문에 선미와 선수가 아래로 끌어당겨져서 선박이 휘어지려는 경향이 있다. 이런 선체의 변형을 호깅(선체 중앙과 양단에 작용하는 부력과 중력이 달라 선체가 휘는 현상-역자)이라고 부르는데, 이로 인해 내부골조에 전단력이 작용한다.

그런데 거친 바다 위에서는 파도로 인해 선박의 다양한 부분이 번갈아 오르내리면서 전단력이 계속 변하게 된다. 그러다 보면 의자 뼈대가 그렇듯 선박 구조물도 느슨해진다. 물이 새어 들어오기 시작하고, 어떤 경우에는 판재와 판재 사이의 결합부에 물이 들어오지 않게 막아주는 메움 재료가 튀어나오기도 한다.

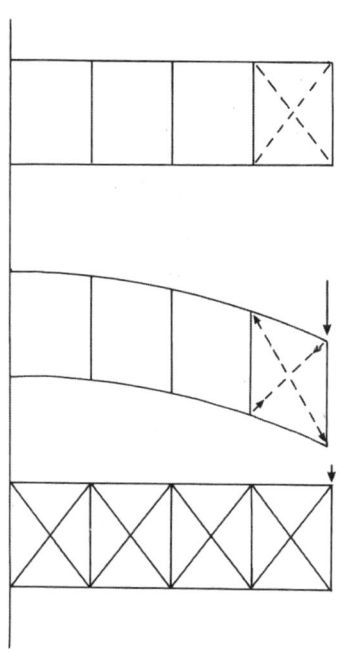

목재 구조에서 가새의 중요성. 대각재가 없으면(위) 사각형 구조는 쉽게 변형된다(중앙). 대각재를 짜넣으면(아래) 구조가 훨씬 더 단단해진다. 구조를 변형하려 하면 대각재에 압축력이나 인장력이 작용하기 때문이다.

전통적인 목조선은 거의 모두 아주 많은 양의 물이 새어 들어왔기 때문에 계속 떠 있으려면 끊임없이 물을 밖으로 퍼내야만 했다. 고대 이집트의 조선 기사들은 이 문제에 대처하기 위해 독창적인 구조적 장치를 개발했다. 선실 위로 선미와 선수를 밧줄로 이어서 이 밧줄이 장력 케이블 역할을 하게 만들었다. 그 결과, 선박 양단이 떠받쳐지면서 호깅 변형이 방지되었다. 이 호깅 트러스는 어느 정도 움직임을 제한하는 효과를 가져왔고, 훗날 미시시피 패들 휠 증기선에 훌륭하게 활용되었다. 하지만 결코 완벽한 방법은 아니었다. 여전히 선체에는 뒤틀림으로 인한 전단 변형이 일어날 수 있었기 때문이다. 그러므로 목조선 크기가 2,000톤 이하로 제한된 원인은 목재의 성질 때문이 아니라 목조선 설계자들의 구조에 대한 무지함 때문이었다.

1805년이 되어서야 영국의 조선 기사 로버트 세핑스가 영국 왕립 군함 켄트호HMS Kent를 설계하면서 목재 뼈대의 변형을 막기 위해 대각선 방향으로 부재를 빗대는 가새(대각재) 개념을 도입했다. 다만, 트라팔가르 해전에 투입되기에는 한발 늦었다. 애석하게도 이 개념은 영향력 있는 결과를 거의 남기지 못했다. 얼마 지나지 않아 목조선이 연철로만 만든 선박으로 대체되었기 때문이다.

이 대목에서 여러분은 의아하게 생각할 수도 있다. 장인들이 스스로 역학적 설계를 개선할 수 없었다면, 르네상스시대 유럽에서 새로이 발전하던 대학교에서 교육받은 학생들이 그들을 도울 수도 있지 않았을까? 그 무렵 학자들이 순전히 철학적이고 종교적인 문제를 다루는 학문에서 시선을 돌려 새로운 과학적 시각으로 세상을 연구하기 시작한 것은 사실이다. 하지만 16세기와 17세기 초, 과학자들의 관심은 순수 과학에 집중되었다. 이들은 주로 천체의 운동, 원소의 발견, 인체 작동방식을 파악하는 데 몰두했고, 응용과학에는 거의 관심이 없었다. 이는 놀라운 일도 아니다. 장인들 모두가 대학 도시로부터 멀리 떨어진 곳에서 활동했으니 말이다. 게다가 교육받지 못한 계급 출신이었던 그들은 고유의 기술에 대한 자부심으로 똘똘 뭉쳐서 그들의 업무 비밀을 철저히 지켰다.

우리가 목재에 의존하면서 결과적으로 물질적 진보를 가로막게 된 또 다른 원인은 이처럼 유럽의 지식인 사회와 장인 사회가 분리되어 있었기 때문이다. 지식인들이 장인들이나 기업가들과 어쩔 수 없이 가깝게 살게 된 이후에야 이들은 다른 그룹으로부터 서로서로 배우기 시작했다.

PART 3

산업 시대의 목재

제11장

석탄이 장작과 숯을 대체하다

1661년 수필가이자 일기 작가 존 이블린John Evelyn은 중대한 환경 관련 보고서라고 알려진 글을 발표했다. 《매연보고서》에서 그는 당시 런던을 뒤덮은 스모그가 그 뒤로도 계속될 것처럼 격분했다. 그러면서 고유황 석탄을 태운 것이 그 원인이라고 정확히 지적했다.

하지만 이블린의 글은 애초에 환경보호 정신을 바탕으로 작성된 것이 아니었다. 그는 다시 목재를 태우던 시절로 돌아가자고 제안하지 않았다. 그보다는 초기 형태의 도시계획 제안서와 사상 최초의 노골적인 지역이기주의NIMBY의 중간 지점에 있는 글이었다. 64페이지 분량으로 잔뜩 부풀려 쓴 이 과장된 산문에서 그는 런던 시가지에서 일체의 산업을 금해야 한다고 주장했다. 그런 다음, 향기로운 나무와 풀, 꽃으로 '그린벨트'를 조성해서 본인과 같은 신사들이 길거리를 가득 메운 연기와 악취를 참을 필요 없게 만들어야 한다고 했다. 그러면 대륙의 계획도시들처럼 런던에 사는 교양있는 주민들은 불쾌감을 주는 것을 볼 필요도, 신경 쓸 필요도 없게 될 것이라고 주장했다.

오늘날에는 구역별 기획zonal planning이 일반적인 정책이다. 이렇게 하면 건강하고 효율적으로 운영되는 도시를 만드는 데 이바지하는 동시에 중공업에 의존하고 있는 현실도 감출 수 있다. 그가 항의성 글을 쓰고 발표할 수 있었던 것은 석탄을 땐 덕분에 런던이 유럽에서 가장 대규모로 가장 빨리 성장하고, 가장 자유로운 사고방식을 가진 도시가 될 수 있었기 때문이다. 하지만 이블린은 이런 아이러니한 현실을 포착하는 데는 실패했다. 목재에서 석탄으로 갈아탔기에 런던은 역대 유럽 혁명 가운데 가장 빛나는 지적 혁명을 뒷받침할 수 있었고, 이블린 자신도 혁명의 참가자이자 기록자가 될 수 있었다. 이러한 목재에서 석탄으로의 전환은 영국을 필두로 결국에는 나머지 국가들까지 산업화 도시 사회로 몰고 갔다. 그러면서 세계를 목재의 시대에서 벗어나게 만들어 지구 환경에 막대한 결과를 초래했다.

앞 장에서 우리는 장작에 대한 수요와 도시로 공급하는 데 따르는 운송의 어려움 때문에 도시의 크기가 제한되었다는 것을 알게 되었다. 또한 이 때문에 도시가 자리 잡을 위치에도 제약이 따랐으며, 도시에 막대한 부를 제공하던 산업과 도시가 분리되었다는 것도 살펴보았다. 하지만 르네상스시대가 막바지에 다다르자 장작 공급의 제약에서 벗어나기 시작한 나라들이 등장했다. 이제 소개하는 두 북유럽 국가는 이를 위해 완전히 다른 두 가지 새로운 열 에너지원을 사용했다.

네덜란드는 이미 15세기에도 인구밀도가 높았고 현지에서 조달되는 목재 공급도 제한적이었다. 네덜란드는 고지대에 있는 산림면적 가운데 많은 부분을 농경을 위해 벌목했다. 나머지 영토는 저지대라 물에 잠긴 이탄으로 덮여 있어서 산림이 조성된 적이 아예 없었다. 이런 상황은 특별한 경우는 아니었다. 이탄은 북유럽 많은 지역에 걸쳐 넓게 분포하고 있었다. 마지막 빙하기가 끝난 이후로 서늘한 침수지역에 이탄이 조성되었기 때문이다. 이런 지역은 땅이 너무 젖어 있어서 그곳에서 자란 이끼나 사초, 풀이 썩지 않았다. 따라서 그 잔해(이탄)가 25년마다 최대 3cm씩 쌓였다.

이탄은 오랫동안 유럽 전역에서 최소한 작은 규모로라도 연료로 활용되었다. 마을 사람들은 이른 여름에 이탄을 채취해서 말린 다음, 수레에 싣고 집으로 가져가서 겨우내 땔감으로 사용했다. 하지만 이탄이 주력 연료가 되었던 적은 없다. 주된 이유는 이탄을 운반하는 것이 목재보다 훨씬 더 비경제적이었기 때문이다. 이탄의 단위 질량당 에너지 함유량은 목재의 절반에 불과한 데다 밀도는 5분 1밖에 되지 않는다. 단위 체적으로 따지면 목재의 10%에 불과한 에너지 함유량이다. 이탄은 수로로 운반 가능한 경우에만 대규모로 활용되었다. 그래서 대개는 건설 비용이 많이 드는 운하 시스템을 구축해야 했다.

하지만 네덜란드 사람들은 행운아였다. 마지막 빙하기 이후 해수면 상승으로 저지대 이탄지대 가운데 두 곳이 해수면 높이에 이르게 되었다. 이중 가장 중요한 지역은 네덜란드 서해안에 자리한 홀랜드 지방에 있는 이탄지대다. 면적 약 647.5km^{2}의 이 지역을 네덜란드 주요 도시 대부분이 빙 둘러싸고 있다. 나르던·위트레흐트·하우다·로테르담·델프트·레이던·하를럼·알크마르·암스테르담 같은 도시 말이다.

16세기에 교역이 증가하자 네덜란드인들은 이렇게 비축되어 있던 이탄을 손쉽게 개발할 수 있다는 것을 깨달았다. 이탄을 파내자 그 아래 있던 점토가 모습을 드러냈다. 점토층 표면은 해수면보다 높이가 2~3m 정도 낮았다. 그러자 자동으로 새로운 호수와 운하가 열렸고, 이 수로를 따라 이탄을 가까운 도시들로 운송할 수 있게 되었다. 이것은 네덜란드가 손쉽게 개발할 수 있는 완전히 새로운 에너지원을 방석처럼 깔고 앉아 있었다는 의미였다. 바헤닝언 농업대학교의 얀 드 제우 교수는 이탄의 깊이와 채취 비율을 추정해서 얼마나 많은 에너지가 공급될 수 있었는지를 계산했다. 그 결과, 새로운 저위 이탄 매장량 덕분에 네덜란드인들은 연간 25페타줄(PJ, 국제에너지 열량측정 단위)에 달하는 열에너지를 얻을 수 있었다. 이는 당시 영국인들이 장작으로 확보한 1인당 에너지의 3배에 해당하는 양이다. 게다가 이탄을 채취하면서 자연히 노출된 비옥한 점토 토양은 배수 과정을 거쳐서 생산적인 경작지로 전환되었다.

이렇게 되자 네덜란드 입장에서는 부富가 보장된 것이나 다름없었다. 추가된 에너지가 네덜란드 황금기에 경제 팽창을 가져왔다. 이 황금기가 17세기 내내 이어져 네덜란드는 적어도 짧은 시간이라도 세계를 호령하는 강대국이 될 수 있었다. 이탄은 네덜란드 경제발전의 밑바탕이 된 여러 중요한 산업의 연료로 사용되었다. 소금 제조, 유리 제조, 양조, 염색, 도자기 산업뿐만 아니라 벽돌 제조업에서 제일 오랫동안 사용되었다. 이 벽돌 제조업 덕분에 멋진 빨간 벽돌집들이 지어져서 네덜란드의 아름다운 도시가 탄생할 수 있었다. 네덜란드 사람들은 이처럼 이탄을 활용하는 한편, 그 유명한 풍차를 줄지어 세워 배수 작업을 벌였다. 이렇게 확보한 새로운 땅에는 곡식을 재배해서 증가하는 인구를 위해 식량을 공급했다. 오늘날에는 이렇게 조성된 간척지가 홀랜드의 막강한 원예산업에 튤립을 공급하는 튤립 재배단지의 중심이 되고 있다.

그러나 네덜란드 황금기는 오래 지속될 운명이 아니었다. 1700년이 되자 저위 이탄 매장량이 거의 고갈되었다. 그런데 네덜란드 북부에 매장되어 있는 고위 이탄을 채취해서 운반하는 일은 훨씬 더 어렵고 비용도 많이 드는 것으로 드러났다. 그러는 동안 홀랜드의 저지대 해안에 토사가 쌓이기 시작하면서 항구에 접근하기가 점점 어려워졌다. 네덜란드는 은행업계에서 점한 우위와 상업적 전문성, 극동과의 무역망에도 불구하고 결국 북해 저편에 있는 경쟁국, 잉글랜드에 선두주자 자리를 넘겨주고 말았다.

쉽게 개발할 수 있는 넓은 이탄 매장층을 보유했던 네덜란드가 지리적인 측면에서 행운아였다면, 잉글랜드는 행운아 중의 행운아라고 할 수 있다. 지리만이 아니라 지질적 특성까지 복합적으로 작용하여 훨씬 더 농축된 형태의 에너지, 즉 석탄이 훨씬 더 광범위하게 막대한 양으로 매장되어 있었기 때문이다. 앞 장에서 살펴보았듯, 단위 체적을 기준으로 했을 때 석탄에는 목재보다 약 5배, 따라서 이탄보다는 50배 많은 에너지가 함유되어 있다. 석탄기에 조성된 매장층에 자리한 영국의 여러 탄광은 남부의 웨일스 계곡에서 북부의 스코틀랜드 중앙벨트까지 대략 남북을 가로지르는 축을 따라 분포했다.

무엇보다 가장 큰 행운은 최대 탄전 가운데 하나인 노섬벌랜드 및 더럼 탄전에는 석탄이 지표면 바로 밑에 매장되어 있어서 쉽게 채취할 수 있었다는 점이다. 게다가 이곳은 북해안과 가까웠고, 주요 3대 강인 타인강 · 위어강 · 티즈강 기슭을 따라 자리했다. 이 지역 광산에서 광부들이 채취한 막대한 양의 석탄은 목조 선로(철도의 전신) 위로 다니던 무개화차에 실려 강까지 아래로 운반되었다. 그런 다음, 강에서 선적되어 계속해서 목적지까지 운반되었다. 이중에서도 광산이 가장 많이 집중된 곳은 타인강 연안이었고, 뉴캐슬은 금세 석탄의 대명사로 떠올랐다. 쓸데없는 일을 한다는 의미로 "뉴캐슬에 석탄을 가져간다"라는 표현이 생겼을 정도다. 뉴캐슬은 빠르게 성장해서 1700년에는 잉글랜드에서 네 번째로 큰 도시가 되었다.

소금 제조와 석회 하소(석회석을 불가마에 구워 생석회를 제조하는 작업-역자)와 같은 에너지 집약 산업이 타인강을 따라 해안 근처에 우후죽순처럼 생겨났다. 하지만 석탄 대부분은 점점 규모가 커진 '석탄선'에 실려 해안을 따라 남쪽으로 운송되었다. 선박의 중앙부 폭이 넓고 바다 깊이가 낮은 석탄선은 이곳 현지에서 건조되었다. 이들 석탄선은 선원들과 함께 통째로 영국 해군의 예비 병력이 되어 훗날 영국의 식민지 사업에 이바지했다. 쿡 선장의 인데버호는 그가 타히티와 뉴질랜드, 오스트레일리아를 탐험한 1차 항해 때 이용했던 유명한 선박인데, 석탄선을 개조해서 만든 것이었다.

뉴캐슬에서 생산된 석탄 대부분은 최종적으로 템스강으로 수송되어 급속도로 팽창하던 도시 런던의 동력원이 되었다. 석탄 사용량은 1600년에 연간 약 15만 톤이었던 것이 1700년에는 거의 50만 톤으로 증가했다. 이 석탄을 공급받은 런던의 인구는 같은 기간 2만 명에서 57만 5,000명으로 증가했다.

석탄 연소가 환경에 끼친 영향은 즉시 나타났다. 16세기 중반에 이미 사람들은 연소 과정에서 만들어지는 연기에 대해 불평하기 시작했다. 심지어 엘리자베스 1세 여왕은 석탄불을 금하는 내용의 법안까지 도입했다. 그럼에도 석탄값이 워낙 쌌기 때문에 런던 시민들은 환경과 관련된 경고와 법률을 모조리 무시했다.

그들은 석탄을 난방용으로만 사용하지 않았다. 그들이 템스강 기슭에 세운 양조업, 유리 제조업, 소금 제조업, 염색업, 금속 제조업 등 에너지 집약 산업의 연료로도 사용했다. 바다 석탄Sea coal(산지에서 생산되어 다른 지역으로 해상 운송되어온 석탄을 구별하기 위해 만든 용어-역자)도 런던 현지의 벽돌 점토를 사용해서 다양한 색상의 벽돌을 만들던 벽돌 제조업의 연료로 사용되었다. 이렇게 해서 생산된 벽돌은 1666년 런던 대화재 이후 도시를 재건하는 데 동원되었다.

산업의 팽창과
응용과학의 발전

17세기 중반, 공화정과 1660년의 왕정복고라는 사회적, 정치적 격변을 겪은 후 네덜란드에 이어 영국 경제가 부상하자, 석탄을 연료로 사용하는 산업들이 팽창했다. 사람과 산업이 한데 모여들면서 런던은 더러워지고 악취도 풍겼지만, 새로운 개방적 사고방식이 꽃피울 조건도 모두 갖추어졌다. 대학 도시 옥스퍼드와 케임브리지에 있던 지식인들이 런던으로 모여들었다. 이들은 그레셤 대학과 런던에 새로 문을 열기 시작한 여러 커피하우스에서 만났고, 그것을 기회로 놀라울 정도로 다양한 관심사와 열정을 지닌 사람들이 한자리에 모일 수 있었다. 예를 들자면 화학자 로버트 보일은 공기펌프를 이용해서 이른바 보일의 법칙을 비롯한 많은 기체의 법칙을 이끌어낸 인물이다. 과학자이자 건축가인 크리스토퍼 렌은 세인트 폴 대성당을 비롯해 런던 대화재 이후 시내 교회 대부분을 재건했다. 의사이자 통계학자, 경제학자인 윌리엄 페티는 쿡 선장이 타히티와 하와이에서 쌍으로 겹쳐 있는 카누를 발견하기 100년 전에 이미 쌍동선을 설계했다. 존 이블린은 오염만이 아니라 정원 가꾸기, 임학, 판화에도 관심이 많은 인물이었다. 이들 자연 철학자들은 인맥이 넓은 정치인 및 행정가들과 가깝게 지냈다. 새로운 영국 해군을 조직화하는 임무를 맡았던 일기 작가 새뮤얼 피프스 같은 경우가 대표적이다.

이들은 다 함께 역대 가장 유명한 과학학회인 왕립학회Royal Society를 창설했다. 초대 간사였던 헨리 올덴부르크는 대륙의 과학자들과의 교류도 촉진하면서 이들에게도 학회의 문을 활짝 열었다. 가령, 네덜란드 출신으로는 진자시계를 발명한 크리스티안 하위헌스와 초기 현미경학자였던 안토니 반 레벤후크가 회원이 되었다. 독일 출신으로는 뉴턴과 공동으로 미분을 발견한 고트프리트 빌헬름 라이프치히도 회원으로 천거되었다.

왕립학회는 현실과 동떨어진 상아탑 사상가들의 모임이 아니었다. 우선, 학회의 왕실 후원자였던 찰스 2세는 학회가 항해와 같은 실용적인 문제에 대해 그에게 도움을 주기를 바랐다. 게다가 학회 창립자들 모두가 영국의 선구자적 과학자 프랜시스 베이컨의 글을 읽고 영감을 받은 사람들이었다. 베이컨은 1627년에 발표한 《새로운 아틀란티스》에서 솔로몬의 집Solomon's House이라는 공공 지식의 보고寶庫를 제시했다. 그는 이 기관이 "인과적 지식, 즉 어떤 것의 원인과 그 비밀스러운 운동에 관한 지식을 바탕으로, 인간 제국의 경계를 가능한 모든 결과로 확장"하는 일에 전념하는 곳이라고 했다.

하지만 왕립학회의 성공과 실용적 관점이 탄생하기까지 가장 중요한 역할을 한 것은 바로 이 학회의 실험 책임자였던 로버트 훅이었다. 근본적으로 봤을 때 훅이야말로 최초의 직업적 과학자라고 할 수 있다. 로버트 보일의 조수로도 일한 바 있었던 그는 보수를 받으면서 학회의 주간 회합에 필요한 모든 실험을 진행했고, 그 과정에서 분야를 초월하여 과학 전반을 다루었다. 뛰어난 재능을 지닌 만능 과학자이자 비전업 건축가였던 훅은 (크리스토퍼 렌을 도와 런던시 재건에도 참여했고) 런던의 장인들이나 도구 제조공들과도 잘 어울렸다. 그래서 학회가 유용한 응용 연구를 수행하게 된 배경에는 그의 영향력이 강하게 작용했다. 또한 그는 인쇄업자였던 조셉 목슨이 최초의 상인 회원이 되도록 힘쓰고, 그가 사상 최초의 DIY 매뉴얼 《기계 실습》을 발간하도록 도왔다. 이 책에는 쇠 벼리는 법, 가구 만드는 법, 목선반 돌리는 법, 벽돌 쌓는 법, 해시계 만드는 법 등이 담겨 있었다. 심지어 누구보다도 신사 노릇을 하던 이블린 역시 당대 최고의 베스트셀러 가운데 하나를 집필하게 되었다. 《산림$_{Sylva}$》이라는 제목의 이 책은 허세를 부리는 듯한 문학적 암시와 기상천외한 구절로 가득하다. 하지만 영국에서 자라는 나무들의 종류와 생장 방식, 활용 방식에 관해 알려진 모든 내용이 이 책에 집대성되어 있다. 17세기 말 이후로는 기술 관련 정보를 널리 구할 수 있었기 때문에 물질적 진보로 빠르게 이어질 수 있었다.

안정적 석탄 공급으로
다양한 제조업이 성장하다

응용과학의 첫 꽃을 피운 가장 중요한 발명품은 아마도 증기기관일 것이다. 석탄 수요가 끝없이 팽창한 결과, 광산업은 점차 강한 압박을 받게 되었다. 광부들은 석탄을 얻기 위해 계속해서 더 깊이 지하로 파내려가야 했고, 이내 갱도 안이 침수되는 문제에 봉착했다. 광산 속 수위를 낮추는 전통적인 방법은 수직 갱도

나 배수로를 파서 해안이나 강기슭으로 배수하는 것이었다. 당연히 이 기법으로는 해수면보다 낮은 광산은 배수할 수 없었다. 석탄 광부들이 열심히 펌프질해서 물을 빼내야 했지만, 사람이나 말의 힘으로 작동하는 펌프 용량으로는 금세 한계에 다다랐다.

석탄에서 얻은 에너지를 증기력으로 전환하는 원리는 17세기 말 프랑스 물리학자이자 발명가인 드니 파팽이 최초로 증명했다. 그는 런던에서 로버트 보일과 함께 초기 압력솥을 연구한 뒤, 기세를 이어 1690년에 모형 엔진을 만들었다. 18세기 초, 파팽의 아이디어는 콘월 출신 엔지니어 토머스 뉴커먼에 의해 마침내 실용적인 엔진으로 태어났다. 뉴커먼의 대기압 엔진은 스팀으로 채워진 실린더에 냉수를 주입하는 방식으로 동력을 얻었다. 이렇게 하면 증기가 응축되어 대기에 의해 구리 피스톤이 실린더 안으로 들어갈 수 있었다. 그런 다음 실린더를 다시 증기로 채우면 피스톤이 부드럽게 밖으로 밀려나갔다. 이 리니어 엔진은 석탄 광산의 양수 장치로 이상적이었다. 이곳에서는 이 엔진의 유일한 단점인 석탄을 많이 소모한다는 점이 전혀 문제 되지 않았기 때문이다. 이렇게 해서 최소한 다음 반세기 동안은 영국의 석탄 공급이 안정되면서 산업화가 계속될 수 있었다.

초창기 왕립학회의 의기양양했던 기세는 오래 지속되지 못했다. 불가피하게 전문적으로 세분화하는 과정을 거치면서 학회를 움직이던 추진력을 일부 상실하고 말았다. 혹은 귀족 기득권 세력에 의해 점차 소외되었다. 아이작 뉴턴이 학회장에 오르면서 왕립학회는 '철학하는 과학자'라는 강박적 이상에 사로잡혔다. 그러면서 점점 응용과학의 위신을 깎아내리더니 결국 이후 1세기가 넘는 기간 동안 영국 과학계를 중요한 사회적 역할과 단절시키는 결과를 낳았다.

다행히도 이즈음에는 유럽의 다른 지역에서 응용과학이 전성기를 맞기 시작했다. 특히 프랑스에서는 드니 디드로와 장 르 롱 달랑베르가 공동으로 편집한 그 유명한 《백과전서》가 간행되었다. 이것이 기폭제가 되어 무수히 많은 기술 백과사전이 출판되면서 전 세계로 지식이 전파되었다. 그리고 영국 안에서도 산업의 중심지가 런던에서 석탄이 매장되어 있는 축복받은 지역들로 옮겨 갔다.

18세기 영국 전역에서는 자수성가한 사람들이 이 새로운 에너지원을 각 지역 특산물과 결합하려고 애쓴 결과, 다양한 산업을 개발하고 팽창시켰다. 선덜랜드에서는 위어강을 통해 들어온 석탄을 새로운 유리 산업에 필요한 가마의 동력원으로 사용했다. 이 유리산업에서는 현지에서 나는 모래와 마그네시아 석회석을 원자재로 삼았다. 요크셔 해안을 따라서는 쥐라기에 생성된 현지 셰일에서 얻은 화학물질들을 이용해서 명반 제조 공장의 통을 끓였다. 스토크에서는 스태퍼드셔 석탄층에서 현지 생산된 석탄으로 새로운 도자기 산업용 가마에 불을 땠다. 이 새로운 산업은 인접한 곳에서 나는 점토층을 원자재로 사용했다. 스태퍼드셔 석탄은 사우스체셔 소금 도시, 즉 낸트위치·미들위치·노스위치의 소금 광산에서 채취한 소금을 결정화할 때도 사용되었고, 버튼온트렌트Burton on Trent의 맥주 양조장에서 가열과정에도 사용되었다. 웨스트미들랜즈의 석탄은 버밍엄의 보석공방과 금속공방에서 쓰는 화로를 때는 데 사용되었다.

이렇듯 영국은 석탄을 중심으로 방방곡곡에 도시가 발달하면서 고대 도시국가와는 다른 도시의 국가urban nation가 되었다. 팽창하는 산업 도시들은 저마다 탄전에서 연료를 공급받았고, 지식인들의 모임이 결성되었다. 대표적인 예가 웨스트미들랜즈의 루너 소사이어티Lunar Society(과학에 관심 있는 귀족들과 기술자들의 모임. 매달 보름달이 뜰 때 모여서 단체명을 '보름달 모임'으로 정했다고 함-역자)와 에든버러의 스코틀랜드 계몽주의의 선봉장들(애덤 스미스, 데이비드 흄 등-역자)이다.

런던에서 시작해서 이제는 영국 전역에서 값싼 새로운 에너지원인 석탄의 혜택을 누리게 되었다. 새로운 기술이 태동했고, 장인 길드의 권력이 무너졌다. 실업가들이 세운 제조업 세계에서는 값싸면서도 매력적인 상품들을 생산했다. 예전에는 조금의 불만도 없이 사용했던 더할 나위 없이 훌륭한 목제품들이 이런 새로운 상품들로 대체되었다. 깨지기 쉽다는 단점에도 불구하고 값싼 도기가 목재 그릇과 접시를 대신했다. 백랍과 유리로 만든 커다란 컵이 나무 잔을 대신했다. 그러자 깨지기 쉬운 이 새로운 상품들을 시장까지 저렴한 비용으로 순조롭게 운반해야 하는 숙제가 생겼다. 이런 필요성에 자극받은 자본가들은 새로운 운송 시스템에 투자했다. 18세기 후반, 마침내 운하의 광풍이 몰아쳤다. 새로운 운하들이 건설되면서 영국 전역을 종횡무진으로 누비며 제조업자에게서 도시의 소비자에게로 상품을 운반하고, 광산에서 새로 발달하는 제조 지역으로 석탄을 운송했다.

석탄 용광로를 이용한 제철산업과 증기기관의 발전

이 에너지 퍼즐에 딱 한 조각이 비었다. 이 한 조각 때문에 전체 산업이 팽창일로의 도시에 집중되지 못했으며 영국의 산업 생산량도 제한되었다. 철을 제련하는 데 여전히 필요했던 목재 부산물, 숯 때문이다. 그 당시 영국 제철업은 놀라울 정도로 작은 규모로 운영되었다. 심지어 1700년이 되었는데도 연간 철 생산량은 약 2만 5,000톤에 불과했다. 이는 같은 기간 영국에서 사용된 목재와 비교하면, 무게로 따졌을 때 대략 30분의 1, 부피로 따졌을 때는 200분의 1 정도에 해당한다.

문제는 제철업이 숯 공급량과 가격 때문에 제한을 받았다는 것이다. 값싼 목재를 꾸준히 다량 공급하기 위해 잉글랜드 남동부 월드 지방의 드넓은 산림지대가 집중 정기 벌채 관리 대상이 되었지만, 그래도 숲은 대륙보다 잉글랜드에서 여전히 더 귀한 몸이었다. 게다가 제철소들은 잉글랜드 산업 중심지에서 약 322km 떨어진 켄트와 서식스 시골 일대에 점점이 흩어져 있었다. 이는 나머지 산업과 협업하거나 혁신하기에 열악한 입지였다. 결국 영국산 철은 점점 경쟁력이 떨어졌다. 급기야 영국은 연간 2만 톤의 철을 스웨덴과 러시아에서 수입하게 되었다. 이 두 나라는 산림지대가 넓어 숲이 풍부했고 순도 높은 철광석에 대한 부담이 덜해서 결과적으로 경쟁우위를 가질 수 있었다.

철 가격을 떨어뜨리면서 나머지 산업과 가까운 곳에 생산지를 두고 생산량을 증대시킬 확실한 해법은 철을 제련할 때 숯 대신 석탄을 사용하는 것이었다. 석탄은 숯보다 훨씬 저렴해지고 있었고 이미 순수한 탄소 덩어리에 가까웠다. 게다가 석탄 덩어리는 부서지기 쉬운 긴 숯보다 단단해서 훨씬 큰 용광로에 넣어도 철광석 무게 때문에 무너져내릴 염려가 없었다. 하지만 제철업자들에게는 석탄으로 제련하는 것이 늘 골칫거리였다. 조밀한 성질을 지닌 석탄은 목재 세포의 내강이 분산 분포된 숯보다 표면적이 적은 것이 문제였다. 이 때문에 석탄의 화학 반응률이 떨어졌다.

더 문제가 된 것은 석탄에는 대부분 황과 같은 불순물이 함유되어 있다는 사실이다. 석탄으로 생산된 철은 오염되고 약했다. 이런 문제를 극복하기 위해 전 세계에서 다양한 기법이 개발되었다. 중국에서는 일찍이 기원전 15세기에 장쑤성에서 석탄으로 철을 제련했다. 하지만 유럽에서는 1709년에야 잉글랜드 슈롭서 주 콜브룩데일의 제철업자 에이브러햄 다비 1세가 주변에 매장되어 있던 석탄을 개발할 방법을 발견했다. 그가 개발해 특허받은 방법은 단순했다. 거주 지역에서 생산된 석탄을 거대한 용광로에 넣고 가열하기만 하면 되었다. 이는 숯을 굽는 과정과 유사했다. 이렇게 하면 석탄 속 불순물들이 타서 떨어져나가면서 코크스가 만들어졌다. 코크스는 석탄보다 순도가 높고 단단한 탄소 덩어리다. 이렇게 만든 코크스를 더 크고 깊은 새로운 용광로에 쌓아놓고 태우면 철을 완전히 녹일 수 있었다. 이런 과정을 거쳐 형성된 액체형 금속을 거푸집에 부어넣으면 선철(무쇠)이 만들어졌다.

　다비는 선철을 재가열해서 그의 또 다른 특허품인 모래 거푸집에 부어서 저렴한 무쇠 냄비와 팬을 만들었다. 이 제품들은 전통적으로 사용되던 구리나 놋쇠 조리기구보다 낮은 가격에 팔리면서 다비는 큰 재산을 모았다. 하지만 그가 고안한 새로운 제철법은 다른 지역으로 빠르게 유행하지 않았다. 1750년이 되기 전까지는 코크스 용광로에서 생산된 주철은 거의 없었다. 그 주된 이유는 코크스 용광로에서 생산된 철은 부서지기 쉬우면서도 사용하기 까다로웠기 때문이다. 다비는 운이 좋은 경우였다. 이스트 슈롭서 탄전에서 생산된 석탄은 순도가 현저히 높아서 약 2%

의 황만 함유되어 있었다. 코크스를 태우는 다비의 방식은 이 정도 불순물은 제거할 수 있었지만, 다른 유형의 석탄에 함유된 최대 7%에 달하는 황은 제거할 수 없었다. 결국, 1750년대에 들어서야 다른 제철업자들이 효과적으로 황을 제거하는 기법을 개발했다. 증기력으로 가동되는 풀무를 사용해서 철 위로 공기를 불어넣어 용광로 온도를 올린 다음, 석회석을 추가해서 황과 반응을 일으켜 제거했다.

이로써 제철산업은 광활한 산림지대에 들어설 필요가 없어지면서 금세 북쪽과 서쪽으로 옮겨갔다. 영국 산업 중심지의 동력 공급원이 있는 석탄 탄전 지대에 합류한 것이다. 슈롭서, 북웨일스, 요크셔주의 셰필드, 버밍엄 인근의 블랙컨트리가 대표적이다. 그러면서 주철의 이점을 활용한 많은 신생 산업이 발달하게 되었다.

주철은 복잡한 모양을 주조하기 쉬워서 온갖 장식품과 울타리, 정원용 가구 등을 만들기에 이상적이었다. 새로 등장한 농업 기술자들은 큰 낫과 괭이 같은 농기구를 만드는 데 주철을 유용하게 사용했다. 그 가운데 가장 중요한 농기구는 곡선형 발토판(볏. 흙을 뒤집어서 땅을 부드럽게 일구는 구부러진 금속판-역자)이 달린 신형 쟁기였다. 이 곡선형 발토판은 전통적인 목재 쟁기보다 힘을 덜 들이고도 흙을 팔 수 있게 했다. 그저 흙 표면만 긁는 정도가 아니라 흙을 완전히 뒤집어서 이랑을 만들 수 있었다. 제임스 스몰이 1784년에 발명한 스코틀랜드식 쟁기는 전체가 하나의 철로 주조된 최초의 쟁기다. 이 쟁기는 말 두 필만으로 끌 수 있고 조종하는 사람도 한 명이면 충분했다. 농업 노동력의 생산성을 크게 끌어올렸다. 게다가 녹는점이 매우 높은 주철은 여느 금속보다도 내열성이 좋았다. 그래서 냄비, 팬, 벽난로뿐만 아니라 온갖 종류의 난로를 만들기에도 안성맞춤이었다. 장작을 때던 용광로의 시대가 가고 더 높은 온도를 내는 석탄불 용광로의 시대가 도래하면서 가축을 키울 때 쓰는 여물통도 납에서 철제로 바뀌었다.

하지만 뭐니 뭐니 해도 주철을 가장 많이 사용한 분야는 바로 대포 제조 분야였다. 특히 콜브룩데일 출신의 또 한 명의 제철업자 존 윌킨슨이 최초의 정밀 절삭기를 개발하면서 주철이 본격적으로 활용되었다. 이 절삭기는 단단한 금속 실린더에서 통을 매끈하게 도려낼 수 있어서 더 안전하고 정확한 무기를 만들 수 있었다. 18세기가 저물어갈 즈음, 유럽 강대국 해군들 사이에 군비 경쟁이 불붙었다. 그러면서 보유 전함 수와 크기, 전함에 설치된 대포수 증가를 부채질했다. 나폴레옹 전쟁 당시, 영국 함대는 약 1만 4,000문의 대포로 무장했다. 가장 큰 대포는 14.5kg의 포탄 발사용 대포로, 대포 1문의 무게가 3톤이 넘었다. 이보다 작은 대포로는 약 7.25kg 포와 3.6kg 포가 있었고, 더 작은 대포로는 포도탄과 박격포가 있었다. 이런 대포를 만드는 데만도 약 2만

5,000톤의 철이 사용되었던 것으로 보인다. 이는 1700년의 연간 생산량에 맞먹는 양이다.

존 윌킨슨이 개발한 새로운 절삭기구는 훨씬 더 많은 석탄을 이용해야 했던 산업혁명의 또 다른 발명품을 개발하는 데도 이바지했다. 바로 증기기관이다. 1765년, 제임스 와트는 자신의 발명품에 대한 특허권을 취득했다. 이 발명은 증기기관의 효능을 극적으로 높여 뉴커먼의 대기압 엔진을 가동 가능한 동력장치가 되게 만들었다. 와트는 분리된 냉각기를 고안해 실린더 속 증기를 제거하고 진공상태를 만들어 피스톤이 아래로 내려오게 했다. 이렇게 하면 실제로 실린더를 냉각하느라 열을 낭비할 필요가 없었다.

그런데 와트에게는 한 가지 문제가 있었다. 이런 엔진의 실린더를 밀폐되도록 완벽하게 만들 수 없었던 탓에 증기가 계속해서 새어나가서 열과 동력이 낭비되었다. 이 문제를 단번에 해결해준 인물이 바로 윌킨슨이다. 그는 와트에게 증기기관 2대를 주문했다. 그런 다음 기존의 대포 절삭기법을 써서 단단한 철 덩어리를 관통하는 완벽한 원형 실린더 구멍을 뚫어 실린더 내부 표면을 매끈하게 만들었다. 덕분에 피스톤이 실린더 안에 잘 들어맞아서 자유롭게 위아래로 움직일 수 있었다. 이리하여 증기기관을 만드는 데 장애가 되었던 가장 큰 기술적 난제가 극복되었다.

증기기관의 개발이 얼마나 중요한지는 아무리 강조해도 지나치지 않다. 와트가 설계하고, 볼턴 앤 와트 사社에서 제작하고, 윌킨슨이 잘라낸 실린더가 사용된 엔진은 얼마 지나지 않아 영국과 대륙 전역의 수백 대 선박에 설치되었다. 이제 제철소와 제분소를 유속이 빠르지만 날씨에 영향을 받는 변덕이 심한 하천가에 지어야 할 필요가 없어졌다. 목조 물레바퀴는 가뭄에는 동력을 잃을 수도 있고, 홍수가 나면 훼손될 수도 있었다. 이런 목조 물레바퀴 대신 철제 증기기관은 날씨와 무관하게 하루 24시간 사용할 수 있었다. 덕분에 산업시설이 하천 근처 시골에 뿔뿔이 흩어지는 대신, 점점 큰 도시에 다 함께 모일 수 있게 되었다. 제철산업은 울버햄프턴의 블랙컨트리와 버밍엄에, 면직산업은 랭커셔의 도시들에, 양모산업은 요크셔의 도시들에 밀집했다. 이런 식으로 산업이 집중되면서 예전보다 훨씬 빠른 속도로 혁신이 전파되고 산업의 효율성이 높아졌으며 물질적 진보의 속도도 빨라질 수 있었다.

하지만 짚고 넘어가야 할 사실이 하나 있다. 공장 노동자들의 근무조건과 생활환경이 그 대가를 치르게 되었다는 사실이다. 제철과 증기기관의 영향으로 영국의 에너지 경제 지형이 뒤바뀌었다. 영국의 석탄 생산량은 1700년에 350만 톤이었던 것이 1750년에는 600만 톤, 1800년에는 1,700만 톤으로 증가했다. 이는 1650년에 목재로 공급받았던 에너지의 20배에 달한다. 1800년이 되자 영국에서는 연료 공급원으로 썼던 목재를 거의 모두 다른 것으로 대체했다.

목재의 연료 효율성을 높인
유럽국가와 신대륙

세계 다른 지역에서는 석탄의 영향력이 영국보다 훨씬 약해서 목재의 시대가 계속 유지되었다. 다른 유럽 국가에는 석탄 매장량이 훨씬 적었고, 그나마 있어도 대개는 접근성이 많이 떨어졌다. 그래서 대륙 국가들은 연료용 목재에 훨씬 많이 의존했다. 그러면서 프랑스와 독일에서는 목재 공급에 대한 정부의 우려가 점차 깊어졌다. 그 결과 영국과 달리 이들 국가에서는 산림을 국유화하고 더 '과학적'인 방식으로 관리하기 시작해야 한다는 압박이 생겼다. 이들은 산림을 관리할 관료와 인프라를 구축했다. 사실상 나무를 훨씬 더 체계적인 방식으로 키우기 시작했다.

또한 유럽 통치자들은 서둘러 목재 공급을 유지하는 조치를 취했다. 통나무를 강으로 내려보내 강을 따라 도시로 운반하기 위해 대규모 토목공사를 벌였다. 목재 공급업자들은 점점 큰 규모의 기업체로 성장했다. 특히 독일 남부의 슈바르츠발트가 대표적이다. 이들 기업은 현지 주민들이 아니라 자본가들에 의해 통제되었다. 이들은 통나무를 주요 강으로 내려보내기 위해 더 커다란 활송 장치를 짓고, 훨씬 더 큰 통나무 뗏목을 만들었다. 18세기 말, 라인강을 따라 운반된 이른바 네덜란드 뗏목은 여러 구간으로 구성된 모습이 마치 떠다니는 마을처럼 보였다. 뗏목에는 최대 13.7m 길이의 방향타가 장착되어 있었고 남성 7명이 조정했다. 중심 구간은 길이 약 366m, 너비 82m 크기에, 노 젓는 사람들이 수백 명 배치되었다. 이들은 뗏목 위에 오두막을 짓고 지냈으며, 이들 외에도 승객들이 여러 등급으로 나누어 탔다. 항해사는 갑판 위로 3m 올린 조망대 꼭대기에 앉았다. 목재의 에너지 밀도가 낮은 점을 고려하면, 대륙에서는 잉글랜드보다 운하를 더 넓게 짓고, 예쁘게 생긴 좁은 배보다는 거대한 바지선으로 상품을 운반한 것이 전혀 놀랄 일이 아니다.

 수요공급 방정식의 이면에서 대륙의 과학자들과 발명가들은 목재를 태울 때 효율성을 높이는 방법을 찾는 데 강박적으로 몰두했다. 이들은 연료 효율이 높은 신형 가마를 앞다투어 개발했다. 이에 따라 사람들은 모닥불처럼 덮개 없이 불을 피우는 대신, 집안에 열기를 훨씬 많이 유지해주는 철제 장작 난로로 바꾸었다. 그랬더니 열효율이 40~60%까지 치솟았다. 덮개 없이 피우던 불의 열효율이 10~20%에 불과했던 것에 비하면 큰 변화였다. 이 변화로 대륙의 산림에도 중대한 파급효과가 나타났다. 장작을 땔 때는 철제 난로는 가는 나무 막대기보다는 꽤 큰 목재 조각을 땔 때 가장 효과가 좋다. 그래서 18세기에 프랑스와 독일에서는 큰 목재를 얻기 위해 정기 벌채 간격을 50년으로 늘렸다가 다시 80년까지 늘렸다. 이런 방법으로 이들은 잡목림에서 교목림 조림지로 효과적으로 전환했다. 또한 이런 조건에서는 무른 나무가 단단한 나무보다 더 빨리 자라는 데다 물에도 더 잘 뜨기 때문에 활엽수가 자라던 산림지대에는 새로 침엽수를 심었다.

한편, 급성장 일로에 있는 북아메리카 식민지와 독립한 지 얼마 되지 않은 미국에서는 에너지 공급에 전혀 문제가 없었다. 동부에 있는 주들은 나무가 무한정 있을 것 같은 숲으로 덮여 있었다. 한창 발달하고 있는 소도시와 대도시는 해안이나 큰 강과 호수 기슭을 따라 자리 잡고 있어서 내륙에서 강에 띄워 운반한 통나무나 용재를 쉽게 구할 수 있었다. 덕분에 신속히 정착지를 건설할 수 있었는데, 기본적으로 유럽 마을을 목재 버전으로 바꾼 모습이었다. 그러면서 우아한 '식민지' 풍의 웅장한 목조 대저택을 지었다.

미국 실업가들은 석탄을 캐는 대신, 숯의 품질을 향상하는 새로운 기법을 개발했다. 그 결과, 가격 경쟁력 있는 철을 계속 생산할 수 있었다. 이들은 나무 장작을 작은 더미씩 태워 숯을 만드는 대신 거대한 증류기에 넣어 간접적으로 가열했다. 그러자 숯의 생산량만 많아진 것이 아니라 손실도 줄어서 훨씬 강한 숯 조각을 얻을 수 있었다.

게다가 이 과정에서 다수의 유용한 화학물질도 배출되었다. 부산물로 생성된 타르, 메탄올, 아세톤은 판매가 가능해서 이 분야 산업은 더욱 경쟁력을 갖추게 되었다. 이렇게 만든 강한 숯을 공급받을 수 있었던 미국 제철업자들은 유럽의 코크스 용광로에 맞먹을 만큼 깊은 용광로 안에서 철을 제련할 수 있었다. 1850년에야 코크스 기반 제철이 숯 기반 제철보다 크게 성장했고, 1920년대 말에 이르러서야 숯으로 제련한 철 생산이 사실상 중단되었다. 이뿐만 아니라 미국인들은 증기기관에 석탄을 사용하는 대신 증기기관 설계를 변경해서 목재를 연료로 사용하도록 만들었다. 이처럼 미국은 20세기가 동트기 직전까지 목재를 사용하면서 다른 어떤 산업국가보다도 오랫동안 목재의 시대에 뿌리를 내렸다.

제12장

19세기의 목재

　　18세기는 산업과 과학이 극적으로 팽창하고, 거대한 유럽 제국들이 부상하며 미국과 프랑스에서 혁명이 일어난 질풍노도의 시기였다. 하지만 놀랍게도 이런 굵직굵직한 사건들은 그 무게감에 비해 사회 기반 시설에는 영향을 주지 못했다. 현대 영화팬들은 〈더 페이버릿: 여왕의 여자〉나 〈걸리버여행기〉 같은 18세기 초를 배경으로 한 영화와 〈아마데우스〉나 〈오만과 편견〉 같은 18세기 말을 배경으로 한 영화를 보면서 대개 배경 차이를 잘 감지하지 못한다. 그도 그럴 것이 신고전주의 풍으로 디자인된 건물들은 비율도 똑같고 기준으로 삼은 인간적 척도(물체나 공간의 크기를 나타낼 때 비교 기준으로 삼는 인간의 신체 크기-역자)도 모두 똑같았기 때문이다. 18세기 말에 지어진 신형 공장들조차 겨우 몇

층 높이밖에 되지 않는 아담한 크기였다. 그래서 밖에서 보면 18세기 초에 지은 창고 건물처럼 보였다. 여전히 사람들은 도시와 도시, 전국을 여행할 때 말이 끄는 목조 마차를 타고 다녔고, 세계여행을 할 때는 목조선을 타고 이동했다. 시대 차이를 감지할 수 있는 힌트는 실내에 숨어 있었다. 가구가 무거운 오크에서 우아한 마호가니로 바뀌었다. 또한 전시해놓은 도자기와 여러 장식품의 양이 늘어났다. 패션에서도 섬세한 동양산 실크 드레스에서 더 단순한 유럽산 면 드레스로 바뀌었다.

누가 봐도 역설적인 이런 상황이 벌어진 데는 이유가 있다. 제아무리 영국이 장작과 숯이라는 에너지 굴레를 벗어났더라도, 기술과 공학 능력은 여전히 목재에 의존하는 한계가 있었기 때문이다. 나무가 자라기까지 기다렸다가 나무를 베어서 목재로 자르고 말린 다음 최종적으로 유용한 모양으로 만들려면 시간이 오래 걸렸기 때문에 생산성이 제한되었다. 게다가 목재가 지닌 공학적 단점 때문에 목재로 만들 수 있는 구조물의 크기와 강도도 제한되었다. 앞서 살펴보았듯, 목재는 쪼개지기 쉽고 결합하기 어려우며 야외에서 뒤틀림과 부패에 취약하고 불에도 잘 탄다. 마차는 무겁고 불편했으며 목조선은 여전히 작고 갑갑한 데다 물이 새어 들어왔다. 이는 여행을 제한하는 요인이 되었다.

18세기 말에도 런던에서 에든버러까지 약 650km를 여행하려면 여전히 3~4일이 걸렸다. 항해 시간도 거의 줄지 않았다. 1724년

벤저민 프랭클린이 그의 첫 항해로 대서양을 건너는 데 약 7주가 걸렸는데, 1786년 마지막 항해 때에도 정확히 똑같은 시간이 걸렸다. 교량의 경우 한 경간이 100피트, 약 30m가 넘는 다리는 드물었다. 건물의 경우 높이가 6층으로 한정되었고 폭도 최대 24.4m로 제한되었다. 공장에 들여놓은 목재용 기계들은 무겁고 투박했으며 조잡했다.

18세기 후반 들어 철 생산량이 크게 증가한 것을 고려하면 상황이 나아졌으리라 예상한 사람들도 있을 것이다. 하지만 안타깝게도 당시 제철업자들이 생산한 주철은 목재를 대체하지 못하는 것으로 드러났다. 주철에는 대개 4%가량 높은 수준으로 탄소가 함유되어 있다. 또한 대장장이가 만드는 조철과 달리, 철을 보강하는 슬래그 섬유가 들어 있지 않았다. 즉, 주철은 부서지기 쉬웠다는 뜻이다. 큰 압축력은 잘 견딜 수 있었더라도 잡아당기면 마치 균열이 있었던 듯 예상치 못한 순간에 쉽게 부서졌다. 돌과 마찬가지로 주철로는 잡아당겨도 견딜 수 있는 사슬이나 휨력을 버틸 수 있는 보를 만들 수 없었다. 또 주철은 충격에도 약했다. 공학 소재로서 주철이 안전하게 대체할 수 있는 것은 오로지 석조 부분이지 목재는 아니었다.

이를 훌륭하게 보여주는 것이 바로 산업혁명 초기의 가장 유명한 구조물, 바로 콜브룩데일의 세번강 위에 건설된 아이언 브리지 철교다. 이 다리는 1784년 주철 산업의 선구자 에이브러햄 다비 1세의 손자 에이브러햄 다비 3세가 건설했다. 이 인상적인 구조물은 총 1,700개의 주철 부품으로 이루어졌고 경간은 36.6m에 달했다. 이 다리는 목조 다리처럼 주먹장맞춤(도브테일)이나 장부맞춤으로 각 부품을 결합했지만, 기본적으로 아치 구조물이어서 철에는 순전히 압축력만 가해졌다. 따라서 380톤에 달하는 섬세한 철제 장식물이 이보다 훨씬 무거운 석조 아치를 대신한 셈이다.

아이언 브리지가 성공하자 이보다 작은 규모의 도로용 다리를 건설하는 데 주철 아치가 많이 사용되었다. 위대한 엔지니어 토머스 텔포드 역시 주철을 사용해서 웨일스 북부 랑골렌 인근에 있는 디강 위로 장관을 이루는 폰트치실트 수도교Pontcysyllte Aqueduct(운하와 연결된 수로로 배를 운행할 수 있게 만든 다리-역자)를 건설했다. 주철로 만든 물받이에 물을 채우고 수도교의 석조 교각 사이에는 주철로 만든 아치형 가로 보를 연결해 지탱했다.

이렇듯 주철 아치가 성공적인 결과를 가져오자 19세기 초의 엔지니어들은 주철을 더 광범위하게 사용해서 철도도 건설하고 공장의 목재 구조물도 주철로 대체하기 시작했다. 하지만 이런 시도는 일련의 재난을 낳고 말았다. 최초의 철제 골조 공장은 무거운 기계가 가하는 굽힘하중을 받아 바닥이 너무 쉽게 붕괴했다. 팽창하는 철도 시스템을 위해 조성된 주철 철로는 무거운 열차가 가하는 동적 하중 때문에 계속해서 끊어졌다. 게다가 주철

트러스로 지은 다리는 참사로 끝나는 경우가 많았다. 예컨대, 로버트 스티븐슨이 지은 디 브리지는 1847년 열차가 건널 때 붕괴하면서 5명의 사망자를 냈다. 확실히 19세기 중반까지 주철은 순전히 압축력만 받는 구조 요소에만 쓸 수 있었다. 그래서 보통 19세기 중반의 전형적인 '주철' 건물이라고 생각하는 기차역과 온실에서는 구조물 가운데 실제로 주철로 지어진 부분은 오로지 기둥뿐이었다.

더욱 튼튼한 구조물 제작에 활용된 연철

19세기 엔지니어들이 새로운 산업 세계를 건설할 수 있었던 열쇠는 무엇일까? 그들이 기록적인 길이의 다리와 초유의 크기와 전대미문의 설계를 자랑하는 건물과 거대한 선박을 지을 수 있었던 열쇠는 바로 지금과는 상당히 다른 소재를 발명한 덕분이다. 그 주인공은 바로 연철이다. 목재보다 10배 더 단단하고 최대 3배까지 강한 인장력을 지니며, 10배 더 튼튼한 연철은 목재보다 우월한 역학적 성질을 지니면서 대량으로 그리고 커다란 크기로 생산할 수 있는 최초의 소재였다.

연철은 1783~1784년 랭커셔 출신의 제철업자 헨리 코트가 발명했다. 전통적인 조철과 비슷하지만, 약 50배 빠른 속도로 생산할 수 있었다. 코트가 특허받은 '퍼들' 기법에 따르면, 먼저 용광로에 주철 덩어리를 녹여서 바닥에 녹은 쇳물이 웅덩이를 이루게 했다. 그러면 연철공이 구멍을 통해 긴 철봉을 용광로 안에 넣어 쇳물을 휘저었다. 이렇게 하면 철 속 탄소가 용광로 바닥에 흩어져 있던 산화철과 반응해서 일산화탄소가 되어 날아간다. 이렇게 철의 탄소 함유량이 떨어지면서 용융점이 높아져서 철이 굳어지기 시작한다. 그러면 연철공들이 금속 조각을 계속해서 굴리고 접어서 마찬가지로 용광로 안에 있던 슬래그 섬유가 철에 포함되게 만든다. 마지막으로, 연철공은 금속 롤을 용광로 밖으로 꺼내어 롤러에 통과시키는 방법으로 펴준 다음, 긴 금속 막대나 납작한 금속판으로 만든다. 전통적인 조철과 마찬가지로 슬래그 섬유가 포함된 연철은 더 강해지고 녹도 잘 슬지 않게 되었다. 하지만 연철공 한 명이 단 하루 만에 100kg이라는 엄청난 양의 연철을 만들 수 있었다는 점이 조철과 달랐다. 얼마 지나지 않아 연철은 대량 생산되어 새로운 가능성의 세계를 열었다.

    엔지니어들은 재빨리 연철의 뛰어난 인장력을 활용하기 시작했다. 연철로 사슬을 만들어 새로운 유형의 다리를 지탱하도록 한 것이다. 그들은 어떤 석조 혹은 목조 구조물보다 경간 거리를 넓힌 현수교에 이 사슬을 사용했다. 1810년, 아일랜드 출신 엔지니어 제임스 핀리는 매사추세츠주 뉴베리포트에 있는 메리맥강 위로 경간이 73.2m에 달하는 현수교를 건설했다. 이후로 거대한 다리가 속속 건설되었다.

 전직 영국 해군 함장 출신 엔지니어 새뮤얼 브라운은 트위드 강을 가로지르는 유니언 체인 브리지의 바닥을 지탱하기 위해 그가 특허받은 연철 체인을 사용했다. 1820년 개통 당시 이 다리는 경간이 136.8m에 이르면서 세계 최장 현수교가 되었고, 오늘날에도 여전히 영국과 스코틀랜드를 이어주고 있다. 하지만 얼마 지나지 않아 이 다리를 능가하는 다리가 등장했다. 바로 토머스 텔포드가 설계한 메나이 현수교다. 웨일스 본토와 앵글시섬 사이의 메나이 해협을 가로질러 런던에서 홀리헤드로 가는 도로를 연결한 다리다. 1826년에 완공된 이 다리의 경간은 무려 176m에 달한다. 이 외에도 1864년 개통된 이점바드 킹덤 브루넬이 설계한 클리프턴 현수교는 지금도 상상할 수 없을 정도로 긴 213.9m에 달하는 경간을 자랑한다.

 철도 또한 연철을 많이 소비한 분야다. 신형 기관차는 객차를 끌 수 있을 만큼 힘도 좋아야 했고, 동시에 기동성도 있으려면 작고 가벼워야 했다. 그러려면 높은 증기압으로 가동해야만 했다. 따라서 보일러가 고압 증기의 응력을 잘 견딜 수 있도록 기관차 설계자들은 연철판을 못으로 이어붙여 내압 실린더를 만들었다. 상대적으로 엔진 무게가 가벼워졌지만, 철도 엔지니어들은 여전히 철로 때문에 골치가 아팠다. 목조 레일은 구식 마차 도로에는 완벽하리만치 적합했지만, 철제 바퀴가 달리기에는 너무 유연했고 빨리 닳아버렸다. 반면, 주철 레일은 너무 부서지기 쉬워서 열차가 지날 때 생성되는 동적 하중을 받아 끊임없이 부러졌다. 어쩔 수 없이 엔지니어들은 고비용에도 불구하고 연철을 사용하게 되었다. 제철업자들은 긴 레일을 정확한 형태로 감는 새로운 방법을 이내 개발했다. 이렇게 감은 레일은 철로 시공자들이 돌로 된 철도 침목 위에 펼쳐 철로로 만들었다.

연철은 철도가 강과 계곡을 건널 때 필요한 수많은 다리를 건설할 때도 점점 선호되는 자재가 되었다. 엔지니어들은 현수교가 너무 유연한 것이 문제임을 금세 파악했다. 무거운 열차가 현수교 위를 지나면 다리가 불안할 정도로 흔들려서 철도를 훼손할 수 있었다. 그래서 철교는 대부분 보의 원칙을 적용해서 보가 휘었을 때 생기는 인장력과 압축력에 잘 견디는 연철로 만들었다. 최초의 대형 형교 beam bridge 가운데 하나가 1846년 로버트 스티븐슨이 설계한 브리타니아 브리지다. 메나이 해협을 가로지르는 이 다리는 텔포드의 현수교와 불과 몇 마일 떨어진 곳에 있다. 넓은 경간의 다리를 만들기 위해 스티븐슨이 내놓은 해법은 단면이 직사각형인 관 2개를 연철로 만들어 관 속을 열차가 지나게 하는 것이었다. 다리는 성공적이었지만, 스티븐슨은 폐쇄된 관이 굳이 필요 없다는 사실을 금세 깨달았다. 그래서 나중에 다리를 지을 때는 연철판 대신 기둥이 교차하는 골조로 바꾸어 최초의 현대적 트러스를 만들었다. 예컨대 1849년 타인강을 가로지르는 하이레벨

브리지처럼 말이다. 얼마 지나지 않아 전 세계 엔지니어들은 길고 짧은 수많은 트러스 교량을 건설했다. 거대한 격자 모양과 십자형 패턴이야말로 19세기 공학을 대표하는 특징처럼 되었다.

연철이 등장하면서 건물 건설 방식에도 변화가 생겼다. 덕분에 새로운 유형의 구조물을 지을 수 있게 되어 도시 환경이 달라졌다. 더비셔에 있는 벨퍼 노스 방적공장이 화재로 파괴되자, 기업주 윌리엄 스트럿은 상층 작업장을 철제 수평보가 지탱하는 건물로 바꾸었다. 이 방식을 모델로 삼아 이후로 지어진 유럽의 모든 방적공장은 골조 전체에 연철을 사용했다. 이 새로운 복합 건축물은 기둥 사이 간격을 더 멀리 떨어뜨릴 수 있어서, 작업장에 개방적인 공간이 조성되었고 여러 층을 높이 올릴 수도 있었다. 이것이 바로 20세기 강철 마천루의 원형이 되었다.

골조가 강해졌다는 것은 이제 석조 벽은 비바람을 막아주는 커튼 역할만 한다는 의미였다. 그래서 석조 대신 놀라운 신소재인 판유리를 사용해서 완전히 새로운 형태의 건물인 온실을 지을 수 있게 되었다. 건축가들과 조지프 팩스턴처럼 정원사에서 전향한 건축가들은 야자수, 나무고사리, 자이언트 수련 등 대영제국이 약탈해온 식물들을 키우기 위해 온실을 점점 크게 설계했다. 이런 온실의 지붕은 연철로 만든 큰 보가 떠받쳤고 이 연철 큰 보는 주철 기둥이 지탱했다. 역대 가장 큰 조립식 건물인 크리스털 팰리스Crystal Palace를 설계한 인물이 바로 팩스턴이다. 1851년 런던 만국박람회장으로 사용된 크리스털 팰리스는 단 8개월 만에 하이드 파크에 세워졌다. 약 9.29헥타르(9만 2,903m²)에 육박하는 면적과 약 33m에 달하는 높이로 지어진 이 건물은 공학이 연철을 사용해서 이루어낸 쾌거였다.

하지만 이 건물에도 상당히 많은 양의 목재가 사용되었다는 사실은 꼭 짚고 넘어가야 한다. 우선, 판유리는 팩스턴이 특허받은 홈통 장치가 있는 목조 프레임에 끼웠다. 또한 이 구조물 가운데 가장 높고 웅장한 부분은 십자형 건물의 거대한 날개 부분인데, 이곳을 각기 21.9m의 지름을 지닌 합판 목조 아치 16개가 지탱했다.

무엇보다도 당대의 대성당으로 불릴 만큼 가장 대표적인 구조물, 즉 거대한 기관차 차고를 짓는 데도 마찬가지 기법이 사용되었다. 기관차 차고에는 세계 전역에서 한창 건설 중이던 새로운 철도역 플랫폼이 있었다. 그중에서도 런던에 있는 세인트 판크라스 역의 아치보다 장관을 이루는 곳은 없다. 이 역은 옛 미들랜드 철도의 종점이었는데, 지금은 영국의 유로스타 전용 역으로 바뀌었다. 하나의 개방된 공간으로 이루어진 이곳은 길이가 210.3m, 너비가 73.1m에 달한다. 이 역은 1868년 개장 당시, 기둥 없이 지붕이 덮여 있는 개방된 공간 가운데 세계 최대 규모로 꼽혔다. 목조로 지어진 건축물 가운데 이와 가장 비슷한 것이 이탈리아 파도바에 있는 팔라초 델라 라지오네다. 이곳과 비교하면, 세인트 판크라스 역에 있는 29개의 아치는 각각의 경간이 3배나 더 길다.

하지만 모든 구조물 가운데에서도 연철은 선박 건조에 가장 큰 변화를 가져왔다. 앞서 10장에서 살펴보았듯, 조선 기사들은 19세기 초에 이르러서야 목조선에 대각선 방향으로 가새를 댈 필요가 있다는 것을 깨닫기 시작했다. 그 후로 얼마 지나지 않아 단단하면서도 물 샐 틈 없는 선체를 만들 수 있는 훨씬 뛰어나면서도 간단한 방법을 발견했다. 연철 판을 관 모양의 선체에 리벳으로 고정한 뒤, 내부 칸막이벽과 스트링거(선체에 세로 방향으로 배치해서 구조물의 형상 유지와 강도 보강을 담당하는 부분-역자)로 보강하기만 하면 되었다. 내부 골조와 외부 갑판을 복잡하게 만들지 않고서도 더 크고 더 빠른 배를 더 저렴한 비용으로 건조할 수 있게 되었다.

가령 영국 빅토리아 시대의 가장 권위 있는 엔지니어 이점바드 킹덤 브루넬은 그의 경력 중에 총 3척의 선박을 설계하고 건조했는데, 새로 설계할 때마다 앞선 것보다 크게 만들면서 사상 최대 기록을 경신했다. 그의 첫 설계작은 오크로 만든 외륜선 SS 그레이트웨스턴호였다. 1838년에 진수된 이 배는 선박 길이가 71.6m, 배수량이 2,300톤에 달했다. 당시 그레이트웨스턴호는 세계 최대의 여객선이었지만, 곧이어 등장한 브루넬의 다음 작품에 비하면 왜소한 수준이었다. SS 그레이트브리튼호는 스크루 프로펠러 방식을 사용한 최초의 철선이었다. 1843년에 진수된 이 배는 선박 길이 98.1m, 배수량 3,700톤을 기록했다. 1859년에 진수된 브루넬의 마지막 작품 SS 그레이트이스턴호는 무려 선박 길이가 210.9m, 배수량이 1만 9,000톤에 달했다.

신형 철갑선에는 또 다른 장점이 있었다. 연철로 튼튼해져서 포탄과 포격에도 훨씬 끄떡없게 된 것이다. 1850년대에 이르자 장갑함은 어떤 목조선도 다 부숴버릴 수 있지만, 장갑함끼리는 타격을 가하지 못한다는 사실이 분명해졌다. 이를 증명한 사건이 바로 남북전쟁 중 벌어진 1862년의 햄프턴 로즈 전투다. 남부 연합군의 장갑함 CSS 버지니아호는 북군의 목조선 2척은 파괴했지만, 북군의 유일한 장갑함 USS 모니터호는 무찌르지 못했다. 유럽에서는 프랑스의 장갑함 글루아르호와 세계 최초로 선체 전체를 철로 만든 전함인 영국의 HMS 워리어호가 양국 간의 군비경쟁에 불을 붙였다. 이렇게 시작된 두 나라 사이의 경쟁은 19세기 말까지 이어졌다.

연철의 시대는 두 가지 상징적인 구조물의 등장과 함께 절정에 이르게 된다. 이 두 구조물은 표면적으로는 완전히 다른 것처럼 보이지만, 사실은 한 사람이 설계한 작품이다. 자유의 여신상은 대충 겉에서 보면 거대하긴 하지만 종래의 평범한 청동 조각상처럼 보인다. 보기에는 단단한 것 같지만, 안에 올라가보면 밖에서 보이는 것이 그저 얇은 구리 껍질이라는 사실을 알게 된다.

그 안정성의 비밀은 내부 구조에 있다. 연철 막대로 프레임을 만들어 거대한 공간을 조성한 것은 프랑스 공학 기술의 걸작이었다. 이렇게 제작한 프레임은 미국이 만든 석조 받침대 위에 단 4개의 지점에 고정되었다. 이 프레임을 설계한 사람은 다름 아닌 알렉상드르 귀스타브 에펠이다. 그래서 그런지 그가 남긴 가장 유명한 구조물인 에펠탑의 비대칭 버전처럼 보이기도 한다. 자유의 여신상이 미국을 상징하듯 에펠탑도 프랑스를 상징한다. 324m까지 높이 솟은 에펠탑을 건설하는 데는 연철 1만 톤이 투입되었다. 에펠탑은 1889년에 완공된 후 40년간 세계 최고 높이의 인공구조물 자리를 지켰다.

산업혁명의 디딤돌이 된
도르래 공장

19세기에 연철을 사용해서 지은 다리나 기차역, 선박이 워낙 눈부신 작품들이라 이쯤 되면 철재가 목재를 완전히 잠식했다는 말이 나올 법하다. 하지만 앞서 내내 확인했듯 사람들은 늘 다시 참신한 소재를 개발해서 목재를 이용하는 방법을 개선했다. 연철도 예외가 아니었다. 첫 번째로 들 수 있는 사례 가운데 하나가 선박용 도르래다. 연철 덕분에 모든 범선에 필요한 이 목제품의 제작 속도가 빨라졌다. 잉글랜드 포츠머스에 있는 옛 해군기지에 가면 트라팔가르 전투에서 활약했던 넬슨 제독의 기함 HMS 빅토리호(사진 15 참조)와 영국 해군 최초의 철갑선 HMS 워리어호를 볼 수 있다. 그런데 그 옆으로 오랫동안 사용하지 않은 작업장들이 있다. 겉보기에 조선소의 일부인 이 도르래 공장은 그리 대단치 않아 보인다. 하지만 역사적으로는 옆에 있는 웅장한 선박들보다 훨씬 더 중요한 가치를 지닌다. 연철 덕분에 목재가 새 생명을 얻은 초기 사례라는 사실뿐만 아니라 산업혁명에서 중대한 디딤돌 역할을 했기 때문이다.

18세기가 저물 때까지 잉글랜드는 제재소 활용 분야에서는 유럽과 미국에 뒤처져 있었다. 잉글랜드의 목수들이나 선박 제조자들은 목재를 자를 때 손으로 직접 자르는 것을 선호했다. 2인용 톱으로 자르면 표면이 아름답게 잘렸기 때문이다. 이런 시스템은 맞춤형 용골처럼 단일 품목을 만들 때는 이상적이었다. 하지만 1796년, 조선 기사이자 유능한 엔지니어였던 새뮤얼 벤담이 해군 조선소에 신임 감독관으로 부임하면서 이야기는 달라졌다. 그는 혁명기 프랑스의 위협에 직면한 상황에서 재무장이 중요한데, 손으로 하는 톱질은 속도가 너무 느리다는 것을 깨달았다. 그래서 볼턴과 와트의 증기기관으로 가동되는 제재소를 조선소에 건설했다. 이제 단 몇 사람만 있으면 선박 건조에 필요한 수많은 작은 목재를 똑같이 잘라낼 수 있게 되었다. 그런데 이것만으로는 그 당시 모든 범선에 다량으로 필요했던 표준화된 부품 하나를 공급하는 데 문제가 있다는 사실도 알게 되었다. 바로 풀리Pulley 라고 하는 선박용 도르래가 문제였다.

돛대 3개가 달린 전열함(포 74문 이상을 갖춘 옛 전함-역자) 한 척에만도 복잡한 삭구(배에서 쓰는 로프나 사슬-역자) 작업을 하는 데 1,000개가 넘는 도르래가 필요했다. 해군은 전국 곳곳에 떨어져 있는 조선소에서 수백 명을 고용해서 이 부품을 수작업으로 만들었다. 하지만 비용은 비용대로 비쌌고, 공급망은 불안정했다. 열성적인 엔지니어였던 벤담은 작업 속도를 높일 수 있는 몇몇 기계를 손수 설계했다. 그런데 이 설계를 실현하기 직전, 그는 자신보다 뛰어난 아이디어를 지닌 엔지니어를 만나게 된다. 바로 이점바드 킹덤 브루넬의 아버지 마크 이점바드 브루넬이었다. 혁명기의 프랑스를 떠나 뉴욕으로 망명했던 브루넬은 바로 얼마 전에 유럽으로 돌아온 상태였다.

브루넬은 도르래처럼 작은 물건은 목재로 대량 생산할 수 있다는 사실을 깨달았다. 즉, 다른 소재와 마찬가지로 작은 목제품도 기계를 이용해서 정밀한 산업공정을 거쳐 똑같은 제품을 대량으로 생산하고 조립할 수 있다는 생각을 한 것이다. 그는 도르래를 만들기 위해, 도르래의 주요한 세 부분이 항상 잘 맞아떨어지도록 정확하게 자를 수 있는 기계를 설계했다. 이 세 부분 가운데 본체는 셸shell이라고 하며, 회전하는 풀리 자체는 도르래 바퀴라고 부른다. 풀리의 차축은 고정 쐐기(핀)라고 한다. 셸을 만들려면 첫 번째 기계가 회전톱을 사용해서 도르래가 될 직사각형 목재를 잘라낸다. 그러면 두 번째 기계가 쐐기를 박아넣을 구멍을 하나 뚫고, 수직으로 구멍 2개를 더 뚫어서 도르래 바퀴가 회전할 홈이 끝나는 양단을 표시한다. 이 기계는 위치 결정점도 표시해서 셸이 다음에 오는 기계에 정확히 연결되게 했다. 세 번째 기계는 장부 구멍 끌을 사용해서 나머지 홈을 팠고, 네 번째 기계는 도르래 귀퉁이를 잘라내서 테이퍼형으로 경사진 모양을 만든다.

이런 제안을 보고받은 영국 해군성은 열렬한 반응을 보이며 이 기계들을 시험할 준비를 했다. 이를 위해 이미 정밀 안전 자물쇠 제작으로 명성을 쌓은 젊은 엔지니어 헨리 모즐리를 고용했다. 이렇게 시작된 두 엔지니어의 협업은 훌륭한 결실을 맺었다. 연철로 만들어 최종 완성한 기계들은 완벽하게 작동했다. 총 43대의 기계가 23개의 공정을 거쳐 3가지 크기의 도르래를 생산했다. 이들 기계는 최초의 공작기계 가운데 하나일 뿐만 아니라 순서대로 기계를 배열함으로써 아마도 세계 최초의 생산라인을 구축한 셈이었다. 당시 방적공장에서 볼 수 있던 방적기와 방직기처럼 일련의 도르래에 의해 증기기관으로부터 얻은 동력으로 가동된 이 공장은 커다란 성공을 거두었다. 연간 도르래 필요량 13만 개를 단 10명의 인력이 생산했다. 이들 기계가 워낙 완벽하게 작동한 결과, 이곳에서는 무려 150년 이상 도르래를 대량 생산했다. 이 도르래 공장은 1964년, 해군 범선이 최종적으로 단종되면서 그제야 생산을 멈추었다.

혁신적인 목재 결합 장치, 못의 등장

브루넬의 도르래 공장은 그전까지 수작업으로 만들었던 목제품 제작을 기계화한 하나의 사례였다. 얼마 지나지 않아 엔지니어들과 건설업자들은 목재와 연철을 결합해서 전에 없던 참신한 구조물들도 개발했다. 이들은 이렇게 참신한 방법으로 목재를 사용하게 되면서 목재를 더 많이 활용하게 되었다. 목재가 늘 지니고 있던 장점인 휨력에 대한 저항력, 경량성, 강성剛性, 인성靭性을 활용해서 단점인 가변성, 쪼개지려는 성향, 목공 결합 장치 제조의 어려움을 최소화할 새로운 방법도 찾아냈다.

이 대목에서 우리는 지리적으로 다른 곳으로 초점을 옮기고자 한다. 왜냐면 목재를 사용하는 참신한 방법들은 대부분 영국이 아닌 다른 곳에서 발명되었기 때문이다. 이 당시 영국은 철을 사용하는 것에 강박적으로 사로잡힌 상태였다. 하지만 북아메리카와 스칸디나비아는 거대한 산림의 축복을 받아서 굳건히 목재의 시대를 살고 있었다.

장부맞춤이나 주먹장맞춤 같은 목공 결합법은 약한 것이 흠인데, 연철은 이를 대신해서 튼튼한 금속 결합 장치로 구조재들을 연결하는 데 크게 이바지했다. 아마도 이런 추세를 보여주는 최초의 사례는 왕대공 트러스(킹포스트트러스)에서 발견할 수 있다. 연철로 만든 사슬을 왕대공에 볼트로 결합한 뒤 수평보 아래로 단단히 둘러싸서 떠받쳐주면 효율적으로 삼각형 구조물이 만들어졌다. 곧이어 미국 엔지니어들은 구조물에 사용된 목재에 구멍을 뚫고 연철 막대로 이들을 연결하면 장점이 많다는 사실을 알게 되었다. 예를 들면, 일찍이 1812년에 루이스 베르나크는 이 기법으로 필라델피아 근교의 스쿨킬강을 가로지르는 유명한 콜로서스 브리지를 건설했다. 얕은 아치를 이루는 다리는 전체 길이가 103.6m에 달하면서 세계 최장 목조 다리가 되었다. 다리를 지탱해준 트러스에 사용된 주요 목재를 모두 철제 막대로 연결해서 외관상 '장부맞춤'은 하나도 사용하지 않은 듯했다. 이것은 인건비가 비싸고 숙련된 목수가 부족했던 이민자들의 나라에는 중요한 선물과 같았다.

철도를 철과 돌로 지었던 유럽과는 달리, 미국인들은 철로 대부분을 목재로 지었다. 물론 연철로 만든 보일러로 가동하는 증기기관은 사용했지만, 레일은 목재 침목 위에 깔았다. 목조 객차는 목조 프레임을 철제 막대기와 볼트로 결합해서 만들었다. 심지어 실험적으로 목조 레일까지 사용했다. 목재 운방용 산림철도는 대개 땅 위에 통나무를 평행하게 두는 것이 전부인 통나무길로 만들었다. 열차는 거대한 도르래처럼 생긴 가운데가 컵처럼 움푹 들어가고 가장자리가 나와 있는 바퀴로 통나무 트랙을 벗어나지 않고 달렸다. 금세 썩는다는 문제가 있었지만, 임시 트랙을 만드는 비용은 1마일(1.6km)당 단돈 75~250달러에 불과했다. 초창기 간선은 대개 가는 연철 조각을 목조 레일 위에 핀으로 고정한 스트랩 레일로 지었다.

미국 철도의 자랑거리는 뭐니 뭐니 해도 협곡을 건너기 위해 세운 트레슬 교각(여러 개의 지지 구조물, 즉 트레슬이 촘촘하게 세워져 상판을 지탱하는 구조의 다리-역자)이다. 이 교각에는 유럽 엔지니어들이 좋아하는 철제 트러스와 흙둑 대신 더 저렴하면서도 빠르게 지을 수 있는 목조 기둥과 철제 결합 장치로 만든 골조를 사용한 것이 특징이다(사진 19 참조). 그 결과, 월등히 저렴한 철도를 건설할 수 있었다. 미국 철도는 일반적으로 1마일당 2만~3만 달러가 소요되었는데, 이는 일반적인 유럽 철도 건설비용 18만 달러의 6분의 1에도 미치지 못하는 수준이었다. 미국이 이미 1830년대 중반 이후부터 장거리 철도를 건설할 수 있었던 것은 바로 이것 때문이었다. 철도노선이 신설되면서 새로운 식민지 정착민들에게 서부 해안으로 가는 길이 열렸다. 이 길은 오래된 오리건 산길을 통해 서부로 가는 마차 행렬보다 더 빠르면서도 안전한 대안로가 되었다. 다만, 트랙을 완전히 연철 레일로 업그레이드하는 사업은 다음 세대의 몫으로 남겨졌다.

참신한 목조 구조물의 등장은 서부 해안의 경제적, 정치적 발전 속도도 앞당겼다. 1859년, 네바다산맥에서 방대하게 매장된 은광석이 발견되면서 실버러시가 시작되었다. 실버러시는 그보다 10년 전에 있었던 캘리포니아 골드러시만큼 중요한 사건이었다. 이 가운데 유독 넓은 매장지가 바로 캄스톡 광맥이었다. 이곳에는 손쉬운 삽질만으로도 채취할 수 있는 무른 광석이 방대한 양으로 매장되어 있었다. 문제는 지표에 쌓인 퇴적물이 금세 고갈되어서 치명적인 함몰이 발생하지 않도록 은광석을 안전하게 채취하기가 어려웠다는 점이다.

석탄 광산에서는 좁은 석탄층 사이의 채굴장을 떠받치기 위해 전통적으로 목재 갱목을 사용했다. 영국의 광산에서는 갱목용 목재를 캐나다에서 다량으로 수입한 1.8~2.4m 길이의 가문비나무 통나무로 충당했다. 그런데 매장층이 수백 미터나 두껍게 형성되어 있던 캄스톡 광맥에서는 단순한 갱목은 사용할 수 없었다. 이 문제의 해법을 들고나온 인물이 독일 출신 광산 엔지니어 필립 다이데셰이머였다. 그의 해법은 바로 스퀘어 세트(갱목 12개를 입방체로 짜맞춘 형틀 지주. 광맥을 작게 구분하여 차례로 채굴하는 데 사용-역자) 지주 채굴법이었다. 광부들은 광석을 내보내면서 그 공간에 사방 1.8m 길이의 목재로 만든 입방체 격자를 넣었다. 각 목재 격자는 연철 장대로 하나로 연결되어 거대한 골조를 이루면서 광맥 전체를 받쳐주었다. 이 격자 골조는 폐기물로 다시 메워지기도 했다. 캄스톡 광맥은 엄청난 부를 창출했다. 한 가지 예로 미국 사회에 막대한 영향력을 지닌 허스트 가문도 이 광맥 덕분에 부를 쌓았다. 또한 샌프란시스코의 확장에 들어간 비용도 충당되었으며 네바다주의 연방 가입도 촉진했다.

미국인들은 훨씬 더 간단하고 소박한 결합 장치인 못이 지닌 장점도 신속히 파악했다. 사실 못은 오랜 기간 수작업으로 만들어지면서 공예 산업의 경지에 올랐다. 잉글랜드 버밍엄 인근 소도시 브롬스그로브에는 못 제조자가 한창 많을 때는 900명까지 되었다. 하지만 수제 못은 비쌌으며, 유럽에서는 기개 넘치는 목수라면 감히 이런 투박한 장치는 작품에 쓰지 않았다.

그러나 미국은 사정이 완전히 달랐다. 미국에는 장인 길드가 없었을 뿐만 아니라 수많은 정착민에게는 집과 집을 짓는 데 필요한 다량의 목재가 필요했다. 이런 상황에서 새로운 주택 건설 방식으로의 전환을 수월하게 만든 것이 바로 기계 절단 못의 발명이다. 연철 판에서 못을 잘라내는 최초의 기계는 매사추세츠 출신의 제이컵 퍼킨스가 1795년에 미국 특허를 받았다. 철사를 잘라 만든 현대의 둥근 못과는 달리, 철판을 잘라 만든 '평못'은 단면이 네모났다. 이런 못은 망치질하면 현대의 둥근 못처럼 목재 세포벽을 쪼개는 것이 아니라 목재 속을 뚫고 들어갔기 때문에 고정력이 훨씬 더 좋았다. 얼마 지나지 않아 못은 대량 생산되기 시작했고, 그만큼 가격도 떨어졌다.

1830년에 이르자, 미국 건설업자들은 목재를 고정하는 능력을 지닌 못을 이용해서 저렴하고 대량 생산되는 주택을 짓기 시작했다. 그러면서 정밀 강철 톱을 갖추어 점점 더 정교해진 제재소도 십분 활용했다. 새로운 제재소에서는 그저 통나무를 두껍고 무거운 기둥으로 자르기만 하는 것이 아니라 얇고 균일한 판자와 폭이 좁은 샛기둥(본기둥과 본기둥 사이에 배치하는 작은 기둥-역자)도 얇게 잘라낼 수 있었다. 그러면 건설업자들은 이 균일한 목재들을 못으로 연결해서 집의 뼈대를 만들었다. 이 기법을 벌룬 구조라고 부르는 이유는 가벼운 데다 얼핏 약해 보이기 때문이다(사진 18 참조).

집의 주요 구조물은 길고 가는 수직 샛기둥, 즉 그 유명한 폭 2인치×높이 4인치(대략 5×10cm) 크기의 각재로 지었다. 이 기둥은 바닥 토대에서부터 지붕 서까래까지 하나로 이어지고, 여기에 상인방과 가로대를 못질해서 연결했다. 벽체는 바닥에서 완전히 조립한 다음, 간단히 세워서 제자리에 맞추고 못으로 연결했다. 유일하게 마루 장선에만 홈이음을 사용해서 샛기둥을 끼운 다음 못으로 고정한 뒤 가로보 위에 얹었다. 마지막으로, 구조물 전체를 바깥쪽에는 두꺼운 판자로, 안쪽에는 널빤지로 덮었다. 이렇게 하면 이중벽으로 단열 효과가 생겨 겨울에는 따뜻하고 여름에는 시원하게 지낼 수 있었다.

미국 정착민들이 저렴하면서도 꽤 괜찮은 집에 살 수 있게 된 데는 이런 벌룬 구조가 중요한 역할을 했음은 아무리 강조해도 지나치지 않다. 겉으로는 벌룬 구조의 집이 엉성해 보일지 모르지만, 실제로는 놀라울 정도로 튼튼한 것으로 입증되었다. 심지어 오늘날에도 미국인들 대부분은 목조 구조의 집에서 산다. 물론 1940년부터는 주택 대부분이 벌룬 구조 대신 플랫폼 구조로 지어졌다. 이 새로운 기법에서는 수직 샛기둥을 집 전체가 아니라 층별로 나누어 시공한다. 각 층을 하나의 상자처럼 지은 다음, 상자 위에 상자를 올리는 식이다. 이는 중세 유럽의 하프팀버 가옥과 매우 비슷한 방법이다. 나 같은 영국 사람은 벽돌집과 석조 주택에 익숙한 탓에, 미국 집의 얇은 벽을 보면 적잖이 당황스럽다. 그렇게 얇으면 분명 창틀에 소소한 장식품이나 화분을 둘 자리가 적다는 뜻이다. 하지만 이런 시스템이 자재를 훨씬 절약하고, 집도 아늑한 데다 훨씬 빨리 따뜻해진다는 사실은 인정하지 않을 수 없다.

집을 짓는 데 못이 유용하게 쓰였듯, 연철로 만든 또 하나의 발명품도 그에 못지않은 역할을 했다. 그것은 바로 기계로 만든 목재 나사다. 이 나사의 도움으로 가구에서부터 울타리에 이르기까지 온갖 구조물을 더 빠르고 저렴하게 지을 수 있게 되었다. 최초의 나사는 중세시대에 탄생했는데, 나무로 된 풀무 틀에 가죽을 붙이거나 갑옷의 금속판을 연결할 때 사용했다. 하지만 목공 작업에는 드물게 사용되었다. 만들기가 너무 어려워서 값이 비쌌기 때문이다. 나사는 나삿니를 일일이 손으로 다듬어야 했다. 이렇게 한참 걸리는 성가신 작업 끝에 얻은 결과물은 투박하고 들쑥날쑥했다.

기계로 만든 최초의 나사는 1760년, 잉글랜드 버턴온트렌트 출신의 형제 욥과 윌리엄 와이어트가 개발했다. 이들의 기술은 믿음이 가는 안정적인 나사를 만드는 데 성공했지만, 볼트처럼 모두 원통형이어서 목수가 먼저 목재에 구멍을 뚫어놓아야 나사를 박을 수 있었다. 1840년대에 이르러서야 컬런 휘플, 토머스 J. 슬론, 찰스 D. 로저스 등 미국의 발명가들이 잇달아 실용적인 뾰족한 나사를 만드는 특허를 받았다. 그 뒤로 미국 회사들은 계속해서 나사 제조업을 장악했다. 아마추어 목공예가도 가정에서 목재를 꽤 튼튼하게 결합하여 유용한 구조물을 만들 수 있게 되었다. 요즘은 조립식 가구의 다양한 부품을 연결하기 위해 여러 기발한 결합 방법이 디자인되어 나사와 함께 사용된다. 전 세계 수많은 사람이 이런 방법을 이용해서 최근 구매한 이케아 가구를 손수 조립하면서 목공 작업의 즐거움을 맛보고 있다.

목재펄프가 가져온
사고방식의 대전환

오래전 모교의 교훈처럼 지혜가 부富보다 상위에 있는 것이라면, 19세기에 개발된 것 가운데 다리나 집보다 훨씬 더 중요한 것이 하나 있다. 바로 목재펄프에서 종이를 만들어낸 능력이다. 종이는 고르지 않은 잔그물을 이루고 있는 섬유질로 구성되어 있다. 이 섬유질을 단단히 압축해서 견고한 표면을 만든 다음, 잉크가 번지는 것을 막기 위해 도토陶土를 코팅해서 방수 처리한다.

초창기 종이는 나무의 인피섬유(줄기 형성층 바깥쪽 조직에 함유된 섬유-역자) 또는 체관부 섬유로 만들어졌다. 하지만 유럽에서는 전통적으로 아마나 면화의 섬유를 이루는 길고 가는 세포를 사용해서 만들었다. 이들 세포는 거의 전체가 헤미셀룰로스 망 속의 셀룰로스로 이루어져 있다. 아마와 면화는 둘 다 주로 섬유를 만들 때 사용된다. 그래서 역사적으로 보면 제지산업은 넝마를 재활용해서 원자재로 삼았다. 넝마는 폐품 장수가 모아서 넝마장수에게 팔거나 직접 넝마로 종이를 만드는 제조업자에게 넘겼다. 문해력이 높지 않고 뉴스에 대한 검열이 심했을 때는 이런 방식으로도 아무런 무리가 없었다. 하지만 17세기와 18세기에 교육이 확대되어 진취적인 정신이 움트면서 신문사가 우후죽순처럼 생겨났다. 그러자 넝마 공급이 한계점에 도달했고 사람들은 이를 대체할 소재를 찾기 시작했다.

일찍이 18세기 초에 프랑스 과학자 르네 드 레오뮈르는 목재로 종이를 만들 수 있다고 주장했다. 그는 말벌이 기둥의 목재를 먹는 것을 관찰한 뒤, 말벌이 목재를 신체 분비물과 섞어서 종이로 된 벌집을 만드는 것이 틀림없다고 생각했다. 하지만 목재를 종이 섬유의 재료로 사용하려면 문제가 있었다. 면화나 아마 섬유와는 달리 목재 세포에는 셀룰로스와 헤미셀룰로스뿐만 아니라 리그닌도 함유되어 있기 때문이다. 이 책 전반부에서 살펴보았듯, 리그닌은 세포벽을 단단하게 만들어서 잘 부서지거나 분리되지 않도록 해준다. 유감스럽게도 리그닌은 빛에 노출되면 산화되는 성질도 있어서 목재로 만든 종이는 시간이 지나면 노랗게 변색된다.

첫 번째 문제는 1840년, 독일의 프리드리히 고틀로프 켈러가 해결했다. 그는 물을 윤활제로 사용하여 숫돌로 목재 막대를 가는 기계를 개발했다. 이런 방식의 목재펄프는 1870년경부터 전 세계에서 널리 생산되기 시작했다. 하지만 이렇게 만들어진 종이는 거칠고 금세 변색되었기 때문에 신문처럼 수명이 짧은 용도에만 적합했다. 그래도 기계로 만든 목재펄프는 조악한 품질에도 불구하고 펄프 가격을 극적으로 떨어뜨리면서 저널리즘에 혁명을 일으켰다. 미국에서는 펄프 가격이 1880년대에 1파운드(0.45kg)당 13~14센트에서 2~3센트로 급락했다. 가격이 하락하자 신문지 크기와 판매 부수가 급증했다. 〈뉴욕 월드〉의 경우 가격은 1863년에서 1882년 사이 5센트에서 2센트로 내린 반면, 신문 크기는 두 배로 커졌고 판매 부수는 2만 5,000부로 폭증했다. 1880년에서 1890년 사이, 미국 신문사에서 사용한 신문용지 양은 여섯 배 증가해서 연간 1억 파운드를 약간 넘는 수준에서 거의 7억 파운드로 늘었다.

새로 생긴 1인치 칼럼난을 채우는 선정적인 이야기와 외설적인 가십이 증가하면서 미국 비평가들 사이에 경종이 울렸다. 그들은 이 현상을 시장의 힘이 작용한 결과라기보다는 도덕이 타락한 탓이라고 보았다. 이런 접근방식을 미국에서는 황색 저널리즘이라고 했다. 어쩌면 값싼 신문용지가 금세 노랗게 변색하는 것을 반영한 명칭일 수도 있다. 어쨌든 이들 황색 저널리즘 신문의 영향력은 엄청나게 커졌다. 심지어 조지프 퓰리처가 발행한 〈뉴욕 월드〉와 윌리엄 랜돌프 허스트가 발행한 〈뉴욕 저널〉이 USS 메인호의 침몰 기사를 선정적으로 보도한 것이 기폭제가 되어 미국이 1898년 미국-스페인 전쟁을 시작했다는 주장이 있을 정도였다.

하지만 새로운 매체가 성장하면 현상 유지를 갈망하는 부유층과 권력층에서는 과장된 이야기들이 활발히 생산되기 마련이다. 신문사들이 활황을 누리면서 신설 대륙횡단 철도를 통해 그 어느 때보다 빠르게 뉴스와 정보가 이미 글을 깨친 미국인들에게 전달되었다. 유럽에서는 신문이 특히 여성들의 문맹률을 낮추는 데 이바지하면서 선거권 확대를 요구하는 목소리를 높이고 여성 참정권 운동이 탄생하는 데 징검다리 역할을 했다. 목재펄프로 만든 값싼 종이가 파급효과를 불러온 분야는 신문만이 아니었다. 목재펄프를 지금처럼 책으로 만들기 적합한 종이로 바꾸어주는 두 가지 화학 처리 과정이 마침내 발명되었다. 아황산염 처리 과정에서는 아황산을 사용하여 펄프에서 리그닌을 제거했다. 1850년대와 1860년대에 개발된 이 과정은 1900년이 되자 목재펄프를 만드는 독보적인 방식이 되었다. 다음으로 이 과정을 대체한 것이 칼 달이 개발한 황산염 과정 또는 크라프트 과정이다. 이 과정에서는 황화나트륨과 수산화나트륨을 사용해서 리그닌과 셀룰로스의 연결을 끊었다.

더 값싸고 더 품질 좋은 종이가 생산되면서 도서 가격이 내려가자, 작가들은 훨씬 폭넓은 독자층의 구미를 맞출 수 있게 되었다. 19세기 중반, 값싼 짚으로 만든 종이나 신문 용지에 인쇄되었던 선정주의적인 '싸구려 통속소설'의 경지를 넘어 이제는 질 좋은 종이에 인쇄된 완전히 새로운 장르의 문학 작품들이 출현하게 되었다. 마크 트웨인의 《허클베리 핀의 모험》과 로버트 트레셀의 《떨어진 바지를 입은 자선가》와 같은 소설은 사회적 이슈를 사실적으로 다루며 분투했다. 미국에서는 삼류소설가들이 서부를 배경으로 하는 대중소설을 내면서 새로운 나라에 걸맞은 영웅 서사를 만들었다. 유럽에서는 쥘 베른과 H. G. 웰스가 《해저 2만리》와 《타임머신》 같은 공상과학소설을 발표하면서 진보의 결과를 고찰했다. 아서 코난 도일의 〈셜록 홈즈〉 시리즈 같은 최초의 탐정 소설도 등장했다. 어스킨 칠더스의 《사막의 수수께끼》를 비롯한 최초의 스릴러 소설도 출현했다. 조지프 콘래드의 《비밀 요원》처럼 최초의 스파이 소설도 출판되었다. 마침내는 그저 코믹한 일상의 이야기를 즐기는 책들도 등장했다. 조지 & 위든 그로스미스의 《어느 무명 인사의 일기》와 제롬 K. 제롬의 《보트 위의 세 남자》가 대표적이다.

19세기 말에 이르기까지 목재의 중요성은 거의 줄어들지 않았다. 목재펄프로 만든 종이 덕분에 전 세계에 걸쳐 사람들의 사고방식에 변화가 생겼고, 제재용 목재도 여전히 널리 사용되었다. 그래도 목재가 물리적으로나 경제적으로 가장 큰 영향을 끼친 곳은 바로 신세계, 즉 신대륙이었다. 세계 질서는 아직은 영국과 여타 유럽 강대국들이 지배하는 듯 보였다. 이들은 그런 지위를 계속 유지할 것이라 자신하고 있었다. 하지만 대서양 반대편에서 미국이 움직이기 시작했다. 방대하게 보유하고 있는 목재를 활용하여 연방국가를 건설하고 경제적으로도 유럽을 따라잡기 시작했다. 현대적 국가에 필요한 사회간접자본 건설에 사용할 목재는 5대호 지역의 산림을 급속도로 벌목하여 공급했다. 이렇게 만들어진 국가는 유럽의 현대적 국가와 비슷해 보였다. 다만, 목재로 만들었다는 데 차이가 있었다. 목조 철도, 목조 가옥, 목조 공장, 심지어 목조 도로는 모두 신속하고도 저렴하게 건설할 수 있었다. 이를 바탕으로 미국은 심지어 유럽을 앞서나가기 시작했다.

하지만 이처럼 성장을 향해 돌진하다 보니 내리막도 나타났다. 많은 경량 구조물들의 수명이 짧은 것으로 드러난 것이다. 하나

같이 쉽게 썩어버리거나 1906년 지진의 여파로 샌프란시스코를 덮친 화마처럼 화재에 쉽게 파손되었다. 게다가 급하게 벌목한 결과, 많은 임지가 사라져버렸다.

나는 미시간주 켄트 카운티 화이트 파인 파크에서 미시간 하부에 마지막으로 남아 있는 20에이커(약 8만 937m²) 규모의 스트로브잣나무 숲을 방문한 적이 있다. 한때 미시간 하부 반도를 뒤덮었던 드넓은 침엽수림 가운데 남아 있는 것은 고작 이것이 전부였다. 그 여행길에서 나는 옛 벌목 도시였던 머스키건에 있는 유서 깊은 목조주택에서 하룻밤을 묵었다. 뒤틀린 마루가 깔린 커다란 연회장을 갖춘 이 집은 매우 매력적이었다. 하지만 사실상 이곳은 머스키건의 전성기를 간직한 유일한 건물이었다. 도시 자체가 거의 목적의식을 잃은 듯 보였다. 사람들에게 과거 역사를 떠올리게 해줄 것도 거의 남아 있지 않았다.

이런 모습은 유럽과 참으로 달랐다. 유럽에는 심지어 후기 산업 도시에서도 오래된 석조 건물과 벽돌 건물이 많이 남아 있다. 가령, 맨체스터에 있는 우리 집 주변 거리에 있는 집들은 모두 머스키건의 민박집보다 오래되었다. 라틴 아메리카 국가들에서조차도 오래된 멋진 석조 건물이 많이 남아 있어서 그들의 오랜 식민지 역사를 증명해주고 있다.

앞으로 살펴보겠지만, 미국이 마침내 영구적인 사회간접자본을 건설할 수 있게 된 것은 20세기에 등장한 신소재 덕분이었다.

하지만 더 많은 과학 혁신에도 불구하고 목재는 20세기 내내 미국뿐만 아니라 전 세계에서 여전히 중요한 역할을 했다.

제13장

현대 세계의 목재

석탄과 연철로 창조된 19세기 산업 세계를 피부로 느끼고 싶다면, 세계 최초의 산업 도시였던 잉글랜드의 맨체스터만 한 곳이 없다. 과학산업박물관에는 면직공장이 재현되어 있고 거대한 증기기관이 가동 중이며 세계 최초의 기차역에서 모형 증기기차도 탈 수 있다.

이뿐만 아니라 도심 주변으로는 철제 골조로 지어진 거대한 공장과 창고가 그을음이 묻은 벽돌 벽과 높이 솟은 굴뚝을 뽐내며 여전히 거리에 군림하고 있다. 거대한 철도 기차역과 트러스 다리, 벽돌 구름다리와 함께 이곳을 찾은 방문객은 마치 L. S. 라우리L. S. Lowry(20세기 영국의 산업단지와 산업화된 사회를 그린 것으로 유명한 현대화가-역자)의 그림 속에 등장하는 인물처럼 느껴진다.

보잘것없는 성냥개비처럼 표현된 남녀의 모습 말이다.

하지만 오늘날 이런 19세기 도시들은 북아메리카와 중동, 아시아에 있는 거대한 20세기 도시의 번화가와 비교하면, 긍정적인 의미에서 차라리 고풍스럽고 왜소해 보인다. 20세기 대도시에서는 엄청나게 높은 고층빌딩이 햇빛을 받아 빛나고, 머리 위로는 비행기가 날아다닌다. 이런 거대한 규모 때문에 인도를 가득 메운 사람들과 거리에 들어찬 자동차들은 거의 눈에 띄지 않을 정도로 작아 보인다. 이러한 변화는 모두 완전히 새로운 '현대적' 소재, 즉 강철과 콘크리트, 플라스틱이 부상한 덕분이며 새로운 에너지원인 석유가 등장한 덕이다. 이런 세상에는 목재가 들어설 자리가 없어 보이지만, 이번에도 우리는 이 새로운 기술 덕분에 목재를 더 많이 사용하게 되었다는 것을 확인하게 될 것이다.

목재를 대체한
산업용 신소재

연철이 발명된 후에도 소재 기술은 발전을 멈추지 않았다. 19세기 말에 이르러 연철은 두 가지 새로운 공학 소재로 대체되기 시작했다. 바로 강철(스틸)과 콘크리트다. 오래전부터 금속공학자들은 탄소와 슬래그 불순물을 제거해서 철을 정제하면 여러 이점이 있다는 사실을 알고 있었다. 순금속에 탄소나 기타 합금을 작은 크기의 측정량만큼 첨가하면 단단하고 강하게 만들 수 있었다.

일찍이 1740년부터 제강업이 발달한 영국의 중공업도시 셰필드의 벤저민 헌츠먼이 도가니강(도가니로 녹인 철강-역자)을 발명하자, 셰필드의 제강업자들은 이 도가니강으로 우수한 도구와 커틀러리를 만들었다. 하지만 도가니강은 약 13.6kg 정도 소량만 만들 수 있어서 값이 비쌌다. 19세기 후반에야 벳서머Bessemer 전로(쇳물에서 불순물을 제거하고 탄소를 제어하여 철강으로 변환하는 용광로-역자)와 평로(방출된 열을 재활용하여 최고 온도를 더 오래 유지하는 고로-역자)가 개발되어 연철보다 일관되게 강하고 저렴한 고품질 강철을 대량 생산할 수 있게 되었다.

이리하여 1880년대부터 강철이 연철을 대신하기 시작했다. 존 오거스터스 로블링이 설계한 브루클린 브리지는 연철 체인 대신 강철 와이어를 사용한 최초의 현수교다. 경간이 486.3m에 달하는 이 다리는 이전에 건설된 어떤 다리보다도 길이가 50% 더 길었다. 초창기 강철이 올린 또 하나의 개가는 바로 스코틀랜드의 포스 레일 브리지다. 최초의 현대적 캔틸레버(또는 외팔보) 다리인 이 다리는 1889년에 완공되었다.

얼마 지나지 않아 강철 프레임은 고층 건물의 표준이 되었다. 공식적으로 10층 이상 되는 최초의 '마천루'는 시카고의 1885년 완공된 홈 인슈어런스 빌딩이다. 그 이후로 미국의 사무실용 건물은 점점 높게 지어졌다. 1930년, 크라이슬러 빌딩은 에펠탑이

가지고 있던 세계 최고 건축물 타이틀을 물려받았다. 이제 미국 도시의 스카이라인은 이 나라의 부와 공학적 역량을 상징하게 되었다.

고층빌딩에는 또 다른 신소재, 철근 콘크리트도 활용되었다. 현대의 콘크리트는 19세기 중엽, 부자지간인 조지프 & 윌리엄 애스프딘이 포틀랜드 시멘트라 불리는 것을 개발하여 완성되었다. 제작 공정은 석회석과 점토 혼합물을 1,370℃ 이상의 고온으로 가열하여 클링커(석탄을 고열로 태운 뒤 남은 단단한 물질-역자)같은 물질을 생성하고, 이것을 갈아 가루로 만드는데, 이것이 바로 시멘트다. 시멘트에 물을 첨가하면 이 둘이 반응하여 단단해진다. 시멘트에 모래나 자갈이 합쳐지면 새로운 물질, 콘크리트가 생성된다. 콘크리트는 돌의 성질을 지니되, 거푸집에 넣어 어떤 모양이든 쉽게 만들 수 있어서 돌처럼 수고스럽게 손으로 깎을 필요가 없었다.

그런데 콘크리트는 돌이나 벽돌과 마찬가지로 인장력에 약한 탓에 콘크리트 단독으로는 절대 목재를 대신할 수 없었다. 엔지니어들은 콘크리트에 강철을 합치면 압축력과 인장력을 모두 견딜 수 있는 구조가 된다는 것을 발견했다. 이것이 가능했던 최초의 소재가 바로 철근 콘크리트다. 철근 콘크리트를 만드는 법은 간단하다. 강철 막대로 만든 골조 위에 콘크리트를 부으면 끝이다. 이렇게 하면 강철 막대가 콘크리트에 인장력을 보강해준다.

콘크리트는 강철 막대가 압착되었을 때 찌그러지거나 녹슬지 않게 보호해준다. 철근 콘크리트의 단점은 강철이 지닌 인장력의 극히 일부만 활용한다는 것이다. 그래서 철근 콘크리트에 인장력이 가해지면, 콘크리트는 강철이 한계점에 이르기도 전에 갈라진다. 그러면 물이 구조물 안으로 들어가 강철을 부식시킬 수 있다.

이 문제를 해결하기 위해 독일의 엔지니어 C. E. 되링은 신소재로 프리스트레스트 콘크리트를 개발하여 특허를 취득했다. 프리스트레스트 구조는 콘크리트가 경화된 후 콘크리트에 구멍을 뚫고 구멍에 가는 와이어를 넣어 팽팽하게 잡아당겨서 만들어진다. 이 과정을 거치면 콘크리트에 사전압축력이 가해진다. 솔즈베리 대성당 첨탑에 매달려 있는 목조 비계가 아래에 있는 석조물에 압축력을 가하는 것과 마찬가지 이치다. 그 결과, 콘크리트나 강철이 단독으로 있을 때보다 뛰어난 성질을 지닌 소재가 만들어진다. 덕분에 인장력과 압축력을 모두 견딜 수 있는 이 소재로 목조 빔보다 휨력에 대한 저항력이 뛰어난 빔을 만들 수 있다. 오늘날 대다수의 대규모 공공건물과 교량의 기둥은 프리스트레스트 콘크리트로 만들기 때문에 신속하고 저렴한 비용으로 공사가 진행된다.

20세기 중반이 되자, 우리가 사는 세상은 19세기 초의 모습은 찾아볼 수 없을 만큼 물리적으로 크게 변했다. 산업용 신소재 한 세트가 목재를 대체하면서 엔지니어들과 건축가들은 전에 없던 대형 구조물을 건설할 수 있게 되었다. 요즈음 우리는 주변 환경에 압도당하고 있다. 특히 도시에서 더 그렇다. 캐나다 밴쿠버를 처음 방문했을 때의 기억이 생생하다. 무심코 호텔 창밖을 내다보았는데, 내가 그 도시의 대성당을 위에서 내려다보고 있다는 것을 깨닫고 어찌나 큰 충격을 받았는지 모른다.

소형 물건용 목재를 대신한 신소재 플라스틱

19세기에는 대형 구조물에 사용되던 제재용 목재가 다른 것으로 대체되었다면, 20세기에는 소형 물건에 쓰이던 목재를 대신할 신소재가 발명되었다. 이름하여 플라스틱. 사실, 목재는 간단한 물건을 만들기에 안성맞춤이다. 그래서 연필, 이쑤시개, 성냥은 여전히 나무로 만든다. 하지만 더 복잡한 모양의 물건을 만들기에는 문제가 있다. 목재를 깎는 데 시간이 걸리기 때문이다. 이는 오늘날 기계화된 세상에서는 한마디로 비경제적이다.

여전히 목재 장난감을 만드는 회사가 몇몇 있긴 하지만, 이런 장난감은 대충 깎아서 만들었거나 값이 비싼 경우가 많다. 그래서 아이들보다는 옛 향수에 젖은 부모나 조부모의 눈에나 매력적으로 보인다. 아이들은 예외 없이 이보다 싸고, 밝은 색상의 섬세한 플라스틱 장난감을 선호한다. 어른들도 비싼 목제품보다는 값싼 일회용 칫솔, 면도기, 펜을 더 좋아한다. 하지만 목재만큼 가볍고 튼튼한 소재를 대체하기란 쉬운 일이 아니다. 19세기 말, 장난감 제조업자들은 신속하면서도 저렴하게 틀에 넣어 주조할 수 있는 양철 병정을 생산했다. 하지만 1920년대에 들어서야 목재만큼 가벼우면서도 쉽게 틀에 넣어 만들 수 있는 새로운 소재가 발명되었다.

20세기 들어 석유를 이용할 수 있게 되자, 화학자들은 석유 속 일부 무거운 분자들을 유용한 생성물로 전환하기 위한 연구를 시작했다. 벨기에 출신 화학자 리오 베이클랜드는 페놀과 포름알데히드라는 두 화학물질을 함께 가열하면 수지가 만들어지고 이 수지를 틀에 넣어 굳히면 원하는 모든 모양의 물건을 생산할 수 있다는 사실을 발견했다.

유일한 문제는 이 소재가 단단하기는 해도 놀랄 만큼 부서지기 쉬웠다는 점이다. 베이클랜드는 목재 가루를 수지에 섞어 섬유 강화 재료를 만들면 이 문제를 극복할 수 있다는 것을 알게 됐다. 그는 자신도 모르게 목재가 세포벽에서 사용한 보강 방식을 따라한 셈이었다. 이 처리 과정은 성공적이었다. 베이클랜드는 어떤 모양이나 크기의 부품도 플라스틱으로 만들 수 있게 됐다. 베이클라이트Bakelite라는 이 신소재로 만든 물건들 가운데에는 최첨단 기술로 생산된 다양한 제품들이 포함되었다. 라디오와 전화기 등의 둥근 유체형 디자인은 아르 데코 시대의 유선형 미학에 지대한 영향을 미쳤다. 이 물건들은 튼튼하지는 않았지만 저렴하게 만들 수 있어서 인기가 많았다.

그 후 양대 세계대전 사이에 또 다른 유형의 섬유 강화 재료가 개발되었다. 바로 포마이카와 같은 셀룰로스 강화 합판이다. 먼저, 석유수지를 종이 형태의 얇은 셀룰로스 시트로 보강한다. 여기에 매력적인 패턴으로 장식하기도 한다. 그런 다음, 이 시트를 목재나 합판에 접착제로 붙여서 표면을 반짝거리고 청소하기 쉽게 만들었다. 이렇게 해서 만든 제품은 사람들의 생활, 특히 여성의 삶을 변화시켰다. 부엌 디자인이 전체적으로 밝아졌고, 주부들은 이제 목재로 된 작업대 표면을 애써 문질러 닦을 필요가 없어졌다. 위생 상태도 극적으로 향상되었다.

그래도 화학자들은 베이클라이트 같은 열경화성 수지가 잘 깨진다는 문제를 완전히 해결하지는 못했다. 제2차 세계대전 후, 재료 과학자들은 섬유로 강화할 필요가 없는 다양한 플라스틱을 개발했다. 폴리에틸렌이나 PVC와 같은 열가소성 플라스틱은 굳어질 때 긴 사슬 분자들이 접히면서 훨씬 더 튼튼한 소재를 만든다. 가령, 폴리에틸렌 제품을 잡아당기면 접혔던 분자들이 펴지면서 많은 양의 에너지를 흡수함으로써 균열이 일어나는 것을 방지한다. 흔히 플라스틱 포장을 뜯기 어려운 이유가 바로 이 때문이다. 열가소성 플라스틱은 온갖 복잡한 모양도 틀에 넣어 쉽게 만들 수 있었다. 목재나 베이클라이트로 만들었던 작은 물건들 대부분을 이제 열가소성 플라스틱으로 만들게 되었다. 그러자 우리의 삶은 훨씬 편해졌다. 하지만 편리함 뒤에는 환경적인 대가가 따랐다. 우리는 최근에야 이 사실을 인식하기 시작했다. 우리가 편리함을 누리는 사이 우리의 강과 바다가 생분해되지 않는 플라스틱 쓰레기에 잠식되어가고 있었다.

그 후, 지난 80년간 섬유 보강 플라스틱 가운데 마지막 유형이 개발되었다. 목재보다 딱딱하고 튼튼하면서도 철이나 강철과는 달리 목재만큼 가벼운 재료들이다. 이 플라스틱들은 목재 속 셀룰로스 분자보다 더 딱딱한 연속 섬유를 함유하고 있다. 유리섬유 강화 플라스틱은 플라스틱 수지를 새로 뽑은 유리섬유로 보강한 것이다. 이 소재는 작은 보트와 최근에는 풍력 발전용 터빈 날개를 만드는 데 널리 사용된다. 하지만 복합소재 기술자들이 가장 사랑하는 재료는 탄소섬유 복합재가 틀림없다. 근래 들어 이 신소재는 목재뿐만 아니라 강철도 대체하기 시작했다. 목재와 강철보다 더 단단하게 만들 수 있기 때문이다.

탄소섬유 복합재는 목재보다 10배 더 단단하나 밀도는 절반 수준이다. 그래서 고성능이 최고로 우선시 되는 구조물을 만들 때 특히 유용하다. 가장 일반적으로 스포츠 장비에 많이 사용된다. 조정에서는 탄소섬유 강화 보트가 합판 보트를 대체했다. 스키의 경우 원래 사용했던 나무판 대신 탄소섬유 스키로 바뀌었다. 테니스에서는 손으로 만든 구형 목재 라켓이 탄소섬유 라켓으로 대체되었다. 탄소섬유 복합재는 심지어 비행기와 경주용 자동차의 동체에 사용되던 강철과 알루미늄도 대체하고 있다.

하지만 여기에도 한 가지 문제가 있다. 복합재는 목재나 강철만큼 인성이 강하지 않다는 점이다. 이 때문에 1970년대에 영국 엔진 제조사 롤스로이스는 하마터면 몰살될 위기를 겪기도 했다. 당시 롤스로이스는 신형 제트엔진 RB211의 무게를 줄이기 위해 탄소섬유 터빈 날개를 개발했다. 이 날개는 훌륭하게 작동했다. 다만, 안타깝게도 새가 공기흡입구로 빨려 들어오면 산산조각이 나서 엔진 고장을 일으켜 재난을 초래할 수 있었다. 롤스로이스는 다시 티타늄 날개를 사용할 수밖에 없었고, 탄소섬유 날개 개발에 막대한 비용을 투입했던 회사는 파산 직전에 몰렸다. 결국 영국 정부가 긴급구제에 나서야 했다.

몇몇 좌절에도 불구하고 산업용 신소재는 18세기 사람들이 본다면 도저히 알아볼 수 없을 정도로 달라진 세상을 만들어냈다. 우리가 주변 환경을 지배하는 것이 전에 없던 일이듯이 우리 환경을 오염시키는 것 역시 전에 없던 일이다. 우리는 집 밖에서는 거대한 구조물에, 집 안에서는 무수히 많은 소품에 둘러싸여 산다. 그 안에서 자주 우리가 창조한 세계에 압도되는 느낌을 받는다. 이렇게 혼잡한 물질 세계에는 목재처럼 구식 재료가 들어설 자리가 없다고 생각하기 쉽다. 금속은 우수한 강성과 강도, 인성을 지녀서 기계공학과 토목공학에서 목재를 대체했다. 프리스트레스트 콘크리트는 목재보다 강하고 쉽게 모양을 만들 수 있어서 건축에서 목재를 대신했다. 플라스틱은 저렴하면서도 일상생활에 필요한 다양한 물건을 손쉽게 만들어낼 수 있다. 섬유 강화 복합재는 월등한 강성을 앞세워 스포츠계를 접수했다. 하지만 20세기에도 우리는 이들 신소재를 활용해서 그 어느 때보다 목재를 쓸모 있게 만들 수 있게 되었다.

항공기 제조에 활용된 신소재 목재

20세기 초에 태동한 산업 가운데 목재가 성공의 열쇠 역할을 한 분야가 있다. 바로 항공기 제조업이다. 비행기와 같은 첨단 기계라면 처음부터 더 단단하고 강한 금속과 같은 '현대적인' 소재로 제작되었어야 한다고 생각할 수도 있다.

하지만 초창기 비행기는 엔진 출력이 약했기 때문에 최대한 가벼워야 한다는 것이 기체에 요구된 첫 조건이었다. 질량백분율로 따지면, 목재는 금속만큼 단단하다. 같은 질량의 목재로 버팀목을 더 굵게 만들 수 있어서 같은 질량의 금속보다 실제로 더 강하고 단단하기 때문이다. 그래서 초창기 비행기는 목재 버팀목을 세워 만든 직사각형 상자 골조에 금속판을 붙여 제작했다. 여기에 전단력을 버티도록 대각선 와이어로 프레임을 보강했다. 가령, 라이트 형제가 만든 최초의 동력 비행기 '라이트 플라이어'와 프랑스 항공기술자 루이 블레리오의 단엽 비행기처럼 초창기 비행기 가운데 일부는 천을 덮은 날개만 제외하고는 골조가 훤히 들여다보이게 개방되어 있었다. 하지만 나중에는 동체도 천으로 덮어서 비행기 모양을 더 유선형으로 만들었다. 제1차 세계대전에 투입되었던 영국 전투기 소프위드 카멜과 그 맞수 독일의 포커 트라이플레인과 같은 복엽기들은 경량 디자인의 경이로운 산물이었다. 이런 복엽기들은 하도급 가구 제조업자들이 몇천 대 단위로 대량 생산해냈다.

초창기 비행기 제조업자들은 목재로 만든 최초의 신소재, 합판의 주요 소비층이기도 했다. 목재는 나뭇결에 따라 강도가 다른 비등방성 때문에 늘 원하는 모양대로 만들고 다루기가 까다로웠다. 목재는 잘못된 방향으로 하중이 가해지면 나뭇결 방향으로 쪼개지려는 성질이 있어서 자칫 재난으로 이어지는 경우가 많다. 이런 단점을 극복하기 위해 얇은 베니어판 여러 장을 나뭇결이 서로 직각이 되도록 맞붙이는 아이디어를 1797년 처음 제안한 인물이 있다. 이 선구적인 생각을 한 인물은 바로 새뮤얼 벤담이었다. 이때 베니어판은 서로 맞닿는 판끼리 나뭇결 방향이 직각이 되도록 붙여야 한다.

벤담이 지적했듯 이런 베니어판은 나무판자로 만든 전통적인 선체보다 전단력에 훨씬 강할 것이므로 배를 만들 때 특히 유용할 것으로 기대되었다. 하지만 당시에는 베니어판을 만들려면 나무줄기를 톱질로 얇게 잘라내야 했기에 실용적이지 않은 것으로 드러났다. 이런 방법으로 합판을 만들면 종래의 나무판자처럼 너비가 제한될 수밖에 없었을 것이다.

이런 문제는 1851년, 임마누엘 노벨이 효과적인 회전 선반을 발명하여 특허를 획득한 뒤에야 해결되었다. 임마누엘 노벨은 다이너마이트를 발명하고 아이러니하게도 평화상을 제정한 알프레드 노벨의 아버지다. 회전 선반으로 베니어판을 생산해내는 과정은 이렇다. 먼저, 이 거대한 공작기계 양단에 통나무를 고정해서 회전시킨다. 통나무가 회전하는 동안 전체 길이대로 긴 칼이 나무를 얇게 잘라서 마치 두루마리 휴지가 풀리듯 얇은 베니어판을 풀어낸다. 이 기법을 사용하려면 통나무가 거의 완벽하게 곧아야만 한다. 그래도 얇은 베니어판이 최초로 대량 생산될 수 있었다는 것에 의미가 있었다.

이런 베니어판으로 만든 합판은 처음에는 품질이 형편없었다. 베니어판을 붙이는 데 쓰인 동물성, 식물성 접착제가 방수되지 않아서 잘 썩었기 때문이다. 그래서 합판은 대체로 실내용으로 제한되었고 화가들이 쓰는 유화용 보드지 같은 간단한 물건을 만드는 데만 사용되었다. 하지만 이내 가구 디자이너들이 이상적인 소재가 될 수 있는 합판의 진가를 알아보았다. 뉴욕의 존 헨리 벨터John Henry Belter와 같은 디자이너들은 합판을 손쉽게 구부려 2차원, 더 나아가 3차원의 곡선 모양으로 만들 수 있다는 것을 보여주었다. 이렇게 만든 곡선을 이용해서 우아한 로코코 양식을 재현한 가구가 만들어졌다.

곡선형 외부구조를 만들 수 있다는 점은 초창기 비행기 설계자들의 마음도 사로잡았다. 이를 활용하면 더 매끈한 유선형 동체를 만들 수 있었기 때문이다. 1912년, 쥘 베드린Jules Védrines은 모노코크 구조(골조와 외피를 일체형으로 만든 구조-역자)의 단엽기 드 페르뒤생Deperdussin을 조종해 고든 베넷 트로피 경주에서 우승했다. 이 우아한 중익(기체 중앙에 장착된 날개-역자) 단엽기의 원뿔형 동체는 튤립나무 재목의 판자 3겹으로 만들어졌고, 거대한 유선형 프로펠러 스피너를 장착했다. 이 비행기는 시대를 훨씬 앞서 나가며 미래의 비행기가 나아갈 방향을 제시했다.

얼마 후 발발한 제1차 세계대전에서 합판 디자인은 몇몇 독일 설계자들만이 채택했다. 내가 제일 좋아하는 아름다운 정찰기 롤란트 C.II, 일명 '발피쉬Walfisch(독일어로 고래를 뜻함-역자)'와 전투기 알바트로스 D.Va(사진 21 참조) 등 몇 대만 제작되었다. 멋진 외관을 자랑하는 이들은 동체 전면에 이빨을 드러낸 상어 그림을 그려서 상어의 매끄러운 모양과 잔혹한 성질을 강조했다. 하지만 이들보다는 전통적인 목조 가새 골조를 지닌 비행기들이 훨씬 많았다. 아마 합판으로 만든 비행기는 질량이 조금 무거운 점이나 습한 날씨에 쉽게 썩는다는 점이 문제가 되었던 것 같다.

내습성이 강화된
합판의 다양한 활용

1920년대 들어 새로운 폴리머 기반 수지로 베니어판을 접착시키면서 마침내 방수 문제가 해결되었다. 실내용 합판은 저렴한 요소수지를 사용해서 붙였고, 실외용 합판은 방수기능이 있는 페놀수지로 만들었다. 얼마 지나지 않아 일반 건설용 2.5×1.2m 규격의 합판이 대량 생산되면서 전문 목수뿐만 아니라 비숙련 DIY 애호가가 선호하는 소재로 등극했다.

합판 제조업자들은 모든 종류의 소형 보트에 사용할 수 있는 고품질의 선박용 합판도 개발했다. 특히 지난 60년간 합판 건조 방식 덕분에 저렴한 조립형 디자인이 나와서 세일링 딩기(돛을 단 소형 요트-역자)에 대한 진입 문턱이 낮아졌다. 2인승 영국산 미러 딩기(보급형 세일링 딩기로 영국의 유명 신문 〈미러〉지에서 이름을 따옴-역자)는 7만 척 이상, 1인승 남아공산 소형 요트는 4,000척이 건조되었다.

1960년대 말, 우리 아버지 역시 주말이면 차고에서 합판으로 된 소형 요트를 만드는 데 많은 시간을 보냈다. 물론 기억에 의하면 제작 과정이 늘 순탄하기만 했던 것 같지는 않다. 선박용 합판의 내습성은 악기 제조업자들도 유용하게 활용했다. 나는 19세기 이전의 고전음악 여름학교에서 유독 열심이던 합판 베이스 리코더 소유자를 만난 적이 있다. 이 리코더의 단면은 네모나서 모양이 흉했지만, 그 동안 들어본 다른 베이스 리코더 못지않게 음색은 확실히 좋았다. 비록 내가 베이스 리코더 소리를 들어본 적이 그리 많지는 않지만 말이다.

압축 공기기관의 출력이 증가해서 비행기 속도가 빨라지면서 강철과 알루미늄처럼 합판보다 무겁더라도 단단한 금속을 많이 사용하게 되었다. 하지만 제2차 세계대전과 함께 합판은 극적으로 항공기산업에 복귀했다. 전쟁 중에 금속이 부족해질까 우려한 영국 항공기 설계자들은 노르망디 상륙작전과 같은 공중강습 작전용의 저렴한 목조 글라이더뿐만 아니라 초고속 폭격기까지 개발했다. 승무원들 사이에서 나무의 기적이라는 별칭으로도 불렸던 드 하빌랜드사社의 모스키토 폭격기는 독창적인 샌드위치 구조로 만들어졌다. 가운데에 가벼운 발사나무를 대고 그 양면으로 3겹의 자작나무 합판을 샌드위치처럼 덮었다. 기체 구조물은 절반씩 따로 만든 다음 접착제로 붙였다. 날개에도 얇은 합판을 씌웠다. 롤스로이스 멀린 쌍발 엔진을 장착했기 때문에 모스키토는 대부분의 독일 전투기보다 빨랐다. 거의 8,000대가 제작되어 매우 다양한 임무에 투입되었다. 정찰기부터 경폭격기, 심지어 야간 요격기로도 맹활약했다. 합판을 이용한 샌드위치 구조 기술이 워낙 성공적이어서 드 하빌랜드사는 전후 제트 전투기 뱀파이어의 엔진실도 계속해서 합판으로 만들었다.

합판은 지금도 여전히 중요한 소재여서 매년 1억 4,526만

5,423m³의 합판이 만들어진다. 하지만 지난 70년 동안에는 합판에 이어 매우 다양한 '공학목재(엔지니어드 우드)' 소재가 등장했다. 이들 대부분은 질이 떨어지고 대체로 달리 가치가 없는 자투리 나무 조각을 사용해서 만든다. 이 가운데 가장 단순한 형태가 바로 칩보드다. 나무 칩과 톱밥을 접착수지로 붙인 뒤 압축해서 얇은 판으로 만든 것이다. 칩보드는 약하기는 하지만, 이케아의 대표작 빌리BILLY 라인의 책장처럼 저렴한 가구를 만들 때 가운데 샌드위치 층에 흔히 사용된다. 빌리 책장에서는 칩보드에 베니어를 붙여서 강도도 높이고 보기에도 좋게 만들었다.

미국과 스칸디나비아의 임산물 연구소에서는 다양한 섬유판도 개발했다. 먼저, 기계로 목재를 펄프처럼 불려서 개별 목재 세포를 분리한다. 그런 다음, 압축해서 얇은 판으로 만든 뒤, 접착수지로 방수 처리한다. 섬유판은 사용 범위가 매우 넓다. 고밀도의 하드보드(경질 섬유판)에서부터 중밀도의 MDF(중밀도 섬유판)를 거쳐 카드보드(판지)에 이르기까지 다양하게 사용된다. 이 가운데 MDF는 집 새단장 TV 프로그램에 출연하는 인테리어 디자이너들이 가장 아끼는 재료다. 또한 카드보드는 값싼 포장재로 그 가치가 입증된 재료다. 현재 약 2억 5,230만 3,103m³의 공학목재가 매년 만들어진다.

오늘날에는 목재를 사용해서 제재목뿐만 아니라 합판보다도 뛰어난 성질을 지닌 소재를 생산하는 분야가 가장 빠른 성장세를 보인다. 바로 글루램glulam으로도 불리는 접착 집성재(섬유 방향을 서로 평행하게 붙인 재목-역자)와 CFL로 불리는 교차섬유 집성재가 그 주인공이다. 글루램 집성재는 톱으로 자른 나무판자로 만들어서 모양이 아름답다. 가장 큰 장점은 다수의 저렴한 짧은 판자를 접착제로 붙여 목재 빔과 판을 만들기 때문에 어떤 크기나 모양으로도 만들 수 있다는 것이다. 건축가들은 이제 나무의 크기에 제약을 받을 필요가 없다.

집성재를 만드는 과정에서 가장 큰 돌파구가 된 것은 핑거 조인트 방식(또는 빗살이음 방식)을 발명한 것이다. 짧은 판자의 양쪽 끝부분을 손가락 모양처럼 잘라서 서로 맞물렸을 때 손가락을 깍지 끼듯 딱 들어맞게 한다. 이렇게 결합한 상태로 접착시키면 결합 부위는 거의 목재만큼 튼튼해진다. 글루램 빔을 만들려면 각각의 나무판자를 나란히 층층이 배치하기만 하면 된다. 이때 몇 겹으로든 붙여도 되고, 핑거 조인트를 서로 엇갈리게 맞물려서 빔이 약해지지 않게 만든다. 이 단계에서 마치 카드 한 벌처럼 빔을 굽힐 수도 있다. 그런 다음, 구조물 전체를 접착제로 붙여서 수압 기계로 압축한다. 교차섬유 집성재도 똑같은 방식으로 만드는데, 다만 나무판자를 번갈아 층층이 쌓을 때 합판에서처럼 나뭇결 방향이 서로 직각을 이루게 배치한다. 그래야 집성재가 모든 방향에서 똑같이 튼튼해진다.

집성목은 많은 곳에 쓰인다. 합판의 강도와 저렴한 비용뿐만 아니라 목재의 아름다움까지 갖춘 매력적인 가구를 만들 때도 사용된다. 하지만 이 소재가 가장 빛을 발하는 분야는 바로 건축이다. 먼저, 설계자들이 원하는 모양과 크기로 빔을 만든 뒤, 빔의 모양을 컴퓨터로 제어한다. 그런 다음, 강철 볼트와 강철판을 사용해서 빔을 연결하여 건물의 구조를 만든다. 그 결과, 전통적인 목재가 주는 편안한 느낌에 새로운 가벼움과 우아함이 추가된 목조 건물의 전성기가 열렸다.

영국에서는 아름다운 정원 건축물 설계에 이 소재가 많이 사용되었다. 가령, 셰필드에 있는 겨울 정원은 온실을 새롭게 해석한 것이다(사진 22 참조). 낙엽송 집성재로 만든 우아한 포물선 아치들이 유리로 된 외피를 떠받치고 있다. 에식스 RHS 가든 하이드 홀에 있는 방문자 안내소는 옛 십일조 곳간을 현대적으로 재해석한 곳이다. 차이점은 거대한 기둥과 서까래를 집성재로 만들었고, 중앙 공간을 유리로 덮어 빛이 더 많이 들어오게 했다는 것이다.

이들 소재가 지닌 예술적, 공학적 가능성을 최대한 탐구한 곳은 영국이 아니라 세계 각지에 따로 있다. 프랑스 로렌에 있는 메츠 퐁피두센터는 파리 퐁피두센터의 분관이다. 아마도 이곳은 글루램의 예술적 가능성이 발휘된 가장 눈부신 사례일 것이다. 지붕은 91.4m 너비의 곡선을 이루는 육각형 모양이다(프랑스 국토를 상징하는 것으로 보임-역자). 이 지붕은 10마일(약 16km) 길이의 집성목 빔으로 만든 육각형 골조가 지탱하고 있다. 중앙의 첨탑은 77.1m 높이로 솟아 있다. 미국과 캐나다에서는 글루램 경량 빔의 공학적 장점을 대형 스포츠 경기장 설계에 활용했다. 이스턴 켄터키 대학교 동문 체육관에는 93.9m가 넘는 경간을 자랑하는 세계 최대 목조 아치가 있다. 2010년 동계올림픽 스케이트 경기장으로 건설된 리치먼드 올림픽 아이스링크의 지붕은 더글러스 전나무(미송)로 만든 약 2,600m²의 글루램 빔이 떠받치고 있다. 이 두 구조물의 폭은 세인트 판크라스 역의 연철로 만든 아치보다 훨씬 더 넓다.

아마도 집성재 건축이 가장 흥미진진한 발전을 이룬 분야는 신세대 고층빌딩 건설인 듯하다. 지난 몇 년간, 전 세계적으로 점점 높은 목조 건축물이 지어지고 있다. 호주 멜버른의 포르테 타워는 2012년 완공 당시 높이 32.2m, 10층 규모로 세계 최고 기록을 달성했다. 현재 세계에서 가장 높은 목조 건축물 타이틀은 노르웨이 브루문달에 있는 높이 85.4m, 18층 규모의 주상복합빌딩 미에스토르네다. 이 거대한 마천루는 굵은 목재 빔들이 건물을 지탱하고 겉에는 두꺼운 CFL 판으로 덮여 있다(사진 23 참조). 그래서 무게가 종래의 콘크리트와 강철 구조물의 약 5분의 1에 불과하며, 내재 에너지(완공까지 모든 건설 과정에서 사용된 에너지의 총량-역자)는 절반 수준밖에 되지 않는다. 게다가 목재는 불에 타기 쉬운 것으로 유명한데도, 이들 건축물은 내연성이 뛰어나다. 거대한 빔의 표면만 까맣게 타고 화염이 내부로 들어오지 못하게 차단하기 때문이다. 이에 반해 강철 프레임은 불이 나면 너무 쉽게 녹아서 붕괴한다. 현재 이보다 더 높은 목조 건물 건설 계획이 속속 수립되고 있다. 암스테르담의 21층 건물부터 스톡홀름의 40층 빌딩, 심지어 런던 바비칸 센터에는 80층 초고층 빌딩이 계획 중이다. 자, 주변을 한번 둘러보기 바란다. 머리 위에서 여러분을 내려다보고 있는 고층 목조 건축물을 보게 될 날이 멀지 않았다.

해를 거듭할수록 증가하는 목재 생산량과 사용량

이 밖에도 목재는 원래의 목재펄핑 과정에 기반한 다양한 산업에 원료로 사용된다. 1930년, G. H. 톰린슨은 크라프트kraft 펄핑(수산화나트륨과 황화나트륨 혼합물을 사용해서 펄프를 만드는 화학적 펄프 공정-역자) 과정에서 사용된 모든 무기화학물질을 재활용하는 회수 보일러를 개발해서 효율성을 높였다. 요즘에는 거의 모든 펄핑 과정에 크라프트 공정을 이용하며, 연간 4억 4,000만 톤의 종이가 생산된다. 물론 이렇게 생산된 종이가 모두 책이나 신문에 사용되는 것은 아니다. 지난 80년간 기술자들은 포장지부터 화장지, 위생용품에 이르기까지 실로 방대한 종류의 종이 제품을 개발했다. 이뿐만 아니라 많은 양의 목재펄프를 가공해서 순수한 셀룰로스를 생산하여 다양한 섬유와 시트, 필름, 래커의 원자재로 사용하고 있다.

셀룰로스는 처음에는 앞서 언급했던 초창기 목조 프레임 항공기에 사용된 직물을 코팅하는 비인화성 니스를 생산하는 데 사용되었다. 그러다가 1920년대와 1930년대를 거치며 목재펄프에 기반한 산업이 크게 발달했다. 가령, 비스코스 섬유는 셀룰로스크산토겐산염으로 만들고 셀룰로스아세테이트와 셀룰로스 질산염은 다양한 플라스틱 생산에 사용된다. 또한 트리아세테이트 셀룰로스는 영화 필름의 주성분이다. 컴퓨터의 보급과 함께 역사의 뒤안길로 사라지리라 여겨졌던 종이 역시 그 어느 때보다 많이 사용되고 있다. 종이 없는 사무실은 그저 허황된 꿈일 뿐이다. 프린터와 복사기가 줄지어 늘어서 있지 않은 직장은 없다. 심지어 전자책도 애초의 예상과는 달리 종이책을 대체하는 데 실패했다. 사람들은 인쇄된 책에서 누릴 수 있는 편리함과 촉감을 좋아하는 것 같다.

한마디로 이제 우리는 목재를 그저 구식의 한물간 소재로 취급할 수 없다. 우리는 목재와 경쟁하는 다른 소재들을 생산하기 위해 개발한 바로 그 산업적 방법을 목재에 사용했다. 이렇게 해서 탄생한 완전히 새롭고 다양한 제품들은 현대적인 금속과 콘크리트, 플라스틱, 복합소재와 어깨를 나란히 하며 경쟁하고 있다. 해를 거듭할수록 목재 생산량과 사용량은 증가하고 있다. 하지만 이같은 목재 수요와 나무 소비 행태는 계속해서 전 세계 숲과 나무의 성장에 거대한 압박을 가한다. 다음 장에서는 우리와 목재의 관계가 환경에 얼마나 큰 영향을 주었으며 우리 지구를 어느 정도로 변화시켰는지를 살펴보고자 한다.

PART 4
대가에 직면하다

제14장

우리가 끼친
영향을 평가하다

유구한 인류 역사상 얼마나 많은 목재를 사용해왔는지 생각해보라. 인류와 나무의 관계가 역사에 어떤 식으로든 영향을 주지 않았다고 한다면 그것이 오히려 놀라운 일일 것이다. 역사학자들이 이와 관련된 여러 주제, 예를 들면, 산업혁명에서 에너지와 석탄이 어떤 역할을 했는지 등을 다루기 시작했지만, 목재의 역할은 대개 간과되었다. 확실히 목재는 자료를 파고들면서 연구하는 일반적인 역사 연구 방법의 대상은 못 된다. 목재를 직접 다루는 실질적인 전문가였던 산림 노동자와 목수는 대부분 미천한 서민이라 거의 글로 된 기록을 남기지 않았기 때문이다.

목재에 관한 글을 썼던 얼마 안 되는 사람들, 가이우스 플리니우스 세쿤두스 Pliny the Elder(고대 로마시대의 정치가이자 학자. 세계 최초의 백과사전으로 꼽히는 《박물지》의 저자-역자)나 앞서 언급한 존 이블린은 귀족이자 신사여서 실제로 직접 체험한 바가 없었다. 이 작가들은 나무가 잘려 쓰러지는 것을 목격했던 개인적인 경험에 쉽게 사로잡혔다. 이런 장면은 사실 굉장히 극적이다. 하지만 나무가 자라는 모습은 우리가 사는 동안 주변에서 늘 일어나는 일이라 알아채기 힘들다. 극적으로 나무가 쓰러지는 모습이 훨씬 더 기억에 남을 법하다. 그러므로 대중 역사서에 나오는 이야기들이 일반적으로 파괴의 이야기라는 사실은 그리 놀라운 일이 아니다. 산림이 온통 "민둥산이 되도록 완전히 훼손"되었고 숲이 "못쓰게 되었다"는 불만스러운 내용이다.

따라서 책을 펼치면 산림 파괴 신화, 즉 도덕성에 관한 이야기로 가득하다. 새로운 권력이 등극하면서 목재를 얻기 위해 숲을 과잉 개발했고, 이에 따른 산림 파괴가 환경적 재앙, 즉 토양 침식, 기후변화, 기아, 결국에는 권력의 붕괴를 낳았다는 이야기 말이다. 이러한 산림 파괴 신화는 오랜 역사를 통틀어 반복해서 등장했다. 고대 메소포타미아의 여러 제국과 고대 그리스의 미케네, 마야제국, 베네치아공화국의 몰락을 초래한 원흉으로 산림 파괴가 지목되었다. 또한 이스터섬의 라파 누이 원주민 사이에서는 문명 자체를 붕괴시킨 가장 치명적인 결과를 낳은 원인으로 꼽혔다. 그래도 가장 많이 언급되는 사례는 아마도 대영제국 건국 신화인 듯싶다. 영국 해군이 창설되면서 군함을 만드느라 전국에 있던 엄청나게 많은 오크 원시림을 파괴했다는 이야기다.

그런데 진실은 이와 매우 다르다. 물론, 인류가 세계 산림에 지대한 영향을 준 것은 분명하다. 산림 분포가 감소했고, 남아 있는 산림의 구성도 달라졌다. 하지만 사람들은 산림 손실에 대처할 방법을 늘 찾아냈다. 덕분에 적절한 목재 공급을 유지하면서도 환경의 붕괴를 피해왔다. 하지만 앞으로 살펴보겠지만, 인류가 미치는 영향이 전방위적으로 작용하여 지구 전체로 파급되면서 인류와 나무의 관계는 세계 역사에 극심한 영향을 끼쳤다.

산림 파괴 신화의 허점

산림 파괴 신화는 얼핏 솔깃하게 들리지만, 사실은 잘못된 억측에 바탕을 두고 있다. 첫째, 나무를 베면 과연 정말로 토양 침식이라는 재난이 초래될까? 이번에도 사람들은 감각에 의존한 즉각적인 증거와 현대의 임업 관행에 대한 경험에 사로잡혔다. 그래서 산림이 훼손되면 숲에서 흘러 내려간 물이 도달하는 하천과 강이 금세 진흙탕으로 변해버린다고 생각한다. 하지만 이는 역사적으로 이 문제의 규모를 과장되게 평가한 것이다. 과거에는 산림지대가 훨씬 천천히 사라지고, 현대적인 중장비가 없었기에 토양도 훨씬 적게 훼손되었을 것이다. 산림 파괴가 불러오는 즉

각적인 영향이 훨씬 적었을 것이다.

  나는 그토록 많은 사람이 토양 침식 속도를 부풀려 생각하는 이유가 무엇인지 알게 된 적이 있다. 토양이 유별나게 곱고 섬세하며, 중장비를 동원한 벌채가 특히 파괴적이고, 집중호우가 유독 많이 내리는 열대우림에서 특히 그랬다. 물론 이런 요인들은 급속한 토양 소실의 원인으로 여겨질 수 있다. 1990년대 초, 내가 보르네오섬 사바에 있는 다눔 밸리(동남아시아에 남아 있는 마지막 원시림이 있는 곳으로 꼽히는 지역-역자) 연구소에서 왜 열대우림 지역에서는 나무에 거대한 판근이 발달하는지 연구할 때의 일이다. 그 당시 연구소에는 산림 파괴가 토양 침식에 미치는 영향을 연구하는 연구자들이 두 그룹 있었다. 한 그룹은 벌채 캠프 주변에 있는 연구용 부지에서 작은 규모로 침식 상태를 살폈다. 다른 그룹은 연구 대상을 넓혀서 세가마강으로 흘러가는 집수지 전체에서 휩쓸려온 토사가 얼마나 되는지 측정했다.

  벌채하고 남은 20.2×2.1m 면적의 작은 부지를 조사한 결과, 단 한 차례의 대형 폭풍이 지난 후 90kg의 토사가 사라졌다. 높이로 따지면 약 0.15cm로, 이렇게 되면 토양이 심각하게 훼손된 것이다. 반면, 집수지에서는 같은 폭풍에 의해 1만 6,000톤의 토사가 세가마강으로 씻겨 내려갔지만, 이는 2,978.5km²라는 면적 전체에 걸쳐 일어난 일이었다. 단순 계산 결과, 소실된 토사의 높이는 평균 0.000406cm로, 이는 작은 부지에서 소실된 양보다

400배 더 적다는 의미였다. 이렇게 엇갈린 결과가 나온 원인은 작은 연구 부지에서 소실된 토사가 겨우 몇 미터 아래로만 이동했기 때문이다. 게다가 이곳에서 토사를 소실했더라도 경사 위쪽 지역에서도 토사가 내려왔을 것이다. 결과적으로 산림에서 소실되어 강까지 도착한 토사는 실제로 거의 없었다.

농사짓기 위해 일단 땅을 벌채하면, 침식 속도는 빨라질 수 있다. 경사지에서는 토양이 천천히 아래로 쓸려 내려가기 때문에 고고학자들은 경사지 아래쪽의 표토층이 경사지 위쪽보다 약간 더 두터운 것을 종종 발견한다. 하지만 이런 변화는 수백 년, 아니 수천 년에 걸쳐 일어나는 것이다. 침식은 실제로 천천히 진행될 뿐이다. 유독 침식에 취약한 것으로 알려진 미사질 풍적토(황토)라도 침식 과정은 하룻밤 사이에 일어나기 힘든 현상이다. 중국 중부에서는 누런 강물이 흐르는 황허강에 그런 이름을 붙여준 황토가 매년 0.1cm씩 침식된다. 이 흙이 바람에 날리면 악명 높은 황사가 되어 중국 북부 일대를 뒤덮어 숨쉬기 어렵게 만든다. 고기압의 영향으로 이 땅이 점차 사막화되었지만, 이는 이 지역에서 수천 년 동안 집중적으로 농사를 지은 뒤에야 시작된 일이다.

사람들은 토양을 과도하게 훼손하지 않도록 관리하는 법을 수천 년에 걸쳐 터득하기도 했다. 풀과 작물의 뿌리도 나무뿌리만큼이나 토양을 잘 붙잡을 수 있다. 온대 지방에서는 온화한 기후와 적당한 양의 강수로 인해 지혜롭게 거름을 주고 퇴비를 만드는 방법으로 손쉽게 토양을 비옥하게 유지할 수 있다. 고지대에서는 강수량이 작물의 증발산량을 크게 웃돌기 때문에 오로지 이런 곳에서만 토양이 침수되어 산성화되고 생산성이 떨어질 수 있다. 마찬가지로 열대우림에서는 집중호우로 인해 토양 속 양분이 침출되어 빠져나갈 가능성이 크다. 하지만 최근 연구 결과, 아마존과 서아프리카 열대우림에 사는 주민들은 그들의 농경지에서 생산량을 유지할 방법을 아주 많이 고안해놓은 것으로 밝혀졌다. 이들은 주변 지역보다 높게 계단식 경작지를 조성한 뒤, 거름을 대량 사용해서 땅을 비옥하게 만들었다. 이렇게 탄생한 것이 바로 아마존의 검은 흙(테라 프레타terra preta)이다.

세계 어디서나 농부들은 경사가 가파른 땅은 대개 회피한다. 침식이 빠르게 진행되고 폭풍이 오면 끔찍한 산사태도 일어날 수 있기 때문이다. 오늘날에도 강을 둘러싼 가파른 협곡과 경사가 급한 비탈에는 대개 자투리 반半자연림이 조성되어 있다.

인구밀도가 높은 구릉지대에서는 땅에 대한 수요가 높아서 가장 가파른 경사면에서도 농사를 지어야 했다. 그래서 농부들은 토양이 언덕 아래로 씻겨 내려가지 않도록 전통적으로 계단식 경작에 의존했다. 이 기법이 특히 보편화된 곳은 지중해 연안의 석회암 언덕과 화산 섬인 카나리섬, 동남아시아의 계단식 논이다. 이들 지역에서는 지형 전체를 깎아서 계단식 논밭으로 만들었다. 마치 거대한 지도 위에 그려진 등고선처럼 보이는 이런 논밭은 지금도 여전히 언덕 비탈에서 토양이 쓸려 내려가지 않도록 옹벽 뒤로 토양을 고정하고 있다.

토양 침식이 중대한 영향을 미친 곳은 단 하나다. 벌채된 지역의 물이 흘러 들어가는 강이다. 이동해온 토사는 강물 색만 바꾸는 것이 아니라 토사가 강을 막아 하류로 흘러가는 강 흐름에 문제를 일으킨다. 신석기시대에 만들어진 이스트 앵글리아의 습지는 주로 상류의 산림 파괴로 인해 흘러 내려온 토사가 워시만으로 흘러가는 강물을 막아 생긴 것이다.

역사적으로 살펴보면, 사람들은 항구가 막히지 않도록 하느라 애를 많이 먹었다. 하류로 흐르는 토사가 대개 강 하구의 입구에 가라앉아서 물길을 막아버리기 때문이다. 그래서 강 하구에서는 대부분 지속적으로 바닥을 준설해야 뱃길이 막히지 않는다. 극단적인 경우 토사가 쌓여 뭍이 되면 항구가 바다와 단절될 수도 있다. 가령 고대 세계에서 한때 주요 항구였던 에페수스는 카이스트로스강에서 떠내려온 토사로 인해 몇 킬로미터가량이 내륙으로 편입되면서 항구로서 기능을 잃더니, 결국 15세기에 오스만제국의 버림을 받았다.

대체로 토양은 산림 파괴로 훼손되지 않는다. 그 최종적인 증거는 땅이 산림으로 돌아가려는 성향이 강하다는 것이다. 산림지대를 벌채한다고 해서 숲을 영원히 잃는 것은 아니다. 농부, 정원사라면 누구나 알겠지만, 나무가 자라서 스스로 다시 숲을 이루려는 것을 막는 일은 끝없는 전쟁과 같다. 휴한지가 생겼다 하면 어느새 묘목이 군락을 이룬다. 그러면 놀라울 정도로 눈 깜짝할 사이에 먼저 관목 지대가 되고 결국에는 산림으로 돌아간다. 이런 과정을 가리켜 생태학자들은 2차 천이라고 부른다. 2차 천이의 결과를 아마 가장 뚜렷이 확인할 수 있는 사람들은 뉴욕과 런던 교외에 살면서 시내로 출퇴근하는 부유한 사람들일 것이다. 지난 2세기 동안, 코네티컷주와 서리주의 농부들은 생산성이 저조한 토양에 있던 작은 농장들을 버렸다. 그러자 농장은 2차 산림지대로 되돌아갔고, 지금은 통근자들이 사는 베드타운 주변 땅을 산림이 차지하고 있다.

뿐만 아니라 자세히 살펴보면 산림 파괴 신화 자체의 허점이 많이 드러난다. 가장 많이 언급되는 신화 가운데 칠레 남태평양에 위치한 이스터섬의 환경 파괴 신화를 살펴보자. 라파 누이 원주민들이 섬에서 숲을 제거한 것은 사실이지만, 이것은 어디까지나 합리적인 판단이었다. 원래 산림을 장악했던 야자수는 유용한 목재를 생산하지 못했을 것이다. 야자수는 외떡잎식물이라 제대로 된 목재를 만들지 않기 때문이다. 게다가 떨어진 야자수 잎들이 담요처럼 숲 바닥을 덮으면, 어떤 하층 식생도 생장하지 못해서 불모지가 된다. 라파 누이 원주민들은 야자수를 제거함으로써 산림지를 비옥한 농경지로 성공적으로 탈바꿈시켰다. 이렇게 조성된 농경지에서는 돌을 바람막이로 삼아 작물을 보호했고, 화산 활동으로 움푹 꺼진 곳에는 정원을 만들었다.

이렇게 이들은 번창하다가 1722년 최초의 유럽인이 섬에 도착하면서 유럽에서 들어온 질병에 걸려 많은 사람이 목숨을 잃었다. 진짜 환경 훼손은 20세기에 칠레 투기꾼들이 양을 수입한 뒤 일어났다. 양은 남아 있는 대부분의 토종 식물의 씨를 말려버렸다. 그 결과, 토양 침식이 일어나 피해가 잇달았다. 오래전부터 양 떼는 영국의 국립공원과 전 세계 온대 지방의 산을 녹색 사막으로 만들었다. 이스터섬을 바로 이런 녹색 사막으로 바꾸어놓은 것도 무분별한 양 떼 방목의 결과다.

인류가 나무와 숲을 활용해온 패턴

산림 벌채가 필연적으로 토양 침식이라는 재난과 환경 파괴로 이어진다는 단순한 서사는 한마디로 이치에 맞지 않는다. 하지만 인류와 나무의 관계가 문명과 지구 환경에 지대한 영향을 끼친 것은 분명하다. 따라서 우리 관계를 더 현실적인 생물학적 관점으로 들여다보면, 문명의 역사적 지형을 제대로 파악해서 현재 상황을 훨씬 잘 이해할 수 있다. 특히 모든 나무가 다 같은 나무가 아니라는 사실을 고려할 필요가 있다. 생물학에서는 나무를 크게 활엽수와 침엽수, 두 그룹으로 분류하는데, 이들 사이에는 생물학적 차이가 크다.

활엽수는 침엽수보다 물관이 효율적이라 묘목일 때 더 빨리 자란다. 그래서 최상의 기후와 토양 조건이 갖추어진 지역에서는 활엽수가 침엽수를 따돌리고 그 지역을 지배한다. 대체로 활엽수의 수관층은 넓게 가지가 퍼져 있는 모양이며 나뭇가지는 살짝 굽어 있다. 많은 종이 벌목 후 그루터기에서 다시 싹이 트거나 뿌리에서부터 다시 자란다. 활엽수는 토양을 개선하는 경향도 있다. 낙엽이 토양을 기름지게 하는 바탕이 되기 때문이다.

침엽수는 본래 생장 조건이 열악한 지역에 한정되어 자란다. 서리와 가뭄 때문에 활엽수가 자라지 못하고 죽는 곳, 즉 지구상에서 보면 추운 북부권이나 고산지대, 반사막지대 등 척박하고 토양층이 얇은 지역에 서식한다. 게다가 바늘처럼 뾰족한 침엽수의 잎은 토양을 산성으로 만들고 남은 적은 양분마저 토양 속에 묶어두어 순환을 더디게 한다. 또한 활엽수에 비해 가지가 뻗는 모양도 훨씬 단순해 나무줄기는 더 곧고 옹이도 적고 균일하다. 대부분의 침엽수는 활엽수처럼 베어낸 그루터기에서 다시 싹이 자라기 어렵다. 그래서 침엽수림을 재생시키려면 묘목을 심어야 한다.

최근 몇 년간, 환경사학자들은 이런 생물학적 관점에다 나무 분포에 관한 실증적 증거를 수집하는 기법을 결합했다. 그 결과, 정말로 무슨 일이 일어났으며 왜 그렇게 되었는지 드러나기 시작했다. 옛 지도와 교구 기록을 들여다보면 지난 천 년에 걸친 수목 비율 변화를 알 수 있다. 꽃가루 분석을 통해서는 문자 기록이 남기 이전 마지막 빙하기가 끝나는 시기까지 거슬러 올라가 수목 비율 변화와 산림의 종 구성도 수량화할 수 있다. 이런 증거를 활용해서 나무의 생물학과 생태학을 중심에 두고 생각하면, 불현듯 세계 역사가 훨씬 선명하게 이해된다. 숲이 우리에게 어떤 영향을 주었는지, 또 우리가 이 세상에 있는 숲뿐만 아니라 지구 전체의 생태와 환경에 어떤 영향을 미쳤는지, 즉 서로 어떤 영향을 주고받았는지를 알 수 있게 된다.

세월이 흐르는 동안 세계 전역에서는 똑같은 패턴이 계속 반복되었다. 그런데 그중에서도 가장 명백하게 되풀이된 양상이 있다. 농부들은 새로운 지역을 개척할 때마다 이전에 활엽수가 분포했던 곳에 제일 먼저 정착했다. 거기가 바로 최상의 땅, 가장 생산성 높은 땅이었기 때문이다. 그들이 나무를 자른 이유는 땔감이나 목재를 마련하기 위해서가 아니었다. 땅을 개간해서 작물을 심을 공간을 확보하기 위해서였다.

유럽에서 신석기시대 농부들이 가장 먼저 개간한 지역은 지중해 연안의 상록수림과 유럽 중서부의 낙엽수림이다. 아시아에서는 중국 중부의 낙엽수림과 중국 남부와 인도, 동남아시아의 상록수림이었다. 아메리카대륙의 경우, 농부들은 멕시코 남부와 카리브해 연안의 계절풍림을 개간했다. 아마존 주민들은 심지어 이 거대한 열대우림 지역의 땅을 개간해서 농경지로 만들기 시작했다. 아프리카에서는 서아프리카의 열대우림과 아프리카 중동부에 이어 남부의 사바나 지역이 개간되었다. 역사적으로 이보다 가까운 시대를 살펴보면, 카나리섬에 도착한 스페인 정착민들은 언덕 위의 월계수 상록수림을 개간했다. 북아메리카에 도착한 유럽인들이 가장 먼저 개간한 땅은 뉴잉글랜드의 낙엽수림과 캘리포니아 센트럴 밸리의 지중해 원산 상록수림이었다. 뉴질랜드에서 마오리 원주민들뿐만 아니라 영국 정착민들이 선호했던 개간지는 남부 저지대 너도밤나무숲이었다.

이와 대조적으로 농부들은 대부분 침엽수림을 피했다. 침엽수림은 땅이 농사짓기에 너무 척박하다는 것을 알려주는 훌륭한 지표였기 때문이다. 그래서 신석기시대 농부들은 스칸디나비아와 알프스, 시베리아, 일본 북부는 거의 건드리지 않고 그대로 남겼다. 신세계에서는 캐나다와 5대호, 미국 최남단 지역(남동부의 5개 주, 조지아·앨라배마·미시시피·루이지애나·사우스캐롤라이나주-역자), 북서 태평양 연안 지역은 19세기까지 대부분 사람의 손길이 닿지 않았다. 실제로 북아메리카로 건너온 초기 유럽 정착민들 사이에서는 새로운 지역에 정착하려면 활엽수림만 개간하고 침엽수는 그대로 두라는 구체적인 조언도 있었다. 오하이오에서는 너도밤나무가 있으면 좋은 땅이라는 확실한 징표가 되었다.

이런 정착 패턴이 반복된 결과, 가장 부유하고 안정적이고 수

명이 길었던 국가들은 과거에 활엽수림이 지배했던 지역에서 성장했다. 그리스, 로마, 중국의 위대한 고대 문명은 모두 그런 지역을 토대로 삼아 발전했다. 대체로 붕괴한 국가들은 과거에 초원과 사막이었던 지역, 그래서 물을 끌어와 관개수로 농사지어야 했던 곳에서 발달했다. 중동의 메소포타미아 문명, 뉴멕시코의 아나사지Anasazi 문화(북아메리카 남서부에서 발달했던 농경문화-역자), 안데스산맥 주변에 발달했던 많은 문명이 그런 예다. 이들은 가뭄에만 취약했던 것이 아니었다. 관개수에 소금 성분이 들어 있어서 물이 증발하자 소금만 남아 토양에 쌓였다. 이로 인해 작물 수확량이 오랜 기간 극적으로 폭락했다. 이러한 이유로, 아메리카 대평원에서는 장기적으로 농사를 지속하지 못할 가능성이 높다. 이 지역은 1930년대의 흙먼지 지대로 돌아갈 수도 있다. 그런데 마찬가지로 관개수에 의존했던 고대 이집트는 예외였다. 매년 나일강이 범람하면서 땅에 물을 대줬을 뿐만이 아니라, 남아 있던 염분도 씻어냈기 때문이다. 이것이 바로 위대한 이집트 문명이 수천 년 동안 건재할 수 있었던 이유다.

과거에 활엽수림이었던 지역에 살게 된 농부들은 한 가지 잠재적 문제에 직면했다. 산림을 개간하면서 목재와 제재목 공급원을 파괴해버린 것이다. 하지만 이것은 불가항력의 문제는 아닌 것으로 드러났다. 농부들의 대처법은 단순했다. 땔감과 제재목을 얻기 위해 산림 가운데 작은 지역을 남겨 관리했다. 이 과정에서 손상에 대응하는 활엽수림의 재발아 능력을 이용했다. 남유럽에서는 나무를 자주 잘라주었다. 몇 년마다 곁가지를 잘라서 나무줄기와 상부의 수관층만 남도록 만들었다. 그러면 나중에 빠르게 재발아해서 새로 수확할 목재를 생산했다. 북유럽과 일본에서는 정기적인 벌채로 활엽수림을 관리했다. 10~20년 간격으로 나무줄기를 지면 바로 윗부분에서 자르면, 빨리 자라는 싹이 많이 돋아나도록 촉진되었다.

지구 맞은편에서는 소, 말, 돼지 등의 가축을 산림지대에서 키우기도 했다. 이런 경우에는 가축들이 다시 자라는 싹을 훼손하지 못하도록, 나무를 자를 때 초식동물이 뜯어먹는 한계선 위에서 잘랐다. 이처럼 나무의 높이를 일정하게 유지하기 위해 특정 위치에서 잘라주는 과정을 두목작업이라 부른다. 이렇게 하면 가축들은 숲 바닥에 난 풀을 뜯어 먹고, 가을에는 도토리와 너도밤나무 열매를 실컷 먹을 수 있었다. 양치기들은 나무에서 자른 가지를 양들에게 먹일 수 있었다. 농부들은 이런 기법을 활용해서 전체 땅 가운데 작은 일부만 정기 벌채나 산림 방목용으로 따로 남겨두면, 필요한 땔감을 충분히 공급받을 수 있었다. 또한 나무 가운데 몇 그루만 자연적으로 다 자랄 때까지 남겨두기만 하면, 필요한 양 이상의 제재목을 얻을 수 있었다. 역설적이게도 활엽수림이 인구밀도도 높고 집중 경작이 이루어진 지역에서도 살아남을 수 있었던 이유는 목재가 필요했기 때문이었다.

문명이 번창하면서 장작과 숯, 제재목에 대한 수요가 모두 증가했다. 앞서 10장에서 살펴보았듯, 장작 공급이 한계에 도달하면서 경제성장을 저해했다. 멀리 떨어진 도시까지 효율적인 비용으로 운반하기에는 부피가 너무 컸기 때문이다. 하지만 제재목은 상황이 달랐다. 청동기시대부터 제재목 거래는 계속해서 발달했다. 커다란 제재목은 국내뿐만 아니라 국외로도 운반되었다. 광활한 침엽수림을 보유한 지역과 국가는 산림이 파괴된 부유한 지역으로 주요 건물 건축에 필요한 대형 구조재와 선박 건조에 필요한 제재목을 공급할 수 있었다. 예를 들면, 고대 페니키아의 항구도시 티레Tyre와 시돈Sidon에서는 유명 특산물이었던 레바논 삼나무를 이집트로 수출했다. 제일 유명한 일화는 솔로몬 왕에게 솔로몬 성전의 지붕을 짓는 데 필요한 목재 기둥을 팔았던 일이다.

지중해 북부 지역에서는 마케도니아와 레바논, 테살리아가 고대 아테네에 전나무를 수출했다. 이 전나무가 있어 아테네는 3단 노가 달린 갤리선을 건조할 수 있었다. 목질이 무른 통나무는 돌로미티산맥에서 아래로 내려보내 강물에 띄워 베네치아 공화국의 선박 제조업자들에게 공급되었다. 북유럽에서는 발트해 연안국들이 가문비나무와 전나무, 소나무를 한자동맹을 맺은 도시들, 그리고 더 나아가 홀랜드와 잉글랜드로 수출했다. 이러한 교역을 통해 가난하고 인구밀도가 높지 않은 지역이 더 부유하고 인구밀도가 높은 지역으로부터 필요한 외화와 식품을 얻어 발전할 수 있었다. 이런 방법으로 유럽 전역으로 부가 확산했다. 주목할 만한 부분은 연재를 수출하던 여러 국가가 훗날 자기 힘으로 강대국이 되었다는 사실이다. 페니키아는 위대한 도시 카르타고를 포함해서 지중해를 중심으로 교역항 제국을 발달시켰다. 마케도니아는 필리포스 2세와 그의 아들 알렉산더 대왕 치하에서 그리스 나머지 지역을 정복했고 결국에는 미지의 세계를 대부분 정복했다. 17세기와 18세기에는 스웨덴이 부상해서 잠시나마 북유럽 제국을 지배하고 중부 유럽 열강에 도전장을 내밀기도 했다.

열대 지방에서는 덥고 습한 기후와 많은 강수량 때문에 나무의 생장 속도가 빠르고, 이동이 자유롭지 못하며, 중노동을 하기가 어렵다. 심지어 건생乾生 계절풍림에서도 산림을 개간하여 땅을 관리하는 일은 늘 더 힘들었다. 그 결과, 유럽인들은 16세기부터 열대와 아열대 지역을 식민지로 삼기 시작하면서 이들 지역을 온대 지방과는 아주 다르게 다루었다. 유럽인들은 유럽과 비슷한 기후 지역에 신속히 정착해서 경작을 시작했다. 그러면서 근본적으로 구세계 나라의 복사품과 같은 식민지를 건설했다. 여기에 해당하는 나라가 캐나다·호주·뉴질랜드·남아프리카공화국·칠레·아르헨티나다.

이와는 대조적으로 유럽인들은 마호가니와 티크 같은 값비싼 목재를 얻기 위해 벌목했던 예전의 계절풍림 지역에서는 직접 경작에 뛰어들고 싶어하지 않았다. 그 대신 지배층 엘리트들은 돈벌이가 되는 작물을 재배할 수 있는 거대한 플랜테이션을 설립하는 쪽을 선택했다. 카리브해 연안에서는 설탕과 코코아가 선호 작물이었다. 브라질에서는 커피, 남아메리카 식민지에서는 면화와 담배, 인도에서는 차, 동남아시아에서는 고무를 플랜테이션 방식으로 생산했다. 식민지 정착민들은 직접 농지를 경작하기보다는 열대성 질병에 더 잘 견딜 수 있는 노동력을 고용했다.

인도와 아프리카에서는 현지인들로 노동력을 충당했지만, 신세계에서는 토착민을 몰살했기 때문에 새로운 노동력을 데려오는 방법으로 문제를 간단히 해결했다. 아프리카에서 노예를 실어 오거나 인도 아대륙에서 연기계약 노동자(이주해오는 교통비를 선불하는 대가로 일정 기간 노동하기로 계약한 노동자-역자)를 데려와서 브라질과 카리브해 연안, 북아메리카 최남단 지역 들판에서 일하게 했다. 수많은 인도와 중국 출신 노동자들도 동남아시아로 수입되었다. 그 결과, 전 세계적으로 전대미문의 대대적인 인구 이동이 이루어졌고, 많은 저지대 열대지방의 산림이 급속도로 파괴되었다. 가령, 카리브해의 바베이도스섬은 한때 섬의 산림을 뒤덮었던 유명한 대표나무인 수염 무화과나무 *Ficus citrifolia*에서 이름을 따왔지만, 오늘날에는 산림 비율이 5%에도 미치지 못한다. 소수의 식민 지배자들이 경영한 열대와 아열대 지방의 대규모 플랜테이션은 방대한 양의 원자재와 사치 식품을 생산해서 유럽의 실업가들에게 보냈고, 다시 이번에는 유럽 실업가들이 만든 완제품을 소비하는 시장 역할을 했다.

지난 1.5세기 동안에는 산업화와 인구증가로 인해 목재와 땅에 대한 수요가 훨씬 더 증가했다. 하지만 기술 발전의 도움으로 범접했던 적이 없던 산림지역을 벌채하고 개간함으로써 늘어난 수요를 충족시킬 수 있게 되었다. 산업형 벌목의 첫 번째 대상은 북아메리카의 거대한 침엽수림이었다. 19세기 말과 20세기 초, 가장 먼저 5대호 일대의 스트로브잣나무 숲, 그다음에는 미국 최남단의 슬래시 소나무 숲, 마지막으로 북서 태평양 연안의 시트카 가문비나무 숲이 거대 임업 회사들에 의해 벌목되고 개간되었다. 이 가운데 가장 유명한 와이어하우저 사社는 가공한 목재를 선적해서 새로 개통한 파나마 운하를 통해 산업화가 진행 중이던 북동부 지역으로 보냈다.

1940년부터는 재목용 산림 파괴의 중심지가 열대 지방으로 옮겨갔다. 사상 처음으로 강력한 동력 사슬톱과 현대적인 수송 장비에 힘입어 예전에는 접근할 수 없었던 중앙아프리카와 동남아시아, 아마존의 열대우림에 들어가 벌목할 수 있게 되었다. 이들 지역에서 귀한 제재목 나무를 선별적으로 벌목하자 산림을 광범위하게 훼손하는 결과를 낳았다. 그런데 이것 자체가 재난은 아니다. 열대우림은 훼손되더라도 온대 산림보다 훨씬 빨리 회복하기 때문에 벌목된 지역에는 금세 다시 나무들이 자란다. 처음에는 발사나무, 트럼펫나무Cecropia, 파라솔나무Macaranga와 같은 거대한 잎을 지닌 선구수종이 자라고, 결국에는 마지막으로 극상종極相種(산림의 천이 과정에서 더 이상 변하지 않는 안정적인 상태를 이루는 숲의 최종 지배자가 되는 종-역자)이 자리 잡는다. 사실 열대우림에서 눈에 띄는 작물과 최근 아마존의 검은 흙만 발견되지 않았다면, 열대 처녀림처럼 보이는 많은 지역이 앞선 세기 동안 개간되고 경작되었다는 사실을 우리는 몰랐을 것이다.

 최근의 벌목 사업이 초래한 가장 큰 문제는 벌목 도로가 열대우림으로 들어가는 문을 열었다는 것이다. 덕분에 4,000년 전의 유럽, 18세기와 19세기의 카리브해 연안 및 북아메리카와 마찬가지로 열대우림에 들어가 농사지을 땅을 개간하기가 수월해졌다. 이제 열대림은 전대미문의 속도로 개간되어 자급자족을 위한 농사지을 길을 열어주고 있다. 또한 훨씬 더 큰 규모로 기름야자와 대두 같은 돈벌이용 작물을 재배하고, 값싼 소고기를 공급할 소 목축도 할 수 있게 되었다.

'원생림'과 '노숙림'의 대폭 축소

 이제 우리는 나무와 숲을 어디서, 어떻게, 그리고 왜 개간하고 이용해왔는지 그 패턴을 알게 되었다. 덕분에 우리의 행동이 지역적 차원에서 산림 자체에 미치는 영향과 세계적 차원에서 전 지구의 생태에 미치는 영향을 더 잘 이해할 수 있게 되었다. 환경사학자들은 산업화 시대 이전에도 우리가 가한 충격이 이미 어마어마했다는 사실을 발견하기 시작했다.

가장 뚜렷한 첫 번째 영향은 산림지대가 감소한 것이다. 특히 활엽수가 지배목으로서 숲을 장악했던 지역에서 크게 줄었다. 가령, 유럽의 중위도 지역에서 꽃가루 분석을 했더니 수목 비율이 6,000년 전에는 최대 약 80%였던 것이 3,000년 전에는 60%로 줄고, 중세 말기에는 40%로 떨어진 것으로 나타났다. 저명한 식물학자이자 생태학자였던 올리버 래컴이 역사 기록을 바탕으로 연구한 바에 따르면, 과거 활엽수림이 지배했던 잉글랜드의 수목 비율이 《둠즈데이북 Domesday Book》(중세 영국의 토지대장-역자) 시대인 1086년에는 10%로 떨어졌고, 14세기 초엽에는 더 떨어져서 약 7%를 기록했다고 한다. 15세기 중국에서는 산림 비율이 약 20%로 감소했다. 그런데 꽃가루 기록을 보면 이와 뚜렷한 대조를 보이는 내용이 있다. 스칸디나비아와 알프스의 침엽수림 소실량은 2,000년 전에는 감지하지 못할 정도였으며, 심지어 300년 전에도 거의 눈치채지 못할 정도로 미미했다는 것이다.

두 번째 영향은 원시 그대로의 '원생림'이나 '노숙림' 지역이 대폭 줄었다는 것이다. 현재 유럽에는 사람의 손길이 닿지 않은 곳이 겨우 한 줌밖에 남아 있지 않다. 더군다나 폴란드와 벨라루스 국경지대에 있는 유명한 비아워비에자Bialowieza 원시림처럼 남아 있는 몇 안 되는 곳도 계속해서 벌목의 위협을 받고 있다. 원시림이 감소한다고 해서 산림이 생태계에 제공하는 혜택이나 다양성이 반드시 크게 줄어드는 것은 아니다. 게다가 이로 인해 어떤 수종이 멸종한 것처럼 보이지도 않는다.

하지만 조림지에는 한때 유럽 산림을 지배했던 진짜로 거대한 나무는 없다. 아메리카에 도착한 초기 유럽 정착민들만 해도 신대륙의 나무 크기를 보고 깜짝 놀랐을 정도다. 벌목 후 다시 자라는 나무는 먼저 살았던 나무보다 키도 작고 굵기도 가늘고 줄기도 더 굽어서 품질이 떨어지는 제재목을 생산한다. 산림 생태계의 복잡성과 그 안에 저장된 탄소량 역시 더 적다. 특히 정기적으로 벌채하는 산림지가 그렇다.

수천 년간 산림지를 관리한 결과, 남아 있는 임지의 수종 구성도 급격히 달라졌다. 꽃가루 분석에 따르면, 신석기시대 이전의 잉글랜드 남부 산림은 유럽산 피나무*Tilia amurensis*가 지배했다. 북부는 오크와 개암나무, 아일랜드는 개암나무와 느릅나무, 스코틀랜드 고지대는 자작나무와 소나무가 주종이었다. 피나무는 가지치기를 하지 않았고 목재 색상도 밝고 목질도 물렀기 때문에 초기 농부들은 이 나무가 특별히 유용하다고 생각하지 않았다. 그래서 피나무 대신 다른 수종이 자라도록 조성하자 피나무 숲은 금세 사양길로 접어들었다. 수백 년간 유용한 제재목과 땔감을 제공하는 나무들만 선택하자, 오크와 개암나무가 남쪽으로 크게 확산하는 결과를 낳았다. 도구 손잡이를 만드는 데 유용하게 쓰이는 물푸레나무 역시 전보다 흔해졌다. 고대 로마인들은 너도밤나무와 밤나무를 동남부로 전래했다. 그래서 현대의 영국 숲 구성은 원래 원시림 시절과는 확연히 다르다. 18세기에 영국 해군의 군함을 만들기 위해 잘려나갔을 것으로 여겨졌던 거대한 오크나무 '원시림'은 사실 존재한 적도 없었다.

환경사학자들은 산림 면적의 감소와 나무 크기 축소, 그리고 식물 생물량의 감소를 종합적으로 고려하여, 인류가 산림에 저장된 탄소량에 끼친 영향을 계산해냈다. 산림사학자이자 옥스퍼드 대학교의 마이클 윌리엄스 교수는 1700년까지 약 400만km²의 활엽수림이 사라졌는데, 이는 육지 전체 면적의 3%에 육박하는 규모이며 전 세계 수목 비율의 10%에 해당한다고 한다. 버지니아 대학교의 윌리엄 러디먼 교수에 따르면, 이만큼 활엽수림이 줄었다면 그 지역에 약 275기가톤Gton의 탄소가 대기 중으로 배출되어 이산화탄소 수치가 약 40ppm 증가했을 것으로 추정한다. 러디먼 교수는 논과 유제류 가축이 배출하는 메탄양의 증가와 함께 이 요인으로 인해 평균 기온이 약 0.78°C 높아졌을 것이라고 주장했다. 이 수준이면 현재 우리가 속한 간빙기를 연장하고 세계가 새로운 빙하기로 이행하지 못하게 충분히 막을 수 있는 정도다. 주목할 만한 사실은 이만큼의 상승량은 지난 세기에 측정된 기온 상승량과 비슷하다는 것이다. 지난 세기에는 화석연료를 대량으로 태운 것이 주된 원인이었다.

러디먼 교수가 제시한 이 같은 수치를 놓고 격렬한 논쟁이 일었다. 다른 화분花粉 화석학자들은 탄소 배출량으로 110기가톤을 제시한다. 하지만 산림 파괴가 산업화 이전 시대에 지구 온난화에 기여했을 가능성을 뒷받침하는 연구 결과들이 최근 발표되고 있다. 역사적 사건이 산림 비율과 이산화탄소 수치, 기후에 미친 영향을 연구한 결과들이다. 꽃가루 분석 결과, 지난 2,000년 동안 유럽의 산림 비율이 현저히 증가한 경우가 두 번 있었다고 한다. 첫 번째는 로마제국 몰락 이후 몇 세기가 지난 서기 400년이었다. 두 번째는 흑사병으로 인구의 3분의 1이 사망한 후인 14세기 말이었다.

이외에도 지금은 또 다른 중대한 역사적 사건이 소빙하기를 불러오는 데 한몫했던 것으로 여겨지고 있다. 소빙하기란 17세기와 18세기에 걸쳐 전 세계적으로 추운 기후가 지속되었던 시기를 말한다. 환경사학자들이 현재 알아낸 바에 따르면, 과거에 생각했던 것과는 달리 1492년 신세계의 발견이 처음에는 이들 대륙의 산림 파괴를 초래한 것이 아니라 오히려 광범위한 재산림화라는 결과를 낳았다고 한다. 유럽인들에 의해 홍역이나 인플루엔자, 매독과 같은 감염병이 전파되면서 신대륙의 토착민들은 몰살되었다. 6,000만 명에 달했던 인구가 1600년에는 겨우 600만

명만 남았던 것으로 여겨진다. 대살상Great Dying이라 불리는 이 현상으로 인구가 감소하자 멕시코의 경작지와 잉카고원의 계단식 논밭, 카리브해 연안과 아마존의 텃밭이 모두 다시 산림으로 돌아갔다. 그 영향으로 지구 대기 중 탄소량이 약 9기가톤 감소했다. 그 결과, 이산화탄소 농도도 약 3.5ppm 낮아졌을 것이다. 이 정도면 이후 200년간 지구 전체 온도가 약 0.15°C 낮아진 요인 가운데 3분의 2가 설명된다. 17세기와 18세기, 유럽에 흉작이 이어지면서 많은 사회적 갈등이 일어났고 결국에는 프랑스 대혁명이 터졌다. 그런데 이런 일련의 사건을 불러온 원인은 바로 수천 킬로미터 떨어진 곳에서 산림이 다시 자라났기 때문이었다.

급격한 산림 소실과 플랜테이션 임업의 문제

산업화 시대 이전에도 인류가 세계에 미치는 영향이 막대했지만, 산업화 이후로는 세계 산림에 미치는 영향이 급속도로 커졌다. 1700년에서 1940년 사이, 온대 지방에서는 약 400만km²의 산림지대가 더 사라졌다. 이 가운데 대부분은 침엽수림이었다. 1940년 이후에는 매년 11만 6,549km²의 열대우림이 제거되면서 소실된 총면적이 776만 9,963km²을 넘어섰다. 세계 산림 비율은 6,000년 전 육지 면적의 약 43%였던 것이 현재는 31%로 떨어졌다. 이렇게 숲이 줄어들면서 이산화탄소 배출이 증가했고, 그 증가량은 현재 지구 기후변화의 원인이 되는 이산화탄소 증가분 중 약 20%를 차지하는 것으로 알려졌다.

급격한 산림 소실은 임업 종사자들 사이에 우려를 낳았고 이들의 행동을 촉발했다. 벌목이 산업화하면서 새로운 산업형 조림 방식인 플랜테이션 임업이 발명되었다. 19세기에 독일에서 처음 개발된 이 방식은 정기 벌채한 활엽수에서 다시 싹이 돋게 하거나 침엽수 씨앗에서 자란 묘목이 자연적으로 침엽수림을 재생하게 만드는 것이 아니다. 그 대신 산림을 벌채해서 개간한 다음, 묘목장에서 키운 어린나무를 다시 심는 것이다. 따라서 플랜테이션 임업의 핵심 아이디어는 수익성 높은 나무를 더 빨리 키우는 것이다. 여기에는 기본적으로 나무를 경작한다는 마인드가 깔려 있다. 이 새로운 '과학적' 방식은 수세기에 걸쳐 산지기들이 성공적으로 사용했던 왜림작업과 같은 전통적인 기법을 금세 대체했다. 독일에서 다른 유럽으로 신속히 전파되었고, 마침내는 20세기에 북아메리카와 열대 지방에까지 전해졌다.

그러나 안타깝게도 플랜테이션 임업의 확산은 많은 면에서 재난과 같은 결과를 낳았다. 첫 번째 문제는 이 방식이 제재목만 유일하게 가치 있는 자원이라고 전제한다는 점이다. 이에 따라 임업 종사자들은 침엽수와 유칼립투스, 티크처럼 오로지 빠르고 곧게 자라는 나무들만 심도록 장려한다. 막대한 지역에서 토착 활엽수가 베어나간 자리에 이들 수종을 심으면서 생물다양성이 감소했다. 따뜻한 온대 지역에서는 많은 활엽수 산림지대가 파괴되었고 그 땅이 침엽수로 도배되었다. 그 결과, 토양의 질이 떨어지고, 이들 침엽수의 수관층 아래에 영구적으로 그늘이 지면서 거기에서 서식하는 관목과 꽃 등 하층 식생이 몰살되고 있다. 이베리아반도에는 거대한 유칼립투스 산림이 확산하면서 토종 산림 식생을 몰아내고 산불을 촉발하고 있다.

또 다른 문제는 플랜테이션 임업 때문에 단 하나의 수종만 단일 재배하는 부지가 증가한다는 것이다. 이런 방식은 특히 바람으로 인한 피해에 취약할 뿐만 아니라 더 우려스럽게도 진균성 질병과 해충에 취약해서 산림 전체를 파괴할 수도 있다. 이 문제에 대해서 임업 종사자들이 할 수 있는 일은 거의 없다. 선별적 품종개량으로 질병에서 자유로운 새로운 품종을 개발하기에는 나무의 수명이 너무 길기 때문이다. 한마디로 나무는 종래의 과학적 영농에는 적합하지 않다.

설상가상으로 임업 종사자들이 이국적인 나무를 사용하는 것을 좋아해서 상황은 더 악화하고 있다. 이런 나무들은 질병에 특히 더 민감한 데다 현지의 동식물상에도 해를 끼치기 때문이다. 한 예로 라디에타 소나무 *Pinus radiata*는 캘리포니아 해안에 자생하는 희귀종인데, 이제는 남아프리카공화국에서 칠레, 호주, 뉴질랜드까지 전 세계에서 널리 자란다. 나는 심지어 카나리섬에서도 이 나무를 본 적이 있다. 카나리섬에는 그곳에서 완벽하리만치 훌륭하게 자생하는 토종 수종 카나리 소나무 P. canariensis가 현지 조건에 적응해서 아름답게 자라고 있는데도 말이다. 게다가 외래종은 새로운 해충과 질병도 함께 들여와서 이들에 대처할 준비가 되어 있지 않은 토종 나무들을 죽이기도 한다. 아마도 이 문제야말로 전 세계 산림에 가장 큰 위협일 것이다.

최근 수년간, 유럽과 북아메리카에는 새로운 질병이 당황스러울 만큼 빠른 속도로 도입되었다. 유럽 토종 물푸레나무들이 에메랄드 물푸레나무 딱정벌레와 찰라라 Chalra 균에 의한 물푸레나무 마름병 때문에 죽어가고 있다. 이 질병은 만주 물푸레나무에는 큰 문제가 아니지만, 옛 소련의 임업 종사자들이 만주 물푸레나무를 러시아로 들여오면서 무심코 함께 전파되었다. 이 병은 러시아에서 토종 유럽 물푸레나무로 금세 퍼졌고, 현재는 토종 나무를 거의 고갈시키고 있다. 아메리카에서는 100년 전 일본에서 나무와 함께 수입된 밤나무 마름병 때문에 밤나무가 완전히 말살되었다. 지금은 아밀라리아 Armillaria 뿌리썩음병이 한창 빠르게 확산하면서 지구 반대편에 있는 수백 종의 나무들을 위협하고 있다. 이 병은 가문비나무와 같은 중요한 침엽수와 유칼립투스와 같은 단단한 목질의 나무에 모두 치명적이다. 실제로 아밀라리아에 대한 저항성이 있는 것처럼 보이는 나무는 낙엽송과 자작나무뿐이다!

마지막으로, 플랜테이션 임업은 단기적인 규모로 돌아가는 현대 산업 세계에 맞지 않다는 문제가 있다. 향후 50년 동안 새로운 나무 임분이 얼마나 잘 자랄지 예측하기란 어렵다. 더 나아가 이들 나무가 나중에 생산할 목재의 미래 가격을 예측하는 것은 불가능하다. 심지어 임업계에서는 과연 이 목재를 원하는 사람이 있을지도 예상하지 못한다. 그래서 현재 조성되고 있는 산림 가운데에는 투자 실패로 결론이 난 나무들이 포함된 곳들도 많다. 영국의 경우, 제2차 세계대전 후에 심은 낙엽송은 대부분 영국 특유의 강풍 때문에 굽어 자라면서 비뚤어진 탓에 기본적으로 목재로서 가치를 잃었다.

또한 많은 플랜테이션이 새로 급속히 퍼진 파이토프토라_Phytophthora_ 병에 무릎을 꿇었다. 영국에서는 튼튼한 갱목을 만들기 위해 심은 시트카 가문비나무가 상당히 잘 자랐다. 하지만 유감스럽게도 영국에는 이제 가동 중인 탄광이나 이 갱목을 사용할 채굴장이 없다. 유럽 전역에는 성숙기가 지난 멋진 오크 플랜테이션이 곳곳에 있다. 이 오크는 일찍이 19세기에 선박 건조용 목재를 공급하기 위해 심은 것이다. 그런데 문제는 이미 150여 년 전부터 선박은 철과 강철로 만들고 있다는 사실이다!

현재 전 세계적으로 산림은 어려운 시기를 맞고 있다. 그래도 지구상에는 여전히 3조 그루가 넘는 나무가 지구의 30% 이상을 점유하고 있다. 우리는 역사적으로 과거에 우리가 나무에 어떤 영향을 미쳤으며 현재에도 어떤 영향을 미치는지 파악해야 한다. 그러면서 이런 지식으로 단단히 무장한 채 행동을 취해야 한다. 다국적 기업의 공업단지가 우리의 유산을 더 이상 침해하지 못하게 해야 한다. 남아 있는 우리의 산림지대를 임업 종사자들이 더 이상 훼손하지 못하게 해야 한다. 마지막 장에서 살펴보겠지만, 이런 캠페인을 전개할 때 필수적으로 밟아야 하는 단계가 있다. 먼저, 나무와 산림, 그리고 그로부터 생산되는 목재와 우리 사이의 어긋나버린 관계를 바로잡는 일이다.

제15장

어긋난 관계
회복하기

이 책을 통해 나는 인류가 끝내 살아남은 종으로 성공하기까지 우리와 목재의 관계가 얼마나 중요한 역할을 했는지 밝히고 싶었다. 어떻게 목재 덕분에 우리가 나무에서 내려와 최상위 포식자가 되었는지, 어떻게 남극을 제외한 지구상 모든 대륙에 터를 잡고 살게 되었는지, 그리고 결국에는 어떻게 땅을 독차지하게 되었는지 설명하고자 했다. 이렇게 하면서 우리 인류는 지구를 변화시켰다. 드넓은 산림지역을 개간했고 남아 있는 산림지대의 종 구성을 바꾸었다. 그래도 몇백 년 전까지는 기본적으로 지속 가능한 방식으로 그렇게 했다. 하지만 이제는 그렇지 않은 것이 분명하다.

되돌아보면 역사의 흐름을 가른 단층선은 아마도 1600년경인 듯하다. 바로 이때가 장작과 숯에서 얻은 에너지를 화석연료로 보충하기 시작한 시기다. 그러면서 점차 화석연료로 대체했다. 이런 과정이 촉진제가 되어 도시화가 진행되고 과학이 탄생했으며 자본주의가 부상하고 산업화가 시작되었다.

석탄과 가스, 석유가 제공하는 새로운 에너지원은 고갈되지 않을 것처럼 보였다. 우리는 이런 에너지를 사용하면서 더 많은 인구가 모여 살았고, 세상을 더 잘 이해하기 위해 과학 제도를 발전시켰으며, 새로 얻은 지식과 힘을 모아 신소재와 제조품을 대량 생산했다. 그 결과 400년간 소재 분야에서 전례 없는 물질적 진보와 경제성장을 이루었다. 이처럼 많은 인구를 먹여살리고, 이렇게 건강하게 오래 살고, 이다지도 많이 생산하고 소비했던 적은 일찍이 없었다. 이제 오랫동안 의존했던 목재를 버리는 것이 멋진 생각처럼 느껴졌다.

하지만 모든 것이 긍정적이지는 않았다. 우리는 제약에서 벗어날 때마다 늘 욕망을 주체하지 못하여 과도하게 자신의 욕망을 채우면서 자기 자신과 주변에 있는 사람들과 장소를 해치려는 경향이 있다. 물질적 안락함을 추구하고 새로운 것으로 감각을 자극하고 싶은 끊임없는 갈망에 사로잡힌 결과, 우리의 에너지 사용량은 지난 200년간 20배 증가했다. 그 대부분이 화석연료를 태워 얻은 것이어서 대기 중 이산화탄소 수치가 280ppm에서 400ppm 이상으로 늘어나 급격한 기후변화를 야기하고 우리의 모든 미래를 위기에 빠뜨렸다. 산업화는 전 세계에 해로운 산림 관리 방법도 전파해 세계의 산림을 더 큰 위험으로 몰고 갔다. 아마도 가장 치명적인 결과는 산업화가 우리를 자연과 단절시킨 것이다. 인류가 존재하는 동안 목재와 목재를 생산하는 나무와 맺어왔던 관계를 무너뜨려버린 것이다.

숲과 나무에 대한 지식을 구닥다리 쓰레기로 만들다

수렵 채집인 조상들이 목재로 사냥도구를 만들고 땔감을 모으던 친숙한 일상은 이제 사라지고 없다. 초기 농부들이 나무를 키우고 쓸모에 맞게 모양을 내면서 쌓아온 숲에 관한 지식도 없어졌다. 대를 이어 목재를 다듬고 결합해서 집과 가구를 만들던 목수들이 직접 체득한 경험도 이제는 사라져버렸다. 4세기 동안 급속한 산업화가 진행되면서 이 모든 것이 마치 구닥다리 쓰레기처럼 버려졌다. 이제 우리는 첨단기술 세계에서 온갖 종류의 장난감에 둘러싸인 채 전자기기의 편리함을 누리며 산다. 하지만 동시에 스스로 무언가를 만들던 우리 조상들의 능력은 점점 잃어간다.

나의 연구 조교 미치 크룩이 보르네오 정글에서 겪었던 일을 통해 나는 이것을 뼈저리게 느꼈다. 판근의 기계적 역할을 연구하는 과정에서 미치가 자그마한 나무들을 땅 위로 3m 정도 높이에서 잘라야 할 일이 생겼다. 그런 다음, 작은 수동 거중기로 인양 로프를 사용해서 자른 나무들을 치워야 했다. 그런데 미치나 도시에서 자란 그의 동료 엠란이나 나무줄기를 자를 수 있을 만큼 충분한 높이까지 올라갈 방도가 떠오르지 않았다. 할 수 없이 그들은 연구소에서 이들보다 나이가 많은 안내원을 데려와 도움을 청했다. 40세 정도 되어 보이는 안내원은 현지 마을에서 자란 열대우림 토착민이었다. 그는 재빨리 상황을 파악하더니 열대산 칡의 일종인 리아나를 잘라서 나무 둘레에 감아 즉석 사다리를 만들었다. 그에게는 나무를 실용적으로 사용하는 능력과 목재의 역학적 성질에 대한 감이 있는 것이 분명했다. 그의 실용적인 목공 기술은 지극히 재능이 많은 실무 연구자 미치보다 훨씬 뛰어났다. 미치는 복잡한 전자장비를 제작하고 유지 관리하며, 기계적 실험을 수행한 경험이 풍부한 인재였는데도 말이다.

우리는 산림관리와 목공이라는 실용적인 세계에서 멀어지면서 기계적으로 무능해졌다. 그 결과 여러 방면에서 우리의 삶이 황폐해졌고, 전보다 불안하고 불행해졌다. 이는 어떤 관계가 깨질 때면 일반적으로 일어나는 현상이다. 이제 심리학자들은 우리가 나무 및 목재와 맺은 관계에서 누리는 혜택을 수량화하기 시작했다. 그러면서 나무와 목재는 우리 마음속에서만큼이나 우리에게 중요하다는 사실을 입증하기 시작했다. 그들의 연구 결과, 산림지대에 있는 것만으로도 유익하지만 산림지대 안에서 묘목을 심거나 가지치기 같은 일을 한다면 더욱 이롭다는 것이 밝혀지고 있다. 벽난로나 장작을 때는 난로에 목재를 태우고 있으면 자연스럽게 집중하게 되어 고요한 저녁 시간의 충만함을 느낄 수 있다. 가장 덴마크다운 특성으로 꼽히는 휘게hygee, 즉 아늑함을 누릴 때 빠져서는 안 되는 것이 바로 이것이다. 또한 사람들은 목공예를 하거나 목재를 가지고 일하는 동안 마음이 더 차분해지고 행복하다고 느낀다. 이 책의 편집자의 경우는 원고를 교정하고 직접 스릴러 작품을 쓰는 일을 하는 사이 사이에 여행하면서 발견한 목재로 상자를 만든다. 우리 큰형은 전 세계를 망치고 있는 수목병을 연구하면서 긴장이 쌓이면 모형 요트를 설계하고 제작하는 방법으로 이를 해소한다. 이와 같은 실용적인 프로젝트를 완수하면 우리는 고요한 만족감을 느낀다. 이런 만족감은 수동적인 오락행위로는 얻을 수 없는 것이다. 사람들은 목재에 둘러싸이고 목조 건축물 안에서 사는 것으로도 이로움을 얻는다. 초등학생들은 교실 벽이 콘크리트 벽이거나 페인트칠한 벽인 경우보다 목재로 된 벽일 때 덜 산만하고 성적도 더 좋다.

매일매일의 삶 속에서 이 같은 혜택을 잃은 우리는 많은 면에서 조상들보다 피폐한 삶을 살고 있다. 동시에 우리 삶을 비참하게 만들고 있는 것만큼이나 확실하게 지구도 파괴하고 있다. 하지만 이 과정을 과연 어떻게 뒤집을 수 있을까? 어떻게 하면 나무를 사용해서 지구를 치유하고 우리 삶에 의미를 되돌릴 수 있을까?

과학과 기술이 중요한 역할을 할 수 있다는 데는 의문의 여지가 없다. 앞서 13장에서 살펴보았듯, 현대적인 목재 가공법 덕분에 강철이나 콘크리트처럼 에너지 비용이 부담스러운 소재를 목재가 대체하고 있다. 글루램과 CFL로 지은 신형 고층빌딩과 아파트는 종래의 강화 콘크리트로 지은 건축물보다 최대 5배 더 가볍다. 이는 건물을 지을 때 에너지를 덜 쓰고 건물 기초가 더 얇아도 된다는 의미다. 그래서 이런 건물은 내재 에너지가 일반 건물의 20%밖에 안 될 수도 있다. 콘크리트가 지구 탄소 배출량의 약 5%, 강철이 3%를 차지한다는 점을 고려한다면 목재로 이루어진 미래 세계 건설은 기후변화에 맞서는 데 상당히 이바지할 수 있을 것이다. 왕립학회의 최근 보고서에 따르면, 목재는 전체 탄소 배출량의 약 2.3%를 차지한다. 또한 세계 곳곳에 있는 목재 과학 연구소에서는 목재가 다른 소재를 대체할 혁신적인 방법을 계속해서 내놓고 있다.

미국 메릴랜드 대학교의 리양빙 후 교수는 목재의 약한 강성을 밀도를 높이는 방법으로 극복할 수 있다는 것을 입증했다. 먼저, 종이를 만들 때와 같은 과정으로 리그닌 일부를 제거한 다음, 목재가 단단해질 때까지 고온에서 압축한다. 그러면 셀룰로스 섬유소들이 나뭇결에 따라 다시 자리를 잡게 된다. 이렇게 만들어진 신소재는 목재보다 강도가 12배 강해지고, 인성은 3배 더 커진다. 이렇게 만든 초강력 고밀화 목재는 강철이나 알루미늄 대체품으로 사용될 수 있다. 스웨덴 발렌베리 목재과학센터 소속 과학자들은 목재를 변형하면 심지어 유리를 대신할 수 있다는 것을 밝혔다. 모든 리그닌을 제거하여 무색으로 만든 목재를 세포벽과 같은 굴절률을 지닌 수지에 담그면 투명한 소재가 만들어진다. 목재에서 생분해성 플라스틱을 만드는 방법 역시 핀란드 전역에서 한창 개발 중이다. 이제야 참신한 목재 생성물을 바탕으로 한 완전히 새로운 저탄소 경제를 발달시킬 길이 열린 것처럼 보인다.

하지만 첨단 기술적 접근법에는 몇 가지 문제가 있다. 우선 목재 생성물 가운데 그 어느 것도 탄소 중립적이지 않다. 가령, 목재를 수확하여 운반하고 기계로 가공하는 데는 에너지가 필요하다. 현대 목재 생산 과정에서 가장 에너지 집약적인 단계는 가마를 이용한 인공 건조 과정이다. 목재 속 수분을 증발시키는 데 필요한 에너지는 약 1MJ/lb(1파운드당 메가줄)이다. 그런데 막 베어낸 목재에는 수분이 워낙 많아서 모든 목재 생성물의 내재 에너지 대부분이 인공 건조 과정에서 만들어진다. 참고로 건조 목재의 내재 에너지는 약 4.5MJ/lb이다. 재생 에너지원을 사용하거나 폐목재를 태워서 에너지를 공급하지 않는 한, 이 모든 과정에서 온실가스가 생성될 수 있다.

이 밖에도 기술적 접근에는 또 하나의 부정적인 이면이 잠재

되어 있다. 지난 장에서 살펴보았듯 자칫 목재 수요를 늘려서 폐해가 따르는 벌목 행위나 플랜테이션 임업을 팽창시킬 수 있다. 기술적 해결책은 비대해진 경제를 무제한 경제성장의 길로 더 몰고 가서 더 많은 환경 파괴를 불러올 수 있다. 이미 임업은 땅을 두고 농업 및 자연보호와 경쟁을 벌여야 하는 형국이다. 산업용 목재 생산이 증가하면 식량 안보와 생물다양성이 감소하기 때문이다. 목재를 또 하나의 산업 생산품으로 취급하는 것 역시 우리가 입은 심리적 상처를 치유하고 목재와 맺은 개인적인 관계를 회복하는 데 아무런 도움이 되지 못한다. 목조 건물에 살면 약간 행복감이 생길지도 모르지만, 그렇게 한다고 산림과의 연결성이나 목공 기술을 회복한 것은 여전히 아니다.

다른 한편으로 목재와의 관계를 다시 세우기 위해 지역에 따라 시도해볼 수 있는 분야는 많다. 도시에 사는 사람들은 이미 전 세계에 우후죽순처럼 생겨난 도시 임업 계획의 혜택을 누리고 있다. 그로 인해 세상에서 가장 인공적인 환경인 도시는 다시 푸르게 변하고 있다. 도시에서 나무가 자라기 시작한 것은 일찍이 1840년부터다. 기업가이자 연철 골조 건물의 선구자인 윌리엄 스트럿의 동생, 조지프 스트럿이 최초의 도시형 공원, 더비 수목원을 설립한 것이 그때다. 1858년에는 세상에서 가장 유명한 도시형 공원, 뉴욕의 센트럴파크가 맨해튼에 조성되었다. 프랑스 제2제정 시대 관료였던 조르주-외젠 오스만이 정비한 파리의 대로는 플리칭(나무의 가지를 인위적으로 유인하여 엮어서 울타리나 아치와 같은 모양을 내는 방법-역자) 기법으로 조경한 피나무들이 늘어서 있는 것이 주요 특징 중 하나다. 그런가 하면, 런던에는 빅토리아 시대에 심은 두목작업으로 정리한 플라타너스들이 여전히 거리를 우아하게 꾸며주고 있다. 더 최근에는 도시 계획가들이 이런 역사적 유산을 늘리기 위해 애쓰고 있다. 백만 그루 나무 심기 운동Million Tree Initiative을 통해 지난 15년간 로스앤젤레스와 뉴욕의 거리가 초록빛으로 물들어가고 있다. 이 프로젝트를 거울삼아 전 세계 다른 도시에서도 이와 비슷한 프로젝트가 시행되기 시작했다.

도시 나무들이 주는 이로움, 지구 재산림화의 이유

지난 30년간 많은 과학자와 경제학자, 심리학자가 머리를 맞대고 도시의 나무들이 주는 이로움을 계량화하기 위해 노력했다. 이 작업은 미국 농림부가 수립한 시카고 도시 숲 프로젝트Chicago Urban Forest Project 주도하에 진행되었다. 연구 결과, 도시의 나무들이 주는 이로움은 상당히 큰 것으로 나타나고 있다. 도시의 나무는 그늘을 제공하여 사람들의 체감온도를 10~15°C만큼 낮춰주고, 도시열섬 온도도 1~2°C만큼 내려준다. 이렇게 되면 더운 날

냉방비를 15~30% 절감할 수 있다. 도시의 나무는 매연 입자를 포착하고, 미세먼지를 약 15% 감소시키며, 빗물 유출량을 평균 20% 줄이고, 도시 소음도 차단하는 효과가 있다. 나무가 있으면 부동산 가격이 올라가고, 반달리즘은 감소한다. 심지어 가로수길 주변에 사는 사람들의 행복감을 높이고 이웃과 더 연결되어 있다는 느낌도 준다. 실제로 나무를 좋아하지 않는 사람이라 하더라도 말이다!

나무가 자라는 동안에는 사람들이 도시의 나무로부터 이로움을 누린다. 하지만 수명을 다해서 잘려나가면 상황은 달라진다. 일단 베어진 나무는 수목 진료 전문가에 의해 우드 칩과 톱밥으로 분쇄되어 잘하면 토양 피복으로 사용된다. 이렇게 되면 나무가 잠재적으로 지니고 있던 이로움, 즉 탄소를 저장하는 기능뿐만 아니라 목재를 사용하고 목재로 무언가를 빚어내는 기능도 사라진다. 결과적으로 도시형 임업은 도시 거주민들에게 우리가 나무와 맺고 있는 실용적인 관계를 교육하는 데 실패한다. 사람들은 나무를 보면서 아름답다고 느끼지만, 삶의 동반자나 땔감과 목재가 될 수 있는 잠재적 자원이라기보다는 기본적으로 쓸모없는 유기체라고 여긴다.

이런 생각의 빈 구멍을 메울 수 있는 간단한 한 가지 방법은 더 많은 불모지에 개암나무나 버드나무처럼 가지치기나 정기 벌채로 관리할 수 있는 나무를 심는 것이다. 그러면 나무들이 빨리 자라서 야생동물이 많이 사는 지역을 조성하는 한편, 도시의 열기를 식히고 홍수를 예방하는 데 크게 이바지할 것이다. 이 지역에서는 전통적인 정기 벌채 왜림작업과 마찬가지로 정기적으로 나무를 자를 수 있을 것이다. 자원봉사자들은 새로 자란 가지를 수확해서 땔감으로도 쓰고 바구니 엮기나 생나무 목공 같은 산림 공예의 재료로 사용할 수 있으리라.

뿐만 아니라 도시 산림관리인들은 이동형 제재 장비를 사용해서 비교적 큰 가로수를 목재로 가공하여 목공 프로젝트를 전개할 수 있는 기반을 마련해줄 수도 있다. 이와 비슷한 종류의 도시 임업 계획이 이미 방글라데시에서 시도된 적이 있다. 주민들에게 인근에 심은 어린 티크 나무를 돌보는 대가를 지불하는 방식이다. 나무가 자라는 동안 계속해서 지불하다가 약 20년 후 다 자란 나무를 수확하게 되면 마지막 대가를 지불하고 계획이 마무리된다. 그린벨트 운동은 상향식 접근법이 유효했던 또 다른 성공 사례다. 1977년, 노벨평화상 수상자 고故 왕가리 마타이가 케냐에서 창설한 이 운동은 풀뿌리 접근법을 활용해 여성들이 집 주변에 묘목을 심고 가꿀 수 있게 했다. 이를 통해 여성들은 가족이 쓸 땔감과 목재, 음식을 구했다. 다른 한편으로는 토양을 엉기게 하고 빗물을 저장하는 효과도 있으며, 무엇보다 중요한 점은 여성들의 경제적 역량을 증진하는 역할을 한다는 것이다.

이런 종류의 도시계획은 규모가 너무 작아서 전 세계적 차원은 물론 심지어 지역적 차원에서도 목재 생산에 영향을 주지 못한다. 그래서 현지 혹은 지역 차원에서 대대적인 노력을 기울여 보완해야 한다. 최근 에티오피아는 거의 1,500만 에이커(6만 703km²)에 달하는 농촌 토지에 나무를 심는 매우 야심찬 재산림화 프로그램을 수립했다. 이에 따라 2019년, 현지 주민을 동원해서 단 하루 만에 나무 3억 5,000만 그루를 심었다.

한편 우리는 사람들이 주변 나무와 실용적이고 직접적인 관계를 유지하고 있는 지역들로부터 지구 재산림화 방식에 관해 많은 교훈을 얻을 수 있다. 예컨대, 아메리카대륙의 태평양 연안 북서부와 애팔래치아산맥, 유럽의 알프스와 스칸디나비아 지방에 있는 침엽수림이 그런 지역이다. 이들 지역의 전통적인 임업 활동은 오래전부터 대체로 환경친화적이었다. 임업 종사자들은 침엽수가 자라는 얇은 토양층이 손상되기 쉽다는 사실을 잘 알고 있어서 점차 선배 관리인들이 사용했던 방법으로 회귀하고 있다. 산림 전체를 일괄 벌목하기보다는 지속적 비율 유지 산림관리법 CCF, Continuous Cover Forestry이라고 하는 작업 방식을 활용한다. 한번 벌목할 때 적은 수의 나무를 벌목하여 토양 훼손을 줄이고 산림이 벌목되는 사이에 빨리 회복되게 하는 방식이다. 이렇게 하면 묘목이 어른 나무 아래서 보호받으며 자랄 수 있다. 그 결과, 산림은 더 건강해지고, 풍경은 원래의 모습을 그대로 유지하며, 더 곧은 나뭇결을 지닌 우수한 목재가 생산된다.

이런 접근법은 산림관리협의회와 지속 가능한 임업 계획과 같은 국제 비정부기구들이 앞장서서 옹호하는 방법이다. 이들 비정부기구는 지속 가능한 산림지대에서 생산된 목재를 인증해주고 있다. 지금까지는 대부분 스칸디나비아와 북아메리카의 산림에서 생산된 목재가 인증받았지만, 이제는 개발도상국 정부의 지배 구조가 개선되면서 각국의 임업 정책도 명백히 개선되고 있다. 벌목권 불법 거래가 사라지고 더 지속 가능한 형태의 산림관리가 이루어지고 있다.

다양한 기법도 시도되고 있다. 저영향 벌목법low-impact logging은 덩굴은 잘라내고 나무는 특수 트랙을 따라 개별적으로 조심스럽게 뽑아내는 방법이다. 옛날 식민지 벌목꾼들이 코끼리를 이용해서 목재를 뽑았던 것과 매우 비슷하다. 농화濃化 식림법enrichment planting은 벌채된 지역에 자랐을 때 수관층을 형성하는 가치가 높은 나무의 묘목을 심어 산림 밀도를 높이는 방법이다. 이러한 기법은 모두 환경 훼손을 줄이고 열대우림의 복원 속도를 높이며 열대산 목재들이 인증을 받는 데 도움을 준다.

한편 스칸디나비아에서는 나무와 관계를 맺는 것은 비단 임업 종사자들만이 아니다. 노르웨이 출신 작가 라르스 뮈팅은 최근작 《노르웨이의 나무Norwegian Wood》에서 모든 노르웨이 사람들에게 장작을 베고 쪼개고 저장하고 때는 문화가 얼마나 중요한지를 강변했다. 전 유럽에서 가장 강한 산림 문화를 보유하고 있는 핀란드에서는 여전히 침엽수림이 국토의 75% 이상을 차지한다. 2001년, 나는 맨체스터 과학산업박물관이 주최한 핀란드의 순회 전시회 〈숲과 나 The Forest and Me〉에 초대되어 나무에 대한 대담을 몇 차례 나눈 적이 있다. 이 전시회에서는 산림산업에 대해 궁금해할 법한 모든 것을 개괄적으로 보여주고 있었다. 놀라운 나무 수확 기계를 둘러보고 목재 펄핑에 관한 정보도 얻었으며 가상세계에서 제재소를 직접 가동할 기회도 가졌다. 핀란드 사람들은 숲을 그들의 생활양식과 정체성의 중심에 두는 것이 분명하다. 핀란드 어린이들에게는 이 전시가 어른들의 세계를 소개해주는 훌륭한 기회였을 것이다. 자신들이 거주하는 목조주택을 만들고 자신들에게 필요한 연료를 제공하는 산업, 자신들이 희망하는 직업에 입문하는 자리였을 것이다.

안타깝게도 1990년대 영국 국민 보이그룹인 테이크댓의 노래나 맨체스터 유나이티드가 달성한 위업에 더 관심이 많은 평범한 맨체스터 토박이에게는 이 전시회가 큰 감흥을 불러오지 않았을 수 있다. 맨체스터는 수천 년 전 활엽수 산림지대를 개간하여 농경을 시작했던 부유한 농업지대 안에 있는 대도시다. 그리고 수세기 동안 나무보다는 석탄을 때며 살았던 곳이다. 그래서 그런지 이 전시회는 성공을 거두지 못했고 관람객 수도 저조했다.

농사짓기 위해 땅 대부분을 개간했던 곳에도 (심지어 맨체스터 근처에도) 작은 규모의 활엽수림 지역이 여전히 많이 있다. 이런 지역은 지난 세기에 거의 관리되지 않고 남은 곳들이다. 특히 플라스틱이 발명되고 목제품이 한물간 물건 취급을 받으면서 버려진 곳이다. 사람들은 편협하게도 대규모 플랜테이션 임업을 표준으로 삼으면서 이런 땅은 너무 작아서 경제성이 떨어지는 것으로 여겼다. 그래서 이 나무들은 사람들의 사랑도, 관리도 받지 못한 상태로 그냥 자라도록 내버려졌다. 지금은 나무의 수관층이 짙은 그늘을 드리우는 탓에 그 아래 많이 살던 야생화가 남아 있지 않다.

다행히 소규모 협동조합과 이보다 규모가 큰 몇몇 회사가 마침내 이러한 산림지대의 문을 열고 관리하기 시작했다. 수백 년 전 우리 조상들이 그랬듯, 장작과 목재, 숯을 얻기 위해 산림관리에 들어간 것이다. 이렇게 관리해서 얻은 장작은 현지의 주민들에게 팔면 된다. 나무 때는 난로를 구입하는 사람들이 계속 증가하고 있기 때문이다. 생산된 목재는 현지 제재소에서 자르고 가공해서 공예가들에게 팔면 된다. 현재 생나무 목공예와 건조 목재를 사용하는 목공, 또 목선반 공예가 급속도로 팽창하고 있기 때문이다. 목선반은 가구, 오크 건물, 그리고 우리 조상들에게는 익숙한 온갖 종류의 유용한 도구과 물건을 만들어낸다. 이렇듯 버려졌던 산림지대가 다시 한번 소규모 순환 경제의 토대 역할을 하기 시작했다.

한편, 생태복원 운동을 통해 수익이 나지 않는 많은 농지 지역이 자연림과 관목림으로 복구되기 시작했다. 여러 시험 결과, 영국에서 가장 심하게 변형된 전원 지역도 이런 생태복원의 큰 수혜자가 될 수 있는 것으로 나타나고 있다. 비교적 작은 규모이긴 하지만, 잉글랜드 서식스에 있는 넵 이스테이트Knepp Estate(잉글랜드 최초의 대규모 저지대 생태복원 프로젝트로 큰 성공을 거둔 사례-역자)처럼 저지대 지역에서 중점토(전체 흙무게 가운데 점토가 반 이상을 차지하는 토양. 너무 차져서 농사짓기에 적합하지 않은 땅-역자)에 쟁기질하며 농사짓던 것을 중단하자, 관목림과 낙엽림이 다시 늘어났다. 동시에 땅에 풀어 키우는 소와 돼지의 밀도를 떨어뜨리자 중세시대의 산림 방목이 되살아나고 있다. 스코틀랜드의 서던업랜즈(스코틀랜드 남부 구릉지대)와 하일랜즈(스코틀랜드 북부 고원지대) 같은 지역에서는 수 세기에 걸쳐 양을 방목한 결과, 오랫동안 토질이 저하되었다. 그런데 온통 풀밭으로 덮인 이런 고지대에서 양을 몰아내자 과거 녹색 사막이었던 땅 위에서 나무들이 다시 잘 자라고 있다.

유럽 대륙에는 이처럼 생태를 복원할 기회가 영국보다 훨씬 더 많다. 젊은이들이 도시로 떠나면서 버려진 불모지가 많기 때문이다. 2030년까지 이러한 지역에서 재생하는 산림 규모는 31만 798km²에 육박할 것으로 보인다. 북아메리카에서는 이보다 훨씬 많은 지역에서 생태복원이 이미 이루어지고 있다. 이 가운데 가장 넓은 생태복원 지역은 옐로스톤-유콘 보존 계획Y2Y이 전개되고 있는 곳이다. 이 보존 계획의 목표는 길이 약 3,218km, 폭

64.4km에 달하는 긴 모양의 지역을 야생 상태로 되돌리는 것이다. 대상 면적이 약 129만 4,994km²에 이르는 넓은 지역이다. 뿐만 아니라 짐바브웨 출신 생태학자 앨런 세이버리에 따르면, 전 세계적으로 4,920만 9,769km²에 달하는 토질이 저하된 초원지대가 복원될 수 있다고 한다. 복원된 현장에서 우후죽순처럼 생겨나는 새로운 산림과 관목림은 야생화와 곤충, 새를 불러모아 생물다양성을 높은 수준으로 끌어올린다. 하지만 이것이 전부가 아니다. 이산화탄소도 흡수해서 기후변화의 진행도 역전시킨다. 이것은 뉴잉글랜드와 뉴질랜드의 버려진 농장에서 지난 세기에 실제로 일어난 일이다. 광활한 이들 지역에서는 수십억 톤에 달하는 탄소가 나무와 나무 아래에 있는 토양 속으로 재흡수될 것으로 추산된다. 그러면 이산화탄소 수치가 최대 20ppm 감소하여, 지구 온난화 수준이 1.5~2℃로 떨어져 감당할 수 있는 수준을 유지할 수 있다.

사실 우리 가운데 숲으로 되돌릴 땅을 소유하고 있는 사람은 얼마 되지 않는다. 하지만 우리 한 사람 한 사람이 모두 세상을 바꿀 수 있다. 먼저, 나무와 산림지대에 관해 더 많이 배우고 알아가도록 하고, 우리 아이들에게도 마찬가지로 가르치면 된다. 이미 세계 전역에 아이들이 자연 속에서 놀면서 배울 수 있게 장려하는 숲 학교 네트워크가 활성화되어 있다. 하지만 아이들은 굳이 이런 학교가 아니더라도 어른들로부터 이미 충분한 정보를 얻는다. 그러니 아이들 스스로 숲에서 놀면서 숲이 주는 기쁨과 위험, 다양한 유형의 나무와 목재의 역학을 스스로 터득하게 하면 어떨까? 아이들을 야외 민속박물관에 데려가는 것도 좋겠다. 적어도 신선한 공기를 마시며 뛰어다니다 보면 에너지도 발산하고 전통적인 박물관을 구경할 때보다 훨씬 더 즐길 수 있을 것이다. 나아가 우리 조상들의 일상생활과 관련한 흥미진진한 것들을 배울 가능성도 더 높다.

아이들에게 무슨 나무인지 알아보는 법도 가르치고 야생에서 먹을 수 있는 음식을 찾는 법도 알려주면 어떨까? 아니면 손으로 직접 목조 모형을 만들거나 유용한 물건을 만드는 법을 가르쳐주면 어떨까? 난 전문가는 아니지만, 어렸을 때 끙끙거리며 곤충 채집통도 만들고 새집도 만들었다. 심지어 목공예 수업 시간에 '현대적 조각상'을 조각하기도 했는데, 이 작품은 지금도 우리 아버지 집에서 키친타월 걸이로 당당히 쓸모를 다하고 있다. 이런 물건들은 완벽하지 않은 것은 고사하고 잘 만들어지지도 않았지만, 그냥 가게에서 산 것보다 내게는 훨씬 더 의미가 있었다.

나아가 계속해서 점점 더 많은 완제품을 구매하는 행태에서 벗어나 그저 몇 가지 단순한 목제품을 사거나 가능하다면 직접 스스로 만드는 법을 배우면 어떨까? 그렇다고 내 옛 동료처럼 극단적으로 신석기시대 풍의 원형 움집에서 살아야 할 필요는 없다. 또는 나의 옛 제자처럼 자녀에게 나무를 깎아 활과 화살을 만드는 법을 가르칠 필요도 없다. 하지만 어떤 형태로든 우리가 구매하는 제품의 양을 줄이면 우리가 지구에 미치는 영향도 줄일 수 있다. 또 누가 알겠는가? 우리가 첫 삽을 뜬 길을 따라 인류가 온화한 기쁨을 주는 목재의 시대로 되돌아갈 수 있을지.

감사의 말

이 책은 내가 수년간 방랑과 고민을 거듭한 끝에 맺은 결실이다. 무엇보다도 맨체스터 대학교와 헐 대학교에서 학자로서 연구할 수 있었기에 이루어낸 결과다. 대학교에 몸 담고 있어 '가르치고 연구하기 위해서'라는 표면적인 이유를 앞세워 세계 전역의 산림을 찾아다니는 특권을 누릴 수 있었다. 또한 영민한 학생들에게 생체역학과 진화, 식물학, 나무 등 실로 다양한 주제를 가르칠 수도 있었다. 여기저기서 조금씩 수집한 모든 정보를 서로 잘 맞춰보고 시도해보는 무제한의 자유를 만끽했다. 이 자리를 빌려, 내가 쏟아낸 거친 생각들 가운데 많은 것을 실제로 시험해준 프로젝트 담당 학생들과 연구생들에게 감사의 말을 전한다. 특히 이 책에서 실명이 언급된 학생들에게 진심으로 감사한다. 그들의 재능과 열정이 없었다면, 나의 이야기는 결코 구축될 수 없었을 것이다.

담당 에이전트 피터 탤랙Peter Tallack에게도 고마움을 표하고 싶다. 나의 제안이 일관성 있는 이야기로 형태가 잡히도록 도와주었을 뿐만 아니라 학문적으로 불명확한 부분을 많이 가려내주었다. 사이먼 & 슈스터 출판사의 두 편집자 콜린 해리슨Colin Harrison과 사라 골드버그Sarah Goldberg에게도 감사한다. 이 책을 만드는 데 도움을 주었음은 물론, 미국 역사와 관련된 내용을 내게 많이 가르쳐주었다.

친절하게도 이 책을 분야별로 읽고 논평해준 사람들, 나의 형 리처드 에노스Richard Ennos, 친구이자 동료 피터 루커스Peter Lucas, 애덤 반 캐스터런Adam van Casteren, 데이비드 암슨David Armson, 그리고 너무도 이타적인 린지 우드Lindsay Wood에게 고마움을 전한다.

나를 둘러싼 세상에서 연결성을 찾고 그런 세상을 이해하기 위해 노력하는 길을 한평생 걸어가도록 그 길에 첫발을 내딛게 해준 우리 가족에게 감사한다. 또한 햄프턴 그래머 스쿨Hampton Grammar School(지금은 햄프턴 스쿨)에도 감사의 마음을 전한다. 그곳에서 나는 틀에 박힌 지혜에 도전장을 내미는 자신감과 태도, 지적 도구를 습득할 수 있었다. 그리고 마지막으로 그 누구보다 나의 동반자 이본Yvonne에게 고맙다고 이야기하고 싶다. 30년간의 지지와 사랑, 동료애에 감사할 뿐만 아니라 빈둥거림의 여백이 주는 많은 이로움을 깨닫게 해준 것에 고마움을 전한다.

주석

이 책에 담긴 정보, 특히 역사적 사실과 통계 대부분은 위키피디아 같은 웹사이트를 통해 온라인에서 자유롭게 얻을 수 있습니다. 하지만 '사실'은 진정한 지식과 이해를 위한 단순한 구성 요소에 불과합니다. 아래에 제시된 참고 문헌들은 우리가 무엇을, 어떻게, 그리고 왜 사실이라고 믿는지에 대한 이야기를 들려주기 위해 정보를 연결하고자 한 원본 연구 논문·평론·서적의 형태로, 더 유용한 정보를 제공합니다.

프롤로그 돌·청동·철이 놓친 또 하나의 시대, 목재

13쪽 국왕의 굵은 화살촉 정책: 전문은 Malone(1979) 참조

14쪽 1772년 '파인트리 폭동Pine Tree Riot'이라는…: 파인트리 폭동에 대한 설명은 Danver(2011), 183-90 참조.

제1장 나무 위 삶이 우리에게 남긴 유산

25쪽 "우리와 비슷하게 우리 모습으로 사람을 만들자.": 창세기 1:26

29쪽 매끈한 표면을 잘 잡을 수 있는 방법…: 마찰과 손가락 패드의 모양에 대한 설명은 Ennos(2012)와 Warman and Ennos(2009)를 참조.

30쪽 골과 이랑으로 이루어진 패턴, 즉 지문…: Warman and Ennos(2009)를 참고

31쪽 발톱은 납작해져 스스로 마모되어 관리가 쉬운 손발 톱으로 진화…: 손톱

의 독창적인 기계적 설계에 대한 설명은 Farren et al.(2004)를 참고.

32쪽 부시 베이비의 뇌는 몸집이 비슷한 다른 포유류의 뇌보다 크기가 약간 더 클 뿐이며… : Stephan et al.(1981) 참조.

36쪽 마카크원숭이나 거미원숭이 같은 열매를 먹고 사는 영장류의 뇌… : 최근 논문은 DeCasien et al.(2017)을 참고.

37쪽 이러한 '사회적 뇌 가설'만으로는 왜 대형 유인원만 지능이 높아졌는지… : 로빈 던바는 예를 들어 Dunbar(2009)와 (2016)에서 이 가설에 대해 광범위하게 기술했다.

40쪽 대니얼 포비넬리와 존 캔트가 제안한 '사지를 동원한 기어오르기 가설' : Povinelli and Cant(1995) 참조.

41쪽 나뭇가지에 따라 매우 다른 방식으로 이동한다는 사실을 밝혔다. : Thorpe et al.(2007a) 참조.

41쪽 오랑우탄은 나무줄기의 유연성까지 활용할 줄 안다. : Thorpe et al.(2007b) 참조.

42쪽 유인원에게서 비렘수면(비급속안구운동수면)과 렘수면(급속안구운동수면) 모두 더 자주 일어났다. : Samson and Shumaker(2015)와 Samson and Nunn(2015)를 참고.

43쪽 목재는 무척이나 복잡한 재료다. : 목재 해부학에 대한 자세한 내용은 Ennos(2016)를 참고.

43쪽 복잡한 구조로 인해, 목재는 결 방향에 따라 서로 다른 물리적 성질을 지닌다. : 나무의 특성과 불완전골절에 대한 논의는 Ennos and van Casteren(2010)과 van Casteren et al.(2012a)를 참고.

46쪽 그는 오랑우탄이 보금자리의 기초가 될 만한 상당히 튼튼한… : 조사는 van Casteren et al.(2012b)에 기술되어 있으며, 줄리아의 영상 마지막 부분은 https://www.youtube.com/watch?v=g6gfG4aCUyw에서 참조.

48쪽 오랑우탄은 야생에서는 거의 도구를 만들지 않는다. : van Schaik(2004) 및 van Schaik and Knott(2001) 참조.

49쪽 꿀을 좋아하는 가봉의 침팬지들은 훨씬 더 정교하다. : Boesch et al.(2009) 참조.

49쪽 동부 아프리카 탄자니아의 사바나 침팬지는… : Hernandez-Aguilar et al.(2007) 참조.

49쪽 텍사스 주립대학교의 질프루에츠 박사는 암컷 침팬지들이… : Pruetz and Bertolani(2007) 참조.

51쪽 과거의 통념 대신 대안적 가설을 제시하여… : Thorpe et al.(2007a)를 참조.
52쪽 이를 위해 많은 나뭇가지들의 길이에 따른 각각의 강성을 측정하여… : van Casteren et al.(2013) 참조.
53쪽 나뭇가지에 매달리는 행동이 직립보행 진화 과정에서 맞닥뜨리는… : Johannsen et al.(2017) 참조.
54쪽 오로린 투게넨시스Orrorin tugenensis는 현생 인류와 마찬가지로… : Henke et al.(2007) 참조.
54쪽 440만 년 된 아르디피테쿠스 라미두스의 엉덩이뼈와 다리뼈는… : Lovejoy et al.(2009) 참조.
54쪽 1,200만 년 전의 화석 유인원 다누비우스 구겐모시… : Bohme et al.(2019) 참조.

제2장 나무에서 내려오다
56쪽 루시의 급사 원인이 높은 나무에서… : Kappelman et al.(2016) 참조.
57쪽 루시의 하체를 컴퓨터로 재구성하여… : Sellers et al.(2005) 참조.
57쪽 약 360만 년 전의 오스트랄로피테쿠스가 모래 위에 남긴 발자국이… : Crompton et al.(2011) 참조.
58쪽 텍사스 대학교의 존 카펠만 교수 연구팀이 MRI로 뼈대를 스캔했더니… : Kappelman et al.(2016) 참조.
58쪽 루시가 유인원과 같은 어깨 날개뼈를 가졌다는 사실이 밝혀졌고… : Green and Alemseged(2012) 참조.
59쪽 CT촬영에서는 루씨의 뼈가 우리처럼… : Ruff et al.(2016) 참조.
59쪽 심지어 루시보다 발허리뼈 관절이 더 굽어 있었다. : DeSilva et al.(2018) 참조.
59쪽 호모 에렉투스가 등장하면서부터 불과 200만 년도 안 되는 셈이다. : Wrangham(2009) 참조.
61쪽 숲 바닥이 빛에 노출되자 뒤이어 새로운 유형의 생태계… : 가뭄에 대한 식물 적응과 식물 뿌리에 대한 더 자세한 내용은 Ennos and Sheffield(2000)를 참조.
62쪽 초기 오스트랄로피테쿠스와 호모 하빌리스는 모두 이러한 식물의 저항력에 대처하기 위해 치아를 발달시켰다. : 초기 인류의 식단 적응에 대한 더 자세한 내용은, 예를 들어 Leakey(1996)를 참조.

63쪽   몇몇 현생 사바나 침팬지는 땅을 파기 위해 막대기를 사용한다. : Hernandez-Aguilar et al.(2007) 참조.

63쪽   땅을 파서 무언가를 꺼내는 행동은… : Ennos(2000)를 참조.

64쪽   가장 오래된 땅 파는 막대기는 불과 17만 년 전의 것이다. : Aranguren et al.(2018) 참조.

64쪽   현생 수렵 채집인들, 가령 하드자족 여성들이 사용하는… : Vincent(1984) 참조.

66쪽   세포벽의 분자구조에 따라 좌우된다. : Gordon(1968)을 참조.

68쪽   그들의 두뇌는 현생 침팬지의 두뇌보다 그다지 크지 않았다. : Wrangham(2009)을 참조.

69쪽   여전히 밤에는 제대로 쉬지 못한다. : Samson and Shumaker(2015) 및 Samson and Nunn(2015) 참조.

71쪽   나무가 죽는 이유는 세포 안에서 수분이 증발하기 때문이다. : 이는 유체역학의 창시자인 오스본 레이놀즈가 19세기에 처음 입증했다.

77쪽   음식을 요리하여 역학적으로 분해함으로써… : Wrangham(2009), 6장 참조.

78쪽   그런데 음식을 요리하면 역학적 측면보다 훨씬… : Wrangham(2009), 3장 참조.

79쪽   화석 증거에 따르면 이 시점은 지금으로부터… : Wrangham(2009), 4장 참조.

80쪽   초기 인류가 불을 사용한 흔적 같은 직접적인… : Wrangham(2009), 4장, 그리고 Gowlett(2016) 참조.

제3장 털을 잃다

82쪽   선풍적인 인기를 끌었던 데스먼드 모리스의 저서 《털 없는 원숭이》는… : Morris(1967) 참조.

83쪽   하지만 현대에 와서 분자유전학의 도움으로… : Rogers et al.(2004) 참조.

84쪽   이런 주장은 1960년대부터 널리 제기되었다. : 예를 들어, Wheeler(1992)를 참조.

85쪽   인류의 진화 과정에서 또 하나의 진보를 이루는 데 탈모가… : Morris(1967) 참조.

86쪽   대형 영양 쿠두를 끝 끝내 쫓아가 잡는 장면을 포착한 BBC의… : Attenborough(2009) 참조.

87쪽   한낮의 열기 아래에서는 몸에 털이 없으면…: Queiroz do Amaral(1996) 참조. 이 논문은 이 주제에 대해 여성이 쓴 드문 논문이며, 남성들에 의해 널리 무시되었다!

87쪽   순 복사량은 평방미터당 약 670와트까지 이를 수 있다.: Ruxton and Wilkinson(2011) 참조.

89쪽   최근 몇몇 과학자들은 1874년 자연박물학자 토머스 벨트가 처음 대안으로 제시한…: 이 분야에 대한 개요는 Rantala(2007)를 참조.

91쪽   이자벨 딘 교수와 마이클 시바-조시 교수의 최근 연구에 따르면…: Dean and SivaJothy(2012)를 참조.

93쪽   바느질한 옷은 겨우 2만 년 전의 일이다.: Rantala(2007) 참조.

94쪽   수마트라섬 오랑우탄은 흔히 나무 위에 지은 수면용…: van Schaik(2004) 참조.

94쪽   실제로 많은 수렵 채집인 부족은 지금도 사바나 지역의 나무에서…: 예를 들어 Turnbull(1961)과 Samson et al.(2017)을 참조.

94쪽   방대한 화석 유물과 함께 180만 년 전에 집을 지었다는…: Leakey(1971) 참조.

95쪽   도시의 나무가 기후 측면에서 어떤 이로움이…: Armson et al.(2012) 참조.

96쪽   사람들이 움집 안과 밖에서 얼마나 따뜻하게 느끼는지를 평가했다.: Samson et al.(2017) 참조.

제4장 도구로 무장하다

99쪽   1865년에 발표한 저서 《선사시대》에서 석기시대를…: Lubbock(1865) 참조.

102쪽   예를 들면, 저명한 인류학자 리처드 리키의 대표작 《인류의 기원》에는…: Leakey(1996) 참조.

107쪽   일리노이 대학교의 로렌스 킬리 교수와 니콜라스 토스 교수는…: Keeley and Toth(1981) 참조.

107쪽   마누엘 도밍게즈-로드리고 연구팀은 탄자니아에 있는 160만 년 전의 페닌즈…: Dominguez-Rodrigo et al.(2001) 참조.

108쪽   미리암 하이들레 교수는 얼핏 비슷해 보일 수 있는…: Haidle(2009) 참조.

110쪽   사상 최초로 기록된 목재 도구는 클랙턴 창Clacton Spear이다.: Warren(1911) 참조.

111쪽 이 창의 제작 방법을 재현하는 실험을 진행했다. 그 결과… : McNabb (1989) 및 Fluck(2007) 참조.

112쪽 나는 이 아이디어를 시험하고자 학부 과정 학생인 마이클 찬에게… : 결과는 Ennos and Chan(2016)을 참조.

112쪽 1995년 가을, 과거에 호숫가였던 지점을 발굴하던 티에메와 동료들은… : 창의 발견에 대해서는 Thieme(1997)를, 후속 분석에 대해서는 Conard et al.(2015)의 Journal of Human Evolution에 실린 논문들을 참조.

113쪽 복제품을 만들어 실험한 결과, 이들 투창은… : Milks et al.(2019) 참조.

115쪽 많은 인류학자가 끝에 돌 촉이 달린 창과 단순히 목재로만… : Waguespack et al.(2009)를 참조.

116쪽 뜻밖의 것이 하나 있었다. 바로 화살 던지기다. : Westcott(1999), 192-94 참조.

118쪽 광부의 화살처럼 작은 창이나 화살에 추진력을 가하여… : Westcott(1999), 195-99 참조.

118쪽 투창기를 사용하면 창을 더 멀리 더 정확하게 던질 수 있다. : Westcott (1999), 200-209 참조.

120쪽 이들은 매우 다양한 부메랑을 발명했는데… : Westcott(1999), 210-24 참조.

122쪽 마를라이즈 롬바르와 미리암 하이들레의 계산 결과, … : Lombard and Haidle(2012) 참조.

123쪽 나무 도구를 이용하여 거대한 짐승들을 죽여 없앴다. : Kolbert(2014) 참조.

제5장 숲을 개간하다

127쪽 유럽의 신석기시대를 다룬 주요 도서에도… : Miles(2016) 참조.

129쪽 작은 묘목의 줄기를 톱질해서 잘라 쓰러뜨릴 수는… : Fowler(1962) 참조.

130쪽 미시시피강 연안에 살았던 돌턴 부족 역시… : Yerkes and Koldehoff(2018) 참조.

131쪽 기원전 7600년경에 지은 지름 610cm가량의… : Waddington(2007) 참조.

132쪽 더 오래전인 기원전 9000년경에 지어진 움집 유적이… : Milner et al.(2013) 참조.

133쪽 8,000년 된 퇴적층에서 접선 방향으로 쪼개진 약 90cm 길이의… : Momber et al.(2011) 참조.

133쪽 북부 산림지대에서 개발된 최초의 선박은… : 더 자세한 내용은 Elmers (1996)를 참조.

135쪽 다른 부류의 배를 개발했다. 바로 통나무배다. : 더 자세한 내용은 Elmers (1996)를 참조.

141쪽 한 사람이 오크 숲 약 4,000㎡(1에이커)를 벌목하려면… : Jørgensen(1985) 참조.

141쪽 이 문제를 더 심도 있게 연구하기로 했다. : 결과는 Ennos and Oliveira (2017)를 참조.

142쪽 현대의 쪼개기용 도끼 역시 도끼머리가 넓고 무거우며… : Mytting(2015) 참조.

143쪽 신석기인들에게도 이것이 문제였다고 추정할 만한 증거가 있다. : Taylor (1998) 참조.

143쪽 신석기인들은 대개 이런 일이 너무 자주 일어나지 않도록… : Harding (2014)의 재구성본 참조.

143쪽 보덴호 주변에 있는 신석기시대 호숫가 마을에서 발견된… : Bugrov and Galimova(2017) 참조.

144쪽 아메리카 원주민들은 도끼머리와 도낏자루 끝을 끈으로… : Fowler(1962) 참조.

145쪽 '망치형 도끼'로 나무를 베면 현대의 도끼와 더 비슷하게… : Elburg et al. (2015) 참조.

146쪽 나뭇가지와 줄기의 연결부위 갈라진 부분 안에서 목재섬유 세포들이… : Slater et al. (2014) 참조.

146쪽 고고학 문화유산청 소속 렝게르트 엘부르크와 동료 연구원들은 LBK 사람들이 다양한 크기의 자귀를… : Elburg et al.(2015) 참조.

147쪽 필 하딩은 대표적인 신석기시대 '공구 세트'만을 사용해서… : Harding (2014) 참조.

147쪽 LBK 사람들이 이룩한 업적 가운데 가장 인상적인 것은… : Miles(2016) 참조.

149쪽 윌리 테겔 연구팀은 독일 동부의 선형토기 문화 유적지에서… : Tegel et al.(2012) 참조.

150쪽 스코틀랜드 북부 연안의 오크니 제도에 있는 유명한 신석기시대 촌락 스카라 브레이… : 스카라 브레이와 더링턴 월스의 집에 대한 자세한 내용은 Miles(2016) 참조.

153쪽 이렇게 하면 새로 싹튼 줄기는 나뭇가지의 목재보다 더 곧고… : Ozden

153쪽 발견자인 레이 스위트의 이름을 따서 스위트 트랙이라 불리게 된 이 길은⋯
: Coles and Coles(1988) 참조.

155쪽 현재도 사람들은 잔가지를 엮어서 울타리를 만든다. : Law(2015)를 참조.

155쪽 신석기시대 농부들이 이 기술을 이용해서 작고 둥근 경량 보트를⋯ :
Elmers(1996) 참조.

157쪽 농경이 등장한 시기는 장소에 따라 다르다. : Diamond(1997) 참조.

제6장 녹이고 제련하다

162쪽 최초의 점토 조각품으로 알려진 돌니 베스토니체 비너스는⋯ : Vandiver et al.(1989) 참조.

163쪽 기원전 약 4300년경 중국 청터우산 유적에서⋯ : Yasuda(2012) 참조.

163쪽 기원전 3000년이 되어서야 메소포타미아에서 기와가 초가지붕을⋯ : Woods and Woods(2000) 참조.

164쪽 숯가마 덕분에 메소포타미아 공예가들은 최초로⋯ : Whitehouse(2012) 참조.

165쪽 석재와 목재의 재료적 특성 가운데 몇 가지 최상의 성질을 구리가⋯ :
Gordon(1968) 참조.

168쪽 아이스맨 외치 : Fleckinger(2018) 참조.

169쪽 청동 도끼가 돌도끼보다 나무줄기를 약 2배 더 빨리⋯ : Mathieu and Mayer(1997) 참조.

171쪽 많은 청동기시대 배들이 물가 주변에 있는 진흙 속에 보존된 상태로⋯ : 청동기 시대 보트에 대한 논의는 McGrail(1996)을 참조.

173쪽 기원전 2500년에 만들어진 장례용 배, 쿠푸Khufu왕의 배다. : Jenkins(1980) 참조.

174쪽 튀르키예 고고학자들이 기원전 1400년경 튀르키예 남서부 인근 바다에서⋯ : Pulak(1998) 참조.

176쪽 딕 패리는 고대 이집트인들이 피라미드 건설용 석회암 덩어리를 건설 현장까지⋯ : Parry(2004) 참조.

178쪽 목재 원반이 마르면 방사상으로 쪼개져서⋯ : Hoadley(2002) 참조.

178쪽 최초의 바퀴는 나무줄기의 중심에서 방사형으로 잘라낸⋯ : 초기 바퀴 디자인에 대해서는 Anthony(2007)를 참조.
- **179쪽** 바퀴는 메소포타미아의 수메르 문명과 코카서스산맥, 동유럽에서 거의 동시에… : Anthony(2007) 참조.
- **181쪽** 지금은 두 가지 예외가 존재하는 것으로 밝혀졌다. : 신세계에서 판자 보트의 기원에 대한 고찰은 Gamble(2002)를 참조.
- **183쪽** 바퀴를 사용하지 않았다는 것은 훨씬 널리 알려진 사실이다. : Diamond (1997) 참조.

제7장 인류 공동체를 일구다

- **191쪽** 나무는 바람에도 잘 견딜 수 있도록 사전응력을 가지고 있기 때문이다. : 더 자세한 내용은 Gordon(1978)과 Ennos(2016)를 참조.
- **194쪽** 중국 송나라에서는 통나무를 엮어 만든… : 더 자세한 내용은 Zhou et al. (2018) 참조.
- **197쪽** 대표적인 최초의 스칸디나비아식 통널 교회인 우르네스 교회다. : 이 건물에 대한 더 자세한 내용은 Pryce(2005)를 참조.
- **201쪽** 생나무 목공 전통이 낳은 가장 위대한 걸작은… : 롱보트 디자인에 대한 더 자세한 내용은 Christensen(1996) 및 Durham(2002)를 참조.
- **205쪽** 목수의 연장통에 가장 먼저 추가된 공구는… : 전통적인 목공 도구의 설계와 사용법에 대한 더 자세한 내용은 Bealer(1996)을 참조.
- **214쪽** 등받이가 우아한 아치 모양으로 휘어 있는 고전적인 윈저 체어가 꼽힌다. : 윈저 의자에 대한 더 자세한 내용은 Green(2006)을 참조.
- **215쪽** 나무 배럴을 만들기 위해 통 제조공들이 제일 먼저… : Logan(2005) 참조.
- **216쪽** 바퀴 디자인은 호머의 시에 등장하듯 고대 그리스 전차에서 절정을 이루었다. : Gordon(1968) 참조.

제8장 삶에 사치품을 선물하다

- **221쪽** 목재는 그 나무가 생존하는 데 필요한 생물학적 요구사항, 나무의 크기 와 환경… : Ennos(2016) 참조.
- **230쪽** 이런 목재에는 나이테를 따라 커다란 물관이… : 떡갈나무가 왜 그런 특이한 해부학적 구조를 가지는지에 대한 더 자세한 내용은 Ennos(2016)를 참조.

제9장 인간의 헛된 야망을 지지해주다

242쪽 고고학 블로거 조프 카터는 사슨 스톤과 그 상인방(수평 들보)이… : Carter (2012)를 참조. 이것은 구조 고고학에 대한 그의 수많은 블로그 중 하나일 뿐이다.

245쪽 기본적으로 고대 그리스 건축가들은 일종의 속임수를 썼다. : 그리스 신전 지붕의 건축에 대한 자세한 내용은 Hodge(1960)를 참조.

245쪽 가령, 성경 가운데 〈열왕기〉에 따르면… : 열왕기상 7:23-26을 참조.

259쪽 중국 기술자들이 최근 발표한 연구 결과에 따르면… : https://www.channel4.com/programmes/secrets-ofchinas-forbidden-city/episode-guide/ 참조.

제10장 우리의 시야를 제한하다

263쪽 기원전 240년 시라쿠사의 폭군 히에로 2세는… : Casson(1996)을 참고.

264쪽 고대 로마인들은 훗날 이와 동급이거나 더 큰 규모이면서도… : Casson(1996)을 참고.

268쪽 중세시대에는 철 450g을 제련하는 데 약 14kg의 목재가… : Wrigley(2010) 참조.

269쪽 1650년대 잉글랜드와 웨일스에서 장작을 때는 방법으로… : Warde(2007) 참조.

271쪽 전통적으로 잉글랜드의 산지기들은 땔감용 잡목을… : Rackham(2003) 참조.

271쪽 인구 5,000명의 덴마크 오덴세에서는… : van der Woude et al. (1990) 참조.

272쪽 파리 시민들이 소비하는 장작은 대부분 부르고뉴의 모르방산맥에서… : Jouffroy-Babicot et al. (2013) 참조.

281쪽 서까래 사이에 사선으로 부재가 설치되어 있는 것을 볼 수 있다. : Yorke(2010) 참조.

282쪽 선박이 휘어지려는 경향이 있다. 이런 선체의 변형을… : Gordon(1978) 참조.

제11장 석탄이 장작과 숲을 대체하다

298쪽 런던을 뒤덮은 스모그가 그 뒤로도 계속될 것처럼 격분했다. : Evelyn(1661)을 참고.

292쪽 바헤닝언 농업대학교의 얀 드 제우 교수는…: Zeeuw(1978)를 참고.

293쪽 영국인들이 장작으로 확보한 1인당 에너지의 3배에 해당하는 양이다.: Wrigley(2010)를 참고.

298쪽 베이컨은 1627년에 발표한 《새로운 아틀란티스》에서…: Bacon(1627)을 참고.

299쪽 사상 최초의 DIY 매뉴얼 《기계 실습》…: Moxon(1703)을 참고.

299쪽 《산림Sylva》이라는 제목의 이 책은…: Evelyn(1664)을 참고.

302쪽 웨스트미들랜즈의 루너 소사이어티Lunar Society…: 좀 더 자세한 내용은 Uglow(2002)를 참고.

303쪽 연간 철 생산량은 약 2만 5,000톤에 불과했다.: Wrigley(2010)를 참고.

307쪽 존 윌킨슨이 최초의 정밀 절삭기를 개발하면서…: 윌킨슨의 작업에 관해서는 Winchester(2018)를 참고.

309쪽 영국의 석탄 생산량은 1700년에 350만 톤이었던 것이…: Pollard(1980)를 참고.

310쪽 유럽 통치자들은 서둘러 목재 공급을 유지…: 중부 유럽 상황에 대한 자세한 내용은 Radkau(2012)를 참고.

312쪽 숯의 품질을 향상하는 새로운 기법을 개발했다.: 미국 철강 산업에 대해서는 Schallenberg(1981)를 참고.

제12장 19세기의 목재

328쪽 그는 도르래를 만들기 위해, 도르래의 주요한 세 부분이…: 브루넬의 기계 설계에 대해 좀 더 알고 싶다면 Winchester(2018)를 참고.

331쪽 예를 들면, 일찍이 1812년에 루이스 베르나크는…: 자세한 내용은 Nelson(1981)을 참고.

331쪽 미국인들은 철로 대부분을 목재로 지었다.: 미국의 철도에 대한 배경은 White(1981)를 참고.

334쪽 훨씬 더 간단하고 소박한 결합 장치인 못이 지닌…: Rybczynski(2000)를 참고.

335쪽 건설업자들은 이 균일한 목재들을 못으로 연결해서 집의 뼈대를 만들었다.: Green(2006)을 참고.

336쪽 이 나사의 도움으로 가구에서부터 울타리에 이르기까지…: 나사와 드라이버에 대해서는 Rybczynski(2000)를 참고.

337쪽 19세기에 개발된 것 가운데 다리나 집보다 훨씬 더 중요한 것이…: 종이의 역사에 관해서는 Kurlansky(2017)를 참고.

339쪽 가격이 하락하자 신문지 크기와 판매 부수가 급증했다.: Smith(1964)를 참고.

제13장 현대 세계의 목재

351쪽 20세기 들어 석유를 이용할 수 있게 되자…: 플라스틱에 대한 자세한 내용은 Gordon(1968)을 참고.

제14장 우리가 끼친 영향을 평가하다

374쪽 그토록 많은 사람이 토양 침식 속도를 부풀려 생각하는…: Ennos and Bailey(1995), Problem 5.1.을 참고.

378쪽 가장 많이 언급되는 신화 가운데 칠레 남태평양에 위치한…: 통설에 관해서는 Diamond(2011)를 참고.

383쪽 대체로 붕괴한 국가들은 과거에 초원과 사막이었던 지역…: 정보는 Diamond(2011)에 실려 있으나 정보들 간 연관성은 설명되어 있지 않다.

389쪽 최근 아마존의 검은 흙만 발견되지 않았다면…: Heckenberger and Neves(2009)를 참고.

390쪽 최대 약 80%였던 것이 3,000년 전에는 60%로 줄고…: Roberts et al.(2018)을 참고.

390쪽 잉글랜드의 수목 비율…: Rackham(2006)을 참고.

390쪽 스칸디나비아와 알프스의 침엽수림 소실량은 2,000년 전에는 감지하지 못할 정도…: Roberts et al.(2018)을 참고.

391쪽 수천 년간 산림지를 관리한 결과…: 좀 더 자세한 내용은 Rackham(2003)과 Rackham(2006)을 참고.

392쪽 산림사학자이자 옥스퍼드 대학교의 마이클 윌리엄스 교수는…: Williams(2002)를 참고.

392쪽 그 지역에 약 275기가톤의 탄소가 대기 중으로 배출되어: Ruddiman(2003)을 참고.

393쪽 꽃가루 분석 결과, 지난 2,000년 동안 유럽의 산림 비율이…: Roberts et al.(2018)을 참고.

393쪽 또 다른 중대한 역사적 사건이 소빙하기를 불러오는 데… : Koch et al. (2019)을 참고.

394쪽 산업화 이후로는 세계 산림에 미치는 영향이 급속도로 커졌다. : 좀 더 자세한 내용은 Williams(2002)를 참고.

제15장 어긋난 관계 회복하기

406쪽 건조 목재의 내재 에너지는 약 4.5MJ/lb이다. : Jones(2019)를 참조.

408쪽 도시의 나무들이 주는 이로움은 상당히 큰 것으로 나타나고 있다. : 도시 나무의 물리적 이점에 관한 간략한 저자 리뷰는 Hirons & Thomas(2018)를 참고.

414쪽 한편, 생태복원 운동을 통해 수익이 나지 않는 많은 농지 지역이… : Tree (2017)를 참고.

참고 문헌

Anthony, D. A. 2007. *The Horse, the Wheel, and Language: How Bronze-Age Riders from the Eurasian Steppes Shaped the Modern World*. Princeton, NJ: Princeton University Press.

Aranguren, B., A. Revedin, N. Amico, F. Cavulli, G. Giachi, S. Grimaldi, N. Macchioni, and F. Santaniello. 2018. "Wooden Tools and Fire Technology in the Early Neanderthal Site of Poggetti Vecchi (Italy)." *Proceedings of the National Academy of Sciences* 115:2054–59.

Armson, D., P. Stringer, and A. R. Ennos. 2012. "The Effect of Tree Shade and Grass on Surface and Globe Temperatures in an Urban Area." *Urban Forestry and Urban Greening* 11:245–55.

Attenborough, D. 2009. *Human Mammal, Human Hunter: Life of Mammals*. BBC.

Bacon, F. 1627. *The New Atlantis*.

Bealer, A. W. 1996. *Old Ways of Working Wood*. Edison, NJ: Castle Books, 1996.

Boesch, C., J. Head, and M. M. Robbins. 2009. "Complex Tool Sets for Honey Extraction among Chimpanzees in Loango National Park, Gabon." *Journal of Human Evolution* 56:560–69.

Böhme, M., N. Spassov, J. Fuss, A. Tröscher, A. S. Deane, J. Prieto, U. Kirscher, T. Lechner, and D. R. Begun. 2019. "A New Miocene Ape and Locomotion in the Ancestor of Great Apes and Humans." *Nature* 575:489–93.

Bugrov, D., and M. Galimova. 2017. "Antler Sleeves from the Neolithic Lake-Dwelling Sites of Switzerland (the 'Swiss Collection' of the National Museum of Tatarstan Republic, Kazan)." *Povolzhskaya Arkheologiya* 1:26–37.

Carter, G. 2012. "Twelve Reasons Why Stonehenge Was a Building." *Theoretical Structural Archaeology*, March 23. http://structuralarchaeology.blogspot.com/2012/03/twelve-reasons-why-stonehenge-was.html.

Casson, L. 1996. "Sailing Ships of the Ancient Mediterranean." In *The Earliest Ships*, edited by R. Gardiner, 39–51. London: Conway Maritime Press.

Christensen, A. E. 1996. "Proto-Viking, Viking and Norse Craft." In *The Earliest Ships*, edited by R. Gardiner, 72–88. London: Conway Maritime Press.

Coles, B., and J. Coles. 1988. *Sweet Track to Glastonbury: Somerset Levels in Prehistory (New Aspects of Antiquity)*. London: Thames and Hudson.

Conard, N. J., C. E. Miller, J. Serangeli, and T. van Kolfschoten. 2015. "Special Issue: Excavations at Schöningen: New Insights into Middle Pleistocene Lifeways in Northern Europe." *Journal of Human Evolution* 89:1–308.

Crompton, R. H., T. C. Pataky, K. Savage, K. D'Aout, M. R. Bennett, M. H. Day, K. Bates, S. Morse, and W. I. Sellers. 2011. "Human-Like External Function of the Foot, and Fully Upright Gait, Confirmed in the 3.66 Million-Year-Old Laetoli Hominin Footprints by Topographic Statistics, Experimental Footprint-Formation and Computer Simulation." *Journal of the Royal Society Interface* 9:707–19.

Danver, S., ed. 2011. *Revolts, Protests, Demonstrations, and Rebellions in American History: An Encyclopedia*. ABC-CLIO, LLC, s.v., "Pine Tree Riot," 183–90.

Dean, I., and M. T. Siva-Jothy. 2012. "Human Fine Body Hair Enhances Ectoparasite Detection." *Biology Letters* 8:358–61.

DeCasien, A. R., S. A. Williams, and J. P. Higham. 2017. "Primate Brain Size Is Predicted by Diet but Not Sociality." *Nature Ecology and Evolution* 1:0112.

DeSilva, J. M., C. M. Gill, T. C. Prang, M. A. Bredella, and Z. Alemseged. 2018. "A Nearly Complete Foot from Dikika, Ethiopia, and Its Implications for the Ontogeny and Function of *Australopithecus afarensis*." *Science Advances* 4:7723.

de Zeeuw, J. W. 1978. "Peat and the Dutch Golden Age. The Historical Meaning of Energy-Attainability." *A.A.G. Bijdragen* 21:3–31.

Diamond, J. 1997. *Guns, Germs and Steel*. London: Jonathan Cape.

———. 2011. *Collapse: How Societies Choose to Fail or Survive*. London: Penguin.

Dominguez-Rodrigo, M., J. Serrallonga, J. Juan-Tresserras, L. Alcala, and L. Luque. 2001. "Woodworking Activities by Early Humans: A Plant Residue Analysis on Acheulian Stone Tools from Peninj (Tanzania)." *Journal of Human Evolution* 40:289–99.

Dunbar, R. 2009. "The Social Brain Hypothesis and Its Implications for Social Evolution." *Annals of Human Biology* 36:562–72.

———. 2016. *Human Evolution: Our Brains and Behavior*. Oxford: Oxford University Press.

Durham, K. 2002. *Viking Longship*. Oxford: Osprey.
Elburg, R., W. Hein, A. Probst, and P. Walter. 2015. "Field Trials in Neolithic Woodworking." In *Archaeology and Crafts—Experiences and Experiments on Traditional Skills and Handicrafts in Archaeological Open-Air Museums in Europe*, edited by R. Kelm, 62–77. Husum, Germany: Husum Druck- und Verlagsgesellschaft.
Elmers, D. 1996. "The Beginnings of Boatbuilding in Central Europe." In *The Earliest Ships*, edited by R. Gardiner, 11–23. London: Conway Maritime Press.
Ennos, A. R. 2000. "The Mechanics of Root Anchorage." *Advances in Botanical Research* 33:133–57.
———. 2012. *Solid Biomechanics*. Princeton, NJ: Princeton University Press.
———. 2016. *Trees*. 2nd ed. London: Natural History Museum and University Press.
Ennos, A. R., and S. E. R. Bailey. 1995. *Problem Solving in Environmental Biology*. Harlow, UK: Longman's Higher Education.
Ennos, A. R., and M. Chan. 2016. "'Fire Hardening' Spear Wood Does Slightly Harden It, but Makes It Much Weaker and More Brittle." *Biology Letters* 12.
Ennos, A. R., and J. A. V. Oliveira. 2017. "The Mechanics of Splitting Wood and the Design of Neolithic Woodworking Tools." Exarc.Net.
Ennos, A. R., and E. Sheffield. 2000. *Plant Life*. Oxford: Blackwell Science.
Ennos, A. R., and A. van Casteren. 2010. "Transverse Stresses and Modes of Failure in Tree Branches and Other Beams." *Proceedings of the Royal Society B* 277:1253–58.
Evelyn, J. 1661. *Fumifugium*. London: His Majesties' Command.
———. 1664. *Sylva, or a Discourse of Forest Trees*. Minneapolis, MN: Filiquarian.
Farren, L., S. Shayler, and A. R. Ennos. 2004. "The Fracture Properties and Mechanical Design of Human Fingernails." *Journal of Experimental Biology* 207:735–41.
Fleckinger, A. 2018. *Ötzi the Iceman: The Full Facts at a Glance*. Czech Republic: Folio Verlagsges. Mbh.
Fluck, H. L. 2007. "Initial Observations from Experiments into the Possible Use of Fire with Stone Tools in the Manufacture of the Clacton Point." *Lithics* 28:15–19.
Fowler, W. S. 1962. "Woodworking: An Important Industry." *Bulletin of the Massachusetts Archaeological Society* 23:29–40.
Gamble, L. H. 2002. "Archaeological Evidence for the Origin of the Plank Canoe in North America." *American Antiquity* 67:301–15.
Gordon, J. E. 1968. *The New Science of Strong Materials, or Why You Don't Fall Through the Floor*. London: Penguin.

———. 1978. *Structures, or Why Things Don't Fall Down*. London: Penguin.
Gowlett, J. A. J. 2016. "The Discovery of Fire by Humans: A Long and Convoluted Process." *Philosophical Transactions of the Royal Society B* 371.
Green, D. J., and Z. Alemseged. 2012. "*Australopithecus afarensis* Scapular Ontogeny, Function, and the Role of Climbing in Human Evolution." *Science* 338 (6106): 514–17.
Green, H. 2006. *Wood*. New York: Viking Penguin.
Haidle, M. 2009. "How to Think a Simple Spear." In *Cognitive Archaeology*, edited by S. de Beaune, F. Coolidge, and T. Wynn, 55–73. Cambridge: Cambridge University Press.
Harding, P. 2014. "Working with Flint Tools: Personal Experience Making a Neolithic Axe Haft." *Lithics* 35:40–53.
Heckenberger, M., and E. G. Neves. 2009. "Amazonian Archaeology." *Annual Review of Anthropology* 38:251–66.
Henke, W., I. Tattersall, and T. Hart. 2007. *Handbook of Paleoanthropology, III: Phylogeny of Hominids*. Berlin: Springer-Verlag.
Hernandez-Aguilar, R. A., J. Moore, and T. R. Pickering. 2007. "Savanna Chimpanzees Use Tools to Harvest the Underground Storage Organs of Plants." *Proceedings of the National Academy of Sciences* 104:19210–13.
Hirons, A. D., and P. A. Thomas. 2018. *Applied Tree Biology*. Oxford: John Wiley.
Hoadley, R. B. 2002. *Understanding Wood*. Newtown, CT: Taunton Press.
Hodge, A. T. 1960. *The Woodwork of Greek Roofs*. Cambridge: Cambridge University Press.
Jenkins, N. 1980. *The Boat Beneath the Pyramid: King Cheops' Royal Ship*. New York: Holt, Rinehart, and Winston.
Johannsen, L., S. R. L. Coward, G. R. Martin, A. M. Wing, A. van Casteren, W. Sellers, A. R. Ennos, R. Crompton, and S. K. S. Thorpe. 2017. "Human Bipedal Instability in Tree Canopy Environments Is Reduced by 'Light Touch' Fingertip Support." *Scientific Reports* 7:1135.
Jones, C. 2019. "Ice Database of Embodied Energy and Carbon." http://www.circularecology.com/embodied-energy-and-carbon-footprint-database.html#.XN_8adhrzIU.
Jørgensen, S. 1985. *Tree-Felling with Original Neolithic Flint Axes in Draved Wood. Report on the Experiments in 1952–1954*. Copenhagen: National Museum of Denmark.
Jouffroy-Babicot, I., B. Vanniere, E. Gauthier, H. Richard, F. Monna, and C. Petit. 2013. "7000 Years of Vegetation History and Land-Use Changes in the Morvan Mountains (France): A Regional Synthesis." *Holocene* 23:1888–902.
Kappelman, J., R. A. Ketcham, S. Pearce, L. Todd, W. Akins, M. W. Col-

bert, M. Feseha, J. A. Maisano, and A. Witzel. 2016. "Perimortem Fractures in Lucy Suggest Mortality from Fall out of Tall Tree." *Nature* 537:503–7.

Keeley, L., and N. Toth. 1981. "Microwear Polishes on Early Stone Tools from Koobi Fora, Kenya." *Nature* 293:464–65.

Koch, A., C. Brierley, M. M. Maslin, and S. L. Lewis. 2019. "Earth System Impacts of the European Arrival and Great Dying in the Americas after 1492." *Quaternary Science Reviews* 207:13–36.

Kolbert, E. 2014. *The Sixth Extinction: An Unnatural History*. London: Bloomsbury.

Kurlansky, M. 2017. *Paper: Paging Through History*. New York: W. W. Norton.

Law, B. 2015. *Woodland Craft*. Lewes, UK: Guild of Master Craftsmen.

Leakey, M. D. 1971. *Olduvai Gorge, III: Excavations in Beds I and II, 1960–1963*. Cambridge: Cambridge University Press.

Leakey, R. 1996. *The Origin of Humankind*. New York: Basic Books.

Logan, W. B. 2005. *Oak: The Frame of Civilization*. New York: W. W. Norton.

Lombard, M., and M. H. Haidle. 2012. "Thinking a Bow-and-Arrow Set: Cognitive Implications of Middle Stone Age Bow and Stone-Tipped Arrow Technology." *Archaeological Journal* 22:237–64.

Lovejoy, C. O., G. Suwa, L. Spurlock, B. Asfaw, and T. D. White. 2009. "Pelvis and Femur of *Ardipithecus ramidus*: The Emergence of Upright Walking." *Science* 326:71.

Lubbock, J. 1865. *Prehistoric Times*. London: Williams and Norgate.

Malone, J. J. 1979. *Pine Trees and Politics*. New York: Arno Press.

Mathieu, J. R., and D. A. Meyer. 1997. "Comparing Axe Heads of Stone, Bronze, and Steel: Studies in Experimental Archaeology." *Journal of Field Archaeology* 24:333–51.

McGrail, S. 1996. "The Bronze Age in Europe." In *The Earliest Ships*, edited by R. Gardiner, 24–38. London: Conway Maritime Press.

McNabb, J. 1989. "Sticks and Stones: A Possible Experimental Solution to the Question of How the Clacton Spear Point Was Made." *Proceedings of the Prehistoric Society* 55:251–71.

Miles, D. 2016. *The Tale of the Axe: How the Neolithic Revolution Transformed Britain*. London: Thames and Hudson.

Milks, A., D. Parker, and M. Pope. 2019. "External Ballistics of Pleistocene Hand-Thrown Spears: Experimental Performance Data and Implications for Human Evolution." *Scientific Reports* 25:820.

Milner, N., B. Taylor, C. Conneller, and T. Schadla-Hall. 2013. *Star Carr: Life in Britain after the Ice Age*. York, UK: Council for British Archaeology.

Momber, G., D. J. Tomalin, R. G. Scaife, and J. Satchell. 2011. *Mesolithic Occupation at Bouldnor Cliff and the Submerged Prehistoric Landscapes of the Solent*. York, UK: Council for British Archaeology.

Morris, D. 1967. *The Naked Ape*. London: Jonathan Cape.
Moxon, J. 1703. *Mechanick Exercises or the Doctrine of Handy-Works*. Wilmington, NC: Toolemera Press.
Mytting, L. 2015. *Norwegian Wood*. London: MacLehose Press.
Nelson, L. H. 1981. "The Colossus of Philadelphia." In *Material Culture of the Wooden Age*, edited by B. Hindle, 159–83. Tarrytown, NY: Sleepy Hollow Press.
Ozden, S., and A. R. Ennos. 2018. "The Mechanics and Morphology of Branch and Coppice Stems in Three Temperate Tree Species." *Trees* 32:933–49.
Parry, D. 2004. *Engineering the Pyramids*. Stroud, UK: Sutton Publishing.
Pollard, S. 1980. "A New Estimate of British Coal Production, 1750–1850." *Economic History Review* 33:212–35.
Povinelli, D. J., and J. G. H. Cant. 1995. "Arboreal Clambering and the Evolution of Self-Conception." *Quarterly Review of Biology* 70:393–421.
Pruetz, J. D., and P. Bertolani. 2007. "Savanna Chimpanzees, *Pan troglodytes verus*, Hunt with Tools." *Current Biology* 17:412–17.
Pryce, W. 2005. *Architecture in Wood*. London: Thames and Hudson.
Pulak, C. 1998. "The Uluburun Shipwreck: An Overview." *International Journal of Nautical Archaeology* 27:188–224.
Queiroz do Amaral, L. 1996. "Loss of Body Hair, Bipedality and Thermoregulation. Comments on Recent Papers in the *Journal of Human Evolution*." *Journal of Human Evolution* 30:357–66.
Rackham, O. 2003. *Ancient Woodland*. 2nd ed. Dalbeattie, UK: Castlepoint Press.
———. 2006. *Woodlands*. London: Harper Collins.
Radkau, J. 2012. *Wood: A History*. Cambridge: Polity Press.
Rantala, M. J. 2007. "Evolution of Nakedness in *Homo sapiens*." *Journal of Zoology* 273:1987–89.
Roberts, N., R. M. Fyfe, J. Woodbridge, M.-J. Gaillard, B. A. S. Davis, J. O. Kaplan, L. Marquer, F. Mazier, A. B. Nielsen, S. Sugita, A.-K. Trondman, and M. Leydet. 2018. "Europe's Lost Forests: A Pollen-Based Synthesis for the Last 11,000 Years." *Scientific Reports* 8:716.
Rogers, A. R., D. Iltis, and S. Wooding. 2004. "Genetic Variation at the MC1R Locus and the Time Since Loss of Human Body Hair." *Current Anthropology* 45:105–8.
Ruddiman, W. F. 2003. "The Anthropogenic Greenhouse Era Began Thousands of Years Ago." *Climatic Change* 61:261–93.
Ruff, C. B., M. L. Burgess, R. A. Ketcham, and J. Kappelman. 2016. "Limb Bone Structural Proportions and Locomotor Behavior in A.L. 288-1 ('Lucy')." *Plos One* 11 (11): e0166095.
Ruxton, G. D., and D. M. Wilkinson. 2011. "Thermoregulation and Endurance Running in Extinct Hominins: Wheeler's Models Revisited." *Journal of Human Evolution* 61:169–75.

Rybczynski, W. 2000. *One Good Turn: A Natural History of the Screwdriver & the Screw*. New York: Simon & Schuster.

Samson, D. R., A. N. Crittenden, I. A. Mabulla, and A. Z. P. Mabulla. 2017. "The Evolution of Human Sleep: Technological and Cultural Innovation Associated with Sleep-Wake Regulation among Hadza Hunter-Gatherers." *Journal of Human Evolution* 113:91–102.

Samson, D. R., and C. L. Nunn. 2015. "Sleep Intensity and the Evolution of Human Cognition." *Evolutionary Anthropology* 24:225–37.

Samson, D. R., and W. R. Shumaker. 2015. "Orangutans (*Pongo spp.*) Have Deeper, More Efficient Sleep than Baboons (*Papio papio*) in Captivity." *American Journal of Physical Anthropology* 157:421–27.

Schallenberg, R. H. 1981. "Charcoal Iron: The Coal Mines of the Forest." In *Material Culture of the Wooden Age*, edited by B. Hindle, 271–99. Tarrytown, NY: Sleepy Hollow Press.

Sellers, W. I., G. M. Cain, W. Wang, and R. H. Crompton. 2005. "Stride Lengths, Speed and Energy Costs in Walking of *Australopithecus afarensis*: Using Evolutionary Robotics to Predict Locomotion of Early Human Ancestors." *Journal of the Royal Society Interface* 2:431–41.

Slater, D., R. S. Bradley, P. J. Withers, and A. R. Ennos. 2014. "The Anatomy and Grain Pattern in Forks of Hazel (*Corylus avellana L.*) and Other Tree Species." *Trees* 28:1437–48.

Smith, D. C. 1964. "Wood Pulp and Newspapers, 1867–1900." *Business History Review* 38:328–45.

Stephan, H., H. Frahm, and G. Baron. 1981. "New and Revised Data on Volumes of Brain Structures in Insectivores and Primates." *Folia Primatologica* 35:1–29.

Taylor, M. 1998. "Wood and Bark from the Enclosure Ditch." In *Excavations at a Neolithic Causewayed Enclosure near Maxey, Cambridgeshire, 1982–7*, edited by F. Pryor, 115–60. Swindon, UK: English Heritage.

Tegel, W., R. Elburg, D. Hakelberg, H. Stauble, and U. Buntgen. 2012. "Early Neolithic Water Wells Reveal the World's Oldest Wood Architecture." *Plos One* 7:e51374.

Thieme, H. 1997. "Lower Palaeolithic Hunting Spears from Germany." *Nature* 385:807–10.

Thorpe, S. K. S., R. L. Holder, and R. H. Crompton. 2007a. "Origin of Human Bipedalism as an Adaptation for Locomotion on Flexible Branches." *Science* 316:1328–31.

Thorpe, S. K. S., R. H. Crompton, and R. McN. Alexander. 2007b. "Orangutans Use Compliant Branches to Lower the Energetic Cost of Locomotion." *Biology Letters* 3:253–56.

Tree, I. 2017. *Wilding*. London: Picador.

Turnbull, C. 1961. *The Forest People*. London: Jonathan Cape.
Uglow, J. 2002. *The Lunar Men*. London: Faber and Faber.
van Casteren, A., W. Sellers, S. Thorpe, S. Coward, R. Crompton, and A. R. Ennos. 2012a. "Why Don't Branches Snap? The Mechanics of Bending Failure in Three Temperate Angiosperm Trees." *Trees: Structure and Function* 26:789–97.
van Casteren, A., W. Sellers, S. Thorpe, S. Coward, R. Crompton, J. P. Myatt, and A. R. Ennos. 2012b. "Nest Building Orangutans Demonstrate Engineering Know-How to Produce Safe, Comfortable Beds." *Proceedings of the National Academy of Sciences* 109:6873–77.
van Casteren, A., W. Sellers, S. Thorpe, S. Coward, R. Crompton, and A. R. Ennos. 2013. "Factors Affecting the Compliance and Sway Properties of Tree Branches Used by the Sumatran Orangutan (*Pongo abelii*)." *Plos One* 8:7.
van der Woude, A., A. Hayami, and J. de Vries. 1990. *Urbanisation in History: A Process of Dynamic Interactions*. Oxford: Oxford University Press.
Vandiver, P. B., O. Soffer, B. Klima, and J. Svoboda. 1989. "The Origins of Ceramic Technology at Dolní Věstonice, Czechoslovakia." *Science* 246:1002–8.
van Schaik, C. P. 2004. *Among Orangutans: Red Apes and the Rise of Human Culture*. Cambridge, MA: Harvard University Press.
van Schaik, C. P., and C. D. Knott. 2001. "Geographic Variation in Tool Use on *Neesia* Fruits in Orangutans." *American Journal of Physical Anthropology* 114:331–42.
Vincent, A. S. 1984. "Plant Foods in Savanna Environments: A Preliminary Report of Tubers Eaten by the Hadza of Northern Tanzania." *World Archaeology* 17:131–47.
Waddington, C. 2007. *Mesolithic Settlement in the North Sea Basin. A Case Study from Howick, North-East England*. Oxford: Oxbow Books.
Waguespack, N. M., T. A. Surovell, A. Denoyer, A. Dallow, A. Savage, J. Hyneman, and D. Tapster. 2009. "Making a Point: Wood- versus Stone-Tipped Projectiles." *Antiquity* 83:786–800.
Warde, P. 2007. *Energy Consumption in England and Wales, 1560–2000*. Rome: Consiglio Nazionale Delle Ricerche.
Warman, P. H., and A. R. Ennos. 2009. "Fingerprints Are Unlikely to Increase the Friction of Primate Finger Pads." *Journal of Experimental Biology* 212:2015–21.
Warren, S. H. 1911. "On a Palaeolithic (?) Wooden Spear." *Quarterly Journal of the Geological Society of London* 67:xciv.
Westcott, D. 1999. *Primitive Technology: A Book of Earth Skills*. Salt Lake City: Gibbs-Smith.

Wheeler, P. E. 1992. "The Influence of the Loss of Functional Body Hair on the Eater Budgets of Early Hominids." *Journal of Human Evolution* 23:379–88.

White, J. H. Jr. 1981. "Railroads: Wood to Burn." In *Material Culture of the Wooden Age*, edited by B. Hindle, 184–226. Tarrytown, NY: Sleepy Hollow Press.

Whitehouse, D. 2012. *Glass: A Short History*. London: British Museum Press.

Williams, M. 2002. *Deforesting the Earth: From Prehistory to Global Crisis*. Chicago: University of Chicago Press.

Winchester, S. 2018. *Exactly: How Precision Engineers Created the Modern World*. London: William Collins.

Woods, M., and M. B. Woods. 2000. *Ancient Construction: From Tents to Towers (Ancient Technology)*. Minneapolis, MN: Twenty-First Century Books.

Wrangham, R. 2009. *Catching Fire: How Cooking Made Us Human*. London: Profile Books.

Wrigley, E. A. 2010. *Energy and the English Industrial Revolution*. Cambridge: Cambridge University Press.

Yasuda, Y. 2012. *Water Civilization: From Yangtze to Khmer Civilizations*. Berlin: Springer Science & Business Media.

Yerkes, R. W., and B. H. Koldehoff. 2018. "New Tools, New Human Niches: The Significance of the Dalton Adze and the Origin of Heavy Duty Woodworking in the Middle Mississippi Valley of North America." *Journal of Anthropological Archaeology* 50:69–84.

Yorke, T. 2010. *Timber Framed Buildings Explained*. Newbury, UK: Countryside Books.

Zhou, H., J. Leng, M. Zhou, Q. Chun, M. F. Hassanein, and F. Wenzhou. 2018. "China's Unique Woven Timber Arch Bridges." *Civil Engineering* 171:1–21.

나무의 시대

1판 1쇄 발행 | 2025년 9월 15일
1판 2쇄 발행 | 2025년 10월 7일

지은이 | 롤랜드 에노스
옮긴이 | 김수진

발행인 | 김기중
주간 | 신선영
편집 | 백수연, 정진숙
경영지원 | 홍운선

펴낸곳 | 도서출판 더숲
주소 | 서울특별시 영등포구 당산로41길 11, E동 1410호 (07217)
전화 | 02-3141-8301
팩스 | 02-3141-8303
이메일 | info@theforestbook.co.kr
페이스북 | @forestbookwithu
인스타그램 | @theforest_book
출판신고 | 2009년 3월 30일 제2025-000114호

ISBN | 979-11-94273-01-3 03900

* 이 책은 도서출판 더숲이 저작권자와의 계약에 따라 발행한 것이므로
  본사의 서면 허락 없이는 어떠한 형태나 수단으로도 이 책의 내용을 이용하지 못합니다.
* 잘못된 책은 구입하신 곳에서 바꾸어 드립니다.
* 책값은 뒤표지에 있습니다.
* 여러분의 원고를 기다리고 있습니다. 출판하고 싶은 원고가 있는 분은
  info@theforestbook.co.kr로 기획 의도와 간단한 개요를 적어 연락처와 함께 보내주시기 바랍니다.